KB244603

일본근대경제사

일본근대경제사

일본근대경제사

서 정 익 지음

혜안

머리말

이 책은 19세기 중반 이후 약 1세기에 이르는 일본경제의 발전과정을 서술한 학부 강의용의 개설서이다. 책의 구성은 4편으로 되어 있다. 1편은 개항으로 세계경제에 편입된 일본이 무역을 시작하면서 경제위기에 직면하게 되고, 메이지유신으로 이를 극복한 이후 구미의 경제제도, 사회간접자본의 정비, 기업체제를 배워 일본의 초기 조건에 적응시켜가면서 경제발전을 시작하는 과정을 서술하고 있다. 2편은 청일전쟁과 러일전쟁을 거치면서 일본의 공업화가 본격적으로 시작되고 동시에 일본이 아시아에서 제국주의 국가로 발전해 가는 과정을 살펴보고 있다. 3편은 제1차 세계대전 이후 일본이 국제사회에서 정치·경제적으로 지위를 높여가면서 중화학공업화를 추진해 가는 과정을 다루고 있다. 끝으로 4편에서는 만주사변, 중일전쟁, 태평양전쟁으로 이어지는 전시기의 경제 및 패전 후 일본경제가 부흥하는 시기까지를 고찰하고 있다.

1990년대에 들어서 일본은 장기불황에서 벗어나지 못하고 있지만 일본의 경제력이 쇠퇴한 것은 아니다. 1990년대의 일본은 1965년 이래 항상적인 무역흑자국이고 무역규모는 세계의 8분의 1, GDP는 세계의 7분의 1로서 미국의 다음가는 제2위의 경제대국이다. 최대의 대외자산과 최첨단의 기술수준을 지니고 있는 일본이 세계경제에서 차지하는 영향력은 막강하다고 할 수 있고, 일본이 어떻게 행동하느냐에 따라 세계경제와 국제정치가 쇠우뇌고 있다. 20세기 전반기에 일본의 식민지지배를 경험하고 식민지 시대가 남긴 상처를 아직도 간직하고 있는 한국으로서는 일본이 이웃나라이기 때문만이 아니라 우리의 상황을 정확하게 파악하고 이를 해결하기 위해서도 철저하게 연구할 필요가 있다.

일본의 경제발전과정은 우리에게 많은 시사점을 제공해 준다. 대표적인 일본경제사학자 중의 한 사람인 하시모토 주로는 개항 이후 1세기에 걸친 일본경제의 발전과정을 '적응과 창조의 1세기'라고 표현하고 있다. 이 책의 서술에서도 알 수 있는 것처럼 일본은 구미의 새로운 경제제도와 기술을 신속하게 받아들였을 뿐만 아니라 이를 일본의 현실에 적응시키는 데 성공하였다. 20세기에서 21세기로 넘어 가는 역사의 전환기인 오늘날에도 일본은 세계의 흐름에 어쩔 수 없이 끌려 가면서도 자기 자신의 역량과 여건에 맞추어 상황을 조절해 가는 능력을 보여 주고 있다.

일본근대경제사와 관련된 저서와 논문의 양은 엄청나고 시각도 다양하다. 이 책은 인구, 물가, 생산성 등을 집중적으로 살펴보면서 생활수준의 변화를 강조하는 입장에서 서술하였다. 따라서 노동자, 소농 등을 역사의 주체로 상정하고 사회구성의 변화를 강조하는 연구와는 관점이 다르다. 앞으로 이 책으로 강의와 토론을 하면서 계속 수정·보완하려고 한다. 여러 학자님들과 학생들의 비판과 제언을 바란다. 여러가지로 부족한 이 책이 일본경제를 공부하려고 하는 학생들에게 하나의 길잡이가 되고 더 나아가 한국인의 일본경제에 대한 이해를 증진시키는 데 다소나마 기여하는 바가 있다면 다행이라고 생각한다.

끝으로 원고를 다듬는 데 이모저모로 수고해 주신 김현숙 편집장님, 그리고 상업성이 없는 책의 출판을 흔쾌히 허락하여 주신 오일주 사장님께 감사드린다.

2003. 8.
저 자

목 차

|표 목 차|

서장 일본근대경제사 개관

1858년의 개항으로 17세기 초 이후 2세기 반 넘게 계속된 에도(江戶)시대의 막번제(幕藩制) 정치·경제 체제는 막을 내리기 시작하였다. 16세기는 세계사적으로도 커다란 역사의 전환기였다. 유럽사회에서는 근대초기(early modern period)로 이행이 시작되고 이와 함께 유럽은 지구상의 각 지역으로 정치적·경제적 진출을 도모하여 세계적 규모에서 여러 국가 내지 여러 지역간의 상호의존·상호관련이 본격적으로 전개되었다. 일본에서도 16세기는 커다란 전환기였다. 국내적으로 과거의 지배원리가 완전히 그 존립기반을 상실하였으며, 그 대신 새로운 지배원리를 확립하기 위한 격동과 모색이 반복되었다. 대외적으로는 특히 16세기 후반에 동아시아 지역을 중심으로 세계경제와 깊은 관련을 맺게 되었다. 그런 의미에서 일본도 16세기부터 근대 초기로 들어갔다고 말할 수 있다.

16세기에 나타난 격동과 모색은 17세기에 시작된 도쿠가와(德川) 막부를 중심으로 한 막번제 체제라는 형태로 귀결되었다. 이 사회에 사는 사람들은 기본적으로 경제적 가치를 중심으로 삶을 영위하는 경제사회로 나아가면서 여러 국면에서 근대를 준비하고 있었다. 특히 18세기 후기부터 19세기 전기 사이에 시장경제가 눈에 띄게 발전하고 비농업부문도 현저히 성장하였다. 그러나 그와 함께 막번제 정치·경제 체제의 기반은 점차 붕괴하기 시작하였고, 근대경제 발전에 대한 체제의 한계도 뚜렷해졌다. 개항은 막번제 체제의 해체를 현실화시켰으며 근대적 정치·경제 체제의 수립을 위한 도약대의 역할을 수행하였다.

쇄국은 1630년대부터 시작되었지만 그렇다고 일본이 세계경제에서 완전히 이탈한 것은 아니었다. 일본은 중국이 주도하는 동아시아의 정치·경제질서와는 다른 독자적인 국제관계를 구축하려고 하였고, 나가사키(長崎), 쓰시마(對馬), 류큐(琉球)를 경유한 무역은 이루어지고 있었다. 이처럼 쇄국으로 일본이 완벽하게 폐쇄경제상태로 들어간 것은 아니었지만, 그 후 일본의 중요한 수출품인 은·구리 등의 생산이 감소하고 중요 수입품인 생사·사탕에서 수입대체가 진행되었기 때문에 18세기 이후는 폐쇄경제라고 불러도 좋을 상태가 되었다. 따라서 일본은 개항과 함께 폐쇄경제에서 개방경제로 나아갔다고 할 수 있을 것이다. 하지만 일본경제는 불평등조약 하에서 관세라는 보호수단을 갖지 못한 채 일시에 세계경제에 참가하였기 때문에 외부로부터 강한 충격을 받게 되었다. 개항과 함께 발생한 가격 등귀현상은 외부로부터의 충격이 집중적으로 나타난 것이었고, 1868년의 메이지 유신(明治維新) 이후 정치·경제 체제의 근본적인 개혁은 불가피하였다.

영국중심의 세계정치·경제체제에 참가하여 구미 선진 제국과 어깨를 나란히 하기 위해서는 국가통합을 달성한 근대국가 체제를 확립하여 시장경제의 법제적 틀을 정비하는 한편, 각종 사회간접자본을 구축하고 근대 산업기술을 이식하여 공업화를 추진해 나가는 것이 반드시 필요하였다. 민법·상법을 비롯한 근대 법전의 제정, 근대적 재정금융제도의 형성과 회사제도의 정비, 운수·통신의 근대화에 의한 통신망의 구축, 그리고 관영모범공장 방식에 따른 근대공업의 이식이 정력적으로 추진되었다. 이와 함께 경제성장도 착실하게 이루어졌는데, 그것은 농업·제사·직물·양조 등을 중심으로 한 재래산업이 주로 담당하였고 근대공업이 본격적으로 시작된 것은 1890년대 이후였다.

일본은 1890년까지 메이지 유신 이래의 제도개혁으로 근대국가체제를 확립하고 공업화를 위한 제도적 틀을 대략 형성한 다음, 1890년대 이래 세계경제·국제정치와 더욱 깊은 관련을 맺어 갔다. 1890년대와 1910년대 사이에 구미 선진 제국이 높은 경제성장률을 보인 데 힘입어 일본의 무역 규모는 급증하였다. 제사 등의 수출산업이 성장한 것 외에 수출신장은 수입능력을 높여 공업화에 기여하였다. 그러나 경상수지가 적자기조였던 데다가 청일전쟁·러일전쟁의 두 전쟁으로 수입초과가 확대되었다. 그 적자는 주로 외채를 발행하여 보충하였다. 이 시기 일본에서는 자본수입이 중요한 역할을 담당하고 있었다.

이 시기 세계정치·경제질서는 '팍스·브리타니카'(Pax Britanica)라고 불리는데 그것은 식민지체제와 국제금본위제를 두 축으로 지배국가 대 종속지역이라는 이중구조를 가지고 있었다. 이 '팍스·브리타니카'에 참가한 일본의 최우선적인 정책 과제는 하루빨리 불평등조약을 개정하고 금본위제를 확립하여 구미 선진 제국과 대등한 위치에 서는 것이었다. 20세기 초까지 이들 정책과제가 실현되었으나, 그와 동시에 일본은 식민지 제국으로의 길에 들어서게 되었다.

일본의 근대적 발전 내지 공업화는 1890년대부터 본격적으로 진행되었는데 근대 부분과 함께 재래 부문도 변화하면서 눈부신 성장을 이룩한 것이 큰 특징이다. 농업의 경우 소농민 가족경영에 기초한 미작농업이 기본을 이루고 있다는 점에서는 변화가 없었지만, 수리·개간·경지정리 등의 농업생산기반 정비와 구입 유기질 비료의 투입증가 등에 뒷받침되어 생산력이 상승한 것 외에, 수출관련 양잠업이 급성장하고 지역적으로 확산되었으며 지주제도 확대되었다. 다른 한편 농업의 부업·겸업의 형태로 진개된 농촌공업이 자취를 감추어 농공 미분화 상대는 변화하였다. 비농업의 재래부문도 소규모 개인기업이 담당하고 있었으나 특히 공업부문에서의 변화는 근대 산업기술의 수입과 근대적 회사제도의 도입에 적응한 것이어서 이를 통해 성장할 수 있었다.

근대공업은 치열한 국제경쟁 속에서 발전의 길을 모색해야 하였는데 1880년대 후반에 발전궤도에 오른 방적업을 제외한다면 관세·보조금 등의 정책수단에 의한 정부의 보호·조성을 통해 뒷받침되고 있었다. 그리고 1890년대부터 1900년대에 걸쳐 구미 선진 제국에서 수입한 근대 산업기술과 근대적 회사제도를 기초로 조선·철강·전력·전기기계·산업기계·철도차량·고무 등 중화학공업을 중심으로 본격적으로 발전하면서 빠른 속도로 수입대체의 방향으로 나아갔다. 그 가운데 선도부문의 역할을 담당한 것은 성격이 크게 다른 방적업과 조선업이었다. 근대부문의 본격적인 전개는 기업가는 물론 기술자·직원이라는 중간층과 공장제도에 적응한 근대공업 노동력 등이 반드시 필요하였으나 의무교육의 보급과 중등·고등교육기관의 정비로 이들 인적자원은 충분히 준비된 상태였다. 그리고 근대부문에서는 근대적 노무관리체제로 확실하게 옮겨가고 있었으며, 국가의 입장에서 노동력을 보존한다는 정책적 색채가 강하게 드러나 있기는 하지만 노동자를 보호하기 위한 공장법도 제정되었다.

메이지 초기 이래 무역수지는 계속 적자였고, 또 경상수지도 청일전쟁 배상금을 받은 시기를 제외하면 적자 기조였는데 특히 수입대체가 본격적으로 시작된 20세기 초에는 무역수지와 경상수지에서 거액의 적자를 기록하였다. 그리고 이 시기는 외채발행으로 인하여 외자의존도가 20%에 달하고 외채이자지불이 증가하였다. 이 때문에 1910년을 전후로 재외정화가 크게 감소하여 금본위제를 유지하는 데 막대한 지장을 주었다. 이를 해결하기 위해 채택된 강력한 긴축정책으로 내수의 확대는 저지되고 특히 수입대체적 공업화에 제동을 걸었다. 이러한 때 제1차 세계대전이 발발하였다.

제1차 세계대전은 이전의 전쟁과는 성격이 전혀 다른 총력전으로서 유럽의 교전국에 막대한 손실을 가져다주고 동시에 세계정치·경제질서를 전환시키는 계기가 되었다. 영국을 비롯한 유럽 제국의 상대적 지위가 정치적으로나 경제적으로 하락한 반면에 미국은 전시·전후의 거대한 경상수지 흑자로 인해 채무국에서 채권국으로 변모하여 국제사회에서 그 정치·경제적 지위가 급속히 높아졌다. 그리고 1917년의 러시아혁명으로 소련이 세계정치·경제질서에 등장하였다. 국제연맹의 형성, 군비축소의 실시, 금본위제로 복귀 등 안정된 세계정치·경제질서의 재건이 시도되었는데 그것은 영국주도의 세계정치·경제체제의 재건이 아니라 미국 중심의 세계정치 경제체제로 이행의 시작이었다. 이러한 가운데 일본은 구미 선진 제국과의 국제관계에서 그 중심을 대영관계에서 대미관계로 바꾸어 갔으며 동시에 중국에 대한 정치적·군사적 침략의 움직임을 노골적으로 드러내었다. 한편 제1차 세계대전기에 축적한 외화와 왜채발행을 주요 자금원으로 하여 중국 특히 만주지역에 대한 투자를 늘려 갔다.

제1차 세계대전은 일본경제의 입장에서 보면 연합국 등으로부터 전쟁 관련 수요가 증가하고 전쟁을 계기로 미국의 생사수요가 급등한 것 외에 '국제경쟁의 일시적 정지'에 의한 수입대체와 아시아 시장으로 수출이 증가하여 공업화 특히 중화학공업화를 촉진하였다. 이와 함께 만성적인 경상수지적자가 일거에 대폭적인 흑자로 전환하였다. 동시에 전동기의 보급으로 동력혁명이 일어나고 이를 통해 재래산업의 근대화와 기계화가 급진전되었다. 일본의 공업화는 새로운 단계에 들어선 것이 분명하였다. 19세기 말부터 20세기 초에 걸쳐 조선·철강·철도차량 등 그리고 전력 (전등용)이 이미 본격적으로 시작된 결과 제1차 세계대전기에 이르러 중화학공업화가 진전되고 동력혁명이 가능해지게 되었다.

전쟁이 끝나자 전쟁 관련 수요는 사라지고 '국제경쟁의 일시적 정지'라는 유리한 조건도 없어지게 되어 수출이 격감하고 경상수지는 계속 악화되었다. 일본경제는 전쟁이 끝난 다음에도 국내의 초과수요로 인플레이션이 계속되고 인플레이션 이득으로 기업의 적극적인 설비투자가 끊이지 않았으나 1920년의 전후공황으로 이 모든 것은 결정적인 타격을 받게 되었다. 선후공황이 지난 후에는 호황은 다시 찾아오지 않았고, 1923년의 간토 대지진·1927년의 금융공황이 이어진 만성불황의 1920년대가 되었다. 그러나 거시적으로 보면 중화학공업을 중심으로 한 수입대체적 공업화의 착실한 진전, 인조견사 등 신흥공업의 탄생, 면공업에서 방적에서 면포로 주역의 교체, 재래산업에서 근대화의 가속화 등이 나타난 제조업이 담당자가 되어 성장은 지속되었다. 반면 농업생산은 정체하고 쌀의 자급도가 떨어진 것 외에 일본농업의 한 축을 담당하였던 양잠업이 1920년대 후반에는 생사가격의 폭락과 수출감소로 커다란 타격을 받아 농공간의 생산성 격차가 현저히 확대되는 경향을 보였다. 이 같은 불가역적인 산업구조의 변화와 함께 재벌콘체른을 중심으로 대기업체제가 형성되고 노동시장

·제품시장·금융시장 등 시장에서의 분단성에 기초한 이중구조가 성립하는 등 그 후 일본경제의 구조적 특징을 이루는 것들이 나타났다.

또 1920년대의 커다란 특징으로는 4대공업지대의 형성과 근대도시기능의 정비를 포함한 도시화의 진전, 봉급생활자를 중심으로 한 신중간층의 성립, 도시를 중심으로 한 생활수준의 향상과 생활양식의 근대화·서양화, 교육수준의 상승 특히 중등학교 이상으로 진학률의 증가, 직장여성의 증가, 출판문화(신문·잡지·서적)·시청각문화(영화·레코드·라디오) 등을 중심으로 한 대중문화의 융성을 들 수 있다. 정치적으로도 정당내각의 탄생, 보통선거법의 제정으로 도시의 신중간층은 정치적 발언권을 얻었다. 대중사회로 움직임이 뚜렷이 나타났다. 이 1920년대도 세계대공황, 금수출 해금(=금본위제 복귀), 쇼와 공황(昭和恐慌)이라는 격동 속에서 끝나갔다.

1931년은 만주사변(9월)으로 15년 전쟁이 시작되고 금수출 재금지(12월)로 관리통화체제로의 이행이 시작되는 등 일본 근대사에서 정치적으로나 경제적으로 중요한 전환점이었다. 세계정치·경제질서도 1930년대에 크게 변질되었다. 국제금본위제의 중심인 영국이 1931년 7월에 금본위제에서 이탈한 것을 시작으로 1936년까지 모든 나라는 금본위제를 폐지하고 관리통화제를 채택하였다. 이로써 국제금본위제는 완전히 사라지고 자유무역주의에 근거를 둔 국제경제질서는 그 존립 기반을 상실하였다. 또 국제연맹도 국제적 마찰과 분쟁을 해결·조정할 수 있는 충분한 능력이 없었는데 이를 증명한 것이 1933년 독일과 일본의 탈퇴였다. 영국 주도의 세계경제체제는 사실상 해체되고 보호주의에 의한 블록화 경향이 강화되었고 협조보다 대립이라는 관계가 국제사회의 기조가 되었다.

이 같은 상황 속에서 일본은 중국대륙 침략, 만주의 사실상의 식민지화, 엔저에 의한 수출급증이 초래한 무역마찰 등으로 국제사회에서 점차 고립되어 가면서 세계정치·경제질서로부터 이탈하였다. 1937년의 중일전쟁으로 중국과 전면전쟁에 들어갔지만 전쟁이 장기화되면서 아시아의 다른 지역으로 침략을 확대하려는 움직임이 나타났다. 영국·미국·프랑스

·네덜란드 등의 국가들과 대립이 격화되어 갔지만 그 중에서도 무역에서의 의존도가 매우 높은 미국과 관계가 악화된 것은 일본경제를 궁지에 빠뜨렸다. 그러나 일본은 곤경에서 벗어나기 위해 대외정책을 전환한다는 정책을 택하지 않고 도리어 자원확보를 위해 동남아시아 지역으로 침략을 감행하여 1941년 프랑스령 인도지나 남부에 육해군을 진주시켰다. 그 결과 미국은 일본으로 전략물자를 수출하는 것을 전면 금지하여 미일간의 대립은 결정적인 단계에 들어섰다. 그리고 같은 해 12월 태평양전쟁이 일어났다.

15년 전쟁이 진행되면서 일본경제도 격변을 맞이하였다. 만주사변의 발발과 전쟁의 확대, 1931년 이후의 적극적 재정정책, 금수출 재금지 후의 엔저가 가져온 수출 확대로 일본경제는 불황에서 호황으로 국면전환을 맞이한 후 구미 선진 제국을 능가하는 경제성장을 지속하였다. 금본위제에서 이탈한 후 엔저로 아시아 시장으로 수출이 크게 증가한 면공업과 인조견사공업을 제외하면 1930년대 일본의 경제성장을 주도한 것은 중화학공업이었다. 만주사변과 군비확장으로 인한 군수의 증가, 만주지역의 식민지 경영, 엔저의 수입대체효과, 민간설비투자의 확대 등을 통해 중화학공업화가 진전되었다. 그리고 이를 위한 필수적인 전제조건이 된 것이 1920년대 후반부터 쇼와공황기에 걸친 기술혁신과 생산합리화의 진전, 그리고 안성된 은행제도의 설립이었다. 또 중화학공입화는 4대재벌과 신흥재벌을 중심으로 한 대기업체제=과점체제의 구축과 동시에 진전되었으나 이 대기업체제의 특징은 과점간 활발한 경쟁의 존재, 하청제도 내지 수직적 거래관계를 통한 중소기업의 조직적 이용이었다.

1930년대 전반의 일본경제는 전시경제로 뚜렷하게 기울어져 갔으나 아직 전쟁체제로 들어가지는 않았으며 그 제도적 틀에도 본질적인 변화가 생긴 것은 아니었다. 그러나 일본의 국제적 고립이 심화되면서 엔블록 이외의 지역과는 무역이 격감하고 석유를 비롯한 전략물자의 수입능력이 크게 감퇴하게 되자 관리무역을 시작으로 본격적인 경제통제가 시작되는 것은 시간문제였는데, 1937년의 중일전쟁은 그 결정적인 계기가 되었다.

1937년 이전의 경제통제는 시장경제기구의 존재와 기능을 전제로 한 간접통제였으나, 중일전쟁 후의 경제통제는 정부가 직접 기업과 산업에 개입하여 통제하는 명령경제적 성격이 강한 것으로 바뀌어 갔다. 그리고 1941년 태평양전쟁으로 정부에 의한 직접통제가 더욱 강화되었으며 시장경제가 크게 변화하였다. 이와 함께 산업구조·경제기구가 변하였는데 이것들은 전후에도 그대로 계승되었다. 1942년 이래 축소재생산이 진행되어 국민생활은 파탄에 이르고 일본경제가 붕괴하지 않을 수 없는 상황 속에서 패전의 날을 맞이하게 되었다.

1945년 8월 15일, 일본은 포츠담 선언을 수락하여 15년 전쟁을 종결지짓고, 패전의 결과 미국의 점령 하에 들어갔다. 1945년 10월에 연합국최고사령관총사령부(GHQ)가 설치되고, 같은 해 12월에는 점령정책에 관한 최고결정기관으로 극동위원회와 대일이사회가 구성되었다. 점령정책의 기본은 일본의 전쟁수행능력을 파괴하기 위한 철저한 비군사화에 있었고, 이를 위해 전쟁중 군사기구를 지탱해 온 정치·경제기구를 해체하고 민주적 개혁을 추진하는 것을 목표로 하였다. 이러한 기본방침 하에서 추진된 조치 가운데 경제 민주화를 위한 것이 3대개혁 즉 재벌해체, 노동3법의 제정, 농지개혁이었다. 1949년에는 미국의 대일관리방침에 변화가 일어났다. '덧지·라인'에 따라 엔의 안정화를 위해 재정팽창을 억제하고 적자재정을 중지해야 하였다. 1950년의 한국전쟁은 일본에게 전후부흥을 위한 절호의 기회를 제공해 주었다. 한국전쟁붐을 타고 수출이 급증하고 광공업 생산이 급증하였다. 국제수지가 개선되고 외화보유고도 현저하게 증가하였다. 한국전쟁중인 1951년 일본은 미국과 단독강화를 맺고, 미국이 주도하는 동아시아체제에 편입하여 이후 눈부신 경제성장을 달성하였다.

제1편

개항과 메이지 유신(1859~1890년)

제1장 막번체제의 성립과 전개

제1절 막번체제의 성립과 특징

도쿠가와 이에야스(德川家康)는 1600년 세키가하라 전투에서 승리함으로써 일본 전체에 대한 패권을 장악하였다. 1603년에는 정이대장군에 임명되어 중앙정권 담당자의 지위에 올라 에도에 막부를 열었다. 1614~1615년 오사카(大阪)의 도요토미 가를 멸망시킴으로써 전란을 종식시키고 천하태평의 시대를 열면서 도쿠가와 가의 전국 지배가 실현되었다.

막부는 강력한 권력을 가지고 여러 다이묘(大名)를 통할하였으나 전국 다이묘 영지의 약 81%, 전국 다이묘 수의 약 69%를 도자마 다이묘(外樣大名)[1]가 차지하고 있었다. 이러한 영주권을 중앙권력으로 보증하고 또 복속시키기 위해서는 군사력을 강화하고 막부령을 설정함으로써 지배기구를 확립할 필요가 있었다.

세키가하라 전투 직후인 1601년에는 금좌·은좌에서 새로운 금화와 은화를 주조하기 시작하고 새로운 폐제를 확립하여 전국적 화폐유통의 단서를 마련하였다. 그 외에 도로를 정비하여 교통이 발달하고, 통신제도가 발달하고 정보망도 확대하여 유통경제도 활발해 졌다. 1615년에는 무가제법도(武家諸法度), 금중병공가제법도(禁中並公家諸法度), 제종제본산

---

1) 다이묘에는 신판·후다이·도자마 등의 구별이 있었다. 신판은 도쿠가와 이에야스 이래 일문의 자제가 번주가 된 번으로 특히 이에야스의 아들이 봉해진 오와리(尾張)·기이(紀伊)·미토(水戸)의 3번을 고산케라고 한다. 후다이는 이에야스의 출신지인 미카와(三河) 이래의 가신, 도자마는 도요토미 씨의 가신이었던 자 등으로 세키가하라 전투 이래 새롭게 복종한 자를 가리킨다.

제법도(諸宗諸本山諸法度)가 제정되어 다이묘, 황실, 사사(社寺)에 대한 막부지배체제를 확립하였다.

막부권력의 집중과정에서 다이묘 통제책으로 개역(改易 : 소령의 몰수)과 전봉(轉封)을 실시하여 봉건적 토지소유의 통일적 편성을 추진하였다. 패권을 장악한 다음의 전후처리 과정에서 개역된 다이묘 수와 총 석고는 87가·414만 6,200석에 달하였고, 멸봉의 대상이 된 것은 3가·207만 5,490석이었다. 모두 합쳐서 622만 1,690 석이 무주공백지가 되었다. 이 같은 개역의 결과 다이묘의 전봉이 활발히 이루어져 도쿠가와 이에미쓰(德川家光 : 1623~1651) 말기까지 도쿠가와 일문 및 후다이 다이묘(譜代大名)의 전국 배치가 거의 완료되었다.

막번제 하에서 다이묘는 막부의 신하이고 막부로부터 토지의 영유를 인정받은 번주로서 막부에 대해서는 군역을 제공해야 하는 최대의 의무가 있었지만, 다이묘의 영지권이 장기화됨에 따라 다이묘를 개역·전봉하는 것은 쉽지 않게 되고 막부의 중앙권력은 상대적으로 쇠퇴하였다. 이로써 다이묘의 분권은 강화되고 이를 통해 막번제 국가의 기초는 굳건해졌다.

막번체제는 무사계급이 전국의 토지를 영유하면서 백성을 지배하는 통치체제이고 통일권력의 주체인 막부는 개개 다이묘의 봉건적 토지소유를 전제로 성립하였다. 한편 개개의 다이묘는 막부에 의한 봉건적 토지소유의 통일적 편성 속에서만 그 위치를 차지한다는 상호의존관계에서 전체로서의 막번체제가 확립하게 되었다. 이와 같이 지행제(知行制 : 봉토)를 매개로 봉건적 토지소유관계가 성립하고 병농분리와 석고제(石高制)를 편성원리로 하여 막번체제가 성립되면서 군역 부담과 참근교대(參勤交代)[2] 등 기타 의무가 수행되었다.

---

2) 다이묘는 일반적으로 에도에서 1년, 자신의 영지에서 1년씩 교대로 살아야 하는 의무가 있었다. 이 제도는 다이묘 통제의 근간을 이루는 것이었다. 다이묘의 반정도는 에도에서 막부의 직접적인 감시 하에 있었고 군사동원도 하기 쉬웠다. 또 에도와 영지를 오갈 때의 비용과 에도 체제 비용을 모두 다이묘가 담당하여야 했기 때문에 다이묘의 재정부담은 막대한 것이었다.

막번체제의 성립과정에서 그 기본적 조건으로 나타난 것이 병농분리와 석고제다. 병농분리는 에도 시대 이전에 이루어진 것인데 도요토미 히데요시(豊臣秀吉)가 태합검지와 함께 무기회수령을 내려 농민으로부터 활·창, 철포 등 무기를 몰수하고 농민을 토지에 철저하게 결박시키면서 병농분리·상공분리를 추진하였다. 동시에 히데요시는 농촌을 지배하고 있던 지자무라이(地侍)와 명주층을 생산과정에서 분리시켜 이들을 봉건가신으로 만들어 막번체제의 원형을 만들었다. 이렇게 하여 사농공상의 신분질서가 형성되어 무사는 봉건지배자로서 최고의 신분을 차지하고, 농공상은 일상 생활에서 엄격한 제한을 받게 되었다. 이와 함께 도시와 농촌이 분리되어 막번제적 분업관계가 전개되었다.

병농분리는 그 결과로 석고제를 성립시켰다. 석고제 성립의 결정적 계기가 된 것은 태합검지였다. 히데요시는 경지에 대한 연공액을 화폐액으로 표시한 종래의 관고제(貫高制)를 고쳐 연공의 부과기준으로서 석성(石盛 : 단위면적당 미곡의 표준수확량)을 결정하고 여기에 토지면적을 곱하여 석고를 산정하는 석고제를 채택하였다. 이러한 의미에서 석고는 미곡의 생산고 내지 수확량이라고 할 수 있다. 그런데 이 검지의 과정에서 일필의 경지와 명청인(名請人)을 촌을 매개로 확정하여 연공수취를 위한 농민지배방식으로서 촌청제(村請制, 연공이 촌단위로 부과되어 촌의 연내책임 하에서 납입하는 제도)가 창출되었다. 막번체제의 고유한 원리로서 병농분리와 상공분리에 따라 영주는 가신단과 상공업자를 분리·집주시켜 근세도시의 원형이라고 할 수 있는 조카마치(城下町)를 만들어 영국(領國)경제의 중추로 삼았다.

에도 시대의 도시에는 영방도시인 조카마치 외에 중앙도시인 에도·오사카·교토(京都)의 세 도시가 있어 큰 역할을 하였다. 막번체제 하의 다이묘는 가신단을 편성하여 조카마치에 집주시키고 영주와 무사의 군사상·일상생활상에 필요한 수요를 충족시켜 주기 위해 조카마치에 많은 상공업자를 집주시켰다. 그들은 업종별로 특정 구역에 거주하는 경향이 있었고 어정(魚町)·야채정·다옥정(茶屋町)·피륙정·철포정·목수정·

기와정 등의 상인마을과 직인마을을 형성하였다. 조카마치는 인공적이고 계획적으로 구축된 도시이고 이전의 몬젠마치(門前町), 슈쿠바마치(宿場町), 미나토마치(港町) 등을 개조·재생하여 조카마치로 재출발시킨 경우도 많았다.

이와 같이 조카마치를 중심으로 영국경제가 성립하고 발전함에 따라 중앙도시인 3도가 형성되었다. 오사카는 연공미가 판매되는 전국시장의 중심지로서의 기능을 수행하였고, 에도는 참근교대제에 따르는 가신단의 집주에 의해 거대한 소비도시로 번성하였으며, 교토는 의료품·무기·미술공예품·생산용구·의약품 등 전통적인 수공업제품의 생산도시로서의 역할을 하였다는 점에 주목할 필요가 있다. 또 오사카는 전국 여러 번의 중앙시장이 되고 전국시장의 핵심이 되는 유통도시로서 번성하였다.

막부에 의한 쇄국정책은 1633년부터 1639년 사이에 5회에 걸친 조령으로 순차적으로 실시되었다. 쇄국의 단행은 봉건적 토지소유체제를 강화하고 막번제 국가를 확립시키기 위해 이루어진 것이었기 때문에 봉건적 소농민의 자연경제로 결박, 미납연공제의 강화, 미곡시장으로서 중앙시장의 형성 등을 추진하는 과정에서 실시된 봉건체제의 완성이었다.

막부는 쇄국령에 의해 ① 일본인의 해외도항을 금지하고 주인선(朱印船) 무역3)을 엄금하였고, ② 그리스도교를 단속하였으며, ③ 대외무역의 관리정책을 분명히 하여 네덜란드와 중국과의 무역만을 인정하고 무역항도 나가사키 한 곳만을 지정하였다. 쇄국령이 강화된 1637년에는 그리스도 교도인 다이묘 고니시 유키나가(小西行長) 등의 구영지인 시마바라(島原)·아마쿠사(天草) 지방에서 농민반란이 일어나 종교전쟁의 양상을 띠었다. 이 '시마바라의 난'을 계기로 그리스도교에 대한 탄압을 더욱 강화하였고, 또 포르투갈선이 포교활동을 원조하고 있다는 이유로 포르투갈인의 내항을 금지하였다.

---

3) 일본인의 해외진출은 도요토미 히데요시 때부터 시작되었지만 에도 시대 초기에 이르러 특히 활발해졌다. 막부는 동남아시아로 향하는 무역선에 주인장(해외도항허가증)을 발행하고 이와 같이 공인받은 주인선이 다이묘·호상에 의해 각지에 파견되었다.

결국 쇄국은 막부가 무역을 독점하였다는 데에 커다란 의의가 있었고 서국 다이묘가 해외무역으로 강력해지는 것을 막고 동시에 국내유통기구의 지배체제를 강화하는 데에 막부 당국의 목표가 있었다. 1636년 관영통보(寬永通寶)를 주조하여 이 새로운 전화(錢貨)로 화폐유통을 통일하려고 하였던 것도 막부의 그러한 정책적 의도를 보여주는 것이었다.

제2절 막번제 사회의 확립과 전개

막번체제가 구조적으로 완성된 것은 17세기의 중후기 즉 게이안 기(慶安期 : 1648~1652년)부터 간분·엔포 기(寬文·延寶期, 1661~1681년) 경이었다. 이 시기까지가 막번제 사회의 제1단계라 불리고 영주가 농민의 전 잉여를 수취하는 사회의 하한에 해당된다. 1649년에는 「경안어촉서(慶安御觸書)」라는 검지조례 및 권농조례가 제정되어 농민법령이 집대성되었다.

이 시기에는 막부 통치의 동향이 무단주의에서 문치주의로 전환하고, 전국적인 정치이념에 근거한 무력행사로부터 교화방침으로 변화하며 막부 관리의 관료화가 이루어졌다. 더욱이 다이묘 개역의 방침이 완화되어 이 시기에 이르면 여러 디이묘는 정착하여 각가의 서고와 소령이 확정되었다.

농업생산의 발전 상황은 전국 총석고의 변화에 가장 잘 나타나 있다. 1598년에 1,850만 석이었으나 겐로쿠 기(元祿期 : 1688~1704년)에 2,578만 석, 1834년 3,043만 석, 1871년 3,163만 석이 되어 그동안에 1,313만 석(71%)이라는 놀라운 증가를 보였다.

이 같은 변화는 주로 신전개발로 경지면적이 증가하고 농업기술이 향상되었기 때문이다. 경지면적은 1598년 약 163만 정보였으나 교호기(享保期, 1716~1736년)가 되면 297만 정보로 크게 증가하였다. 이와 같이 경지개발이 증가한 것은 전국 말기부터 각지의 영주가 활발히 토목관개공사에 나서고 에도 시대에 들어서도 이것이 계속되었기 때문이었다. 에도 시대에는 막부와 영주의 직접 지도 하에 신전 개발을 추진하여 연공을 증수하려고 하였으나 그 후에는 도시 조닌(町人)의 재력으로 조닌 청부신전(町人請負新田)이 개발되기에 이르렀다.

간분기 이래 겐로쿠기에 걸쳐 소농경영의 자립화가 이루어져 본백성[4]이 일반적으로 형성되고 막번 권력의 기초가 되었다. 이는 신전개발에 따른 경지의 확대, 농업기술의 발달, 금비다투(金肥多投)에 의한 노동집약적 농법의 보급, 향도이촌(向都離村)의 경향 등과 함께 진행되어 막번권력은 본백성층의 소농경영을 유지시키면서 연공을 징수하여 전 잉여노동을 수취하려는 의도가 관철되었다.

이와 같은 소농의 자립과 농업생산력의 비약적 발전, 상업적 농업의 발전 등을 전기로 막번제 사회는 새로운 단계에 접어들게 되었다. 그것은 막번 영주에 의한 전 잉여노동의 수취체계의 후퇴와 그에 따른 구조변화라고 말할 수 있다. 그 결과 경제적 가치의 실현이 행동의 기준이 되고 경제법칙이 작동하기 시작하였다. 그것은 바로 경제사회의 성립이었다. 농민의 경제활동은 시장지향적 생산으로 나아갔으며, 이는 이윤확보를 목표로 하는 것이었다. 이와 함께 3도와 조카마치를 중심으로 한 전국적인 상품유통망이 형성되었다. 화폐가 전국적 규모에서 유통되고 환과 어음이 사용되면서 신용체계가 정비되었다. 정보전달조직이 정비되고 교육도 보급되어 새로운 가치체계가 추구되었다. 경제적 인센티브의 도입으로 농민과 상인의 일상생활과 의식이 바뀌고 일본인의 미덕이라고 할 수 있는 근면성이 이 시기부터 형성되어 공업화에 필요한 자질이 도야되어 산업혁명(industrial revolution)에 앞서 '근면혁명(industrious revolution)'

---

4) 에도 시대의 농민은 고지(高持)백성과 무고(無高)백성으로 대별된다. 고지백성은 막부영주로부터 대지와 경지의 소유를 인정받고 일정한 연공·여러 역을 부담하는 의무를 지닌 농민이었다. '본백성'이라 불리고 여러 역이 부과되었기 때문에 '역옥'이나 '역백성'이라고도 불렸다. 표준적인 고지백성은 고 10석, 경지면적 1정 내외를 소유하고 부부를 중심으로 한 가족으로 농업을 경영하였다. 이 단혼 소가족 경영을 기조로 한 것이 소농이었다. 고지백성에 대해 고 즉 경지를 갖지 않은 무고백성이 상당히 있었는데 이들은 명자(名子), 피관(被官), 수탄(水呑) 등으로 불렸다.

이 이루어졌다.

이 같은 구조변화를 배경으로 에도 후기 특히 19세기가 되면 경제가 지속적으로 성장하였고, 또 상품생산의 발전도 현저하였다. 농업의 경우 실수 석고는 에도 후기 1세기 반 사이에 50여 %가 증가하였다. 그 기간 중 경지의 증가율은 낮은 수준에 머물렀기 때문에 토지생산성의 상승이 농업산출고의 증가에 기여하였다. 에도 시대 농업의 중심은 수전경작이었으나 건전화와 이모작의 전개, 품종개량과 중·만도비율의 상승, 경운용구인 개량 비중(備中) 가래와 탈곡용구인 벼훑이(千齒扱)를 비롯한 농구 개량과 다양화, 시비법의 개선과 말린 정어리·콩깻묵 등 금비의 대량투입 등에 의해 반당(反當) 수확량은 증가경향을 보였다. 그러나 일본전체의 인구가 정체하고 있었기 때문에 미곡에 대한 수요는 늘지 않았다. 따라서 미작생산력의 상승은 비주곡생산 특히 공업원료를 포함한 상품작물의 작부면적을 증가시켰다. 에도 후기에 증가한 실수 석고의 상당한 부분은 상품작물이 차지하고 있었다. 그 중에서도 지방 영국에서 상업적 농업이 상당히 발전하였고, 기내(畿內) 등 선진지역의 기술도입과 각각의 지역이 가진 자연적·지리적 조건에 적합한 상품작물의 선택 등을 통해 각지역에서는 영국외 시장을 대상으로 하는 특산물이 생산되었다.

상품작물 특히 공업원료 농산물이 증산된 것은 말할 것도 없이 공업생산의 발전과 밀접한 관련을 가진 것이었고, 18세기 후기 이래 각종의 공업생산은 착실하게 발전하였다. 그 과정을 수량적으로 정확히 파악할 수는 없지만 1874년 생산액의 산업별 구성비를 보면 공업생산액은 전생산액의 33.7%를 차지하였고, 그 가운데 방직과 식료품 두 부문이 두드러졌다. 이와 같이 에도 후기의 공업발전은 기내 등 경제적 선진지역보다도 지방 영국에서 또 도시보다도 농촌에서 뚜렷하게 이루어졌고 더구나 농촌부업으로 이루어진 것이 많았다. 그리고 공업생산물에서도 농산물의 경우와 마찬가지로 각지에 새로운 특산물이 등장하게 되었다. 예를 들면 면직물업은 간토(關東)·호쿠리쿠(北陸)·도카이(東海)·산요(山陽)·산인(山陰)·시코쿠(四國)에서 새로운 산지가 나타났고, 견직물업에서는 기류(桐生)를 비롯한 간토 지방이 새롭게 등장하였다. 섬유 이외의 수공업 생산에서도 간장의 경우는 간토의 노다(野田)·조시(銚子), 간사이(關西)의 다쓰노(龍野)가 발전하였고, 철물에서는 하리마(播磨)의 미키(三木), 호키(伯耆)의 구라요시(倉吉), 에치젠(越前)의 다케후(武生), 에치고(越後)의 산조(三條) 등이 새롭게 전국시장에 참가하였다. 이처럼 에도 후기를 통해 농업·공업 모두 상품생산이 꾸준히 증가하였는데 이는 시장이 확대되었기 때문에 가능한 것이었다. 해외시장을 무시해도 좋은 이 시대의 시장확대는 주로 자급생산의 축소와 1인당 소득의 증대라는 두 요인에 의해 초래된 것이었다. 이 두 요인은 18세기 후기 이래 특히 19세기에 들어서면서부터 동시에 꾸준히 발달하였다. 상품작물의 특화와 수공업의 겸영을 추구하고 있던 소농경영은 물론, 그렇지 않은 소농경영에서도 18세기 이래 자급생산은 축소하였다. 또 이제까지 본 것처럼 에도 후기는 경제가 확대되는 경향이었고 반면에 인구는 정체 추세였기 때문에 1인당 소득이 상승하였다. 더구나 에도시대의 공조제도 아래에서는 1인당 소득의 상승부분을 영주층이 흡수할 수 없었기 때문에 농민의 가처분소득은 늘어났다. 18세기 후반부터 서민문화가 융성하였는데 이는 이 같은 사회현상의 덕분이었다.

제3절 막번제 말기의 경제상황

에도 후기의 경제발전으로 막번체제라는 정치·경제체제는 점차 그 한계를 분명히 드러내게 되었다. 우선 에도 전기에는 비교적 안정을 유지하였던 막부재정이 18세기의 후반에 들어서면서 궁핍해지기 시작하였다. 시장경제가 발전함에 따라 재정지출은 증대하여 갔으며 점차 근대의 중앙정부와 비슷한 기능을 가지게 된 막부로서는 외교·국방과 사회적 간접자본과 관련된 지출이 증가하였다. 그러나 정부수입이 재정지출의 증가에 발맞추어 증가하였던 것은 아니었다. 에도시대의 과세체계인 석고에 근거한 미납연공제 하에서는 연공액이 고정되는 경향이 강하였고, 각종 상품작물을 비롯한 농업생산력의 상승이 초래하는 농업소득의 증가를 과세대상으로 파악하는 것은 곤란하였다. 게다가 상공업 등의 비농업부문은 사실상 거의 과세 대상에서 제외되고 있었다. 막부재정의 적자는 필연적이었고 결국 19세기의 초기에는 위기 상황을 맞이하게 되었다.

1730년 이래 각종 재정수입 증가책을 시도하였으나 결정적인 방도를 찾지 못한 막부는 재정위기에 대처하는 최후의 수단으로서 전가의 보도라고 할 수 있는 화폐개주(악주)를 실시하였다. 1818년에 시작된 분세이기(文政期 : 1818~1829년)의 개주가 그것이다. 이 개주는 18세기에 행해진 개주와는 달리 신·구화의 등가교환방식을 채용하였기 때문에 막부에 거액의 개주이익금을 가져다주었지만, 동시에 화폐유통량도 50% 가까이 증가하였다. 그 결과 그 때까지 장기적으로 하락하고 있던 물가동향이 반전하여 지속적인 상승경향으로 바뀌었다. 그리고 이를 계기로 에도 시대의 경제발전은 국면전환을 맞이하여 '인플레이션적 성장'이라고 할 수 있는 상황이 나타났다. 분세이의 개주로 막부재정은 개선되었을지 모르지만 개주 이익금에 의한 재정수입의 확대는 일시적인 것이었기 때문에 근본적인 재정개혁이라고는 결코 말할 수 없었다. 더구나 미납연공제를 대신할 만한 과세체제는 만들어지지 않았다. 막부재정은 결국 또다시 악화되었고 화폐개주를 반복하였다. 이에 따라 화폐유통량은 급증하였고 물가도 계속 상승하였다.

18세기 후기 이래 여러 번의 재정도 대체적으로는 막부와 마찬가지로 위기상황이었다. 그러나 여러 번들은 막부와는 달리 화폐주조권을 갖고 있지 못했기 때문에 화폐개주는 현실적으로 불가능하였다. 이 때문에 여러 번은 화폐개주 대신에 번찰을 발행하려고 하였다. 1818년 이래 은찰·전찰 등의 번찰을 발행하는 번의 수는 서일본을 중심으로 증가하였다. 그리고 막부의 화폐개주가 반복되는 것과 보조를 맞추어 번찰발행고도 계속 증가하였다. 이것이 막번제 말기에 지속적 물가상승을 가져온 커다란 원인의 하나였다. 그러니 19세기의 번찰발행은 지방특산물의 번전매제와 결합되어 이루어진 것이 적지 않았다. 발행한 번찰을 산업자금으로 운용하고 이것에 의해 영국 내에 산업발전을 도모하는 것이었다. 이것은 분명

히 일종의 산업정책이었고, 메이지 전기(1868~1890년)의 식산흥업정책
의 원형이라고도 볼 수 있는 것이었다.

본래 번찰은 지방통화로서 전국화폐인 막부화폐를 보완하고 있었는데
막번제 말기의 번찰은 막부화폐와 대립하는 양상을 드러내고 있었다. 19
세기를 통하여 여러 번은 막부에 대하여 정치적으로나 경제적으로 상대
적인 자립도가 커져 막부와 노골적으로 대립하기 시작하였는데 그 상징
이 막부화폐와 번찰과의 관계라고 볼 수 있다. 그리고 막부와 여러 번 간
의 심각한 긴장 내지 대항관계는 막번체제를 동요시켰다. 이 같은 상황
속에서 개항을 둘러싼 막부와 구미 선진국과의 외교교섭이 이루어지고
그것이 막부와 여러 번 특히 서남웅번의 대립을 한층 심화시키면서 1859
년의 개항을 맞이하게 된다.

끝으로 개항 당시의 초기조건을 알기 위한 실마리로서 1850년을 중심
으로 한 여러 경제지표와 19세기에 있어서의 그 움직임을 보여 주는 것이
아래의 <표 1-1>이다.

<표 1-1> 1850년의 여러 경제지표

여러 경제지표	실수	1800~50년 연평균변화율(%)	1850~72년 연평균변화율(%)
(1) 인구(만명)	3,228	0.10	0.11
(2) 경지면적(천정)	3,170	0.09	0.09
(3) 실수석고(천석)	46,812	0.18	0.59
(4) 1인당 경지면적(반)	0.948	-0.01	-0.02
(5) 1인당 실수석고(석)	1.275	0.08	0.47
(6) 1반당 실수석고(석)	1.298	0.09	0.49
(7) 막부화폐유통고(천량)	52,750	1.79	6.9
(8) 번찰유통고(천량)	1,450이상	-	-
(9) 오오사카 도매물가(량기준)	-	0.42	6.4

주 : (7)의 연평균변화율은 1818~58년과 1858~69년에 대한 것. (9)의 연평균변화
   율은 1798/1802~1848/52년과 1868/52~1868/72년에 대한 것.
자료 : (1)~(6)은 速水融・宮本又郎 編(1988),『日本經濟史1 : 經濟社會の成
   立』, p.44, (7)은 岩橋勝(1976),「德川時代の貨幣數量」, 梅村又次外 編『數量
   經濟史論集 1 : 日本經濟の發展』, p.258, (8)은 山口和雄(1966),「藩札一覽」,
   小葉田淳外 編,『讀史要覽』, pp.811~831, (9)는 新保博(1978),『近世の物價
   と經濟發展』, pp.32~36, 282.

전국인구는 3,200여만 명이었지만 18세기 후반의 평균 연율은 −0.03% 였고 19세기 전반에는 연율 0.1%의 성장을 보였다. 그리고 1850년 이후에도 미세하지만 인구성장률은 상승추세였다. 경지면적은 약간 증가한 상태였지만 실수 석고의 증가는 이를 상회하였기 때문에 1반당 실수 석고 결국 토지생산성은 연율로 약 0.1% 상승하였다. 그러나 18세기 후반의 0.19%에 비하면 그 상승의 정도는 반감되었고 농업생산력은 오히려 18세기에 더 많이 상승하였다.

19세기 전반의 경제발전은 농업이 아닌 비농업부문의 성장에 의해 뒷받침되었다는 것은 앞서 말한 바와 같다. 하지만 비농업부문에 대해서는 자료적 제약 때문에 농업부문과 비교할 수 있는 자료가 없어 전국적 규모의 수량적 확인은 불가능하다. 그러나 1840년대의 죠슈(長州)에서는 총생산에서 농업부문과 비농업부문의 비율은 52 : 48이고, 부가가치기준으로는 65 : 35였다. 또 메이지 초기인 1874년의 전국 생산고의 산업별 구성을 보면 공업부문이 전체의 3분의 1 이상을 차지하고 있다. 이처럼 비농업 그 중에서도 공업부문이 19세기에 들어서 성장하였다.

막부 화폐 유통량은 18세기에는 그다지 증가하지 않았지만, 19세기에 들어서면서 화폐개주가 잇달아 실시된 결과 분세이의 개주 이래 크게 늘어나 1850년대 중반까지 연평균 1.7%의 성장을 보이고 있다. 다른 한편 번찰유통고에 대해서는 1842년에 막부가 조사한 숫자가 남아 있는데 <표 1-1>에서 보듯이 145만 냥에 이른다. 그러나 이 숫자는 실제보다도 작은 것이고 더구나 19세기 후반에는 번찰이 급증하여 1867년에는 1,900~2,800만 냥의 번찰이 발행된 것으로 추계되는데, 이는 같은 해 막부 화폐 유통고의 15~21%에 상당하는 것이었다. 따라서 번찰을 포함한 통화유통량의 성장률은 막부 화폐 유통량의 그것보다 훨씬 높은 수준이었다고 볼 수 있다.

19세기 전반기의 물가는 통화유통량의 팽창에 대응하여 뚜렷한 상승세를 보여 연평균 상승률은 0.42%가 되었다. 그러나 막부 화폐 유통량의 연평균 성장률인 1.70%보다는 훨씬 낮았다. 이것은 이 시기에 거래량이 증가한 결과라고 생각할 수가 있으며 그 배후에는 비농업부문을 중심으로 한 산출량의 확대가 있었음을 추측할 수 있다.

 이상의 검토에서 알 수 있는 것처럼 일본경제는 1850년대에 성장국면이 시작되었다. 이러한 때 일본은 개항을 맞이하였고 이후 경제는 새로운 전개양상을 보이게 된다. 이 점은 <표 1-1>에 나타난 여러 경제지표가 19세기 후반에 크게 변화한 것을 보면 알 수 있다.

제2장 개항

제1절 개항과 세계경제에 참가

일본의 개항은 1853년 6월 페리(M.C. Perry) 함대가 류큐를 거쳐 우라가(浦賀) 만에 도착함으로써 시작되었으나, 여기에 이르기까지의 과정은 19세기 초 이래 구미 제국을 중심으로 일본의 의사와는 상관없이 꾸준히 진행되고 있었다.

18세기 중반 이후 세계에서 가장 일찍 산업혁명을 시작한 영국은 막강한 경제력을 배경으로 1815년경에는 세계의 해상을 제패함으로써 언제든 동아시아로 진출도 가능하였다. 1819년 싱가포르를 식민지로 만들어 동아시아 진출의 거점을 마련한 영국은 1840~1842년 아편전쟁으로 홍콩을 식민지로 획득하고 상해 등 5개 항구를 개항시켰다. 상해거류지는 제2대 영국영사로 부임한 올코크(R. Alcock)의 주도 하에 신속하게 정비되어 영국 대중국무역의 거점이 되었다. 1850년대 초에는 영국 세력이 일본의 목전에 도달하였다.

동아시아의 이 같은 상황에 대한 정보는 얼마나 정확한 것이었는지는 모르지만 일본에 상당 부분 전달되었을 것이다. 더구나 19세기에 들어서자 외국선박이 수없이 일본 연해에 등장하여 1806년에는 러시아 특사 레자노프(N.P. Rezanov)가 나가사키에 내항하고 2년 후에는 영국 함대가 내항하는 등 1820년대가 되사 ㄱ 경향은 더욱 강화되있다. 이 기간 중 믹부의 태도는 반드시 일관된 것은 아니었고 내항한 외국선에 대하여 탄력적인 취급을 인정하다가도 갑자기 방침을 바꾸어 강경한 퇴치령을 내리는 식이었다. 그러나 1837년 일본인 표류민 7명을 송환하려고 한 미국선 모리슨 호를 포격하는 사건이 발생하고, 1840년부터 비로소 아편전쟁의 정보가 전달되면서부터 막부는 내항한 외국선에 대하여 연료·물·식량을 제공하는 것을 인정하는 쪽으로 바꾸었다. 1842년에 발포된 덴포 신수령(天保薪水令)에 바탕한 정책은 1853년까지 기본적으로 변함 없이 유지되었다. 하지만 외교관계를 수립하기 위해 서구 제국과 교섭을 시작해야 한다는 것은 이제 피할 수 없는 현실이었다.

일찍이 동아시아에 진출하여 세력을 확대하고 있던 영국이 중국에서 기반확보에 노력하고 있는 사이, 미국이 일본과 외교관계 수립에서 기선을 장악하였다. 미국은 일본 근해에서 자국 해난선원의 생명·재산의 보호를 주목적으로 일본에 개항을 강요하였는데, 그것은 동시에 태평양 횡단 선박의 석탄보급지를 확보하고, 동아시아의 해운경쟁에서 영국·프랑스·네덜란드 등 열강에 대한 미국의 우위를 실현한다는 의미를 가지고 있었다. 형식적으로는 대등한 입장에서의 외교교섭이 이루어져 쌍방의 조약안 조정을 거쳐 1854년에 미일화친조약이 조인되었는데 이 조약에서는 시모다(下田)·하코다테(函館)의 개항과 시모다에 미국영사가 주재하는 것을 인정하는 데 머물렀다. 그러나 1856년에 영사로서 시모다에 부임한 해리스(T. Harris)의 최대 임무는 일본과 통상조약을 체결하는 것이었다. 해리스와 막부 사이에 우여곡절을 거친 끝에 1858년에 미일수교통상조약(美日修交通商條約)이 조인되었다. 이를 시작으로 영국·프랑스·네덜란드·러시아 등의 유럽 제국과 통상조약이 체결되어 일본은 식민지가 아니라 독립국가로서 세계정치·경제질서에 본격적으로 참가하게 되었다. 그러나 독립국으로 참가하여도 이 단계에서는 세계정치질서에 대하여 적극적인 행동능력을 가진 것은 아니었고 국제관계의 변화에 대하여 수동적으로 대응해야 할 경제소국에 불과하였다.

제2절 불평등조약의 체결

미일수교통상조약이 체결된 1858년에는 중국도 열강과 천진조약을 체결하였다. 남경조약(1842년) 체결 후 영국을 중심으로 하는 외국상인의 대중국무역은 기대만큼 늘지 않았다. 이 때문에 1856년 애로우호 사건을 일으켜 영국·프랑스 연합군은 광주를 점령한 후 더욱 북상하여 결국 천진조약을 체결하게 되었다. 따라서 천진조약은 패전의 결과로서 중국에 강요된 것이었다.

일본의 경우는 통상조약이 전쟁의 결과로 강제된 것은 아니었고 독립국가로서 외교교섭을 통하여 체결되었다. 이는 일본이 세계정치·경제질서에 참여하는 방법을 규정하고 그 후 일본의 행보에 커다란 영향을 미쳤다. 그러나 대등한 입장에서 외교교섭이 이루어졌다는 것은 곧 통상조약 그 자체가 대등하였다는 것을 의미하지는 않았다. 일본 측에서 보면 불평등한 조항이 포함되어 있었다.

미일수교통상조약은 다른 4개 국과의 통상조약 모델이 되었는데 본문 14개 조와 부속무역장정 7개 조로 이루어졌다. 주요 내용은 다음과 같았다. ① 가나가와(神奈川), 나가사키, 하코다테, 니가타(新潟), 효고(兵庫)의 개항과 에도, 오사카의 개시, ② 자유무역, ③ 내외화폐의 동종동량원칙에 의한 교환, ④ 영사재판권의 용인, ⑤ 신교의 자유, ⑥ 협정관세 등이었다. 이 가운데 일본이 거류외국인에 대하여 재판권을 가지지 않는다는 ④의 조항과 일본이 관세자주권을 가지지 않고 조약상대국과의 합의가 없는 한 관세율의 개정을 하지 않는다는 ⑥의 조항은 모두 일본의 주권을 제약하는 것이고 명확한 불평등조약이었다. 이 때문에 조약개정으로 불평등을 해소하는 것이 메이지 초기 이래 일본정부의 염원이 되었다.

이 통상조약에 근거하여 무역이 시작되어 일본경제는 세계경제에 참가하게 되었지만, 이 때 통상조약이 정한 조항은 장·단기적으로 일본경제에 불리한 제약조건으로 작용하였다. 장기적으로 일본경제 발전에 영향을 준 것은 관세조항이었다. 관세에 관한 규정은 무역장정에 포함되어 있었는데 관세는 수출입품 모두 가격에 대해 부과되는 종가세였고, 수출품에 대해서는 일률적으로 종가 5%, 대부분의 수입품은 종가 20%, 면직물·모직물·미곡 등은 5%, 주류는 35%였고 아편수입은 금지되었다. 그 후 효고 개항·오사카 개시의 연기문제와 관련하여 영국의 주도 하에 조약국과 일본 사이에 외교교섭이 이루어졌다. 그 결과 막부는 중국에 대한 통상관계와 동일한 관계를 일본과도 맺으려는 영국의 의도에 따라 1866년에 개세약서(改稅約書)를 체결해야 하였다. 이로써 특정세율이 적용된 생사·차 등을 제외한 대부분 상품의 세율은 수출입 모두 종가 5%에 해당하는 종량세로 고쳐졌다. 결국 일본의 관세율도 천진조약과 동일한 수준으로 인하되고 관세에서의 불평등성은 더욱 강화되었다. 일본은 관세라는 보호수단을 갖지 못한 채 선진공업국을 비롯한 인도·중국 등 아시아 제국과의 경쟁에 직면하면서 공업화를 수행해 나가야 하였다.

　일본경제에 단기적이긴 하지만 엄청난 타격을 준 것은 화폐문제였다. 미일수교통상조약 제5조는 내외화폐의 유통에 관한 조항이 있는데 그 내용은 ① 모든 외국화폐는 일본 국내에서도 동종동량의 일본화폐와 등가로 유통된다, ② 일본인·미국인 상호 간의 지불에서는 외국화폐·일본화폐 어느 것을 사용해도 상관없다, ③ 개항후 1년간 일본정부는 희망하는 미국인에 대해서 외국화폐와 일본화폐의 동종동량의 원칙에 의한 교환을 보증하고 개주비는 징수하지 않는다, ④ 일본화폐의 수출은 동전을 제외하고는 자유로 한다. 또 조약 부속 무역장정에는 금은화 및 금은의 수입과 일본 금은화의 수출에 대해서는 관세를 부과하지 않는 것을 규정하였다. 이 화폐조항은 외국화폐가 일본국내에서 무제한 유통되는 것과 일본화폐의 자유로운 수출을 인정하였기 때문에 당시의 국제관행에서 벗어난 것이었고 일본정부(막부)의 화폐주조권을 침해하는 것이었다. 그러나 이것은 미국 측이 강요하였던 것은 아니고 오히려 일본측 의사에 따른 것이었다. 하지만 이 화폐조항 때문에 막번제 하의 화폐제도는 심각한 혼란에 직면하게 되었다.

제3절 만엔(万延)의 개주와 물가급등

통상조약의 화폐조항에 규정된 동종동량교환의 원칙에 따라 미일 쌍방이 합의한 교환비율은 1달러 은화 100개＝1분은(分銀) 은화 311개였다. 이 교환비율 자체도 각각의 화폐에 포함되어 있는 지금(地金)으로서의 은량을 비교해 보면 결코 평등한 것은 아니고 일본 측에 불리하였지만, 더 중요한 것은 국제금은 교환비율과 국내금은 교환비율의 괴리문제였다. 에도 시대 초기에는 국제금은 교환비율과 국내금은 교환비율은 거의 균형이었다. 그러나 쇄국으로 들어가면서 양자 사이에 괴리가 생겨 19세기에 들자 금은 교환비율은 금안(金安)·은고(銀高)의 방향으로 움직여 개항 당시에는 은의 가격이 국제수준의 세 배 정도나 높았다. 이 같은 괴리는 에도 시대에 금지금·은지금의 자유시장이 존재하지 않고, 또 관리무역체제 하에서 금화·은화·금지금·은지금의 자유로운 수출입이 인정되지 않았기 때문이다.

이와 같은 국내외 금은 교환비율의 차이를 방치한 그대로 화폐조항의 규정을 실시한다면 대규모적인 은화의 유입과 금화 유출은 필연적이었다. 통상조약 체결 교섭에 임한 막부측 대표단도 이것을 충분히 알고 있었고 따라서 그 대책을 은밀히 준비하고 있었다. 교섭 때 막부가 미국 측이 놀라워할 정도로 양보를 한 것은 이 때문이었다. 개항이 가까워진 1859년 5월 24일, 막부는 갑자기 금·은화의 전면적인 개주령을 공포하였다. 개정의 주안점은 양은 1달러 중량의 반인 13.5g의 안정이주은(安政二朱銀)을 새롭게 주조하는 것이었다. 안정이주은은 양은과의 교환용으로 만들었기 때문에 동종동량교환의 원칙에 따라 이 계수은화 2개와 1달러 은화 1개를 교환하려는 생각이었던 것이다. 신일분판(新一分判, 금) 1개와 신이주은 8개는 당연히 등가가 되고, 이 경우 금은 교환비율은 17.2 : 1이 되어 국내외 금은 교환비율의 괴리는 완전히 해소된다. 막부의 논리에 따른다면, 금은교환비율에서 국내외에 차이가 없다면 동종동량교환의 원칙에 근거하여 국내외 화폐의 자유로운 교환과 일본화폐의 자유로운 수출을 허가하여도 금화의 대량유출은 일어나지 않는다는 것이다.

그러나 이 일본의 논리를 열강은 받아들이지 않았다. 안정이주은의 주조는 9만냥 정도로 머물러 막부의 시도는 맥없이 무너지고 말았다. 당시 동아시아에서의 국제통화는 1달러은화(멕시코달러, 미국달러, 홍콩달러)였고 그 교환 상대가 된 것은 계수은화였기 때문에 현재 통용되고 있는 계수은화보다 세 배나 소재가치가 높은 안정이주은을 새로 주조한 것은 일본화폐의 평가절상을 의미하였다. 양은 1달러는 1분은 3개와 등가였음에도 불구하고 개주의 결과 이주은 2개 즉 1분은과 등가가 되고 양은의 일본상품에 대한 구매력은 순식간에 3분의 1로 떨어졌다. 이에 대해 통상조약의 상대국은 강력하게 항의하였다. 일본의 논리는 국제적으로 통하지 않았다. 결국 다시 품위를 내린 1분은을 주조하지 않을 수 없게 되고 국내의 금은교환비율은 5.1 : 1로 되돌아갔다. 이 때문에 은화가 대량으로 유입되고 이것과 교환된 금이 대량으로 유출되었다. 이 금유출의 규모에 대해서는 각종 추계가 있었지만 제2차 세계대전 후의 여러 추계에서는 10~80만 냥의 범위로 정리가 되었으나, 아직도 확정적인 추계는 얻지 못하고 있다. 금유출의 규모가 1858년의 금화유통량 2,830여만 냥의 0.4~2.8%에 머무른다고 하여도 겨우 6개월 사이에 10~80만 냥의 금화가 유출한 것은 막부로서는 좌시할 수 없는 일이었다. 금화의 대량유출은 막부가 18세기 후반 이래 구축하여 온 '양(兩)'금화본위제를 근본적으로 흔드는 것이었기 때문이다.

안정이주은의 새로운 주조에 실패한 막부가 시도한 두 번째 대책은 금화의 품질을 떨어뜨려 은화의 가치를 인하함으로써 금은교환비율을 국제수준에 맞추는 것이었다. 1860년의 「금화치증통용령(金貨値增通用令)」과 금화개주는 막부의 금화유출 대책이었다. 우선 1860년 1월에 유통되고 있는 금화를 화폐의 종류에 따라 액면의 약 2.7~3.3배 가치로 통용하도록 명령하였다. 다음 2월에는 각종 금화(소판·이분판·일분판·이주은)를 개주하여 품위는 이제까지와 다름이 없었으나 중량을 3분의 1 정도로 떨어뜨렸다. 이러한 조치의 결과 국내의 금은 교환비율은 국제금은 교환비율과 거의 비슷한 15.3 : 1이 되어 국내외의 금은교환비율의 차이에서 유래하는 금화의 국외유출은 완전히 정지되었다.

그러나 그 때문에 지출해야 할 비용이 만만치 않았다. 만엔의 개주로 금가치는 세 배 가량 인상되었고 더구나 분세이·덴포의 개주와 같은 신구화 등가교환이 아니라 신구화의 '증보교환'이 이루어졌다.[1] 여기에 막부는 개주이익금을 얻기 위해 안정이분판의 선례에 따라 기준화폐인 소판보다 20% 정도 질이 나빠진 이분판·이주은을 대량 주조하여 막부 화폐 발행고의 40%를 구성하게 되었다. 유통화폐량은 당연히 증가하여 금은화폐유통량은 5,300만 냥에서 일시에 1억3,000만 냥으로 크게 증가하였다. 물가가 급등하는 것은 당연하였다. 1860년부터 1867년까지 10년도 채 안 되는 사이에 오사카 도매물가가 세 배나 올랐다. 이 같은 물가상승은 불가역적인 것이고 단기적이나 장기적으로나 일본경제에 큰 영향을 주었다. 그 같은 영향 가운데 대표적인 것이 분배문제를 들 수 있다. 일반적으로 물가가 급등하는 시기에는 물가상승과 임금상승 사이의 시간차이 (time-lag) 때문에 실질임금이 떨어지지만, 1860년대의 폭발적인 인플레이션기에도 실질임금이 크게 떨어졌다. 나아가 만엔의 개주는 금화만을 대상으로 한 것이고 금화의 금함유량을 3분의 1정도로 줄여 그 함량의 크기에 따라 신구화의 증보교환이 이루어졌기 때문에 금화화폐자산은 일시에 세 배 정도 늘어났으나 은화화폐자산은 전혀 변화가 없었다. 따라서 금화형태의 화폐자산을 적게 가진 농민과 일반 도시주민에게 이 개주는 불리한 것이었다. 게다가 변화의 정도가 매우 컸기 때문에 그들이 받은 타격은 심대하였다. 1860년대 햐쿠쇼 잇키(一揆)와 도시파괴가 빈발하고 특히 후자의 급증은 이러한 점과 무관하지 않다.

그런데 1달러 은화=1분은 3개라는 국제평가가 변하지 않은 채 국내의 물가수준이 급격히 상승하면 고정환율제 하에서 국내의 물가수준이 급등한 경우와 같이 교역조건이 변하는 것은 당연하다. 그러나 현실적으로는

---

1) 에도 시대의 화폐개주 때는 신구화를 액면 1대1로 등가교환하는 방식과 소재가치가 높은 구화로 프리미엄을 붙여 '증보교환'하는 방식이 있었다. 19세기 전기인 분세이·덴포 등의 개주는 등가교환이고 1736년의 겐분(元文) 개주와 1860년의 만엔 개주는 증보교환 방식이었다.

내외화폐의 동종동량원칙에 따라 교환이 이루어진 개항 후 1년간에 모든 양은이 1분은과 교환된 것이 아니었고, 또 양은은 통상조약의 화폐조항의 규정 그대로 국내에서 자유롭게 유통되지도 않았다. 더욱이 내외화폐의 동종동량교환이 중지된 이후에도 양은은 국내에서 자유롭게 유통되지 않았다. 이 때문에 양은을 1분은으로 환전할 필요가 있었고 양은시세가 개항 때부터 성립하였다. 이 시세는 당연히 변동하였으나 대체로 35~40돈(匁)의 수준을 유지하였으며 국내의 물가상승과는 관련이 없었다. 따라서 국내물가의 상승으로 수출가격은 급등하였고, 반대로 수입가격은 상대적으로 떨어졌다. 이와 같은 조건 하에서 무역이 시작되었는데 이는 다양한 양상을 띠면서 일본경제에 큰 영향을 미쳤다.

제4절 대외무역의 시작

개항과 동시에 요코하마(橫浜)·나가사키·하코다테에서 무역이 시작되었다. <표 1-2>는 막부 말기의 무역액 추이를 보여주고 있다. 막부 말기에 대해서는 자료상 많은 제약이 있어 이 표에 나타난 숫자를 그대로 믿을 수는 없고 실제의 무역액은 이를 훨씬 상회하였을 것이지만, 막부 말기 무역의 일반적인 동향을 아는 데는 충분하다. 1859년의 무역개시 이후 1863년까지는 무역액은 순조롭게 성장하였다. 그 가운데에서도 수출은 국내물가수준에 따라 수출가격이 상승하였다는 점을 감안하더라도 큰 폭으로 증가하였고, 그 때문에 무역수지의 흑자폭도 증가하였다. 그러나 1864년 이후 수입가격이 상대적으로 하락하기 시작하자 수입이 급속히 늘어나 에도 시대의 마지막 해인 1867년에는 무역수지가 적자로 바뀌고 그 후 적자기조는 메이지기 내내 지속되었다. 그런데 달러기준의 무역액을 그 당시의 양은시세와 에도의 은시세를 이용하여 환산하면, 1863년의 경우 수출입 합쳐 약 1,250만 냥이 되고 쌀시세로 환산하면 600만 석정도가 되는데 이는 <표 1-1>에 나타난 1850년의 실수 석고의 13%에 해당한다. 쇄국에 들어가기 전 외국무역의 최성기였던 17세기 초에 미곡으로 환산한 무역규모는 200만 석 정도이고 당시 실수석고의 거의 10%에 달하였다. 에도시대 260년간의 경제발전을 고려하여도 막부 말기의 무역규모는 작은 것이 아니었다.

<표 1-2> 막부 말기 무역액의 추이 (천달러)

연도	수출	수입	무역수지
1859	891	603	288
1860	4,713	1,658	3,055
1861	3,786	2,364	1,422
1862	7,278	3,881	3,397
1863	12,208	6,119	6,009
1864	10,572	8,102	2,470
1865	18,490	15,144	3,346
1866	16,616	15,770	846
1867	12,123	21,673	-9,550

자료 : 岡光夫·山崎隆三 編著(1983), 『日本經濟史』, p.257.

이와 같았던 외국무역이 확대되고 그 규모 또한 적지 않았기 때문에, 개항은 일본에 심대한 영향을 미쳤다. 그 영향 가운데 중요한 것 중 하나가 무역 개시에 따른 상대가격의 변화다. <표 1-3>은 막부 말기의 수출입 구성을 나타내고 있다. 이 표도 앞의 <표 1-2>와 마찬가지로 자료적

<표 1-3> 막부 말기의 수출입구성 (천달러)

수입품	1865년	1867년	수출품	1865년	1867년
면 사	875	1,351	생 사	14,843	5,599
면직물	4,308	4,398	잠란지	727	2,303
모직물	6,701	3,184	차	1,935	2,006
금 속	527	209	구 리	–	62
무 기	1,067	1,619	목 랍	51	123
면 화	1	757	장 뇌	33	97
사 탕	208	1,661	석 탄	13	293
쌀	–	788	건 어	95	300
기 타	389	1,986	기 타	794	1,271
합 계	14,077	15,952	합 계	18,491	12,124

자료 : 梅村又次·山本有造(1989), 『日本經濟史 3 : 開港과維新』, p.195.

제약이 있지만, 메이지 초기의 수출입 구성과 거의 같기 때문에 여기에 나타난 것이 당시의 일반적 상황이라고 볼 수 있다. 수출은 생사·차·잠란지를 중심으로 하는 제1차 산품으로 이루어져 있고, 수입은 면사·면직물·모직물 등의 섬유제품, 사탕, 무기 등이 주력을 이루고 있다. 이러한 무역관련 상품의 가격이 변동하자 상대가격도 변동하였다.

쇄국체제 속에 있던 경제가 개방된 경우 가격 면에서 초기비교우위를 가졌던 수출품의 국내가격이 점차 등귀하여 국제가격에 접근하고, 반대로 가격 면에서 우위에 있는 외국상품의 수입확대는 그것과 경쟁 내지 대체 관계에 있는 국내상품의 가격을 인하시키게 된다. 그리고 무역과 관계가 없는 상품의 가격은 그다지 변화하지 않는다. 그러나 막부 말기의 경우에는 물가에 미치는 영향에 시간 차이가 있었는데, 수출상품의 가격은 곧바로 반응하였으나 수입상품의 경우는 그것보다 상당히 늦게 반응이 시작되었다. 따라서 무역의 개시에 따른 상대가격의 변화는 에도 시대와 함께 끝난 것이 아니라 메이지기에 들어서도 계속되었다. 어떻든 무역의 개시와 함께 생긴 상대가격의 변화는 급격한 동시에 불가역적이고 매우 극적인 성격을 띠고 있었다. 개항이 초래한 물가수준과 상대가격의 양면에 걸친 커다란 변화는 일본의 근대경제 발전에 중요한 선행조건이 되었다.

그런데 개항은 물론 구미 선진 제국에 대한 개방이고 영국이 주도하는 세계정치·경제질서로의 참가였지만, 그것은 동시에 이미 세계정치·경제질서 속에 편입되어 있던 아시아 여러 지역과 경쟁관계에 들어서게 되었음을 의미하였다. 수출의 주력을 차지하고 있는 생사·차는 중국사·중국차와 경쟁하게 되었고, 국내산 면직물과 직접 경쟁관계에 들어간 것은 인도산 후지면포(厚地綿布)와 태사(太絲)였으며 수입된 사탕은 모두 중국과 대만 것이었다. 앞에서 본 상대가격의 변화를 가져온 외국상품과의 경쟁은 아시아산 상품들 사이에서도 발생하였다. 개항이 서구 제국의 주도 하에 이루어졌다는 의미에서 '서양으로부터의 충격'이라고도 말하고 있지만, 무역 그 자체가 일본경제에 준 충격이라는 면에서는 아시아와의 경쟁이 더욱 커다란 의미를 가지고 있다. 불평등조약 하에서 개항한 것은 서양 제국과 아시아 제국을 포함한 외부로부터의 충격을 경제소국 일본이 공개적으로 받게 된 것을 의미하였다.

제3장 근대국가의 형성

제1절 막번제 정치·경제 제도의 해체

이미 최후의 단계에 들어선 막번제적 정치·경제 제도는 개항으로 대단원의 막을 내리게 되었다. 막번제 하에서 막부는 화폐주조권과 함께 외교권을 독점함으로써 일본의 정치적 지배자로서의 정당성을 확보하였다. 19세기를 지내면서 여러 번의 막부에 대한 상대적 자립성은 뚜렷하게 강화되어 갔으나, 이러한 두 개의 대권을 독점하고 있는 막부는 일본의 정치적 지배자로서 지위를 여전히 유지하고 있었다. 그러나 1850년대가 되자 상황은 급변하였다. 1853년에 미국의 요구를 가지고 페리가 우라가에 내항하였을 때 막부는 그 대응에 대한 조언을 다이묘들에게 구하였다. 이는 17세기 이래 막부가 향유하고 있던 외교권의 독점이 사실상 붕괴되었음을 의미한다. 이후 개항을 둘러싼 막부와 개항에 반대하는 여러 번 사이의 대립이 점차 격화되었다. 뿐만 아니라 1858년에는 막부가 미일통상조약의 초안에 대해 천황의 재가를 구한 것은 외교권 독점의 해체를 촉진하는 계기가 되었다. 이와 함께 개항 전후부터 여러 번에 의한 번찰발행이 증가하여 막부화폐와 대항하면서 동시에 보완관계를 유지하고 있었다. 막부의 화폐주조권 독점도 점차 붕괴하기 시작하였다. 이 점에서도 에도 시대의 정치·경제 체제가 끝나간다는 것은 명백하였다.

다음으로 개항을 둘러싼 국내외의 상황은, 막부 재정에도 커다란 변화를 초래하였다. 막부 재정의 존재형태는 말할 것도 없이 에도 시대의 정치·경제 체제와 깊은 관련을 가지고 있었지만 막부의 재정수지가 점차 어려워져 가고 있을 뿐만 아니라 막부재정의 구조 내지 성격 그 자체도 종래와는 다른 것으로 바뀌어 갔다. 1840년대 후반부터 50년대에 걸쳐 해안방위 문제의 중요성과 함께 해안방위경비가 증가하였는데 그 비중은 아직 작아서 막부 재정의 위기를 초래할 정도는 아니었다. 그러나 개항 이후 1860년대의 막부 재정은 해안방위경비 외에 1862년의 병제개혁에 따르는 육군 비용, 항만시설을 비롯한 개항장 관련 경비, 외교경비, 나마누기(生麥) 사건1) 등의 배상금, 기타의 대외관계 경비 외에 교토 대책비·조슈 정벌비 등 종래와는 다른 대외·대내 경비가 필요하게 되었다.

쇄국체제 하에서는 막부가 그 정치적 지배체제를 유지하기 위하여 여러 번에 대해 강력한 군사력을 갖는 것이 반드시 필요하였다. 그런데 개항 이후 막부의 정치적 지배권이 동요하기 시작하자 대내적으로 군비를 증강하는 것뿐만 아니라 대외적인 군비의 충실과 강화도 중요한 과제로 등장하였다. 나아가 1865년부터 시작된 조선을 위한 요코스카(橫須賀) 제철소의 건설 등을 내용으로 하는 식산흥업비도 새롭게 부가되었다. 이들 경비는 요코스카 제철소 건설경비가 아직 나타나지 않은 1863년의 경우만 보아도 270만 냥이라는 거액에 달하였다. 이것이 전 세출에서 차지하는 비중은 대략 25~30% 이상이었다. 막부 재정은 확실히 개항을 계기로 점차 근대국가의 중앙정부의 재정과 가까운 성격을 갖지 않을 수 없었다.

이와 같이 세출구조가 변화하였음에도 불구하고 세입구조는 과거와 다름이 없었다. 세입의 중심은 물론 연공이었으나 미납연공제 하에서는 미가의 변동에 의해 그 가액이 변동한다고 하여도 장기적으로 보아서 일정 수준에 고정화하는 경향이 강하고 경제성장에 따라 증대하는 것은 아니었다. 그 때문에 개항 후에 이처럼 새로운 대외·대내경비가 증가하여도

---

1) 사쓰마(薩摩) 번의 무사가 영국인을 살상한 사건. 1862년 번주 시마즈 히사미쓰(島津久光)가 가고시마로 귀향하던 중 가나카와 나마무기 촌락 부근에서 영국상인 리처드슨 등 4명이 행렬을 가로질렀다고(사실은 말에서 내려 무릎을 꿇지 않았다고) 하여 1명을 죽이고 2명에게 중상을 입혔다. 영국이 항의하였으나 사쓰마 번이 듣지 않자 살영전쟁(薩英戰爭)으로 번졌고 혼이 난 사쓰마 번의 사죄로 해결되었다.

세출증대에 대응하여 연공을 증액하는 것은 어려웠다. 세입부족을 충당하기 위해 오사카·에도 등의 조닌에게 어용금 부과 등의 방법을 택하였으나, 막부 말기에 막부의 커다란 재원이 된 것은 화폐개주 이익금이었다. 1844년 막부재정에서는 이 개주 이익금이 세입 전체의 20% 가까이 차지하였고, 1863년에는 실로 53%에 이르렀다. 미납연공과 개주 이익금이 중심이 된 세입구조는 이미 세출구조의 변화에 적용할 수 없었다. 재정제도 특히 세입구조의 근본적인 개혁이 필요하였으나 세입구조가 막번제 정치·경제 체제와 깊이 연결되어 있었기 때문에 새로운 상황에 적용한 재정제도의 구축은 정치·경제체제의 근본적인 변혁이 없는 한 불가능하였다. 이러한 점을 볼 때에도 막번제라는 정치·경제체제는 해체될 수밖에 없었다.

제2절 통일적 화폐공급의 실현

1867년의 대정봉환(大政奉還)으로 250여 년간 장악하여 온 정권을 도쿠가와 막부가 포기함으로써 수많은 영국으로 분립되어 있던 막번제는 종말을 고하였다. 그러나 곧바로 근대국민국가 즉 단일국가체제가 성립한 것은 아니었고, 메이지 유신과 함께 성립한 것은 분립한 소국가가 연합하여 중앙정부를 형성하는 연합국가체제였다. 이 연합국가체제에서는 국내적으로 보면 분립하고 있는 여러 번의 자립성이 에도 시대에 비해 강력해진 것은 분명하였으나, 반면 대외적으로 중앙정부가 국제정세의 변화에 민감하게 대응하여 단일국가로서의 의사결정을 해야 한다는 어려운 문제에 직면하였다. 더구나 이 연합국가체제는 권력기반이 아직 취약하였다. 연합국가체제는 근대국민국가로 나아가는 데 반드시 필요한 통과점이었다는 것은 분명하였으나 단명으로 끝날 수밖에 없었다. 일종의 쿠데타 내지 궁중혁명이라고 할 수 있는 폐번치현(廢藩置縣)으로 연합국가체제에서 단일국가체제로 이행해 가면서 새로운 정치·경제체제의 구축이라는 난해한 작업이 시작되었다.

　메이지 신정부는 무엇보다도 중앙정부로서 재정기반을 확립할 필요가 있었으나 여러 번이 국내국가로서 계속 존재하고 있는 상황에서는 막부의 재정 기반을 그대로 계승할 수밖에 없었다. 또 과세체제로서의 석고제가 가진 한계가 분명하였으나 소득에 대하여 직접·간접으로 과세하기 위한 전제가 되어야 할 근대적 행정기구가 아직 없었다. 메이지 신정부는 막부 말기의 막부가 경험하였던 것과 그다지 다르지 않은 재정위기에 직면하였다. 그리고 막부가 어용금과 개주이익금에 의존한 것과 마찬가지로 신정부는 어용금과 정부지폐의 발행에서 재원을 구하지 않을 수 없었다. 근대적 재정제도의 확립이 시작되기 위해서는 1873년의 지조개정(地租改正)을 기다려야 하였다.

　개항 이후 외국과의 무역을 시작한 일본의 최우선과제는 체계적 화폐제도의 수립이었다. 화폐제도의 통일은 상품경제 발달의 대전제고, 동시에 통일국가로서 대내적·대외적인 신임을 얻는 데 필요한 것이었다. 중앙정부로서 외교권과 화폐주조권을 장악하였던 메이지 신정부는 혼란된 화폐제도의 재편에 나섰지만 그 작업은 결코 용이한 것이 아니었고 시행착오를 거듭하였다.

　1868년 초에 양은 1달러를 금 3분과 등가로 규정하고 일본화폐와 동일하게 통용시킨다고 결정한 다음 외국화폐와 일본화폐의 법정평가를 정함으로써 체계적 화폐제도를 정립하려는 노력이 시작되었다. 그러나 다른 한편에서는 체계적 화폐제도의 형성에 역행하는 움직임도 있었다. 그 움직임으로 우선 들 수 있는 것은 중앙정부가 금찰(태정관찰)이라는 정부불환지폐를 발행한 것이다. 메이지 신정부는 금찰의 유통성을 높이기 위하여 여러 가지 수단을 동원하였지만 발족한 지 얼마 되지 않은 중앙정부에 대한 신용은 그다지 높지 않았고, 또 재정적 필요에 따라 발행한 결과 그 발행량이 팽창하여 4,800만 냥에 달하였다. 자연히 금찰은 액면가치 그대로 통용되지 않고 대폭 감가되었다. 더구나 메이지 유신 이후 일시적이지만 자립성이 강화된 지방(부·번·현)은 번찰의 발행을 크게 늘렸다. 1871년의 번찰발행고는 4,700만 냥에 달하였는데 그 반정도가 메이지기에 들어서 발행된 것이었다. 중앙정부는 이에 대해 거의 관리·통제를 할 수가 없었다.

메이지 정부는 외교문제로 발전한 금찰에 대해서는 1869년에 금찰의 발행정지와 그 정화와의 태환을 결정하고, 또 부·번·현의 지폐에 대해서도 발행을 금지하였다. 그리고 영국 동양은행과의 사이에 화폐주조를 위한 조약서를 체결하는 등 새로운 화폐제도를 확립하기 위한 지반 정리를 착실히 진행시켰다. 메이지 정부는 1871년 6월 신화조례를 포고하고 냥·분·주 대신에 엔·전·리를 화폐단위로 하는 신화폐체계를 채용하였다. 1엔을 순금 4분(1.5g)으로 정하고 5종류의 금화를 발행하는 금본위제도였다. 이는 미국의 통화·금융제도를 조사하고 온 이토 히로부미(伊藤博文)의 강력한 주장에 따른 것이었다. 당시 아시아는 은화중심의 화폐제도였고 게다가 양은이 아시아 시장에서의 무역통화였지만, 서구 제국은 영국을 따라 금본위제로 나아가고 있었다. 일본은 개항 직후 금화가 유출되고 메이지 초기에도 다량의 금화유출이 발생하였기 때문에 충분한 금을 보유할 수가 없었다. 더구나 무역거래는 양은으로 결제되는 상황이었기 때문에 금본위제가 확립되기 위한 조건이 충분히 정비된 것은 아니었음에도 불구하고 신화조례는 금본위제를 채용하였다. 금본위제로의 이행은 아시아 은화권에서 이탈하여 서구 주요국과의 무역·금융 관계를 안정시킨다는 것이었고 이는 탈아입구(脫亞入歐)[2]의 경제적 표현이었다. 그러나 충분한 준비없이 시작된 금본위제를 유지하는 것은 어려웠다. 신화조례는 금본위제를 채용하였지만 무역거래에서는 무역은(1엔 은화, 순은 24.26g 함유)을 주조하여 본위화폐와 동일하게 취급하고(무역은 100엔

---

2) 막부 말기-메이지 기의 계몽주의적 사상가였던 후쿠자와 유키치(福澤諭吉 : 1834/35~1901)의 말이다. 일본이 나아가야 할 길은 후진 아시아 제국과 관계를 맺을 것이 아니라 서양과 친해야 한다는 사상이다. 그는 1885년에 발표된 '탈아론'에서 서양인이 한·중·일 삼국을 동일시할 것을 염려하여 일본은 '그 대오에서 벗어나 중국·조선을 접촉함에 바로 서양인들이 이들과 접촉하는 방식대로 처리'해야 할 것이며 '악우와 친하게 되면 악명을 면하기 어려우니 우리는 진정으로 아시아 동방의 악우를 사절해야 한다'고 주장하였다. 이 사상은 일본인에게 아시아 멸시와 서양숭배사상을 주입하는 데 큰 역할을 하였다.

＝본위금화 101엔의 공정교환비율), 국내에서는 사적거래에 한하여 자유시세(시가)로 통용되는 것을 허용하였기 때문에 실제는 금은복본위제였다.

그 후 1878년 5월부터 무역은의 일반 통용을 허가하였기 때문에 은본위제가 되었다. 이는 일본에게 다른 아시아 지역과 동일한 은본위제의 채용을 강력하게 요구하였던 영국을 중심으로 하는 서구 선진 제국과의 타협의 산물이었다고 볼 수 있고, 그 결과 신화조례에 의한 새로운 화폐제도의 체계성을 약화시켰으나 에도 시대의 화폐제도에 비하면 통일적 화폐제도를 향해 진일보한 것이었다.

신화조례에 근거한 신주화(본위화폐·보조화폐)의 발행과 구화폐의 통용정지로 통화유통고가 축소되어 인플레이션은 수습되었다. 1869년의 화폐(막부화폐유통고)는 1억 3,022만 냥이고 그 이외에도 5,000만 냥의 정부지폐와 그와 거의 비슷한 액수의 부번현 발행화폐(구번찰)가 유통되고 있었다. 신화조례로 새로 주조된 본위화·보조화의 유통고는 1871년 1,244만 엔, 1872년 3,931만 엔이고 여기에 정부지폐를 더한 통화유통고는 1871년 7,271만 엔, 1872년 1억 771만 엔이었다. 여기에다 1871년부터 번찰이 정부지폐와 교환됨에 따라 번찰은 유통계에서 모습을 감추게 되었다. 통화유통고는 유통계에 남아 있거나 퇴장된 구금은화를 포함한다고 하여도 크게 감소하였다. 메이지 유신 후에도 상승세를 보여온 물가는 1870년을 경계로 저하 경향으로 바뀌었지만, 1872·73년에는 물가는 크게 하락하여 신화조례는 막부 말기 이래의 인플레이션을 최종적으로 수습하는 강력한 디플레이션 효과를 가져왔다.

제3절 근대적 조세제도로 이행

화폐제도 다음으로 해결해야 할 문제는 근대적 재정제도의 확립이었다. 1871년의 폐번치현으로 메이지 신정부는 전국의 군대와 조세를 장악하여 중앙정부로 권력을 집중하였다. <표 1-4>에서 보는 것처럼 1869년

까지 중앙정부의 세입 가운데 조세는 10% 전후를 차지하는 데 지나지 않
았고, 대부분은 차입 내지 기타 항목의 대부분을 차지하는 정부불환 지폐
발행에 의존하고 있었다. 1869년의 판적봉환(版籍奉還 : 번을 해체하기
위해 토지와 인민을 천황에게 반환하도록 한 조치)으로 번세입의 10%를
구번주인 번지사의 가록으로, 나머지 90%를 구가신인 사족졸의 가록과
번관청 경비에 충당할 것이 결정되었다. 1870년에는 번세입의 적어도 9%
는 군사비로, 그 반은 해군비로서 중앙에 납부해야 한다는 결정이 내려졌
다. 그 결과 1870년 이래 정부세입에서 차지하는 조세의 비율은 증가하였
는데 폐번치현으로 그 비율이 더욱 상승하게 되었다<표 1-5>. 그러나 그
조세는 에도 시대의 공조를 그대로 답습한 것이었기 때문에 연공미를 어
떻게 처분해야 할 것인가라는 난문제에 직면하였고, 더욱이 미가의 격심

<표 1-4> 세입구성의 추이 (%)

연도	세입총액	조세	관업·관유 재산수입	공채· 차입금	기타
1867/12말~1868/12말	33,089천엔	9.5천엔	0.2	14.3	76.0
1869/ 1~1869/12	34,438	12.8	0.3	2.6	84.3
1870/ 1~1870/ 9	20,959	44.5	0.5	22.8	32.2
1870/10~1871/ 9	22,145	58.0	1.5	-	40.5
1871/10~1872/12	50,445	43.3	0.9	-	55.8
1873/ 1~1873/12	85,507	76.0	4.9	12.7	6.4
1874/ 1~1874/12	73,446	88.9	4.2	-	6.9
1875/ 1~1875/ 6	86,321	88.7	5.6	-	5.8
1875/ 7~1876/ 6	69,483	85.2	4.4	-	10.4
1876/ 7~1877/ 6	59,481	87.0	5.9	-	7.1
1877/ 7~1878/ 6	52,338	91.5	3.2	-	5.3
1878/ 7~1879/ 6	62,444	82.5	2.6	-	14.9
1879/ 7~1880/ 6	62,152	89.5	2.9	-	7.6
1880/ 7~1881/ 6	63,367	87.2	3.3	-	9.5
1881/ 7~1882/ 6	71,490	86.3	3.0	-	10.7
1882/ 7~1883/ 6	73,508	92.2	2.5	-	5.3
1883/ 7~1884/ 6	83,107	81.4	1.9	-	16.7
1884/ 7~1885/ 6	76,670	87.7	2.8	-	6.9

자료 : 中村隆英(1983b), 「明治維新期財政金融政策展望」, 梅村又次·中村融英
編, 『松方財政と殖産興業政策』, p.12.

<표 1-5> 지조수입과 미가의 추이

연도	지조수입	지조/전조세	미가
1875/1~1875/6	67,718천엔	88.5%	5.54엔
1875/7~1876/6	50,345	85.1	6.17
1876/6~1877/6	43,023	83.2	4.30
1877/7~1878/6	39,451	82.3	4.46
1878/7~1879/6	40,455	78.6	5.13
1879/7~1880/6	42,113	75.8	7.53
1880/7~1881/6	42,346	76.6	9.46
1881/7~1882/6	43,724	70.2	10.08
1882/7~1883/6	43,342	64.0	8.04
1883/7~1884/6	43,358	64.1	5.63
1884/7~1885/6	43,426	64.6	4.63

자료 : 지조 수입과 전조세 수입은 大藏省百年史編纂室(1969), 『大藏省百年史 別卷』, pp.132, 190~91, 미가는 大川一司·野田孜 外(1966), 『長期經濟統計 8 : 物 價』, p.168.

한 변동으로 매년 세입액의 커다란 차이가 생겼기 때문에 계획적인 재정 운영이 곤란하여 근대적인 중앙정부의 재정제도로 볼 수는 없었다.

1873년에 시작되어 1879년에 완료될 때까지 6년의 세월에 걸쳐 실시된 지조개정은 일본에서 근대적 세제가 확립하는 출발점이었다. 토지소유자 를 확정하여 지권을 교부하는 동시에 지가를 정하고 그 지가의 3%를 지 조로 하고, 지조의 3% 이내를 지방세로 하였다. 지가의 산정에서는 원칙 적으로 수익에 근거한 법정지가주의가 채용되었다. 지가산정과 과세율은 이전의 세입을 줄이지 않는다는 목표 속에서 설정되었다.

이와 같이 지조개정은 번에 따라 지조율·납입방법 등이 달랐던 막번 제 시대와 달리 전국적으로 일률적인 과세제도를 수립한 것이고 석고를 기준으로 한 공조액 결정·공조의 미납·촌청제에서 지가를 기준으로 한 지조액 결정·조세의 화폐납·개인부담으로 과세방법을 바꾸었다. 이 지 조개정에서는 지권교부를 통하여 토지에 대한 사적소유권을 확정하고 토 지소유자에 지조납입의 의무를 부담시킴으로써 근대적 토지소유권의 확 립을 촉진한 것 외에, 세입액이 변동한다는 위험을 없애 계획적인 예산편 성이 가능하게 되어 근대세제로 한 걸음 나아가게 되었다.

그러나 지조는 소득 내지 소득 흐름에 대한 과세가 아니고 토지라는 고정자산 결국 저량(stock)에 대한 과세이고 농업소득이 증대한다고 지조가 증수되는 구조는 아니어서 농업성장이 곧바로 세수입 증대로 귀결되지 않았다. 또 토지생산성이 상대적으로 높은 중농이상이나 토지생산성이 상대적으로 낮은 영세·소농층이나 모두 소유하는 농지의 지가가 같다면 단위면적당 과세액은 전혀 변하지 않기 때문에 지조는 역진세가 될 가능성이 있었다. 따라서 지조가 조세의 중심을 차지하고 있는 한 본래 의미에서의 근대적 재정제도가 확립되었다고는 말하기가 어렵다.

처음에 지조는 구공조와 사실상 같은 수준이었다. 그러나 지조개정작업이 상당히 진행된 1875년부터 1876년에 걸쳐 미가가 30% 넘게 하락한 결과 농민의 지조부담은 상대적으로 높아지고 지조개정에 반대하는 농민운동도 각지에서 발생하였다. 이 때문에 1877년에는 지조율을 2.5%로 인하하고 다음 해에는 지방세율도 0.5% 이내로 인하되었다. 1877년경부터는 지폐인플레이션이 진행되어 지조수입은 절대적으로도 상대적으로도 크게 감소하였다. <표 1-5>를 보면 미가가 4.30 엔이었던 1876년의 지조수입은 4300여만 엔이었지만 미가가 10.08엔으로 상승한 1881년에도 지조수입은 4,334여만 엔에 머물렀고 실질적으로는 지조수입은 2분의 1이하로 떨어졌음을 알 수 있다. 주세 등의 간접세의 증징으로 지조 이외의 조세비중이 높아졌다고 하여도 점차 그 성장도를 높여 가고 있던 비농업 부문에 대한 과세는 여전히 거의 실현되지 않았다. 이에 따라 재정위기는 불가피하였고 세입부족을 보충하기 위해 정부불환지폐의 발행에 더욱 의존하지 않을 수 없었다. 지조중심의 조세제도가 가진 한계가 명백해지고 전반적인 수정이 필요하였지만, 세제에서 소득 흐름에 대한 직접과세인 소득세가 중심을 차지하게 된 것은 1887년 이후였다.

그동안에 정부는 주세 등 간접세를 증징하였지만 기본적으로는 재정지출의 삭감과 물가인하를 통한 지조수입의 실질적인 증대 이외에는 방법이 없었다. 1881년의 정변으로 등장한 마쓰카타(松方) 재정은 지폐정리와 긴축재정을 내용으로 하는 강력한 디플레이션 정책을 추진하여 재정위기에 대처하였다. 앞의 <표 1-5>를 보면 지조수입은 여전히 4,300만 엔대를 지속하였지만 미가는 1884년에는 4.63엔으로 떨어졌다. 농민의 지조부담은 급증하였다. 지조개정 때에 비해 지조율이 0.5% 인하되었기 때문에 지조부담은 그 때보다 높은 것은 아니었지만 1877년 이래의 인플레이션기에 지조부담이 실질적으로 대폭 감소하여 가처분소득이 증가하였던 농민들은 마쓰카타 디플레이션으로 지조부담이 실질적으로 증가하였다. 인플레이션 이득을 얻었던 농민들의 희생으로 재정위기에서 벗어난 마쓰카타는 연수 300엔 이상에 1~3%를 과세하는 소득세법을 제정하였다. 이로써 소득흐름에 대한 직접세·간접세라는 두 축으로 이루어진 근대적 조세제도가 성립되었다.

제4절 구지배계급의 정리비용

지조개정으로 재정기구가 정비되어 갔지만 일본에서 근대국가체제가 성립하기 위해서는 구지배계급인 다이묘를 비롯한 무사계급에 대한 정리가 필요하였다. 이는 권력의 중앙정부 집중을 위해 반드시 거쳐야 할 과정이었다. 판적봉환으로 다이묘는 번지사로 임명되어 화족이 되고, 가신은 사족으로 불리게 되었디. 1871년 1월에 각 부번현에 시달된 징병원칙으로 사족 이외에는 징병도 가능해져 무사에 의한 군사독점이 부정되었다. 폐번치현의 결과 부현지사가 새로이 중앙정부에서 임명되어 구다이묘는 지방정부의 수장이라는 지위에서 최종적으로 물러나게 되었다. 1872년에는 관직에 있는 자를 제외한 화사족·졸에게 농·상·공업에 종사하는 것을 허락하고 구무사에 직업선택의 자유를 주었으나 동시에 행정적·군사적 서비스 부문의 취업보장도 사라지게 되었다. 1873년의 징병령은 이 모든 것의 필연적인 귀결이었다. 그리고 1873년 질록공채발행을 거쳐 1876년에는 무사의 봉록이 최종적으로 폐지되고 금록공채가 교부되었다. 이것은 메이지 정부의 재정기반을 굳건하게 하는 동시에 계급으로서의 무사의 소멸, 따라서 막번체제의 종말을 현실화시키는 최종적인 조치였다.

　이 같은 극적인 제도개혁에는 당연히 어느 정도의 비용을 지불할 필요가 있었다. 우선 메이지 정부는 구번의 번채와 번찰을 떠맡았다. 구다이묘는 지방영주로서의 권력을 잃었지만 번채와 번찰의 상환의무에 대해서는 면책되었다. 더욱이 화족이라는 특권적인 사회적 지위가 주어졌고, 가록도 금록공채로 바꾸어 가록의 30~40%에 해당하는 이자수입의 획득을 보장하였다. 구다이묘의 입장에서 볼 때 이 제도개혁을 반드시 거부해야 할 필요는 없었다. 일반 무사층의 경우도 가록의 금록공채화로 실질적 수입은 감소되었지만, 하급무사층일수록 수입감소율이 적도록 배려되어 최저 가록의 경우는 수입감소율이 2% 수준이었다. 무사층이 가록의 반대급부로서 군사적·행정적 서비스를 제공할 의무는 없어졌고, 사족이라는 사회적 지위가 주어지고, 또 그들의 일부는 군사·경찰·행정 등의 부문에 취업하였다. 1871년의 「가록처분일람표」에 의하면 정부에 제출된 무사의 수는 39만 5천 명으로 되어 있지만, 1881년 관공리 수는 중앙 11만 9천 명, 지방 9만 명 합계 20만 9천 명이었다. 이러한 관공리의 과반을 구무사가 차지하고 있었기 때문에 39만 5천 명 가운데 적어도 30% 이상이 어떤 형태로든지 관계에 자리를 잡았다. 신체제에서 배제된 계층의 일부가 반란을 일으켜 이러한 제도개혁에 반발한 경우도 있었지만 대부분의 일반 무사층에게 있어 이 제도개혁은 거부의 대상이 아니었다.

　메이지 정부는 구번채·번찰이라는 채무를 인계받았으나 그 모든 것에 대해 상환의무를 가진 것은 아니었고, 또 반 이상은 갚지 않았다. 채무의 상환조건은 복잡하고 일반적으로 채권자에게 불리한 것이었다. 구번의 외국채는 원칙적으로 모두 현금으로 상환되었다. 1843년 이전의 번채, 막부로부터의 차입금, 관군에 적대하여 멸가된 구번의 채무 등이 구 번채의 50% 이상을 차지하였지만 이것들은 대부분 삭감되었다. 나머지 구번채 가운데 1844~67년분은 무이자 50연부 상환, 1868년 이래의 것은 3년 거치 4분리 이자부 25연부 상환이라는 조건이었다. 이것은 구번채의 실질적인 대폭 감액을 의미하는 것이었기 때문에 실제로는 구번채의 3분의 2 정도가 삭감되었다. 또 질록처분에서도 구가록의 60~70%가 사실상 삭감되었다. 마지막으로 구번찰에 대해서도 대폭적인 삭감이 이루어졌다. 1871년의 번찰발행고는 4,700만 엔 전후로 추정되는데, 메이지 정부에 제출된 번찰발행고는 3,855만 엔, 정부가 시가를 기초로 한 환산율로 정부지폐와 교환한 액은 2,291만 엔이었기 때문에 번찰의 경우도 50% 이상이 삭감되었다.

이 같은 구번채·번찰의 대폭적인 삭감은 메이지 유신이라는 제도개혁의 비용을 채권자도 부담하였다는 것을 의미한다. 번채의 실질적인 삭감액은 5,000여만 엔 전후, 번찰의 경우는 2,400여만 엔 전후로 합계 7,400만 엔 이상에 달하고 있다. 이 숫자는 1870년대 중앙정부의 평균세입을 능가하는 것이었지만 이 역시 무사 이외의 계층이 부담하였다. 그 가운데서도 여러 번 및 하타모토(旗本)·고케닌(御家人)에게 대부하였던 오사카·에도의 대상인은 경제적으로 엄청난 타격을 받았다. 바꾸어 말하면 제도개혁의 비용을 가장 많이 부담한 계층은 무사계층이 아니라 아무런 보상도 받지 못한 채 대규모의 채권을 삭감당한 도시 대상인이었다.

이처럼 구체제의 정리가 유상으로 이루어지고 이것이 확고한 재정기반을 갖고 있지 않았던 메이지 정부에 상당한 재정부담을 가져다준 것은 사실이었다. 그러나 일본의 근대국가 성립이 커다란 사회적·경제적 혼란 없이, 더구나 계획적인 재정운영을 곤란하게 할 정도의 재정부담없이 가능하였다는 것은 주목할 만한 가치가 있는 것이다. 하지만 이러한 여러 과정은 메이지 유신이 봉건적 요소를 완전히 제거하지 못한 불철저한 개혁이었다는 사실을 말해 주고 있다.

제4장 공업화를 위한 제도 정비

제1절 국가적 통합의 진전

19세기 후반 세계경제를 주도한 영국 등의 구미 선진 제국은 시장경제 체제라는 구조 하에 공업화를 추진하였다. 이 세계경제·경제질서에 참가하여 구미 선진 제국과 어깨를 나란히 하기 위해서는 근대국가로서의 체제를 정비하는 동시에 시장경제라는 구조 속에서 공업화를 신속하게 진전시키는 것이 필요하였다. 그리고 메이지 정부가 그 발족 이래의 비원이었던 불평등조약 개정을 위해서라도 시장경제체제에 적합한 제도적 구조를 정비하는 것이 긴급한 과제였다.

1871년 8월의 폐번치현과 함께 성립한 신내각은 같은 해 11월 안세이 조약의 개정을 위한 예비교섭과 구미 선진 제국의 제도·문물의 조사를 주요한 목적으로 한 이와쿠라(岩倉) 사절단을 미국·유럽으로 파견하였다. 메이지 정부는 이미 1869년 2월에 비공식이지만 조약개정 교섭을 관계 각국에게 제안하고 있었으나 이와쿠라 사절단을 파견하게 됨에 따라 각국 공사에게 안세이 조약 개정교섭을 이와쿠라 사절단이 귀국할 때까지 연기한다는 뜻을 통고하였다. 불평등조약의 개정을 조기 실현한다는 기대를 가지고 파견된 이와쿠라 사절단은 최초의 방문국인 미국에서 두터운 벽에 부딪힌 이후 조약개정을 실현하기 위해서는 넘어야 할 장애가 많다는 것을 절감하였다. 그리고 이러한 인식은 유럽을 돌아보면서 더욱 깊어졌다. 일본이 근대국가로서 구미 제국으로부터 승인을 얻어 조약개정 교섭을 시작하기 위해서는 시장경제체제를 보장하는 근대적인 법률·

제도의 신속한 정비가 무엇보다 필요하였다.

이와쿠라 사절단은 1년 10개월 간의 구미 제국 방문을 마치고 1873년 9월에 귀국하였다. 그 이래 모든 분야에 걸쳐 근대적 법률·제도의 정비 작업이 정력적으로 추진되었다. 물론 이 작업이 결코 쉬운 것은 아니었고 많은 시행착오를 반복하였다. 근대국가로서의 체제를 일단 정비하고 시장경제의 제도적 구조가 거의 완성된 것은 1890년경이었다. 메이지 전기는 공업화의 본격적인 전개를 위해 불가결한 제도적 구조의 형성과 하부구조의 정비를 중심으로 한 시기라고 할 수 있다. 이를 기초로 1890년대 이래 일본의 공업화가 진행되었다.

그런데 폐번치현을 통해 권력의 중앙집중은 가능해졌지만 그렇다고 근대 국민국가로서의 통합이 충분히 이루어진 것은 아니었다. 일본 전체에 대한 통일적인 경제정책이 곧바로 결정되고 실시된 것도 아니었다. 에도 시대에는 중앙에 대해 지방이 상당히 강력한 자립성을 가지고 있었기 때문에 국가적 통합이 매우 어려웠다. 폐번치현으로 번이 사라지고 구다이묘는 지방정부의 수장의 자리에서 떠났지만 번은 현으로 그 외모만 바뀐데 불과하였고, 규모가 각각 다른 3부 302현이라는 다수의 지방행정 단위가 남아 있었다. 중앙정부 주도에 의한 통일적·체계적 경제정책을 추진하기 위해서도 중앙과 지방 사이에 체계적 관계를 구축하고 국가적 통합을 반드시 실현할 필요가 있었다.

1873년 내무성이 설치되고 권업·경보(警保)·호적·역체(驛遞)·토목·지리의 6료가 설치된 것이 그 첫걸음이었고, 1878년에는 소위 3신법(군구정촌편제법·부현회규칙·지방세규칙)으로 지방 행재정에 대한 법제적 정비가 이루어졌다. 그 후 1888년에는 시제·정촌제, 그리고 1890년에는 부현제·군제가 제정됨으로써 비로소 근대 일본의 지방제도의 근간이 마련되었다.[1] 이 사이 권업정책에서 중앙정부의 주도성은 강화되고

---

1) 1871년의 폐번치현으로 3부 302현이 성립하였으나 같은 해 11월에는 302현은 일거에 72현으로 통합되어 부현지사가 중앙정부에서 임명되었다. 그리고 이 부현의 하부에 있는 행정단위로서 대구소구제가 만들어져 이때까지의 정(町)과 촌은 행정단위로서 인정받지 못하게 되었다. 물론 이것으로 정·촌의 행정적 지위가

특히 이 시기 일본의 경제성장을 지탱하는 재래산업에 대한 시책은 대체적으로 부현의 주도 하에 이루어졌다. 그러나 그 내용은 부현에 따라 천차만별이었고, 더구나 에도 시대 후기 내지 막부 말기에 여러 번이 채용하였던 식산흥업정책과 연속된 것도 있었다. 그러나 1890년 이래 메이지 후기가 되면 중앙정부가 수립한 통일적 구상에 근거하여 경제정책의 결정과 운영이 이루어져 공업화에 대한 체계적인 정책이 실시되었다. 이렇게 하여 1890년대 이래 일본의 공업화를 위한 중요한 조건의 하나가 정비되었다는 것은 부정할 수 없으나, 동시에 지방의 자립성이 약화되고 지방적 이해보다도 국가적 이해가 우위를 차지하게 된 것도 분명하였다.

제2절 시장경제의 법제적 구조 마련

시장경제의 구조 속에서 근대경제 발전 내지 공업화를 달성하기 위해서는 적어도 생산요소의 자유로운 이동, 사적소유권의 확립 그리고 저축=투자연결기구의 형성이라는 세 가지 조건이 필요하다. 에도 시대의 정치적·경제적 체제 하에서도 이들 세 조건은 맹아적 형태로 존재하고 있었으나 에도 시대의 정치·경제 체제는 이들 세 조건이 현실적으로 사회 내에 정착하는 것을 제약하고 있었다. 따라서 메이지 정부의 제도개혁의 과제는 이러한 제도적 제약을 제거하는 것이었다. 1869년 관소(關所)의 폐지를 시작으로 1871년에는 종문인별장(宗門人別帳)이 폐지되고, 신앙의 자유와 함께 이전의 자유에 대한 제약이 완화되었다. 또 농업생산에 대한 제약으로 작용하여 온 전전승수작(田畑勝手作)이 제거되어 1872년에는 구무사층이 농·공·상업을 자유롭게 경영할 수 있게 되고, 토지영대매매금지가 풀려 토지이동이 자유롭게 되었다. 이처럼 메이지 유신 후

완전히 부정된 것은 아니고 행정적 지위가 인정된 경우도 적지 않았다. 그러나 대구소구제를 실시하고 구래의 향군촌을 갑자기 바꿈으로써 지방행정에 많은 혼란이 발생하였다. 이 때문에 구래의 정·촌을 행정단위로 부활시키는 동시에 또 부분적으로 주민을 지방정치에 참여시키는 길을 마련한 것이 3신법이었다.

몇 년을 거치면서 생산요소의 자유로운 이동이 가능하게 되었다. 그러나 이것이 현실적인 것이 되기 위해서는 금융제도와 통신·교통·운수제도를 비롯한 경제 공통기반(사회간접자본, 하부구조)을 정비하여 이를 뒷받침해야 하였다. 그리고 사적소유권의 확립도 생산요소의 자유로운 이동을 위해 반드시 필요한 것이었다.

앞에서 지적한 것처럼 지조개정은 토지에 대한 사적소유권의 확립되기 위한 첫걸음이었으나, 부동산이나 동산을 막론하고 사적소유권을 일반적으로 확립하기 위해서는 물권·채권에 관한 법적 정비가 이루어져야 하였다. 여기에 상거래에 관한 법전정비도 시장경제체제의 법적 보장을 위해 필요하였다. 1878년 이래 메이지 정부는 서구 선진국의 모범에 근거하여 민법전·상법전의 편찬작업에 착수하였다. 그 때 민법·상법의 성문법전의 제정을 목표로 한 일본에서 모델이 된 것은 관습법에 따르는 영국과 미국이 아니라 성문법 체계를 가진 유럽의 대륙법이었다.

1879년, 민법전의 초안 기초가 프랑스인 브아소나드(G. Boissonade)에게 위탁되었고, 2년 후에는 상법전의 초안 기초가 독일인 뢰슬러(K.F. Roesler)에게 의뢰되었다. 그들은 각각 나폴레옹 민법전·독일 상법전을 모범으로 하여 초안을 작성하였으나 이는 일본의 재래적 상관습을 무시한 것이었다.[2] 예를 들어 태정관 내에 설치된 상법편찬위원은 법안 작성에 참고하기 위하여 에도 시대에 일반적으로 행해지고 있던 상사 관행을 조사하였고, 그 조사결과는 1883년에 「상사관례유집(商事慣例類集)」으로 간행되었다. 그러나 뢰슬러가 상법 초안을 기초할 때는 이러한 일본 고유의 상사관행을 전혀 참고하지 않았다. 그리고 그들이 작성한 초안을 기초로 1890년에 민법의 일부인 재산편·재산취득편과 상법이 공포되었다. 그러나 서양에서 이식한 이들 법전과 에도 시대부터 이어져 온 재래적인 것과의 사이에 부조화·모순·마찰이 생기는 것은 당연하였다. 이

---

2) 브아소나드의 임무는 법전편찬의 지도와 법률가 양성이었다. 민법전뿐만 아니라 헌법과 형법 등의 편찬에 대해서도 관여하였는데 대외문제가 중요성을 더해 감에 따라 외무성·원로원 고문으로서 국제공법에 대한 자문에도 응하였다. 브아소나드는 사실상 '일본 근대법의 아버지'였다.

때문에 1890년에 공간된 민법과 상법은 모두 일본 고유의 관습을 무시한 것이라는 비판을 받았으며 '인민사권'의 법적 보장을 조기 실현하라는 일부의 의견에도 불구하고 그 시행이 연기되어 1893년에 상법 가운데 어음·수표, 파산, 회사에 관한 부분이 시행되는 데 머물렀다. 그와 동시에 법전조사회가 설치되어 새로이 민법·상법 및 부속법규를 조사 심의하였다. 그 결과 1896년에는 민법 제1·2·3편(재산법)이, 1898년에는 민법 제4·5편이, 그리고 1899년에는 신상법이 공포되어 이로써 시장경제체제의 근간이 되는 법제가 드디어 등장하였다.

　이상의 경위에서 알 수 있듯이 초안 작성작업의 시작부터 20년의 세월을 거쳐 성립한 민법전·상법전은 브아소나드와 뢰슬러가 기초한 법전 초안에 나타난 것처럼 나폴레옹 민법전과 독일 상법전을 직수입한 것은 아니었고, 일본의 재래적인 사회적·경제적 관습에 적합한 것으로 변용된 것이었다. 그러나 시장경제의 존재 형태와 직접 관련이 없는 가족법에는 구미형의 근대적 핵가족주의가 채용되지 않고 직계 확대가족제·호주권·장자단독상속제 등을 근간으로 하는 재래적인 가(家)제도가 법적으로 확인되었지만, 시장경제의 제도적 구조와 관련되는 민법의 재산법과 상법에서는 논리적 정합성을 잃지 않는 범위에서 일본의 재래적 관습에 적응해야 하였다. 따라서 새롭게 성립된 성문법전에 모든 재래적인 사회적·경제적 관습이 수용된 것은 아니었다. 예를 들어 토지영대매매금지령과의 관련 속에서 에도 시대에 일반적이었던 부동산 질은 메이지 민법에서도 인정되었음에도 불구하고 질지에 의한 대차는 사라졌다.[3] 이와 반대로 근저당과 같은 에도 시대 이래의 거래관행은 메이지 민법에는 명문의 규정이 없었고 사실상 관행으로서 계속되었다.

　그런데 19세기 전기 이래의 유통기구와 거래관행은 무역의 개시와 제도개혁으로 변용 내지 재편성 되었다고는 하지만 기본적으로는 거의 변

---

3) 부동산 질이라는 것은 채권의 담보로 설정된 토지·건물 등의 부동산을 채권자(질권자)가 채무가 변제될 때까지 점유하는 것이다. 이에 대해 저당의 경우는 채무자가 물적담보가 되는 토지·건물을 계속 점유하는 것을 인정한다는 점에 특징이 있는데, 막번제 시대에는 서입(書入)이라고 불렸다.

하지 않은 채 메이지 기에도 계속되었다.4) 메이지 전기에는 재래부문의 비중이 압도적으로 크고 더구나 최종소비재는 대부분 재래부문에 의해 공급되었는데 그 경향은 더욱 강화되었다. 따라서 새로이 성립된 근대법전은 논리적으로 적합성을 잃지 않는 범위 내에서 서양근대법이 일본의 재래법에 적합하도록 적용되었지만 에도 시대 이래의 재래적·전통적인 것과의 사이에는 어떤 모순·마찰을 피할 수가 없어 제도와 실태의 괴리가 커졌다. 이것이 이후 일본 시장체계의 한 특징이 되었다. 더 나아가 일본 전체에 효력을 가진 성문법전의 성립은 사회적·경제적 관습의 지역적 차이·업종간 차이 외에 사회계층 간에 보이는 차이를 무시하고 획일적인 규칙을 강제하는 결과를 초래한 것도 부정할 수 없었다. 그 대표적인 예는 가족제도였다. 가제도는 무사와 대상인·지주 등의 계층에 일반적으로 보이는 것이었지만, 일반 서민 특히 도시의 일반 주민과는 관련이 없는 것이었다고 보아도 좋다. 그러나 민법의 시행으로 일반 서민의 가족도 가제도의 틀 속에 편입되어 가제도는 일본 모든 가족의 성격으로 정착

---

4) 막번제 시대에 지역간 상품유통은 생산자-지방상인(또는 중매)-오사카 도매상-에도 도매상-지방상인(또는 중매)-소매상-소비자라는 유통통로가 기본이었다. 그리고 각 단계의 상인들은 각각 조합 나카마 내지 가부나카마라는 배타적인 조직을 형성하였다. 18세기 말·19세기 초 이래 급속히 전개한 특산물의 번전매제 하에서는 오사카 도매상을 거치지 않고 직접 에도 도매상과 거래하는 경우도 보이지만 그 경우에도 이 때까지의 지역간 유통기구에 본질적인 변화가 생긴 것은 아니었다. 그러나 요코하마 개항 이후 생사·차·등유·해산물 등의 수출이 급속히 증가하면서 에도 도매상을 거치지 않고 산지의 도매상·하주로부터 직접 요코하마로 이송하는 것이 늘어나 산지도매상-요코하마 도매상-외국상관이라는 새로운 유통경로가 성립하였다. 이 때문에 막부는 1860년에 5품(잡곡·등유·납·옷감·생사) 에도 회송령을 내려 에도 도매상의 경유를 명령하였다. 그러나 실효를 거두지 못하고 1865년 이래 막부는 정책을 바꾸어 조합 나카마에 의해 요코하마 무역상인을 조직하려고 하였다. 이로써 이 때까지 에도 도매상을 중심으로 한 유통기구는 한수없이 재편되기에 이르렀으나 지역간 상품유통에서는 생산자와 소매상 사이에 각종 중개상인이 개재한다는 유통통로가 여전히 기본적인 형태가 되었다. 이 같은 형태는 제2차 세계대전 이후에도 본질적으로 변화하지 않았다. 현재도 일본의 도매업 판매고는 소매업 판매고의 3~4배에 달하며 양자의 판매고에서 커다란 차이가 없는 구미 제국과 뚜렷하게 대조를 이룬다.

되었다. 그것이 경제주체의 행동과 경제조직의 존재 등에 대하여 영향을 주어 일본의 시장경제구조를 규정하게 되었다. 다른 한편 서양이 근대법을 모형으로 한 법전의 성립으로 앞에서 본 부동산 질에서 보는 것처럼 에도 시대 이래의 경제적 관행도 적지 않게 바뀌었다.

제3절 은행제도와 회사제도의 형성

시장경제체제 하에서 공업화를 추진하기 위해서는 저축=투자연결기구를 만드는 것이 필요하였다. 공업화를 위해 필요한 자금을 조달하기 위해서는 사회의 유휴자금을 투자로 돌리는 효과적인 메커니즘이 존재해야 하는데 에도 시대에는 그러한 메커니즘은 아직 없었다. 메이지 정부가 발족 당초부터 커다란 과제로 안고 있던 은행제도·회사제도의 확립은 바로 이와 같은 저축=투자연결기구의 형성을 목표로 한 것이었다. 우선 은행제도부터 보기로 하자.

은행은 신용매개를 통하여 저축과 투자를 연결하는 기능을 가지고 있지만, 또 은행의 발권능력으로 필요한 통화를 탄력적으로 공급하는 것도 빼놓을 수 없는 기능이다. 에도 시대 후기에는 번전매제와 번찰 발행을 결합한 일종의 산업정책이 널리 시행되었는데 유신 후의 정부가 채택한 식산흥업정책은 이 번전매제정책을 전국적 규모로 확대하려는 것이었다. 따라서 1869년 설치된 통상사(通商司) 하에서 도쿄·오사카·교토·요코하마·고베 등의 경제적 거점에 설립된 통상회사·환회사는 번전매제 하의 국산회소(國産會所)에 대응하는 기능을 하였다.

통상회사는 각지에 설립된 회사를 총괄하고 외국무역과 여러 번 국산품의 유통을 총괄하는 기능을 하고, 다른 한편 통상회사를 중심으로 재편된 전국적 상품유통기구에 금융적 기초를 제공하는 것을 주요 임무로 하는 환회사는 예금·발권·대부·환전 등의 금융업무를 수행하였는데 특히 발권과 대부가 중심이었다. 그러나 환회사의 발권에 대한 규제가 1870년 말에서 1871년 초 이래 강화되었기 때문에 각 환회사의 태환준비율은

100% 가까이 되고, 발권고는 급속히 줄어들어 신용창조 기능이 제약되었다. 더구나 태정관찰·민부성찰 등의 정부불환지폐의 발행은 여전히 증가하고 있었다. 환회사를 대신하는 발권제도의 확립이 중요한 과제로 등장하였다.

1871년 정부는 영국형의 중앙은행제도를 모형으로 한 요시다 기요나리(吉田淸成) 안 대신에 미국의 국법은행제도(national banking system)를 따른 이토 히로부미 안을 채택하기로 결정하고 1872년 11월 국립은행조례를 공포하였다. 이 국립은행조례는 National Banking Act를 그대로 모방한 것은 아니고 일본의 현실에 적응시키기 위해 수정·변용을 가한 것이었다. 따라서 발권제도가 아직 정착하지 못한 일본적 현실에서는 정부불환지폐의 정리와 지폐가치의 안정이 가장 중요한 과제가 되었기 때문에 미국의 경우보다도 훨씬 높은 67%라는 태환준비율을 요구하는 발권제도가 되었다. 그러한 이유로 설립된 국립은행은 정부 기대에는 어긋나게 겨우 5개에 불과하였고, 1876년의 발행고는 174만 엔으로 전 화폐유통량의 1%에 지나지 않았으며 국립은행의 설립으로 소각된 태정관찰도 200만 엔에 머물렀다. 이에 대해 발권기능을 갖지 않고 따라서 정부로부터의 강력한 규제를 받지 않은 사립은행의 설립신청이 이어졌다. 또 은행유사회사도 1869년 이래 그 수가 급속히 증가하였다. 국립은행조례의 수정이 불가피하였다.

1876년에 정부는 국립은행조례의 개정을 단행하여 국립은행의 설립조건을 완화하였다. 우선 자본금의 80%까지는 각종 공채에 의한 출자가 가능해지고 이와 동액의 은행권 발행이 인정되었다. 따라서 은행권 발행한도는 자본금의 80%였고 나머지 20%가 준비금에 해당하였다. 은행권에 대한 준비율은 25%까지 크게 내려갔다. 더 나아가 조약개정 전의 은행권은 정화태환이었으나, 개정 후는 정부지폐태환이었다. 질록처분으로 1877년에 발행된 금록공채는 1억 7천만 엔에 이르렀으나 이 금록공채를 기초로 한 국립은행의 설립 움직임이 고조되어 <표 1-6>에서 보는 것처럼 1877년에는 26행, 1878년에는 95행으로 증가하고 1879년에는 151행으로 최고조에 달하였다. 그 사이 국립은행권 발행이 급증하여 정부지폐가 증가하였음에도 불구하고 1879년에는 전 통화유통량의 17%가 되었으며 그 후 1880년대가 끝날 때까지 거의 그 수준을 유지하였다. 이 경우 정부로 화폐가 유입된다는 보증없이 발행된 공채가 정부지폐 태환은행권의 형태로 자금화되었기 때문에 팽창된 정부지폐와 함께 인플레이션이 가속화되었다. 이와 함께 지폐가치가 떨어져 인플레이션의 수습과 함께 발권제도의 수정도 커다란 과제가 되었다. 다른 한편 사립은행·은행유사회사·우편저금 취급국수는 1880년대에 들어 그 수가 크게 늘어나 은행제도의 확립으로 나아가는 방향은 확실해졌다. 발권제도 및 은행제도의 근본적 재검토가 시작되는 것은 이제 시간문제였다.

<표 1-6> 은행의 발달

연도	국립은행		사립은행		은행유사회사	
	행수	자본금(만엔)	행수	자본금(만엔)	사수	자본금(만엔)
1876	5	235	1	200	–	–
1877	26	2,299	1	200	–	–
1878	95	3,360	1	200	–	–
1879	151	4,062	10	329	–	–
1880	151	4,304	39	628	122	121
1881	148	4,389	90	1,045	369	590
1882	143	4,421	176	1,715	438	796
1883	141	4,439	207	2,049	572	1,207
1884	140	4,454	214	1,942	741	1,541
1885	139	4,446	218	1,876	744	1,540

자료 : 日本銀行(1966), 『明治以降本邦主要經濟統計』, p.196. 「日本帝國統計年鑑」 각년판.

　　1881년의 정변으로 대장상 자리에 오른 마쓰카타 마사요시(松方正義)는 인플레이션의 수습을 위해 강력한 디플레이션 정책을 추진하였다. 1882년에는 벨기에 국립은행을 모델로 한 일본은행을 창설하고, 국립은행을 20년의 기한을 정한 보통은행으로 전환시키는 동시에 발권기능을 일본은행에 집중시키고 1885년부터 태환일본 은행권을 발행하였다. 미국형의 분권적 발권제도에서 출발한 일본의 발권제도는 그때그때의 정치적·경제적·사회적 상황에 따라 끊임없이 시행착오를 거듭하면서 최종적으로는 유럽형의 집권적 발권제도로 접근하였다. 또 1890년에는 은행조례가 개정되어 은행에 대한 정부의 규제가 강화되었으며 이 때까지 규제 대상 외에 있었던 은행유사회사는 해산하든가 은행에 합병되든가 어느 하나의 길을 채택해야 하였고, 여기서 일본은행을 정점으로 하는 일본의 근대적 금융제도·은행제도가 확립되었다. 이 과정은 동시에 지방에 대한 중앙의 우위의 증대, 분권화에서 집권화로의 이행이라는 형태로 중앙 대 지방의 관계를 재구축하는 흐름에 대응하는 것이었다.

저축=투자연결제도로서 중요한 의미를 가지는 것으로 공동기업 특히 주식회사제도에 대하여 살펴볼 필요가 있다. 에도 시대에도 공동기업 혹은 회사기업의 선구적 형태라고 할 수 있는 것이 있었으나 주식회사라는 공동기업 형태와는 관계가 없는 것이었다. 일본에서 최초로 등장한 주식회사 기업은 국립은행으로 국립은행조례라는 특별법에 근거하여 설립되고 정부의 감독과 보호 하에 놓여 있던 일종의 특허회사였으나 ① 사회적 유휴자금의 집중, ② 유한책임제, ③ 지분 자본가와 기능자본가의 분리라는 특징을 갖춘 주식회사였다. 동일한 성격을 가진 주식회사로서는 국립은행 외에도 미상회소(米商會所)와 주식거래소의 두 개가 있었으나 이것들은 모두 서양에서 이미 성립·전개된 기업형태를 도입·이식한 것이었고, 에도 시대의 공동기업에서 자생적으로 발전한 것은 아니었다.

이러한 세 종류의 기업을 제외하고는 당시 주식회사에 대한 법적규제는 없었다. 회사설립을 위해서는 대장성의 인가가 필요하다는 것이 1873년에 정하여졌으나, 1878년의 지방행정기구의 대개혁에 따라 회사설립에 관해서는 부현 법령에 의해 자유롭게 처리할 수 있었다. 그러나 대부분의 부현에서 회사 설립은 자유설립주의에 따랐다. 이 같은 상황 하에서 1878년 이래 철도·해운·보험·방적 등의 부문을 중심으로 주식회사의 설립이 이어졌는데, 그것은 모두 구미 선진 제국의 근대적 기술을 도입한 소위 이식근대산업이었다.

이식근대산업은 이미 말할 것처럼 일본의 재래적 기술과 직접 연결되는 것이 아닌 선진국의 근대적 기술을 도입하여야 했고, 더구나 구미선진제국과 아시아 지역에서의 수입과 치열하게 경쟁하고 있었다. 따라서 이식근대산업은 대규모적인 자본투하가 필요하였고 매우 높은 위험을 부담하여야 하였다. 그러나 비교적 큰 자본을 소유한 도시대상인과 수구적인 동족 경영은 이 같은 위험부담을 피하려는 경향이 강하였고, 그 이외의 개인경영은 물론 에도 시대 후기에 나타났던 동업자에 의한 자본결합의 경우도 이식근대산업에 필요한 대자본을 조달한다는 것이 매우 어려운 상태였다. 일본의 재래적 기업형태는 이식근대산업에는 결코 적합한 것이 아니었다. 이 때문에 사회의 유휴자금의 결합집중에 의한 대자본의 조달과 유한책임제로 위험분산이 가능한 주식회사가 이식근대산업에 적합한 기업형태로서 근대산업기술과 함께 구미 선진 제국에서 도입·이식될 필요가 있었다. 그리고 이들 주식회사는 모두 출자자의 범위가 상당히 광범위하여 동업자에 의한 자본결합과 동족적·지연적 자본결합의 영역을 훨씬 뛰어넘는 것이었다.

다른 한편 제사업·도자기업·상업·육운업·금융 등의 재래산업부문에도 회사 또는 그와 비슷한 명칭을 가진 공동기업이 메이지 초년 이후 많이 등장하였고, 특히 회사 설립에 대한 사실상의 자유설립주의가 인정된 1878년 이후에 그 수는 급증하였다. 이 가운데 많은 것이 유한책임의 회사기업이었으나 이식근대산업과는 달리 출자자의 범위가 좁고 동업자에 의한 자본결합이거나 혹은 동족적·지연적 자본결합에 머물러 대자본의 집중은 보이지 않았다. 이와 같은 상황은 1880·90년대 회사수·1사당 평균자본금의 추이는 보여주는 <표 1-7>을 보면 분명하다. 회사 수는 1880년대에 2,000사에 이르렀으나 1사당 평균자본금은 2만~3만 엔에 지나지 않았고 소규모 회사기업이 주류를 이루고 있다는 것을 명시하고 있다. 이와 같이 이른 시기부터 이식근대산업에도 재래산업에도 회사기업이 커다란 역할을 한 것은 1886년에 마쓰카타 디플레이션이 끝나고 경기가 회복기미를 보이자 주식회사 붐이 일어나 <표 1-7>에 나타나 있는 것

처럼 회사 수는 크게 늘어나 1사당 평균자본금도 커졌다. 그러나 1890년
의 공황으로 난립하였던 회사기업은 큰 타격을 받아 거품회사·약소회사
가 광범위하게 정리되었다. 이제까지처럼 그 설립허가를 부현에 맡기고
더구나 대부분의 부현이 자유설립주의를 취한 현상을 그대로 둘 수는 없
었고, 지역에 따라서는 회사기업에 대한 법적규제가 시작되었다.

<표 1-7> 회사수 및 1사당 자본금의 추이 (천엔)

연도	회사수	불입자본금	1사당 불입자본금
1881	1,803	27,775	15.4
1884	1,298	22,162	17.1
1887	2,038	67,855	33.3
1890	4,296	225,477	52.5
1893	4,133	209,865	50.8

자료 : 朝日新聞社(1930), 『日本經濟統計總覽』, pp.550~551.

앞서 본 것처럼 1890년에 공포된 상법은 다양한 비판을 받은 이후 시행
이 연기되었으나, 급히 필요하였던 회사법 부분에 대해서는 신속한 입법
이 마찬가지로 요망되었던 어음·파산법의 일부분과 함께 1893년부터 시
행되었고, 이로써 회사기업에 대해 통일적인 법적 근거가 처음으로 주어
졌다. 이 구상법에 대해서는 회사의 법인격을 인정하고 설립에 면허주의
를 채택하는 동시에 회사를 주식회사·합자회사·합명회사의 세 종류로
구분하고 있다. 상법 시행 이후에도 설립된 회사의 수는 여전히 증가하고
있었지만 이보다 더욱 주목할 만한 사실은 1사당 평균자본금이 두 배 이
상 증가하여 본격적인 회사기업의 발흥기를 맞이하게 되었다는 것이다.
그 후 1899년 신상법이 시행되고 설립면허주의에서 준칙주의로 바뀌고,
이 때까지 세 종류의 회사 외에 새롭게 주식합자회사를 더하여 주식양도
의 자유를 명기하는 등 더욱 체계적인 회사법이 되었다. 그러나 일본에서
회사기업의 법제적 확립의 획기가 된 것은 1893년이었다. 그리고 이 경우
에도 지방에 대한 중앙 우위의 확립이 나타났다.

제4절 운수·통신의 발달

끝으로 경제 공통기반의 중요한 일익을 담당한 운수·통신에 대해 살펴볼 필요가 있다. 근대국가로서 정치적·경제적 통합을 실현하기 위해서는 통신·교통의 전국망을 형성하는 것이 필수적이다. 메이지 정부는 성립 후 일찍부터 운수·통신의 조직적 정비에 정력적으로 노력하였다.

우선 근대해운업의 육성부터 살펴보자. 에도 시대에는 수송수단으로서 선박이 큰 역할을 하였으나, 일본식 범선에 비해 서양식 범선과 기선이 해상운송수단으로서 우월하다는 것이 밝혀짐에 따라 메이지 정부는 일찍이 1870년에 상선규칙을 공포하여 서양형 선박소유자를 보호한다는 방침을 분명히 하였다. 그리고 「증기우선규칙」에 근거하여 도쿄-오사카 간의 여객·화물수송을 담당하는 회조회사(1871년에 회조취급소로 개칭)를 정부감독 하에 설립하였다. 외국기선해운과 내국범선해운에 대항하여 기선해운을 늘리기 위해서는 정부의 보호 특히 경제적 원조가 필요하였으나 정부의 재정상태가 나빴기 때문에 정부재정지출에 의한 직접적 원조는 불가능하였다. 그 결과 정부에 의한 직접적 보호 대신에 환회사가 회조회사에 대해서 거액의 상용 증기선 매입자금을 융자한다는 간접적 원조가 이루진 데 불과하였다. 1872년에 일본정부 우편기선회사가 설립되고 회조취급소를 계승하는 동시에 여러 번이 납부한 서양형 선박의 연부불하를 받아 국내항로의 운항을 시작하였다. 그러나 이 회사도 그로부터 몇 년 경과하지 않은 1875년에는 해산의 운명을 맞이하였다. 그 대신에 일본의 근대해운업을 담당한 것이 미쓰비시(三菱)였다.

미쓰비시 상회는 일찍부터 기선에 의한 연안해운에 진출하였고 특히 1874년의 대만 출병 때에는 정부로부터 대하된 13척의 기선으로 수송을 담당하면서 발전의 기회를 얻었다. 1875년의 우편기선회사의 해산과 함께 정부는 미쓰비시 상회에 정부소유기선 13척을 교부하고 운항보조금과 선원조성금을 15년간 교부해 준다는 특혜를 제공하였다. 정부에 의한 근대 해운업 육성의 대상이 정부의 직접 감독 하에 있는 우편기선회사에서 민간회사인 미쓰비시로 전환되고, 이를 계기로 미쓰비시 기선회사는 우편기선 미쓰비시 회사로 회사명을 바꾸었다. 그 후 미국의 태평양기선회사와 영국의 P&O 회사와 요꼬하마-상하이 항로를 둘러싸고 치열한 경쟁을 벌인 끝에 1876년에 동 항로의 지배권을 수중에 넣었다.

미쓰비시가 일본 해운업에서 압도적인 지위를 굳혀 가고 있는 동안 1882년에는 세토나이카이(瀨戶 內海)의 중소선주를 중심으로 오사카 상선이 설립되고 1883년에는 공동운수회사가 고베-요코하마 간의 항로를 개설하였다. 특히 후자는 전국의 주요 항로에서 우편기선 미쓰비시 회사와 경쟁하였고 그 경쟁은 두 회사를 모두 파멸시킬 정도로 까지 진행되어 결국 정부는 1885년에 양사에 경쟁정지와 합병을 권고하게 되었다. 그 권고에 따라 성립한 것이 그 후 일본 해운업의 주도세력이 된 니폰 유센 회사였는데 정부는 이 회사에 15년간 8%의 이익을 보상한다는 뜻의 명령서를 교부하였다. 이처럼 일본의 근대 해운업은 정부에 의한 보호와 조성을 기반으로 급성장하였다.

육운에 대해서도 메이지 정부는 그 정비와 개혁에 노력하였다. 에도 시대에는 숙역(宿驛)·조향(助鄕) 제도 하에서 화물과 여객의 수송이 이루어졌는데, 막부 말기에는 증대하는 화객 운송을 감당하지 못하는 상황이었다. 1870년부터 1871년에 걸쳐 숙역을 중심으로 지역의 수송을 담당하는 육운회사가 설립되고 숙역·조향 제도는 해체되었다. 이와 함께 1872년에는 나카센도·고슈 가도·리쿠 가도·도쿄 우쓰노미야(東京宇都宮) 간·도쿄 오사카 간의 마차 수송업을 담당하는 마차회사가 설립되었다. 그리고 1875년에는 내국운송회사가 이 때까지 육운회사의 업무를 흡수하여 전국적인 장거리도로 수송망을 구축하고 1879년부터는 도쿄·다카사키(高崎) 간, 도쿄·오사카 간에 장거리 마차수송을 시작하였다.

그러나 육운의 근대화를 담당한 것은 철도였다. 메이지 정부는 일찍부터 철도 건설의 필요성을 인정하고 있었으나 구막부가 미국인 사업가와 맺은 도쿄·요코하마 간의 철도건설 계약을 파기하고 외국자본이 철도업에 직접 투자하는 것을 거부하였다. 1869년에는 도쿄·교토(나카센도 경유) 간, 도쿄·요코하마 간, 교토·고베, 비와코(琵琶湖)·쓰루가(敦賀)

간의 철도건설계획을 결정하였다. 일본정부는 재정기반이 약하였기 때문에 거액의 건설자금을 마련할 길이 없어 결국 영국 동양은행에 기채 업무를 의뢰하는 동시에 30만 파운드를 철도건설비로 할당하였다.

1872년 신바시(新橋)·요코하마 사이의 철도개통을 시작으로 오사카·고베, 오사카·아지가와(安治川), 교토·오쓰(大津) 사이에 철도가 건설되어 국철의 영업 킬로미터 수는 착실히 증가하였다. 그리고 1881년에 사철인 일본철도회사가 설립된 이후 잇달아 각지에 사철이 건설되어 그 영업 킬로미터 수는 국철을 훨씬 능가하였다. 국철·사철을 합한 영업 킬로미터 수와 여객수송인 킬로미터 수는 1880년대 말기부터 1890년대 초기에 걸쳐 급증하여 기선에 의한 연안해운과 함께 일본 내 주요한 수송수단으로서의 지위를 굳혔다.

철도수송의 시작으로 수송기간은 크게 단축되었고, 또 숙박비를 포함한 운임도 이 때까지의 반 이하로 떨어졌다. 1890년 전후의 상황을 보면 도쿄·오사카 간은 가마로 19일 걸렸으나 철도의 경우 약 19시간 걸리는 데 지나지 않았으며, 도쿄·센다이(仙臺) 간은 마차로 5일 걸리던 것이 약 12시간으로 단축되었다. 또 철도개통 전 숙박비를 포함한 수송비용에 비하면 철도운임은 매우 낮은 수준이었다. 수송거리가 길수록 경감률이 커지는데 도쿄·요코하마 간에는 52%, 도쿄·나고야(名古屋) 간은 65%, 도쿄·오사카 간은 68% 경감되었다.

끝으로 우편·전신·전화 등의 근대적 통신제도의 정비·충실 과정을 보면 다음과 같다. 메이지 정부는 처음에는 구래의 통신제도를 계승하였지만 서구를 모델로 한 근대적 통신제도를 확립할 필요성을 느껴 1871년에는 새로운 우편제도를 확립하였다. 일찍이 1872년에 지방행정기구를 중심지로 한 주요 거점을 중심으로 전국적인 우편망이 거의 완성되었다. 또 전신에 대해서는 1868년 말 정부 스스로 도쿄·요코하마 간 전신의 부설을 결정하고, 1869년 말에는 도쿄·요코하마 간 전신의 일반 이용이 시작되었다. 그 후 전신 노선의 부설이 계속 이루어져 1880년 전후에는 전국적인 전신망이 완성되었다. 1876년 시험제작에 성공한 전화기는 다음

해에는 벌써 일본에도 들어와 부분적이지만 이용되기 시작하였다. 1889년에 정부는 전화사업을 관영으로 할 방침을 세웠으며 1890년에는 창업을 시도하였다. 우편·전신·전화의 발전을 보면 우편·전신은 해운·육운보다도 더 빨리 1890년에는 전국망을 거의 완성하고, 세계적으로 보아 1870년대부터 실용화되기 시작한 전화도 1890년에는 일본에서도 본격적으로 사용되기 시작하였다.

이상에서 살펴본 것처럼 1890년을 전후로 근대적 운수·통신 제도의 근간이 거의 마련되고 화물과 여객 정보에 대한 체계적 통신망의 기초적 구조가 만들어졌다. 이로써 근대국가로서의 정치적 통합·경제적 통합이 확실하게 되었고, 동시에 일본의 근대경제 발전 내지 공업화를 위한 중요한 기초조건이 정돈되었다.

제5장 근대적 경제발전의 시작

제1절 재래부문의 성장과 무역확대

자본주의의 발전을 위한 기반정비가 이루어지는 속에서 재래부문을 중심으로 한 경제성장도 착실히 이루어졌다. <표 1-8>은 1875~1905년의 여러 경제지표의 변화를 보여주고 있는데 메이지 전기 경제성장의 양상은 이 표에서 충분히 알 수가 있다. 막부 말기에 뚜렷한 상승 경향을 보여주던 일본 인구는 메이지에 들어 성장의 속도가 더욱 빨라져 19세기 말에는 연성장률 1%를 기록하고 있다. 또 농업생산고·제조업생산고·1인당 소비지출도 지속적으로 성장하고 있다. 서남전쟁 후의 인플레이션과 그 뒤의 마쓰카타 디플레이션이 일어났던 1875~1885년에도 전산업 가운데 압도적인 비중을 차지하고 있는 농업생산고는 연 1.9%, 농업생산고의 55% 정도를 차지하고 있는 제조업생산고는 연 2.9%, 1인당 소비지출도 연 1%로 성장하고 있다. 그리고 마쓰카타 디플레이션기에 해당되는 1885 ~1895년이 되면 농업의 성장률은 크게 후퇴하였지만 제조업의 성장률이 매우 높아져 연 6%를 넘었고 그에 따라 1인당 소비지출도 연 2.1%로 증가하였다. 제조업은 급성장한 결과 그 비중도 높아져 1890년대 후반에는 농업생산고를 넘어섰다. 그런데 이 시기의 제조업은 양조업을 중심으로 한 식료품 부문과 방직부문이 커다란 비율을 차지하여 이 두 부문이 전 제조업 생산고의 3분의 2에 달하고 있다(<표 1-9>). 청주·간장·된장을 제조하는 양조업이 재래산업이라는 것은 당연하였지만, 방직부문에서도 근대방적업이 본격적으로 전개된 것은 1880년대 후반 이후였기 때문에 이 시기에는 대부분의 방직부문도 재래산업에 속해 있었다. 따라서 메이지 전기의 경제성장은 농업과 재래산업이 담당하고 있었다고 볼 수 있다.

<표 1-8> 여러 경제지표의 변화(1875~1905년)

연도	인구 (천명)	농업생산고 (백만엔)	제조업생산고 (백만엔)	1인당소비 지출	물가 (지수)
1875	35,037	1,325	724	83.5	-
1880	36,490	1,488	894	92.4	110
1885	38,176	1,616	965	92.7	94
1890	39,896	1,874	1,360	107.4	100
1895	41,650	1,870	1,820	114.8	107
1900	44,056	2,055	2,129	125.1	142
1905	46,747	2,168	2,241	117.1	166
1875~1890 평균연변화율(%)	0.8%	2.3	4.3	1.0	-0.7
1890~1905 평균연변화율(%)	1.1	1.0	3.3	0.6	3.4

주 : 각년도의 수치는 각각의 연도를 중앙년으로 하는 연평균치다.

자료 : 인구는 梅村又次·赤坂敬子 外(1985), 『長期經濟統計 2 : 勞動力』(1985), 제1표, 농업생산고는 梅村又次·山田三郎 外(1966), 『長期經濟統計 9 : 農林業』, 제4표, 제조업생산고는 篠原三代平(1972), 『長期經濟統計 10 : 鑛工業』, 표 2, 1인당 소비지출은 篠原三代平(1967) 『長期經濟統計 6 : 個人消費支出』,제4표,물가는 大川一司·石渡茂 外(1966), 『長期經濟統計 4 : 資本ストック』, 제1표.

<표 1-9> 공업생산액의 업종별 구성변화 (%)

	1874년	1889년
식 료 품	41.5	35.2
섬 유	24.6	31.5
금 속	1.2	3.5
기계기구	2.7	5.9
화 학	15.4	9.0
요 업	1.8	2.7
목 재	5.9	2.0
기 타	6.5	9.5

자료 : 1874년은 山口和雄·石井寬治 編(1986), 『近代日本の商品流通』, pp.10~11, 1889년은 梅村又次·高松信淸外 編(1983), 『長期經濟統計 13 : 地域經濟統計』, 제1표.

메이지기에 들어서는 재래부문의 경제성장과 함께 외국무역도 증가하였다(<표 1-10>). 1875~1885년의 경우에는 수입의 연평균 성장률이 1.3%에 머물렀지만, 생사·차 등을 중심으로 수출이 8.1%의 높은 성장을 기록하였기 때문에 수출입을 포함한 무역액의 성장률은 3.3%가 되었다. 이는 같은 시기 농업생산고의 성장률 1.9%는 물론 제조업 생산고의 성장률 2.9%를 상회하는 것이었다. 이후 10년간에는 수출의 성장률이 이전의 10년간과 거의 같은 수준을 유지하였지만, 수입이 연 13%로 급속히 증가한 결과 무역총액의 성장률은 10%를 넘었고 무역의존도도 10% 수준이 되었다. 그리고 19세기부터 20세기에 걸친 10년간에는 농업생산 성장률이 정체하고 제조업 생산고의 성장률이 하락하였음에도 불구하고 수출입은 모두 크게 성장하여 1905년에는 무역의존도가 20%를 넘었다.

<표 1-10> 수출입액의 추이(1875~1905년) (백만엔, 1934~36년 가격평균)

연도	수출	수입	수출입계	총국민생산	무역의존도(%)
1875	40	117	157	–	–
1880	61	149	210	–	–
1885	89	132	211	3,852	5.5
1890	116	286	402	4,583	8.8
1895	209	416	625	5,798	10.8
1900	263	634	897	6,232	14.4
1905	401	1,024	1,425	6,769	21.1
1875~1885 평균연변화율(%)	8.1	1.3	3.3	–	
1885~1895 평균연변화율(%)	8.9	12.9	11.2	3.9	
1895~1905 평균연변화율(%)	7.4	10.1	8.6	2.1	

자료 : 수출입액은 山澤逸平·山本有造(1979), 『長期經濟統計 14 : 貿易と國際收支』, 제3표, 제4표. 총국민생산은 大川一司·高松信淸·山本有造(1974), 『長期經濟統計 1 : 國民所得』, 제23표.

이와 같은 무역의 확대는 근대국가의 성립·국민경제로서의 통합·시장경제의 제도적 틀의 형성 등과 함께 에도 시대로부터 계승된 재래산업을 자극하여 그 변화 내지 재편성을 촉진하였다. 그리고 변화와 재편성과 정에서 재래부문을 중심으로 일본경제는 성장하여 갔다. 우선 농업부터 보기로 하자.

제2절 농업의 성장과 재편성

1873년에 시작된 지조개정은 이미 말한 것처럼 재정제도를 근본적으로 개혁한 것이었을 뿐만 아니라 그것은 동시에 에도 시대의 토지제도도 크게 변화시키는 것이었다.[1] 또 메이지 정부는 식산흥업정책의 일환으로 권농정책을 적극 전개하여 1874년 내무성에 권업료를 설치하고 이를 담당케 하였다. 초기의 권농정책은 서양농법의 도입·이식에 중심이 놓여 있었기 때문에 종묘·종축·농구 등을 수입하였다. 또 정부 스스로 서양농법에 기초한 대규모의 모범농장을 도쿄의 신주쿠(新宿)에 세우는 한편 삼전육종장(三田育種場)·구장농학교(駒場農學校)를 설립하여 서양농법을 열심히 보급하였다. 그럼에도 불구하고 메이지 기에도 소규모 가족경영을 중심으로 비료를 대량 투입하는 노동집약적인 미작중심의 막번제 시기의 농업은 그 기본적 특징이 그대로 계승되었다. 이에 대응하여 정부의 권농정책은 완전히 바뀌어 서양농법의 도입·이식 대신에 재래농법의 개량을 중시하는 방향으로 나아갔다. 1945년까지 일본농업이 중요한 특징의 하나였던 지주제는 마쓰카타 디플레이션 이래 크게 증가하였으나 이것도 역시 메이지 기에 들어 새롭게 등장한 것이 아니고 에도 시대 후기에 이미 존재하고 있었다. 에도 시대에서 메이지 기로 시대가 바뀌었지

---

1) 1871년의 전전승수작의 허가·미곡수출입 자유화에 이어서 1872년 2월에는 토지영대매매금지가 해제되고 매매지에 대해서는 지권을 발행하였다. 그리고 같은 해 7월에는 매매지에 한하지 않고 모든 토지에 지권을 발행하기로 결정하였다. 이것이 소위 임신지권(壬申地券)이다. 지권 발행의 기초가 되는 토지대장은 기본적으로 막번제 시대의 것을 이어받았다고는 하지만 임신지권은 근대적 토지소유권 확립의 중요한 첫 걸음이었다. 1973년 7월부터 시작된 지조개정은 임신지권 대신에 새로운 지권을 토지소유자에게 교부하였다.

만 일본농업의 기본구조는 단절되지 않고 연속되었다.

농업의 기본적 구조에 커다란 변화가 없었다고 하여도 메이지기의 농업은 꾸준히 성장하였다. 메이지 전기 농업부문의 성장 모습은 <표 1-11>에 나타나 있다. 이 표에서 다루고 있는 1877년과 1887년은 7개년 평균치의 중앙연도이기 때문에 실제로는 1874/80년의 기간과 1884/90년의 기간을 비교하고 있는 것이 된다. 표를 보면 두 시기 사이의 10년간에 일본인구는 연평균 0.8% 성장하였으나, 농가호수·농업취업자 수는 약간 감소하고 있다. 한편 경지면적은 4% 가까이 확대하고 있기 때문에 1호당 경지면적·1인당 경지면적 모두 상승하였다. 그럼에도 불구하고 1호당 경지면적은 9반(反)에 미치지 못하고 1호당 취업자 수는 2.6명 수준에 머물러 가족노동에 의한 소규모 경영이라는 일본 농업의 특징에는 아무런 변화가 없었다. 그러나 농업생산액은 10년간에 21.9% 상승하고, 취업자 1인당 생산액은 25% 이상 성장하였다.

<표 1-11> 농업의 변화(1877~1887년)

	1877년	1887년	10년간 변화율(%)
경지면적(백정)	47,243	49,007	3.7
농가호수(천호)	5,508	5,463	-0.8
1호당 경지면적(정)	0.858	0.897	4.5
농업취업인구(천명)	14,773	14,398	-2.5
1호당 취업인구(명)	2.68	2.64	-1.5
1인당 경지면적(정)	0.32	0.34	6.3
생산액(백만엔)	1,391	1,696	21.9
1인당생산액(엔)	94	118	25.5
1인당 투입경상재(엔)	16.8	18.5	10.1
농업기원재(엔)	11.4	12.2	7.0
비농업기원재(엔)	5.4	6.3	16.7
1인당 순자본스톡(엔)	159	167	5.0

주 : 1877년과 1887년의 수치는 각각의 연도를 중앙년으로 하는 7개년 평균
자료 : 梅村又次·山田三郎 外(1966), 앞의 책, 제4, 32, 33, 38표.

농업생산력의 상승을 가져온 것이 무엇이었는가를 살펴보자. 1인당 경상재 투입액과 순자본저량도 증가하였으나, 경상재는 농업기원재·비농

업기원재를 막론하고 사료가 60% 전후를 차지하고 있고, 또 순자본 저량의 증가도 농기구의 증가에서 비롯된 것은 아니었다(<표 1-11>). 따라서 생산력이 지속적으로 상승한 것은 농기구와 비료 등의 투입확대 때문이 아니었다. 이 시기 농업생산력의 상승을 뒷받침한 기술진보는 독농가에 의한 재래기술의 개량을 의미하는 노농기술(老農技術)의 급속한 이전과 보급이었다. 노농기술은 품종개량을 중심으로 하면서도 종자선발법·육종법·시비법·수리관리 등 다방면에 걸쳐 각지의 독농가가 재래기술을 개량하였기 때문에 모두 효과가 있는 것은 아니었지만, 그 가운데 우수한 것은 농민의 손으로 개발된 일종의 첨단기술이라고 할 수가 있었다. 이러한 첨단기술이 메이지기에 들어서 먼저 서일본을 중심으로 급속하고 광범위하게 이전된 다음, 동일본에도 퍼져 메이지 전기 농업부문의 성장에 크게 기여하였다.

메이지기에 들어서 이와 같은 기술이전이 활발하게 이루어진 것은 근대국가체제의 성립과 시장경제를 위한 제도적 틀의 형성 그리고 운수·통신의 조직적 정비로 인해 사람·물건·정보 등의 이동에 관한 제약이 많이 제거되었기 때문이다. 동시에 농업시험장·농학교라는 정부연구기관과 각 부현이 독자적으로 설립한 시험장이 노농기술을 시험하여 그 유효성을 검증하는 한편 서양 근대 농학이론으로 뒷받침하면서 뛰어난 노농기술의 보급에 노력한 점도 간과할 수 없는 사실이다.

농업생산의 성장과 함께 농산물 생산액의 품목별 구성도 눈에 띄게 변화하였다(<표 1-12>). 1875~1890년 사이에 비중이 확대된 것은 보리·양잠·야채·축산·과실이었지만 쌀·공예작물·콩·잡곡은 반대로 비중이 저하하였다. 그리고 그 비중이 확대에서 축소로 바뀐 보리를 제외한 다른 모든 품목은 다음의 1890~1913년에도 같은 경향을 보여주고 있다. 따라서 이것은 메이지 기에 나타난 일본농업의 변화라고 볼 수 있을 것이다. 그 가운데 쌀은 여전히 농업생산액의 과반을 차지하고 있지만, 1875~1913년 사이에 6%나 하락한 점은 이 시기 농업생산은 쌀보다 오히려 다른 농산물의 주도 하에 성장하였다는 것을 말하고 있다.

<표 1-12> 농산물생산액(당년기준)이 품목별구성의 추이 (%)

연도	1875	1890	1913
쌀	58.1	52.1	51.5
보 리	9.3	11.8	10.6
잡 곡	3.1	2.9	1.8
고 구 마	2.7	2.9	4.3
콩	4.5	4.3	2.9
야 채	3.8	5.7	6.2
과 실	0.3	1.4	1.7
공예작물	9.6	7.9	5.9
양 잠	5.5	7.7	10.4
축 산	0.6	1.8	2.7
기 타	2.4	1.5	2.0

자료 : 梅村又次·山田三郎 外(1966), 앞의 책, 제1표.

시장점유율이 이렇게 변화한 이유의 하나는 식생활의 변화였다. 이는 개항 이후 생활수준의 향상에서 비롯된 생활양식의 변화와 1인당 소비지출의 성장이 가져온 것이다. 다른 요인으로는 무역성장을 들 수 있다. 양잠의 시장점유율은 생사수출의 급증으로 증가하였다. 메이지기의 주요 공예작물은 채종(菜種)·면·쪽(藍) 등이었지만 무역의 시작과 함께 수입과 경쟁에 직면하여 국내생산고는 시기에 차이는 있지만 감소하고 있다. 메이지유신 이전 등유원료로서 압도적인 지위를 차지하고 있던 채종은 수입석유에 눌려 메이지 초부터 생산량이 하락하였고, 면은 국내 재래 면업이 생산을 확대함에 따라 처음에는 생산량이 증가하였지만 국내에서 근대 방적업이 본격적으로 시작된 1880년대 후반을 정점으로 수입면화에 압도되어 축소된 결과 제1차 세계대전 전인 1910년대 전반의 생산수준은 거의 무시해도 좋을 정도였다. 또 쪽은 20세기 초까지 국내섬유산업의 발전에 뒷받침을 받으면서 순조롭게 생산을 확대하여 갔지만, 그 이후는 수입 천연쪽과 합성염료 등에 시장을 빼앗긴 다음 생산이 많이 줄었다.

메이지 기를 통하여 진행된 농산물의 품목별 구성의 변동은 곧바로 일본농업의 기본적 구조를 변화시킨 것은 아니었지만 토지이용법, 경작방법, 시비법, 수확물의 판매법 등에서 종래와는 다른 새로운 모습을 보이면

서 전개되었다. 이 점에서 보아도 일본 농업은 과거의 기본적 특징을 유
지하면서도 변모·재편성 되면서 성장하고 있었다.

제3절 면업·견업의 성장과 재편성

공업부문이 막부 말·메이지 초 국민경제에서 이미 상당한 비중을 차
지하고 있다는 것은 이미 서술하였다. <표 1-9>에서 보듯이 양조업을 중
심으로 하는 식료품이 40%를 넘는 비율을 차지하고, 그 가운데 청주는
16% 이상의 점유율을 보여주고 있다. 그 다음이 방직부문으로 전체의 4
분의 1을 차지하고 있다. 1889년에도 식료품부문의 우위는 변하지 않았지
만 점유율은 35%로 떨어지고, 방직부문이 31.5%로 상승하여 두 부문은
거의 비슷한 수준이 되었다. 이 기간 중 방직부문은 괄목할 만한 성장을
이룩하여 메이지 전기 공업부문의 성장을 주도하게 되었다. 방직부문은
농촌공업으로서 에도 시대 후기에 광범위하게 전개된 재래산업이었지만
무역개시의 영향으로 메이지 기에 들어서는 다양한 변모와 재편성을 경
험하여야 하였다. 우선 수입과 관련이 깊은 면업부터 살펴보자.

개항 이전의 쇄국 하에서는 면화·면사·면포의 세 부문은 균형있게
발전하였다. 그러나 개항 이후 무역이 시작되자 균형적인 발전은 이제 더
이상 불가능해졌는데 메이지 기의 면업이 바로 그러하였다. 면화·면사
·면포는 개항 이후 수입이 시작되고 그 수량도 급증하였지만 1890년대
까지 수출은 미미하였다. 따라서 국내산면화에 수입면화를 합친 것의 대
부분은 국내면사 생산의 원료가 되고, 국내산면사에 수입면사를 합한 면
사 국내 공급량의 대부분은 국내면포 생산에 사용되었으며 국내산면포와
수입면포를 합한 것이 국내에서 소비된다. <표 1-13>은 메이지 전기의
면화·면사·면포국내생산량과 수입량/국내공급량비의 추이를 보여주고
있다.

<표 1-13> 면화·면사·면포에 있어서 국내생산량과 수입량/국내공급량비의 추이

연도	국내생산량(지수, 1870=100)			수입량/국내공급량(%)		
	면화	면사	면포	면화	면사	면포
1870	100	100	100	6.2	22.8	15.4
1875	100	101	114	7.4	30.7	22.0
1880	100	98	149	4.0	49.4	20.6
1885	125	135	158	12.8	34.6	13.5
1890	108	198	234	49.0	34.9	11.0
1895	74	708	386	85.0	9.7	8.9
1900	35	1,146	405	95.0	5.7	14.5

자료 : 中村隆英(1985), 『明治大正期の經濟』, pp.151, 236.

　면포의 국내생산량은 1870~1880년의 10년간에 50% 증가하였지만, 그 사이 국내공급량에 대한 수입비율도 15~22%의 높은 수준을 보이고 있고 국내생산과 수입이 나란히 성장하였다. 이 사실은 수입확대가 반드시 국산면포시장의 축소를 초래하지 않았다는 것, 다시 말하면 국산면포와 수입면포 사이의 경쟁관계 내지 대체관계가 그렇게 단순한 문제가 아니었다는 것을 말하고 있다. 즉 일부에는 소폭옥양목 대 모오카(眞岡) 목면, 하등옥양목 대 센슈(泉州) 목면처럼 수입면포와 재래면포 사이에 대체관계가 성립한 경우도 있지만, 일반적으로 수입면포는 반(半) 사치적 내지 사치적 수요에 응한 것이기 때문에 일부 견직물과의 사이에는 강력한 대체관계가 있어 대중적인 수요를 가진 재래면포와 직접적인 경쟁관계에 놓여 있었던 것은 아니었다. 이 같은 수입면포와 국산면포의 차이는 마쓰카타 디플레이션기에 명확하게 나타나 면포수입량은 40%나 하락하고 국산면포의 생산량은 여전히 증가하고 있었다. 마쓰카타 디플레이션에서 회복되면서 다시 면포수입량은 증가 경향을 보이고 1895년에는 1880년 수준까지 회복하고 있다. 1885년 이래 수입비율이 저하한 것은 오직 국산면포생산량이 괄목할 정도로 성장하였기 때문이었다.

　개항 이전에는 면포의 국내생산이 증가하면 그에 따라 당연히 면사의 국내생산도 증가할 것이었지만, 1870년대에는 면사의 국내생산은 정체되고 수입이 급증하여 1880년의 면사수입량은 면사국내공급량의 약 반을 차지하였다. 이처럼 이 시기 재래면포 생산의 성장을 촉진한 것은 국산면사가 아니라 인도수입면사였다. 면사의 경우는 수입기계 방적사와 국산수방사는 직접적인 경쟁관계에 놓여 있었으며 수입사가 재래사를 대체하여 국산재래면포의 원료사가 되었다. 1874~1878년의 5개년 평균을 보면 수입면사 가격은 국산재래면사보다 3분의 1 정도 저렴하고, 더구나 기계방적사였기 때문에 품질이 균일하여 처음에는 재래면포의 경사(經絲)로서 사용되고 다음에 위사(緯絲)로도 널리 사용하게 되어 재래면포의 생산증대와 함께 면사수입도 급속히 확대되었다. 수입면사에 대항하기 위하여 재래면사에서도 '가라'방으로 대표되는 것처럼 재래기술의 혁신이 일어났지만[2] 결국은 근대기계방적업의 이식·정착으로 귀착될 수밖에 없었다. 일본에서 기계방적업의 본격적인 성장은 1880년대 후반부터 시작되었는데, 이미 이 때부터 기계방적사의 국내생산이 면포보다 더 빠른 속도로 성장하고 수입비율은 떨어져 수입사 의존체제는 해소되었다. 그와 동시에 기계방적사가 재래면사를 완전히 대체하여 면사에서의 재래부문은 소멸하였다.

최대 수출산업인 견업도 개항 이후 급성장하였지만 그 발전 과정은 면업만큼 복잡하지는 않았다. 개항 초 비교우위를 가지고 있던 생사는 무역의 개시와 함께 급속도로 세계시장에 진출하였다. 생사가격은 보합세였지만 생사수출량은 메이지 전기를 거치면서 급증하여 생사 국내생산량에 대한 생사수출량의 비율도 1890년에는 63.4%에 달하고 있다(<표 1-14>). 수출의 성장에 따라 누에고치·생사의 생산량도 증가하였지만, 그 성장속도는 수출의 성장세를 훨씬 밑도는 것이었기 때문에 생사의 국내소비량, 다시 말하면 견직생산물의 성장은 억제되었다. 개항 이후 생사수출이

---

2) '가라'방은 일본식 기계방적으로 1876년 나가노의 가운 다쓰무네(臥雲辰致)가 발명한 것이다. 이것은 재래적인 수방기술에 혁신적 개량을 한 것이었기 때문에 수방에 비하여 1인당 생산고가 현격히 높았고 게다가 기계의 가격도 저렴하였다. '가라' 방기는 처음에는 수동·족답으로 시작되었지만 수차에 의한 구동을 하게 되어 1880년대까지 주로 농가의 부업으로 미카와를 중심으로 하는 도카이지방에 급속히 보급되었다. 그러나 근대 방적업의 대두로 '가라'방은 급속히 쇠퇴하였다.

급증한 것은 일본 제사업이 재래기술·생산방법을 가지고도 충분히 국제
경쟁력이 있었다는 것을 의미하지만, 수출산업으로 성장하는 과정에서 재
래 제사기술의 개량되었고 이 기술진보가 생사수출의 확대를 뒷받침하였
다는 점도 주목할 필요가 있다. 막부 말기의 제사는 자새틀[座繰器]에 의
해 이루어지고 수출이 시작된 이후에도 이전의 좌조법이 그대로 답습되
고 있었다. 그러나 수출이 급증함에 따라 공급이 수요에 못 미쳐 조제사
(粗製絲)가 다량으로 출하되고 불량품의 체화와 사가하락이 이어졌다. 이
에 대응하여 일부에서 수입 양식 기계(器械)를 도입하였지만 여기에는 거
액의 고정자본투자가 필요하였고, 또 생산능력이 확대됨에 따라 누에고치
구입자금도 준비해야 하였기 때문에 부업적인 농촌공업으로 전개되고 있
던 제사업에는 많은 경우 기계제사기보다 값싸고 간단한 각종 개량 좌조
기를 사용하게 되었다. 개량 좌조기로 생산된 생사는 구식의 좌조사보다
질이 좋았고 가격도 높았기 때문에 개량 자새틀이 보급된 것은 당연한 추
세였다.

<표 1-14> 견·생사국내생산량·생사수출비율 및 생사가격의 추이
(지수, 1879~81년=100)

연도	누에생산량	생사생산량	생사수출량	생사수출비율(%) (수출/국내생산)	생사가격
1870	-	-	56	-	92
1875	68	72	82	33.8	81
1880	100	100	100	29.7	100
1885	89	106	147	41.3	89
1890	112	111	236	63.4	91
1895	168	176	310	52.4	109
1900	222	217	393	53.7	104

주 : 각년도의 수치는 각각을 중앙년으로 하는 7개년 평균치. 생사가격은 橫浜市
　　場生絲現物時勢.
자료 : 누에생산량·생사생산량은 中村隆英(1985), 앞의 책, p.243. 橫浜市場生絲
　　現物時勢는 藤野正三郎 外(1979), 『長期經濟統計 11·纖維工業』, 제56표,
　　63표.

그러나 그 개량 좌조사도 품질 면에서는 기계사에 미치지 못하고 따라

서 개량 좌조사와 기계사 사이에는 가격차가 생겨 1880년대에는 기계사 가격은 개량 좌조사보다 10% 정도 높았다. 이에 따라 1880년대 후반부터 기계제사공장의 설립 수가 급증하기 시작하여 1890년대 중반까지는 기계사의 생산량이 좌조사의 그것을 능가하였다. 그러나 이러한 기계제사공장에서 사용된 조사기는 이탈리아·프랑스 등 유럽의 선진적인 제사업에서 사용된 철제 조사기는 아니라 간단한 목제 조사기가 대부분이었고, 그것을 움직이는 동력도 전통적인 수차에 의한 것이 많았다. 기계제사는 증기기관을 동력기로 사용하는 양식의 철제 조사기에 비해 훨씬 적은 고정자본투하로 공장 설립이 가능하였기 때문에 성장속도도 빨랐다. 하지만 모든 생사산지가 기계제사로 전환한 것은 아니고 나가노(長野)·야마나시(山梨)·기후(岐阜) 등 신흥산지를 중심으로 기계제사가 널리 전파되었다. 그리고 막부 말기에 선진적인 지위를 차지하고 있던 나가노 등의 산지에서는 좌조농가가 조합을 만들어 수차를 이용한 공동집하소에서 조합원이 가지고 온 생사로 생산의 대량화·규격화를 달성하여 수출확대에 대응하였다. 1884년 전국의 공장 1,981개 가운데 제사공장이 50%를 넘고, 더구나 그 80%가 농촌에 소재하고 있었다. 메이지 전기의 제사업은 그 대부분이 에도시대부터 이어진 것이고 여전히 부업적인 농촌공업으로서의 성격을 가지고 있었지만 개량좌조와 기계제사로 대표되는 기술진보에 대응한 변모와 재편성을 통해 수출산업으로 급성장하여 갔다.

제4절 근대공업의 이식

끝으로 메이지 전기 근대공업에 대해서 살펴보자. 개항과 함께 근대공업도 이식되었다. 막부와 사쓰마(薩摩)·사가(佐賀)·미토(水戸) 등의 여러 번은 시험적이지만 서양 근대기술로 몇 개의 공장을 건설한 다음 조업을 시도하였다. 이러한 공장은 사쓰마 번의 방적소를 제외하고는 병기제조소나 조선소였고 대표적인 것으로 막부가 소유하고 있던 요코스카 제철소·요코하마 제철소·나가사키 제철소·이시카와지마 조선소·쓰키지 해군소·세키구치 제조소 등을 들 수 있다. 메이지 기에 들어서면 정부는 막부 소유의 공장을 몰수하여 정부가 관리하고 새로운 모범공장을 세워 방적·제사·제융·제철·시멘트·유리·성냥 등 각종 근대공업의 이식에 노력하였다. 그 외에 서양으로부터의 기술이전을 촉진하기 위하여 외국기계의 구입, 다수의 외국인기사·교사·숙련공의 고용, 기술습득 목적의 유학생 파견, 고등기술교육기관의 개설, 박람회·공진회의 개최 등 다각적으로 노력하였다. 당시 최대의 수입품이자 재래산업에 커다란 타격을 준 기계 방적사에 대항하기 위하여 수입방적기계를 무이자 10년 부로 불하하고 방적기 수입대금의 선대지불도 행하는 등 민간기업의 조성에도 적극 나섰다. 그리고 앞에서 살펴본 근대적 운수·통신제도 정비를 위한 공공투자도 행하였다.

이와 같은 식산흥업정책을 위한 경비, 즉 권업비의 추이는 메이지 전기의 경우 <표 1-15>에 나타나 있다. 근대산업 이식을 위한 본격적인 식산흥업정책이 시작된 1871~1873년 이후 권업비는 대폭 증가하였고, 1877~1879년은 서남전쟁과 그 후의 인플레이션기에 해당되고 또 식산흥업정책의 중핵이었던 오쿠보 도시미치(大久保利通)가 암살된 시기로서 이 기간 중에는 일시적으로 축소하였다. 그러나 1880~1882년까지 전 재정지출에서 권업비가 차지하는 비율은 15% 정도에 달하여 메이지 정부가 열악한 재정 상태에서도 근대산업의 이식을 강조한 식산흥업정책의 실시를 위하

<표 1-15> 메이지 전기 권업비의 추이 (백만엔)

연 도	권업비(A)	정부재정지출(B)	A/B(%)
1868~1870	4.6	71.4	6.5
1871~1873	22.3	139.6	15.9
1874~1876	35.5	210.8	16.9
1877~1879	15.0	169.7	8.9
1880~1882	32.9	208.1	14.9
1883~1885	17.5	220.9	7.9
합 계	127.8	1,020.5	12.5

자료 : 中村隆英(1983), 「明治維新期財政金融政策展望」, 梅村又次·中村隆英 編, 앞의 책, p.29 ; 江見康一·鹽野谷祐一(1966), 『長期經濟統計 7·財政支出』, 제4표.

여 많은 경비를 지출하였음을 알 수 있다.

경제 공통기반의 형성을 위한 공공투자는 제외하고 근대공업 이식에 이러한 식산흥업정책이 어느 정도의 효과를 가져왔는가에 대해서는 여러 견해가 있다. 식산흥업정책 그 자체도 고정적인 것은 아니었으며 거액의 경비를 투입한 관영모범공장의 대부분은 경영적으로 실패하였을 뿐만 아니라 근대산업기술의 이전에서도 큰 역할을 하지 못한 것으로 지적되고 있다. 이 때문에 병기제조공장을 제외한 관영모범공장은 광산 등과 함께 마쓰카타 재정 하에서 민간에게 불하되었다. 또 정부로부터 직접적인 조성을 받은 2,000추 규모의 서양식 방적업은 성공하지 못하였고 오히려 정부의 조성을 받지 않고 시작한 10,000추 규모의 민간방적기업이 1800년 전후부터 급속히 발전하여 일본 공업화를 선도하였다. 그러나 고용외국인을 비롯하여 해외유학과 국내고등기술교육기관에서 육성한 기술자 등에 의한 기술이전이 일본에서 근대공업의 발전에 커다란 역할을 한 것은 부정할 수 없다. 그뿐만이 아니라 제국대학 공과대 출신자를 중심으로 하는 농상무성 상공국계의 기사와 도쿄 고등공업학교 졸업생이 주력을 이루고 있던 부현의 상공계 기사에 의한 기술지도가 재래산업의 기술진보에 적지않은 역할을 한 것도 분명하다. 또 실패로 끝난 관영모범공장 가운데 많은 것은 '파일럿·플랜트'(pilot·plant, 시험공장)로서 1890년대부터 본격화되는 근대공업 이식을 위한 이정표 역할을 남낭하였다. 메이지 전기 기계기구공업을 선도한 것은 병기·함선·차량·기계기구등을 제조한 관영공장이었다.

이러한 관영공장 가운데 중요한 것을 들면 공부성 소관의 아카바네 공작분국·나가사키 조선소·효고 조선소와 해군성 소관의 요코스카 조선소였다. 조선·수선(修船) 외에 선구·기계를 생산한 나가사키 조선소·효고 조선소는 관업불하정책에 따라 미쓰비시·가와사키에 불하되어 일본 근대조선업의 거점이 되었다. 또 1873년 개설된 아카바네 공작분국은 60여 종에 달하는 기계류를 취급하였다. 이 관영공장도 다른 공부성 소관 공업과 마찬가지로 1883년에 폐지되었지만, 공장설비는 그대로 해군성 병기관에 인계되었다. 요꼬스카 조선소는 영국 조선기술을 도입하여 1880년대 후반에는 강철선 건조를 위한 기초기술을 획득하고 있었다. 메이지 전기 기계 국내생산액에서 차지하는 관영공장기계기구 생산액의 비율을 보면 1874~1877년에 12.5%, 1878~1881년 17.4%, 1882~1885년 37.4%, 1886~1889년은 37.9%였다. 관영공장의 기계기구생산액은 공부성계 관영공장이 모습을 감춘 1880년대에 일시적으로 감소하였지만, 1874~89년까지 지속적으로 확대하여 기계국내생산액에 대한 비율은 1880년대에 37%대에 달하여 자본주의 요람기에 일본의 기계기구생산을 선도하였다.

이상에서 본 것처럼 메이지 전기의 근대공업에서 관영공장이 선도적 역할을 담당한 것은 분명하였으나, 본격적인 공업화가 시작된 것은 1890년대에 들어서였다. 더구나 그에 앞선 1880년대 후기에 발흥한 방적업의 경우와 마찬가지로 공업화를 주도한 것은 민간기업이었다.

제2편

19세기 말의 세계경제와 일본의 공업화(1891~1913년)

제1장 영국 주도의 세계경제로 편입

제1절 영국 주도의 세계경제

1888년 시제·정촌제의 성립, 1889년 대일본제국헌법의 공포, 1890년 제1회 중의원 의원 총선거의 실시와 제1회 제국의회의 개회 등으로 메이지 유신 이래의 제도개혁을 마무리한 일본은 근대 국민국가로서의 정체성을 강화하면서 세계정치·경제질서에 참가하였다. 그 세계정치·경제질서는 영국의 주도 하에 형성된 것으로 '팍스·브리타니카'라고 부를 수 있는데, 그것은 식민지체제와 국제금본위제라는 두 개의 중심축을 가지고 있었다.

16세기 이후 유럽의 팽창과 함께 시작된 근대식민지제도는 19세기 후반 일본이 제국주의 세계체제에 참가한 무렵에는 새로운 단계에 들어갔다. 영국은 1858년에 인도에 대한 식민지지배를 간접지배에서 직접통치로 전환하였다. 이어서 1867년에는 말레이지아도 동인도회사의 지배로부터 영국정부에 의한 직접통치로 바뀌었다. 1870년대에서 1880년대에 걸쳐 프랑스가 인도지나를, 네덜란드가 인도네시아를 각각 직접 통치하에 두었다. 아프리카에서도 1880년대에는 유럽열강에 의한 분할지배체제가 거의 완료되었다. 식민지체제가 세계의 전역을 뒤덮고 세계정치·경제체제는 기본적으로는 선진자본주의국인 지배국가와 직할 식민지를 핵으로서 그 주변에 보호국을 배치한 종속지역의 이중구조로 구성되었다. 이 경우 종속지역은 지배국가의 식량·원료 등의 공급지인 동시에 선진공업국인 지배국가의 공업제품시장이 되고 선진공업국인 지배국가의 공업제품

의 시장이 된다는 수직적 분업관계가 성립된 것이다.[1]

영국 주도의 세계체제의 성립은 국제분업관계를 통해 지구상의 각 지역이 하나의 세계시장에 포함되었다는 것을 의미하였다. 이와 같이 세계시장을 유지해 주는 것의 하나로서 1870년대에 일단 완결된 세계적인 운수·통신망의 형성을 들 수 있다. 1840년에 시작된 대서양을 횡단하는 증기선 정기항로는 종주국과 식민지, 혹은 지배국가와 종속지역 간의 화물·여객수송뿐만 아니라 우편의 수단으로서 점차 발전하고 1869년의 수에즈 운하 개통은 여기에 박차를 가하였다. 그리고 1870년대에는 인도양, 극동, 호주는 물론 태평양을 횡단하여 미국대륙에 도달하는 정기항로가 개설되어 세계의 주요 지역은 우편증기선의 정기항로에 의해 결합되었다. 1851년에는 도버 해협에 해저전신선이 부설됨으로써 해저전신망을 중심으로 하는 국제전신망도 시작되어 유럽과 극동 간에 남북 두 전신선이 개통되었는데, 일본도 나가사키를 통하여 그 전신선망에 참가하였다. 그리고 1872년에 개통된 인도-오스트레일리아 선은 세계 각 지역을 결합하는 최후의 전신선망이었다.

이러한 운수·통신체제에 의해 뒷받침되면서 세계의 각 지역은 다각적 무역을 통해 하나의 세계시장을 형성하게 되었는데. 여기에는 이러한 다각적 무역을 결제하는 단일기구가 필요하였다. 이 같은 다각적 무역의 결제기구로서 등장한 것이 1870·80년대의 금본위체제이고, 그 중심은 영국

---

1) 현실적으로 세계의 모든 나라가 제국주의국가와 식민지종속국가로 구분된 것은 아니었고 두 범주에 속하지 않는 양자의 중간에 놓인 국가(주변국가)가 많이 있었다. 그 가운데 동유럽의 러시아, 남유럽의 이탈리아 등은 유럽의 주변국에서 신흥공업국으로 대두하고 있었다. 이들 주변국들은 지배국가와 종속지역 사이에 성립하는 세계적인 분업관계 속에 편입되고 선진공업국인 제국주의국가에 대해서는 식량·원료 등 1차산품을 수출하면서 공업제품·자본·원료 등을 수입한다는 관계에 있고, 다른 한편 식민지종속지역에 대해서는 제국주의국과 식민지 종속국가의 관계와 같은 분업관계를 만들었다. 이렇게 볼 때 월러스타인류의 '중심-반주변-주변'의 3층구조라고도 말할 수 있지만 주변국도 식민지체제의 틀 바깥에 있는 것이 아니고 러시아와 이탈리아도 제국주의를 지향하고 있었기 때문에 영국주도의 세계경제는 중간에 다양한 변형이 있지만 기본적으로 제국주의국가와 식민지 종속국가라는 이중구조였다고 말할 수 있을 것이다.

이었다. 영국은 18세기 초에 금본위제를 거의 확립하였지만, 기타 대륙제국은 금은복본위제 내지 은본위제를 택하고 있었다. 영국이 산업혁명을 거쳐 세계의 공장이 되고 세계정치·경제질서에서 영국이 패권이 장악하자 유럽제국 내에도 금본위제로 이행하여 가는 국가들이 점차 등장하였다. 더욱이 1870년대에 들어서자 은가치가 지속적으로 하락하고 세계의 금보유량도 크게 증가하였다. 이러한 움직임을 배경으로 1873년 독일을 시작으로 1878년까지 미국·스웨덴·노르웨이·네덜란드 등의 국가가 금본위제로 이행하고, 프랑스·벨기에·스위스 등은 본위 은화의 주조를 정지하였다. 1890년대가 되면 주변 국가인 러시아와 오스트리아-헝가리, 종속지역인 인도도 금본위제로 이행하고 20세기 초에는 중국 등 일부 국가를 제외하고는 세계 대부분의 나라가 금본위국이 되었다. 하지만 본래 의미에서의 금본위제를 채용한 것은 영국·독일·미국이었고, 법제상으로는 아니었지만 사실상의 금본위제와 다를 바 없었던 나라가 프랑스·벨기에·스위스였다. 이러한 나라들은 모두 세계경제 질서 속에서 중심을 차지하고 있는 제국주의 국가들이었다. 이에 대해 주변국가와 종속지역 특히 영국의 자치령은 대외준비의 대부분 혹은 전부를 외국환(금환)으로 보유하는 금환본위제를 채택하고 있었다. 영국주도의 세계경제의 기본구조는 국제금본위제의 체제 속에도 명확히 반영되어 있었다.

국제금본위제는 금본위제를 채용하고 있는 국가들이 상호간 자유로운 금수출입 즉 국제적 금태환을 인정함으로써 성립하는 것이고, 여기서의 결제는 궁극적으로 금의 이동에 의하여 이루어진다. 그러나 현실적으로 결제는 특정한 국제거래통화에 의하여 이루어지고 국제수지의 불균형은 국제거래통화의 대차 곧 국제금융에 의하여 조정된다. 이 시기의 국제통화는 영국의 파운드·스털링(pound sterling)이었고 국제금융에 대한 조정기능은 런던금융시장이 수행하였다. 영국은 국제수지에서 흑자를 내고 있었기 때문에 해외투자자금이 충분하였고 이에 따라 장기자본의 국제적인 공급자가 되었다. 다른 한편 단기자본의 경우는 결제와 단기자금이용을 목적으로 한 외국은행과 외국상인의 예금, 런던시장에서 발행된 외국증권의 인출잔고, 외국공공기관의 대외준비 등의 유동부채 외에 국제통화인 파운드·스털링어음을 외국의 공적기관과 은행이 대량 보유하고 있었다. 이러한 유동부채는 제1차 세계대전 직전에는 수억 파운드에 달하고 있었다. 동시에 파운드화 표시로 인수된 상업어음·금융어음 등의 유동자산도 유동부채에 거의 필적할 정도의 액수에 달하였다. 이와 같은 유동부채와 유동자산의 균형상태는 런던 단기시장에 탄력성을 부여하여 국제단기금융에서 런던시장의 조정능력을 높였다. 이처럼 영국 주도의 자본주의체제 하의 다각적 무역결제기구가 런던금융시장을 중심으로 이루어지고 있었다.

1890년대 이래 일본은 소규모 개방경제(small open economy)로 세계정치·경제질서에 본격적·적극적으로 참가하였으나, 일본의 대외경제정책 뿐만 아니라 대내정책에서도 앞서 말한 영국 주도의 세계경제가 가진 구조적 특징에 의해 상당한 제약을 받았다.

제2절 영국 주도의 세계경제와 아시아시장

프랑스·독일·미국은 영국보다 뒤늦게 공업화를 시작하였지만 19세기 말이 되면 영국을 능가하는 공업생산력을 갖게 되었다. 미국은 19세기 후반에는 호환성방식의 대량생산기술을 발전시켜 기계공업 분야에서 선도적 지위를 확립하였고, 독일은 미국보다 늦었지만 19세기 말부터 20세기 초에 미국과 함께 전기기계공업·내연기공업 영역에서 우위를 차지하기에 이르렀다. 1870년대부터 제1차 세계대전 직전까지 서구제국과 일본의 순국민생산의 동향을 나타낸 <표 2-1>에서 보듯이 프랑스·독일·이탈리아의 성장은 영국을 크게 상회하고 있다. 그리고 이 표에는 나타나 있지 않지만 미국은 1901~1910년간 연평균 성장률이 3.9%로 프랑스(1.9%), 독일(3.1%), 이탈리아(2.7%)를 능가하였다. 영국도 쇠퇴하여 간다고는 하지만 제2차 산업혁명기인 19세기 후반은 산업혁명기인 19세기 전반보다 높은 성장률을 보이고 있는데 구체적으로 1831~1850년의 연평균

성장률은 1.8%였지만 1851~1870년에는 2.2%가 되었다. 일본은 이처럼 서구 선진 제국의 성장률이 높아지고 있던 시기에 세계경제에 편입되었다.

<표 2-1> 서유럽제국·일본의 순국민생산(불변가격)의 추이
(지수 : 1901~1905년=100)

	영국	프랑스	독일	이탈리아	일본
1873년	58	–	47	72	–
1878	62	–	51	74	–
1883	68	–	55	74	–
1888	79	–	64	77	70
1893	81	–	73	80	80
1898	94	–	88	85	94
1903	100	100	100	100	100
1908	112	111	117	116	117
1911	111	122	129	124	123

주 : 각 년도의 수치는 각각의 해를 중앙년으로 하는 연평균치. 영국은 총국민생산

자료 : 서유럽 제국은 P.Flora, ed.(1988), *State, Economy, and Society in Western Europe 1815~1975*, vol.Ⅱ, 竹岡敬溫 監譯,『ヨーロッパ歷史統計』, pp.379~381, 386~387, 398~399. 일본은 大川一司·高松信清·山本有造 (1974), 앞의 책,제24표.

세계경제를 주도하는 국가들의 경제가 확대됨에 따라 세계무역도 성장하였다. <표 2-2>는 1880~1890년, 1891~1913년, 1914~1929년의 세계무역량과 일본의 수출·수입량의 연평균 변화율을 보여주고 있다. 이를 보면 1880년대부터 제1차대전 직전까지 세계무역량은 연평균 3% 전후로 확대되었다. 특히 경제성장률이 높은 미국의 수입량의 증가율은 서유럽의 그것을 1%정도 상회하였다. 당시 일본의 최대수출품은 생사였고, 그 생사의 최대수입국은 미국이었기 때문에 미국이 서유럽보다 높은 경제성징을 달성하고 그에 따라 수입이 확대되자 일본의 수출도 증가하였다. 이 수출확대가 일본의 공업화와 함께 불가피하게 증가한 수입을 뒷받침하고 있었다. <표 2-2>에서 알 수 있는 것처럼 1880년대 이후 제1차대전기까

지 일본의 수입·수입량은 서유럽과 미국에 비해 두 배 정도 증가하였다.

<표 2-2> 세계·일본의 무역량과 연평균변화율 (%)

연도	세계무역	서유럽의 수입	미국의 수입	일본	
				수출	수입
1880~1890	3.6	2.7	4.4	6.5	6.7
1891~1913	2.7	3.1	3.4	6.6	6.9
1914~1929	2.1	–	3.0	5.4	5.5
(1921~1929)	(3.6)	(7.1)	(6.1)	(7.7)	(4.9)

자료 : 세계무역 및 서유럽과 미국의 수입은 山澤逸平·山本有造(1979), 앞의 책,
　　　제23표, 일본의 수출·수입은 같은 책 제3표, 제4표.

1870·1880년대에 세계정치·경제질서에서 영국의 패권이 확고해지게
되고 국제금융에서 런던시장이 압도적 지위를 차지하게 되었지만 '세계의
공장'으로서 영국의 지위는 점차 약화되어 갔다. 이는 영국의 낮은 경제성
장률을 보면 분명히 알 수 있는 것인데 영국의 쇠퇴를 극명하게 보여주는
것이 영국산업혁명의 주역이었던 면제품의 수출지역구성이 크게 변하였
다는 사실이다. 영국 면제품의 수출시장의 중심은 19세기 전반에는 유럽
·미국이었지만 서구제국에서 면공업이 발전하면서 영국면제품에 대한
수입대체가 급속히 추진되었기 때문에 영국 면공업은 불가피하게 수출처
를 바꾸어야 하였다. 1880·1890년대 영국 면공업의 최대 수출시장은 인
도·중국·일본 등 아시아지역이었으나 서유럽 제국과 미국으로부터의
도전으로 '세계의 공장'으로서의 지위를 상실해 가고 있던 영국에게 일본
을 포함한 아시아 시장의 의미는 매우 큰 것이었다.

제3절 영국 주도의 세계경제와 일본

영국은 1830년대에 터키와 체결한 조약을 시작으로 아시아 제국과 각
종의 조약·협약·협정을 맺고 1850년대부터 1860년대 사이에 동아시아
지역에 도달하였다. 이러한 여러 조약은 전부 같은 내용을 가진 것은 아

니었고 영국과 조약상대국 사이의 관계, 조약상대국의 국내사정, 조약체결 시의 국제환경 등에 따라 그 형식과 내용은 달랐다. 그러나 아시아 시장을 영국 산업에 개방시키기 위하여 아시아 제국에 자유무역을 강요한다는 영국의 기본 자세는 모든 조약에 일관된 것이었다. 그리고 자유무역의 보장만을 요구한 것이 아니라 조약상대국의 주권제한을 의미하는 편무적인 최혜국 조항과 영사재판권 등의 치외법권이 포함되어 있었다. 따라서 이러한 조약은 제국주의 국가와 종속지역 간의 불평등조약이고 여기에는 영국이 주도하는 세계경제의 기본구조가 반영되어 있었다.

동아시아의 일각에 위치한 일본과 맺은 조약도 그 연장선 위에 있었다. 1858년에 조인된 영일수교통상조약은 이전의 미일수교통상조약과 몇 가지 점에서 상이하였지만 기본적으로 같은 내용이었고, 1830년대 이래 아시아 제국과 체결된 조약과 마찬가지로 불평등한 것이었다. 따라서 이 조약에는 앞 장에서 본 것처럼 치외법권에 불과한 영사재판권의 승인, 관세자주권의 포기를 의미하는 협정세율제도의 채용, 화폐발행권의 사실상의 제한을 의미하는 외국화폐의 국내등가 통용규정 등이 포함되어 있었다. 일본은 제국주의 국가의 식민지 내지 반식민지로서 세계정치·경제질서에 참가한 것은 아니었지만, 제국주의 국가와 종속국가라는 이중구조 하에서는 종속지역과 동일한 차원에서 참가하지 않을 수 없었다. 불평등조약을 개정하여 구미 제국주의 국가들과 지배국가와 대등한 관계에서 세계정치·경제질서에 참가하고 싶다는 것은 역대 메이지 정부의 염원이었다.

이러한 불평등의 해소는 일시에 이루어질 수는 없었고 19세기 말이 되어야 완전히 실현되었다. 가장 먼저 실현된 것은 외국화폐의 국내등가통용규정의 폐지였다. 개항 직후 곧바로 1860년에 「양은(洋銀)시세통용령」이 공포되었다. 이로써 무역결제수단으로서 양은의 지위는 확고하게 되었지만, 외국화폐의 국내등가통용규정은 사실상 부정되었다. 메이지 기에 들어서자 1871년의 신화조례에 따라 금본위제를 기초로 한 근대화폐제도로 발전하여 갔지만, 그 때 양은과 동 품위·동 중량의 개항장전용 1엔

은화(무역은)를 발행하여 양은에 대항하였기 때문에 양은은 무역통화로서 널리 유통하였고 또 무역확대에 따라 대량으로 유입되었지만 국내거래에서 교환수단으로서 유통되지는 않았다. 이후 무역결제의 방법이 점차 양은에 의한 현은(現銀) 결제에서 외국환에 의한 대체결제로 바뀌고, 또 1897년에 금본위제가 확립됨으로써 무역통화로서의 양은은 최종적으로 사라지게 되었다.

일본이 근대국가로서의 틀을 일단 갖춘 1890년대에 들어서면서 영사재판권의 폐지와 관세자주권의 회복이 실현되었다. 1894년 7월 영일통상항해조약이 조인되고 1896년까지 미국·러시아·독일·프랑스 등과도 동일한 내용을 가진 통상항해조약이 잇달아 체결되자(제1차 조약개정) 영사재판권의 폐지와 관세율의 인상이 현실적 문제로 부각되었다. 영사재판권의 폐지는 5년 후인 1899년부터 실시되었지만, 관세자주권의 회복은 순조롭게 이루어지지 않았다. 1897년의 관세정률법(1899년 시행)은 관세자주권 회복을 위한 첫걸음이었으나 편무적 협정세율이 여전히 많이 남아 있었다. 1906년의 관세정률법 개정에 뒤이어 1910년에는 또다시 관세정률법을 개정하여 신통상조약의 발효(제2차 조약개정)와 함께 실시하였다. 협정세율은 아직 몇 개 남았지만 이로써 관세자주권은 거의 완전하게 회복되었다. 일본은 이러한 일련의 과정을 거쳐 지배국가와 종속지역 사이에 보이는 불평등한 조약관계에서 벗어날 수가 있었으며 외형상으로는 지배국가와 대등한 관계를 갖게 되었다. 1897년에는 금본위제를 확립하고 국제금본위제에 본격적으로 참가하였으며, 1902년에는 세계정치·경제질서의 중심인 영국과 영일동맹2)을 맺게 되었다.

---

2) 제1차 영일동맹은 1902년에 체결되어 러일전쟁기간인 1905년에 갱신되었으며 1911년에 다시 갱신되었다. 결국 영일동맹의 존속기간은 제1차협약의 성립에서 폐기를 결정한 1921년 12월의 영·미·일·불 간의 4국조약의 성립까지 약 19년 10개월 간이며 4국조약의 발효일인 1923년 8월 17일까지 계산한다면 무려 20년 6개월에 이르는 장기간에 걸쳐 유지된 것이다. 이 영일동맹은 근대 국제교섭사에서 중요한 사건 중 하나였다. 무엇보다 이 조약은 조약 당사자뿐만 아니라 당시 동아시아에서 제국주의적 팽창정책을 경쟁적으로 펴고 있던 모든 강대국들이 직간접으로 서로 얽혀 있었다. 1900년 의화단사건을 계기로 러시아는 만주를

　이러한 여러 과정을 거치면서 일본은 식민지 제국으로 성장하여 갔다. 우선 1894~1895년의 청일전쟁으로 대만을 할양받아 식민지로 만들었다. 또 서구 제국과의 불평등조약을 개정하는 데 성공한 1896년에는 입장을 바꾸어 조약상대국에게는 불평등한 내용인 영사재판권·제조업영업권·최혜국대우 등을 요구한 청일통상항해조약을 체결하였다. 1904~1905년의 러일전쟁으로 만주·조선반도에서 이권을 확대하면서 동시에 남부 사할린의 영유권을 획득하였다. 또 1904년의 제1차 한일협약·1905년의 제2차 한일협약·1907년의 제3차 한일협약으로 한국의 외교·내정을 지배하게 된 일본은 1910년에 조선반도를 직할 식민지로 만들었다. 19세기 말과 20세기 초에 걸쳐 일본의 식민지지배는 확대되어 식민지의 면적이 본토 면적의 80% 가까이 되었다. 그 식민지지배는 결국 유럽의 지배국가가 19세기 후반에 행한 식민지지배 즉 제국주의체제의 밑바탕이 되어 있는 식민지체제를 본보기로 한 것이었다[3]. 제국주의체제라는 세계정치·경제

　　단독으로 점령하였으며 일본이 청일전쟁으로 얻게 된 여순 대련항을 삼국간섭으로 빼앗아 스스로 조차한 것을 비롯하여 만주의 철도이권을 획득함으로써 만주의 실질적인 식민지화 정책에 박차를 가하였다. 영국은 러시아의 이러한 남하정책에 위협을 느끼고 있었다. 삼국간섭의 굴욕을 잊지 못한 일본도 러시아의 단독 만주지배만은 결단코 저지하여야 하였다. 이러한 이해의 갈등 속에서 영국과 일본은 러시아의 만주정책에 대한 외교적 압력과 협상을 아울러 시도하였으나 여의치 않아 결국 영일동맹을 체결하게 된 것이다.

3) 그렇지만 서구 선진 제국의 식민지체제와 정책을 그대로 모방한 것은 아니었다. 비즐리(W. G. Beasley)의 지적처럼 일본의 정책입안자는 처음부터 일본의 식민지체제를 서양식민지 특히 영국형 모형에 따라 구축하는 것이 반드시 타당하다고 생각한 것은 아니었다. 그러나 동아시아가 제국주의 식민지체제 속에 완전히 편입되고 서구 선진 제국의 식민지체제가 완전히 확립된 상황 하에서 식민지 제국으로의 길로 나아가기 시작한 일본은 좋든 싫든 서양형 식민지체제를 모범으로 삼지 않을 수 없었다. 그 후 제1차대전을 거쳐 일본이 지배국가로서의 입장을 강화하고 아시아 특히 중국과 태평양지역에서의 권익을 급속히 확대하기 시작한 1910년대 말부터 일본의 식민지정책은 전환하여 내지연장주의 내지 동화주의로 경사하면서 중일전쟁 후의 황민화정책과 태평양전쟁 후의 공영권정책으로 이어졌다. 이 같은 식민지정책의 전환도 결국은 동화주의와는 다른 영국의 식민지통치와 알제리에 대해 동화정책을 폈던 프랑스의 식민통치 등 서양형 식민지정책을 전제로 성립한 것이고 더구나 종주국 대 식민지의 관계는 서양형 식민지

질서 속에서 일본은 문자 그대로 탈아입구의 길로 들어서게 되었다.

그러나 일본은 여전히 국제정치에서는 수동적 위치에 있는 국가였고 세계 경제에서는 경제소국에 불과하였다. 다시 말하자면 세계정치·경제 질서 속에서 중심국가는 아니었고 주변국가에 지나지 않았다. 종속지역에 대해서는 제국주의 국가로서의 입장을 취하고 있었지만, 구미의 중심국가로부터 많은 제약을 받고 있었다. 그것이 단적으로 드러난 것이 금본위제의 확립을 위한 정화준비 방법을 둘러싼 문제였다. 청국으로부터 얻은 군사배상금 2억 냥과 요동 환부 보장금 3000만 냥을 근거로 하여 충분한 정화준비를 갖추고 순금의 양목(兩目) 2분을 1엔으로 하는 금본위제를 확립하려고 하였지만, 영국은 그 정화준비를 런던에 둘 것을 강력하게 요구하였기 때문에 일본은 정화준비의 약 80%를 재외정화 형태로 런던에 비축하고 금은 겨우 20%밖에 보유할 수가 없었다. 재외정화에는 영국대장성 증권·영국국고증권·요코하마 정금은행 런던지점을 포함한 은행으로의 통지예금이 포함되어 있었다. 따라서 금본위제라고 하기보다는 실질적으로는 금환본위제였다. 이 점에서 보더라도 영국 주도의 세계경제 속에서 일본은 충분한 자립성을 갖지 못한 상태였다.

제4절 수입대체적 공업화·외자의존

관세자주권의 회복과 함께 관세율이 개정되고 산업정책의 한 수단으로서 관세정책이 중요한 역할을 담당하게 되었다. 막부 말기의 통상조약에서는 수출에 대해서도 일률적으로 5% 관세가 부과되었지만 수출산업의 진흥을 위해서는 원료수입에 대한 수입관세의 경감과 면제와 함께 수출세의 경감 내지 면제가 인정되었다. 정부는 영일통상항해조약을 조인하기 2개월 전에 면사에 대한 수출 해관세 면제법을 제정하였고, 1897년의

체제와 기본적으로 동일한 것이었다. 일본의 식민지정책은 서양제국주의의 후계자였다.

관세정률법에 앞서 1896년에 수입면화·양모에 대한 수입관세를 면제조치 하였다. 그리고 1899년에는 수출세를 완전히 폐지하여 낡은 통상조약의 잔재를 완전히 없앴다. 다른 한편 국내산업의 보호, 수입대체의 촉진을 위해서는 수입관세의 인상이 유력한 정책수단이라는 것은 말할 것도 없었다. 관세자주권의 회복으로 수입관세율을 인상할 수 있게 되었다.

<표 2-3>은 관세자주권이 회복되기 이전인 1893년부터 1938년까지 산업별 수입관세율의 추이를 보여주고 있다. 이 표에서 알 수 있는 것처럼 1899년의 관세정률법의 시행과 함께 수입관세의 세율이 전반적으로 인상되고 전 수입에 대한 평균관세율은 2%에서 5%로 상승하였다. 그러나 관세정률법의 개정이 이루어진 1906년 이후가 되면 관세율은 더욱 인상되어 전 수입에 대한 평균관세율은 이전의 2배인 10%가 되었다. 더 나아가 관세자주권이 실현된 1911년의 관세개정에는 섬유제품·화학제품·금속제품의 수입관세율이 1906년 수준보다 높아졌지만 전 수입에 대한 평균관세율은 반대로 10.0%로 하락하였다. 따라서 수입관세의 인상에 있어 커다란 획기가 된 것은 1906년의 관세개정이었다고 해도 좋을 것이다.

<표 2-3> 산업별 평균수입관세율의 추이 (%)

연도	식용농산물(쌀)	순원료품	섬유제품	화학제품	금속제품	기계	총수입
1893	2.5(0)	4.0	3.2	4.6	4.2	4.2	3.5
1898	2.5(0)	2.8	2.8	4.8	3.8	4.2	2.2
1903	8.6(0)	5.7	12.4	6.3	9.8	12.6	5.1
1908	20.6(13.7)	8.7	14.9	6.5	12.1	24.2	10.2
1913	20.0(18.7)	6.4	20.7	13.5	15.3	25.5	10.0
1918	14.4(9.9)	3.3	9.6	4.1	6.3	18.3	3.7
1924	8.6(0.7)	1.8	11.9	17.2	3.7	17.3	4.6
1928	14.4(14.0)	4.0	26.3	32.6	17.2	22.4	7.0
1933	23.1(41.2)	7.6	25.5	28.4	18.0	26.9	6.0
1938	24.2(28.2)	4.2	39.2	47.2	21.5	19.5	6.6

자료 : 山澤逸平·山本有造(1979), 앞의 책, p.81.

그런데 관세율의 인상폭은 산업마다 달라, 순원료의 경우는 적었고 공업제품의 경우는 컸다. 그 공업제품도 품목에 따라 상이하여 국내산업보호의 필요성이 큰 사치품·기호품에는 20%가 넘는 고율관세가 부과되는 한편, 이미 수입대체가 진전되고 있던 면사 등의 관세율은 10%를 넘지 않았다. 그리고 경공업제품뿐만 아니라 중화학공업제품에도 높은 수입관세율이 적용되어 20세기 초 이래의 중화학공업의 발전에 대한 보호정책의 중요한 수단이 되었다. 또 이 표를 보면 1918년과 1924년에 관세율이 급락하고 있는데 이는 제1차 세계대전기와 전후기에 급격한 인플레이션의 진행으로 종량세에 의한 세 부담률이 경감된 결과 종가세로 환산한 관세율은 매우 낮은 수준이 되었기 때문이고, 관세정책이 변화하였던 것은 아니었다. 그리고 1920년대 말부터 1930년대 초의 물가폭락기에는 반대로 관세율이 상승하고 있다.

　관세정책을 통한 근대공업의 보호·조성과 함께 1896년의 항해장려법·조선장려법, 1906년의 철도국유법과 뒤이은 철도용품의 국산화, 1909년의 원양항로 보조법, 1913년의 주요 수입대체산업에 대한 소득세 면제 등 각종의 근대공업 육성정책이 나와 중화학공업에서 수입대체의 움직임이 활발해진 것이 이 시기의 커다란 특징이라고 할 수 있다. 이와 함께 일본의 세계경제와의 관련성이 갖는 중요한 특징으로서 외자의 의존도가 이 시기에 급격히 높아진 사실을 들 수 있다. <표 2-4>는 외자의존도의 추이를 보여주고 있다. 메이지 초 이래 외국으로부터의 자본수입에 거의 의존하지 않았던 것이 일본의 근대 경제발전의 한 특징이었다. <표 2-4>에

<표 2-4> 외자의존도의 추이 (백만엔)

	총국내고정자본 형성(A)	순자본수입 (B)	외자의존도 (B/A)
1885~1890년	121	-5.8	-4.8%
1891~1902	297	-3.1	-1.0
1903~1913	632	126.4	20.0
1914~1921	2,069	-121.0	-5.8
1922~1929	2,803	177.4	6.3
1930~1937	3,040	-255.9	-7.4

주 : 수치는 당년가격에 의한 기간평균치

자료 : 총국내고정자본형성은　大川一司·高松信淸·山本有造(1974),　앞의　책,
　　　제21표, 순자본유입은 山澤逸平·山本有造(1979), 앞의 책,제16표.

서 보는 것처럼 메이지 유신부터 20세기의 초까지 일본의 외자의존도는 마이너스의 상태를 기록하고 있다. 그러나 1903~1913년이 되면 외자의존도는 플러스가 되었을 뿐만 아니라 그 비율도 갑자기 20%의 수준이 되었다. 1922~29년에도 외자의존도는 플러스였지만 그 비율은 6%에 지나지 않았다. 20세기 초 일본경제에서는 자본수입이 매우 중요한 역할을 담당하고 있었다.

　<표 2-5>는 1897~1915년과 1923~1932년에 외채의 종류별·발행지별 구성을 보여주고 있다. 우선 종류별로 보면 1897~1915년에 외채의 90%는 국채·지방채가 차지하고 있는데, 이는 외채의 반 가까이가 사채였던 1920년대와 대조된다. 또 발행지별로 보면 영국 결국 런던시장이 과반을 차지하고 있고, 나머지는 프랑스의 파리, 미국의 뉴욕, 독일의 베를린으로 나뉘어져 있는 데 반해 1923~1932년이 되면 일본의 외채발행 중심은 뉴욕으로 이동하고 있다. 1897~1915년에 일본의 외채는 런던시장에서 모집된 일본정부채가 중심적 지위를 차지하게 된다. 일본은 이렇게 하여 얻은 거액의 외자를 일부는 러일전쟁의 전비와 육해군비의 증강에 충당하였으나 야하타(八幡) 제철소의 건설과 철도·전신 전화사업의 확대 등의 공공투자에 투자하였다. 이 시기 일본의 공업화의 전략적 거점이 되는 분야에서 외자는 커다란 기여를 하였다.

<표 2-5> 외채의 종류별·발행지별 구성 (백만엔)

	1897~1915년			1923~32년		
	국채·지방채	사채	합계	국채·지방채	사채	합계
영국	1,008	171	1,179(52)	425	136	561(34)
프랑스	539	29	568(25)	-	-	-
독일	129	0	129(6)	-	-	-
미국	403	0	403(17)	524	550	1,074(66)
합계	2,079(91)	200(9)	2,279(100)	949(58)	686(42)	1,635(100)

주 : 괄호안은 %
자료 : 石崎昭彦(1965), 「日本の外資」, 今井則義 外編, 『現代日本の獨占資本』, 　　　pp.22, 49.

국제금융시장에서 거액의 외채발행에 성공하였던 것은 영국이 주도하는 세계경제 체제 내에서 일본지위가 상승하고 금본위제의 대외준비로서 거액의 외국환을 런던시장에서 보유하고 있던 것 등이 큰 역할을 하였다. 런던시장에서는 많은 주변국가와 종속지역에 속한 지역의 외채가 발행되었지만 그 경우 영국의 금융업자는 외채발행의 주도권을 장악하고 있었을 뿐만 아니라 국가재정에까지 개입하는 경우가 적지 않았다. 이처럼 종속적 외채발행은 특정의 금융시장과 금융업자에 의존하는 경우가 많았고 또 자국이 유력한 금융업자가 외채발행에 전혀 관여하지 않는 것이 일반적이었다. 일본의 경우는 어떠하였는가를 보기로 하자. <표 2-6>은 런던 금융시장에서의 외국정부채 발행의 편년통계에 근거하여 일본정부채 발행에 관한 부분을 정리한 것이다.

<표 2-6> 런던시장에서의 일본정부채

	이율	발행가격	발행액(천파운드)	발행은행
1873년	7.0%	92.5%	2,400	OB
1897	5.0	101.5	4,385	CCB,CHB,HKB,YSB
1899	4.0	90.0	10,000	PB,HKB,YSB
1902	5.0	100.0	5,104	B,HKB,YSB
1904	6.0	93.5	15,000	PB,HKB,YSB
1904	6.0	90.5	10,000	PB,HKB,YSB
1905	4.5	90.0	15,000	PB,HKB,YSB
1905	4.5	90.0	10,000	PB,HKB,YSB
1905	4.0	90.0	6,500	PB,HKB,YSB
1907	5.0	99.5	11,500	PB,HKB,LR,YSB
1910	4.0	95.0	11,000	PB,HKB,YSB

주 : B : Barings, CCB : Capital & Countries Bank, CHB : Chartered Bank,
　　HKB, Hong Kong Bank, LR : London Rothschilds, OB : Oriental Bank, PB
　　 : Parr's Bank, YSB : Yokohama Specie Bank.
자료 : 鈴木俊夫(1989), 「ロンドン金融市場における外國政府債の發行(1870~
　　1913年)」, 『中京商學論叢』, 35권 3·4합병호.

위의 표를 보면 1873년과 다른 연도 사이에 큰 차이가 있다. 1873년의 외채발행은 발행액이 적었지만 이율이 높고 오리엔탈 은행만이 발행자였고, 일본의 은행은 전혀 개입하지 않고 있다. 종속적 외채발행의 조건을 모두 갖추고 있었다. 그러나 1897년 이래가 되면 이율은 최고 6%이고 그것도 발행 후 몇 년 안에 저리의 것으로 차환하였다. 또 발행자는 복수이고 그 안에는 요코하마 정금은행이 항상 포함되어 있었다. 그 가운데 외채발행은 런던 이외의 국제금융시장에서도 이루어져 런던 시장으로의 과도한 의존에서 탈피하고 있다. 일본은 거액의 외채를 도입하면서도 자립성을 확보하였다고 말할 수 있다. 이러한 사실은 세계자본주의체제 가운데에서 일본의 지위가 변화하였다는 것을 보여주고 있다. 그리고 제1차 세계대전기를 맞이하면서 커다란 국제수지의 흑자를 배경으로 일본의 외자의존도는 다시 마이너스로 바뀌었다.

제2장 근대공업의 발전

제1절 공업화의 진전

일본의 근대적 공업은 1890년대부터 본격적으로 발달하였다. 1890~1911년간의 경제성장을 보면 <표 2-7>과 같다. 총국민생산은 연평균 2.4%로 성장하고 개인소비지출은 연 2.0%, 총국내 고정자본 형성은 5.0% 성장하였다. 산업별로 보면 농업의 성장률은 2%에 미치지 못하였으나 제조업의 성장률은 4.1%로 제조업의 비중이 급속히 높아졌다. 관찰 기간을 전반의 1890~1900년과 후반의 1900~1911년으로 나누어 보면 20세기에 들어선 후반기에는 총국민생산·제조업생산고·개인소비 모두 성장률이 하락하고 농업생산고만 상승하고 있는데, 하지만 이것은 공업화의 진행이 둔화되었음을 의미하는 것은 아니었다. 총국내고정자본 가운데 민간 비1차산업의 고정자본형성(생산재 내구시설·건설)은 전반의 7.1%에서 후반에는 9.5%로 성장률이 상승하였다. 반면에 개인소비지출의 성장률은 하락하였다. 제조업생산고가 둔화되었지만 제조업을 중심으로 하는 설비투자가 증가하여 공업화는 착실하게 진행되었다고 볼 수 있다. 이 점은 당년가격이 의한 순국내생산의 산업별구성의 추이를 보여주는 <표 2-8>을 보면 더욱 분명하게 알 수 있다. 1890년대 이래 광공업이 차지하는 비율이 상승하고 있는데 특히 1900년 이후 현저하였고, 운수·통신·공익사업의 비중도 19세기말 이래 증가하였다. 반면에 농업의 비중은 급속히 하락하였다. 이상을 통해 20세기에 들어서서 공업화의 움직임이 더욱 가속화되었음을 확인할 수 있다.

<표 2-7> 1890~1911년의 경제성장 (연평균성장률, %)

	1890~1911년	1890~1900년	1900~1911년
총국민생산	2.4	2.7	2.1
농업생산고	1.6	1.4	1.8
제조업생산고	4.1	4.5	3.7
개인소비지출	2.0	2.5	1.6
총국내고정자본형성	5.0	5.2	4.8
비1차 산업 총 고정자본형성	8.4	7.1	9.5

주 : 1934~36년 가격에 의한 성장률
자료 : 총국민생산, 개인소비지출, 총국내고정자본형성 비1차산업 총고정자본형성은 大川一司·高松信淸·山本有造(1974), 앞의 책,제19표, 제21표, 제23표, 농업생산고는 梅村又次 外(1966), 앞의 책, 제4표, 제조업생산고는 篠原三代平 (1972), 앞의 책, 제2표.

<표 2-8> 순국내생산(당년가격)산업별구성의 추이 (%)

	농림수산업	광공업	건설업	운수·통신 공익사업	상업· 서비스업
1886년	44.0	12.5	3.5	2.5	37.5
1890	40.6	12.4	3.5	2.2	41.3
1895	42.6	13.1	4.4	3.0	36.9
1900	40.1	16.7	4.5	3.6	35.1
1905	37.4	17.9	3.8	4.9	36.0
1911	36.6	20.3	4.2	5.3	33.6

주 : 1934~36년 가격에 의한 생산고에 근거하여 산출
자료 : 大川一司·高松信淸·山本有造(1974), 앞의 책, 제9표

　메이지 전기 제조업의 성장은 앞 장에서 본 것처럼 재래부문을 중심으로 이루어졌다. 성장에 대한 업종별 기여도를 <표 2-9>에서 보면 1890년 이전에는 재래적인 양조업을 중심으로 하는 식료품공업의 기여도가 가장 높고 섬유공업이 약간의 차이로 그 뒤를 따르고 있었다. 하지만 여기서도 근대부문인 기계방적업의 비중은 아직 낮은 수준에 머무르고 있고 재래적 색채가 강한 제사업·직물업이 대부분을 차지하고 있다. 근대부문이 중심을 이루고 있는 철강·화학·기계 등의 기여도는 낮았다. 그러나 1890년 이후가 되면 식료품공업의 기여도는 떨어지고 섬유공업이 수위를 차지하게 되었다. 섬유공업의 기여도 자체는 이전에 비하면 하락하고 있

지만 그 가운데 근대방적업의 비중은 급상승하였다. 화학·철강·요업
(시멘트 포함)의 기여도는 아직 낮은 수준이지만, 이전보다 크게 높아졌
는데 이를 통해 근대공업부문이 1890년대 이래 본격적인 발전궤도에 올
랐음을 알 수 있다.

<표 2-9> 제조업의 성장에 대한 업종별기여도 (%)

	식료품	섬유	요업	화학	철강	기계	기타
1874~1890년	38.7	37.4	0.2	6.1	0.5	2.1	15.5
1891~1913	29.4	31.4	2.9	9.4	2.8	2.2	21.9

주 : 1934~36년 가격에 의한 생산고에 근거하여 산출
자료 : 篠原三代平(1972), 앞의 책, 제2표.

1890년대부터 근대공업이 본격적으로 전개하였다는 사실은 동력원으
로 당시 중요한 역할을 하고 있던 1886~1915년간 석탄소비의 용도별 구
성추이를 통해서도 알 수 있다(<표 2-10>). 1886년의 단계에서는 석탄소
비량도 적고, 또 그 반 이상이 제염연료로서 사용되는 한편 증기선의 동
력원으로서 30% 정도 소비되고 있어 공장에서 동력원으로 사용되는 것
은 겨우 17% 정도에 지나지 않았다. 그러나 1890년대 이래가 되면 석탄의
국내소비량이 급증하고 용도별 비율에서 제염용이 급속히 감소하고 공장

<표 2-10> 석탄소비량의 용도별 구성의 추이 (%)

	국내소비량 (천톤)	동지수	용도별 구성			
			선박	철도	공장	제염
1886년	865	16	29.6	2.1	17.1	53.1
1890	1441	27	32.2	4.8	29.7	33.3
1895	4091	78	27.8	8.3	44.5	19.4
1900	5259	100	27.8	9.6	50.4	12.1
1905	7116	135	28.1	11.8	53.1	7.0
1910	9212	175	25.6	14.5	51.8	8.1
1915	15449	294	29.2	12.4	52.6	5.3

주 : 용도별 비율의 합계가 100%가 되지 않는 경우도 있지만 원표의 수치를 그대
　　로 사용.
자료 : 今津健治(1989), 『近代日本の技術的條件』, p.237.

용소비가 급증하였다. 20세기에 들어서면 공장용이 전 소비량의 50%를 항상 상회하였고, 또 국내 철도건설의 확대를 반영하여 철도용의 비율이 상승하고 있다. 석탄을 동력으로 이용하는 근대공업의 발전이 1890년대 이래 본격화된 것을 이 표에서 알 수 있다.

제2절 근대공업부문의 태동

모든 근대공업이 1890년대에 발흥기를 맞이한 것은 아니었다. 근대방적업은 1882년에 설립된 오사카 방적회사가 발전을 선도한 이후 1880년대 후반에는 대규모 방적회사가 잇달아 설립되었다. 1890년대에 들어서자 제사업에서도 기계(器械)제사가 좌조(座繰)제사를 압도하였으며 조선업·철강업·전력업·석유업·양모공업 등에서도 본격적인 발전이 시작되었다. 그리고 20세기에 들어서 철도차량·전기기계·산업기계·자전거·겸영직포 등이 발전하기 시작하였다.

전력업과 석유업은 모두 동력원 공급뿐만 아니라 광원공급용으로 1880년대 후기에 발흥하였다. 전력 이용은 자가발전부터 시작하여 이미 1886년 오사카 방적회사에서는 공장 내의 광원으로 자가발전에 의한 전등을 이용하고 있었다. 영업용 송전으로서는 1887년 도쿄 전등회사가 화력발전에 의한 등화용 전력을 공급한 것을 시작으로 고베·오사카·쿄토·나고야·요코하마 등 주요 도시에서 전등회사가 설립되었다. 사업자도 전등이용자도 착실하게 증가하였다. 전력업은 다른 근대공업과 달리 수입과 직접적인 경쟁관계에 서있지 않았기 때문에 비교적 일찍이 발전할 수 있었다. 이에 대해 석유업의 경우는 수입과 직접 경쟁해야 하였다. 채종유·면실유 대신 수입석유가 등유로서 이용됨에 따라 국내에서도 메이지 초부터 개인경영에 의한 수굴 채유와 정제가 보급하기 시작하였다. 그러나 수입과의 경쟁이 강화됨에 따라 회사조직에 의한 기계채굴에 자리를 양보하였으나, 정제는 주물가마식이라고 할 수 있는 간단한 것에 머물렀다. 1888년에 설립된 일본석유는 미국기술을 도입하여 석유업 근대화를 선도하였으나 1900년에는 외국석유자본(미국의 스탠다드 석유)이 일본에 상륙하였다. 그런데 등화용을 중심으로 하고 있는 한 전력업이나 석유업이나 모두 그 발전에 한계가 있었다. 근대산업의 동력원으로서 전력과 석유가 널리 이용된 것은 일본에서는 1910년대 이후였는데, 이 시기부터 전력업과 석유업이 급속하게 발전하게 되었다.

그 외의 근대공업은 석유업과 마찬가지로 수입과 경쟁을 해야 하였기 때문에 발전궤도에 오르기 위해서는 수입대체를 달성할 필요가 있었다. 선진공업국으로부터 기술이전에 성공한다고 하여도 그것만으로는 수입에 대항할 수 없다. 정부의 어떠한 정책수단에 의해 보호되고 육성되면서 발전된 경우가 대부분이었다. 양모공업의 경우는 1895년 양모수입세 면제가 발전의 계기였다. 정부에 의한 보호·육성을 많이 받았던 방적업에서도 면화수입세의 면제외에 수출시장인 동아시아에 대한 일본의 정치적 지배력이 강화된 점도 커다란 뒷받침이 되었다. 양모와 면화에 대한 수입관세의 면제는 앞 절에서 말한 관세자주권 회복의 일환이 되는 것이었으나, 전기기계·산업기계도 관세자주권 회복 이래에는 관세정책에 따라 그 국내생산의 보호·육성대상이 되었다. 그 외에 항해장려법·조선장려법으로 큰 도움을 받은 조선업, 철도국유화를 계기로 한 철도용품 국산화의 진전으로 자립화의 길을 걸은 철도차량산업 등을 들 수 있다.

정부가 직접 보호·육성에 나선 것은 철강업이었다. 일본의 서양식 철강업은 1882년에 관영 가마이시(釜石) 제철소에서 생산을 시작하였으나 단명으로 끝나고 말았다. 다나카 조베(田中長兵衛)는 실패 후 정부가 방치하고 있던 가마이시 제철소를 1887년에 불하받은 후 개인경영으로서 목탄을 사용하는 소형고로로 선철생산을 시작하였다. 가마이시 제철소는 관세를 포함한 정부의 보호육성정책은 거의 받지 못하였으나, 품질 면에서는 주철이 국제적 수준에 도달하였고 가격 면에서도 저임금을 무기로 국제경쟁력을 확보하고 시장에 대해서도 오사카 포병공창 등으로부터 수요가 있어, 작은 규모지만 자립적인 발전궤도에 올라 1903년에는 선강일관 생산을 시작하였다. 1910년에는 선철생산이 절정에 도달하여 5만여 톤을 기록하였다. 그러나 다른 민간제철업의 자립적 발전이 보이지 않는데다가 가마이시제철소도 소규모 개인경영이 가진 한계를 넘을 수가 없어 1910년대에 들어서는 선철생산량이 감소경향을 보이기 시작하였다.

민간제철업이 이 같은 상황에 있는 한 공업화의 진전에 따른 선철·강재수요의 증가와 급증하는 군수에 대처할 수가 없었다. 특히 청일전쟁을 계기로 제강·제선의 국산화가 중요한 정책목표가 됨에 따라 관영 야하타 제철소가 창설되었다. 1894~1895년의 청일전쟁 이후 군비증강의 움직임이 강화되어 관영군사공업의 확충·발전이 촉진되고 육군에서는 소총·대포의 개량과 기관포의 국산화, 해군에서는 군함의 국산화가 이루어졌다. 하지만 이것이 충분한 성과를 얻기 위해서는 군사공업의 기초가 되는 철강업을 반드시 확립할 필요가 있었다. 1897년에 착수하여 1901년부터 조업을 시작한 관영 야하타 제철소는 본래 병기생산에 필요한 원료를 공급하는 것이 중요한 목적의 하나였고, 그 외에 철도 등의 산업용 강재도 제공하고 있었다. 그러나 야하타 제철소가 처음부터 기대하였던 성과를 내지는 못하였는데 선철 생산은 많지 않았고 영업성적도 계속 적자였다. 더구나 야하타 제철소 건립을 적극 추진하였던 해군도 독자의 해군공창을 확충하여 장갑 강판을 자급화하였다. 이와 같이 그 앞길에 수많은 난관이 있었으나 야하타 제철소의 창설은 근대산업의 초석을 놓은 것으로서 일본 근대공업의 역사에서 획기적인 의미를 가지고 있었다. 그리고 1904~1905년의 러일전쟁 그 후 조약개정을 거쳐 야하타 제철소는 드디어 본격적으로 발전하기 시작하여 1910년대에 들어서 그 생산고는 비약적으로 증가하였고, 또 민간철강업도 발흥하여 철강의 자급률은 꾸준히 높아져 갔다.

이와 같이 1890년대에 본격적으로 시작된 일본 근대공업은 1890년대의 청일전쟁으로 도약의 기회를 맞이하였고, 더욱이 20세기 초의 러일전쟁과 불평등조약의 개정 이후에는 중화학공업 부문에서의 수입대체도 가속적으로 이루어졌다. 제조업 전체를 보면 여전히 재래부문의 비중이 높은 것은 분명하지만 일본공업에서의 주역의 자리는 이제 근대부문으로 확실하게 이동하고 있었다. 그 근대부문의 주도부문은 물론 방적업이었으나 여기에 조선업을 첨가할 필요가 있다. 이제 주도부문으로서의 방적업과 조선업의 역할에 대하여 살펴보기로 하자.

제3절 근대부문의 주도산업 : 방적업

개항 이후에 전개된 무역으로 재래산업은 심대한 타격을 받게 되었는데 특히 재래 면사생산의 경우 그 경쟁력을 거의 상실하게 되었다. 국내시장은 수입기계사가 대부분을 장악하였다. 재래기술의 개량도 시도되었지만 영국과 인도면사 등 수입기계사의 압도적인 경쟁력 앞에서는 무기력한 것이었고, 근대기술을 도입·이식하여 기계사의 국산화를 실현하는 것 외에는 수입에 대항할 방법이 없었다. 메이지 정부는 각종 보호·조성정책을 통하여 근대방적업의 이식에 노력하고 에도 시대의 면업지를 중심으로 각지에 2,000추 방적을 설립하였지만 그것은 모두 실험공장적인 역할을 하는 데 그쳤으며 기업적 성공을 거두지는 못하였다. 그 원인으로서는 재래적 기술과 연결이 되지 않는 근대적 기술의 도입과 이식이 어려웠다는 점을 들 수 있으나, 그보다는 2,000추라는 작은 규모가 노동생산성의 상승에 제약이 되었다는 점을 지적할 수 있다. 정부의 직접적인 도움 없이 1882년에 자본금 25만 엔의 주식회사로 조업을 시작한 오사카 방적회사는 개업 첫 해에 6%의 배당을 하여 기계사의 국산화가 기업적으로도 성공하였다는 것을 입증하였고, 1880년대 말에는 규모를 6만 추까지 확대하였다. 오사카 방적회사의 기업적 성공을 뒷받침한 조건은 동력으로서 증기력을 사용한 점, 야간작업에 의한 장시간 조업 등과 함께 10,500추라는 규모의 크기였다. 재래적 기업조직은 생산규모가 커지면 자금조달·관리 등의 문제 그리고 위험부담이라는 점에서 이미 대응할 수가 없다. 주식회사라는 근대적인 기업조직이 산업기술과 함께 도입·이식되어야 하였다. 오사카 방적회사의 성공을 모델로 하여 미에 방적(三重紡)·가네가부치 방적(鐘淵紡)·아마가사키 방적(尼崎紡)·셋쓰 방적(攝津紡)을

비롯하여 1880년대에 1만 추 이상의 규모를 가진 주식회사조직의 방적회
사가 30개 이상 설립되었다. 1890년대에 들어서도 방적회사설립 움직임
은 수그러들지 않았으며 생산설비의 확충과 방기(紡機)생산성·노동생산
성도 뚜렷하게 상승하였다. 일본의 민간 근대공업은 처음부터 주식회사
라는 기업조직을 가지고 있었던 것이 특징인데, 이 점에서도 방적업은 선
도적 역할을 하였다.

일본의 기계방적업은 1890년대에 급속히 발전하였는데 이는 면사·생
사·면직물·견직물의 생산액 추이를 보여주는 <표 2-11>을 통해서 알
수 있다. 이 표를 보면 Ⅰ기인 1874~1882년에 면사생산액은 생사·면직
물·견직물보다 훨씬 낮은 수준이었고, 기계사의 수입으로 괴멸적인 타격
을 받았다는 것을 알 수 있다. 다음 Ⅱ기가 되면 수입기계사에 대항하여
근대면방적이 본격적으로 조업을 시작한 결과 면사생산액은 비약적으로
증가하였지만, 그래도 생사와 면직물에는 미치지 못하였다. 그러나 1890
년대에 들어선 Ⅲ기가 되면 생사·면직물·견직물의 가격은 상승하였으
나 면사가격만은 하락하였을 뿐만 아니라 면사생산액은 다른 세 개를 크
게 상회하고 있다. 1890년에는 면사의 국내생산고가 처음으로 수입고를
능가하게 되었다. 1891년에는 중국으로의 면사수출도 시작되어 1897년에
는 면사의 수출고가 수입고를 능가하여 면사는 생사 다음의 중요수출품
이 되었다. 또 19세기 말부터 역직기를 사용한 방적회사에서의 면직물생

<표 2-11> 면사·생사·면직물·견직물생산액(당년가격)과 가격지수의 추이
(기간평균, 생산액 : 만 엔, 가격지수 : 1934~36=100)

연도	면사		생사		면직물		견직물	
	생산액	가격지수	생산액	가격지수	생산액	가격지수	생산액	가격지수
Ⅰ 1874~1882	329	52	1,312	100	2,230	75	931	81
Ⅱ 1883~1890	2,410	41	2,660	100	4,747	54	1,656	85
Ⅲ 1891~1902	14,764	40	5,660	132	8,364	64	4,290	134
Ⅳ 1903~1913	23,720	56	10,432	124	10,565	100	6,441	147
Ⅴ 1914~1921	41,532	126	20,533	227	26,444	191	13,117	250
Ⅵ 1922~1929	55,865	112	34,843	239	48,032	151	19,458	221

자료 : 篠原三代平(1972), 앞의 책, 제14표·제18표

산('겸영직포')이 늘어났고, 이에 대응하여 재래면직물업의 근대화·기계화가 진전된 결과 1909년에는 면직물수출고가 수입고를 능가하고 1910년경이 되면 생사에 버금가는 수출품이 되었다. 이 후 면사·면직물은 Ⅳ기에서 Ⅵ기에 걸쳐 생산고가 모두 크게 증가하였다(<표 2-11>).

　<표 2-12>는 두 개의 주도부문인 방적업과 조선업이 일본근대공업에서 차지하고 있는 비중을 전 제조업 생산고에서 차지하는 면사와 선박의 비율의 추이를 통해 보여주고 있다. 일본의 방적업은 직포부문을 겸영하고 있기 때문에 면사생산고에 겸영직포의 생산고를 더한 다음에 살펴볼 필요가 있다. 그 때문에 겸영직포 생산고를 더한 것을 괄호 안에 표시하고 있다. 이 표에 의하면 면사의 비중은 1890년대에 크게 상승하고 20세기에는 겸영직포를 더한 경우의 비중은 10%를 넘고 있다. 방적업이 일본의 공업화를 선도한 것은 이 점에서도 분명하다.

<표 2-12> 전제조업에서 차지하는 면사·선박의 비율

	면사(+겸영면직물)	선박(+군사용함선)
1877년	0.5%	0.3%
1882	1.3	0.6
1887	2.4	0.2
1892	6.0	0.2(1.5)
1897	7.1(7.2)	0.7(0.9)
1902	6.3(6.9)	1.6(1.8)
1907	6.5(7.6)	1.8(2.3)
1912	7.6(9.2)	1.5(2.6)
1917	8.0(10.4)	6.4(7.3)

주 : 생산고(당년가격)의 5개년 이동평균에 의한 것. 선박생산액은 비군사용선박 생산액에서 어선생산액을 뺀 것이고, 군사용 함선생산액은 해군공창·국내 민간조선소에서 건조된 함선의 제조비.

자료 : 전제조업 생산액·면사생산액은 篠原三代平(1972), 앞의 책, 제1표·제14표, 겸영면직물 생산액은 藤野正三郎 外(1979), 앞의 책, 제4표, 선박생산액은 大川一司·石渡茂·石弘光(1966), 『長期經濟統計 7：資本ストック』, 제21표, 군사용함선의 제조비는 江見康一(1971), 『長期經濟統計 4：資本形成』, p.94.

근대방적업의 발전은 수입면사와의 치열한 경쟁 속에서 이루어진 것이었다. <표 2-13>에서 알 수 있는 것처럼 국산면사는 태사·중사가 대부분이고, 세사는 1920년대까지 전체의 5% 전후에 지나지 않아 세사중심의 영국사와는 거의 경쟁을 하지 않았다. 국산기계사와 치열하게 경쟁한 것은 인도사였고, 관세정책에 의한 보호를 전혀 기대할 수 없는 상황에서 강력한 가격경쟁력을 가진 이 인도사에 대항하기 위해서는 기술진보로 방기생산성·노동생산성을 높일 필요가 있었다. 1880년대부터 1890년대에 걸쳐 급속하게 진행된 뮬기에서 링기로의 방적기종의 전환은 그 하나의 예다. 뮬기와 링기는 원리적으로 전혀 다른 것이었지만 뒤에 나온 링기는 1880~1890년대에 성능이 상당히 개선되어 1890년 단계에서는 태사·중사에서 링기가 가진 생산성의 비교우위가 부동의 것이 되었고, 다만 세사에 대해서는 뮬기가 비교우위를 점하고 있었다. 태사·중사에 중점을 두고 있는 일본 방적업에서 링기로의 전환은 시기상 매우 적절하였다. 그 외에도 생산기술 면에서는 노동절약적·자본집약적인 방향에서 기술선택이 이루어졌으며 원면구입·제품판매·자금조달 등에서도 합리화가 이루어졌다. 이러한 과정을 거치면서 일본방적업은 생산성이 높아졌지만 그 정도는 기업에 따라 상이하였다. 일본방적업에는 진입장벽이 높지 않았다는 점도 있어서 많은 기업이 참가하였다. 방적기업은 수입기계사와의 치열한 경쟁 외에 국내 방적기업과도 경쟁해야 하였다. 이 때문에 1889년에는 일본면사방적 동업연합회라는 카르텔을 조직하고 1890년의 공황 때에는 시황 회복을 위하여 조업단축을 실시해야 하였지만, 각 방적회사는 시장 내부에서의 경쟁 속에서 각자의 기술적·경영적 여러 조건에 맞는 기술진보를 달성하였다. 그리고 19세기 말부터 20세기 초에 걸쳐 유력한 선발 방적기업의 주도로 기업집중이 이루어져 1907년에는 방적업에서의 과점체제가 성립하여 10대 방적기업이 전국 방추수의 76%를 차지하였다. 이 점에서도 일본의 근대공업에서의 선도적 역할을 하였다고 볼 수 있다.

<표 2-13> 면사생산고에서 태사·중사·세사별 구성의 추이 (%)

연도	태사 (1~19번수)	중사 (20~42번수)	세사 (43번수 이상)
1903	60.0	36.1	3.9
1906	58.1	37.4	4.5
1909	52.7	40.6	6.7
1912	49.3	44.3	6.4
1915	47.7	47.9	4.4
1918	35.0	59.8	5.2
1921	40.9	54.5	4.6

자료 : 藤野正三郎 外(1979), 앞의 책, p.54.

방적업은 일본에서 최초로 기업적 성공을 거두고 일찍이 수입대체를 달성하였으며 제조업 전체에서 큰 비중을 차지하고, 또 수출산업으로서 제사업과 함께 공업화에 필요한 수입 확대를 뒷받침하면서 일본의 공업화를 주도하여 나갔다. 하지만 전·후방연관효과를 통하여 공업화에 기여한다는 점에서 방적업은 많은 한계를 가지고 있었다. 일본 근대방적업의 발전이 결국 국내면작의 소멸로 이어진 것이다. 또 기계사의 국산화가 면직물업의 근대화와 방적기계의 국산화에 자극을 주었다고 하여도 그것이 어느 정도 일본의 공업화를 진전시켰는지는 의문이다. 전방연관효과·후방연관효과를 통하여 일본의 공업화에 많은 자극을 준 산업은 여러 가지 점에서 방적업과 대조적인 성격을 가진 조선업이었다.

제4절 근대부분의 주도산업 : 조선업

조선업은 중화학공업 중 가장 일찍이 발전궤도에 올라 제1차 세계대전기인 1910년대에 수입대체를 달성하였다. 이러한 점에서 보면 조선업은 바로 경공업에서의 방적업에 대응하는 근대공업이었다고 말할 수 있다. 그러나 조선업은 방적업과 비교할 때 첫째로, 관영공장이 중요한 역할을 하였지만 국가는 민간조선업도 적극 보호·조성하였다는 것, 둘째로, 수입대체는 비교적 일찍이 달성하였지만 제1차 세계대전기를 제외하면 수출은 거의 이루어지지 않아 수출산업은 아니라는 점, 셋째로, 전 제조업생산고에서 차지하는 조선업의 비율은 방적업보다 훨씬 적지만 전·후방연관효과를 통하여 공업화에 대한 기여도가 높았다는 점이 특징이었다.

일본의 근대조선업은 그 출발점을 막부 말기까지 소급할 수 있다. 개항 후 곧바로 양식선박 건조를 목적으로 한 조선소가 막부·미토 번·가나자와 번·사쓰마 번에 의해 나가사키·요코하마·효고·이시카와지마 등 전국 7개 소에 설립되었다. 1870년 메이지 정부는 이들 조선소를 모두 정부소관으로 이관하는 동시에 민간의 선박을 양식으로 개조하도록 권유하고 1875년에는 500 석 이상의 일본형 선박의 새로운 건조를 금지하였다. 서양식 대형선의 건조를 장려 받은 관영조선소는 설비를 확충하고 양식선의 건조와 수리를 시작하였으나, 1870년대 후기에 들어서면 이시카와지마 조선소·오사카 철공소 등의 민간조선소도 설립되기 시작하였다. 그러나 민간조선소는 관영조선소에 비해 직공수, 동력기수·마력에서 훨씬 규모가 작았다. 관영공장에서도 특별히 규모가 큰 요코스카 조선소는 1884년 현재 직공수 2,478명, 증기기관의 총마력수 311마력이었던 데 비해 최대의 민간조선소인 이시카와지마 조선소는 1886년 시점에서 직공수 114명·93마력에 지나지 않았다. 그 후 마쓰카타 디플레이션기의 관영공장불하로 나가사키 조선소가 미쓰비시로, 효고 조선소가 가와사키에 양도되었으나, 최대 규모를 자랑하고 당시 일본에서 최첨단의 기술을 가지고 있던 요코스카 조선소는 민간에게 불하되지 않고 해군에 이관되어 함선건조의 중심적 거점이 되었을 뿐만 아니라 일본 근대 조선업에서 기술발전을 주도하였다. 또 민간 조선업의 그 후의 발전도 정부의 두터운 보호·조성과 관영조선소로부터 기술이전 등에 의존하고 있었다.

1860년대에서 1890년대에 걸쳐 서양식 선박의 중심은 목선에서 철선으로 다시 강선으로 이동하였으나 일본의 조선업은 관·민 모두 수리와 기계제작이 중심이고 대형철·강선 제조를 위한 설비는 아직 충분하지 않았던 이유로 서양식 대형선의 대부분은 수입하고 있었다. 그러나 대형철

·강선의 수리에 필요한 설비를 가지고 있었던 것은 근대 조선업발전에 중요한 전제조건이 되어 1890년대 후반부터 일본에서도 본격적으로 대형선을 건조하였다. 19세기 말부터 20세기 초에 걸친 시기는 일본뿐만 아니라 세계적으로 조선업의 설비투자가 활발하게 이루어진 시기였지만, 일본의 경우에는 1896년에 시행된 항해장려법과 조선장려법을 계기로 발전이 더욱 촉진되었다. 이러한 형태의 정책을 선도한 것은 프랑스로서 조선 선진국인 영국에 대항하여 프랑스의 조선업의 발전을 촉진하기 위하여 1880년대에 항해·조선장려법을 실시하였던 것인데 이탈리아와 오스트리아·헝가리도 이를 따랐다. 일본의 경우도 이를 본보기로 하고 있다. 항해장려법은 일본의 해운업자에 대해 신건조후 5년 이내의 대형 우량 철·강선을 보유하는 경우 장려금을 주는 것이었고, 조선장려법은 일본의 조선소에 대하여 총톤수 700톤 이상의 철·강제의 기선을 제조하는 경우에 장려금을 주는 것이었다. 항해장려법은 선령 5년 미만의 외국선을 수입한 경우에도 일본선을 구입한 경우와 마찬가지로 장려금을 주는 것이었기 때문에 국내조선업의 발달에는 그다지 효과가 없었다. 따라서 개정이 불가피하여 3년 후에는 수입선박에 대한 장려금은 반감시키는 쪽으로 개정되고 이에 따라 국내 조선소로의 발주가 급증하였다. 더욱이 청일전쟁·러일전쟁을 계기로 함선국산화 움직임이 일면서 민간 조선소에서 함선건조는 증가하였다. 일본의 근대 조선업은 1890년대 후기 이래 정부의 강력한 뒷받침 아래 급속도로 자립하여 갔다. 그리고 이 시기부터 세계 조선업도 크게 변화하였다.

　<표 2-14>는 1890년부터 20세기 초에 걸친 세계 조선시장의 상황을 보여주고 있다. 여기서 알 수 있는 것처럼 1890년대까지는 영국 조선업은 세계시장을 거의 압도하고 있었으나 다른 산업분야와 마찬가지로 독일·미국 등으로부터 맹추격을 받고 있었다. 세계시장에서 영국은 여전히 수위를 차지하고 제2위 이하를 크게 앞지르고 있었지만 그 점유율은 떨어지고, 대신 미국과 독일이 각각 10% 가까운 비중을 차지하고 있다. 이처럼 영국·미국·독일 우위의 세계조선시장에 일본조선업은 본격적으로 참

가하였으나 그 벽은 두꺼워 1890년대 일본의 비중은 1%에도 못 미쳤다. 20세기에 들어서자 정부의 조선업에 대한 보호·조성정책의 효과가 나타나기 시작하여 수입대체를 거의 달성하는 동시에 세계시장에서 일본조선업의 비중도 상승하였다. 그러나 일본조선업의 시장은 국내시장에 한정되고 그 성장에는 한계가 있어 세계시장에서의 점유율은 1%대에 지나지 않았다. 이 점은 전 제조업 생산고에서 차지하는 선박의 비율을 나타내는 <표 2-12>에 나타나 있다.

<표 2-14> 세계 조선시장에서 국별 점유율의 추이

연도	세계조선톤수	동지수	국별 비율(%)			
			영국	미국	독일	일본
1893	1,027천 톤	100	81.5	-	6.3	0.1
1896	1,568	153	60.7	5.4	5.6	0.5
1899	2,122	207	66.8	8.2	7.2	0.3
1902	2,503	244	57.0	17.3	8.7	1.1
1905	2,515	245	64.5	9.5	8.0	1.3

자료 : 平本厚(1983), 「日本造船業成立期의 世界造船市場」, 『東北大學·研究年報經濟學』, 44권4호, p.96.

그런데 일본의 근대 조선업 발전을 볼 경우 군사용 함선 건조가 중요한 역할을 하고 있다는 점을 간과할 수 없다. <표 2-15>는 비군사용선박과 군사용함선의 국내생산고·수출입균형(순수입)의 추이를 나타내고 있다. 함선의 국산화가 본격적으로 시작된 1890년대 이래 국내생산고의 증가는 가속화되고 그 가운데에서도 민간조선업에서의 함선건조가 증가하였다. 일본 조선업의 생산고에는 함선제조고도 포함시켜야 한다. 전 제조업 생산고에서 차지하는 선박의 비율을 나타내고 있는 <표 2-12>는 괄호 안에 군사용 함선 생산고를 포함한 비율을 보여주고 있는데 이것을 보면 함선을 포함한 비율이 20세기에 들어서 뚜렷하게 증가하고 있고 제1차 세계대전기인 1917년에는 7.3%에 달하고 있다. 생산고에서 조선기술로 눈을 돌리면 요코스카 조선소 등의 해군소관의 조선소가 주도적 위치를 차지하고 있다. 요코스카 조선소는 1887년에 일본 최초의 강제함선을 건조하였고, 그 후 건조된 함선은 모두 강제였다. 강선건조의 기초기술의 도입·이식은 우선 관영조선소에서 확실하게 이루어졌다. 일본 조선사에서 획기라 일컬어지는 히타치마루(常陸丸 : 6,172 톤, 실마력 3874, 속력 14 노트 등)가 나가사키 미쓰비시 조선소에서 진수된 것은 그로부터 12년 후이다. 러일전쟁 후 1900년대 후기에는 구축함·순양함 등이 나가사키 미쓰비시 조선소·가와사키 조선소·오사카 철공소에 발주되었는데, 이는 민간조선업의 기술력·생산력이 관영조선소 수준에 접근하고 있다는 것, 그리고 군사용 함선의 건조를 통하여 해군이 가진 조선·조함 기술이 민간조선업에 이전되었다는 것을 말해주고 있다.

<표 2-15> 국내조함선고·함선순수입고의 추이
(당년가격에 의한 기간집계치, 천엔)

| 연도 | 비군사용선박 | 군사용함선 | | 합계 | 순 수 입 | |
		민간	해군공창		비군사용선박	함선
1875~1882	2,376	–	–	2,376	467	–
1883~1890	1,705	14	780	2,499	1,724	258
1891~1902	13,726	78	2,713	16,517	5,973	11,288
1903~1913	43,161	3,164	9,860	56,185	3,332	4,378
1914~1921	386,875	56,413	54,188	497,476	-20,279	1,428
1922~1929	81,122	47,332	31,129	159,583	6,878	351

자료 : 大川一司 外(1966), 앞의 책, 제21표 ; 江見康一(1971), 앞의 책, 표 4-49.

끝으로 전후방 연관효과에 대하여 보자. 대형우수선의 건조는 해운업의 근대화를 촉진하고 해운의 수송력·안전성·경제성을 높였으며 여러 면에서 일본의 공업화에 기여하였다. 또 조립형공업인 조선업의 발전은 재료·부품 등을 생산하는 철강·조기(기계·기관의 설계나 제조) 기타 관련 산업의 발달과 밀접한 관련을 가지고 있었다. 조선 선진국인 영국의 조선업이 강력한 국제경쟁력을 갖추게 된 것은 영국 철강업·기계공업의 발달이 있었기 때문이다. 후진국 일본의 경우는 관련 산업이 거의 미발달 상태에 있었기 때문에 일부는 수입에 의존하면서도 동시에 선박용 원동기를 포함한 각종 선박용품을 자체 제작할 필요가 있었다. 조선업은 관련

근대공업에 대해 방적업보다 더 많은 자극을 주었다. 동시에 각종 선박용품을 자체 제작한 결과 일본의 조선소는 그 규모가 조선 능력에 비해 훨씬 클 필요가 있었지만 그 덕분으로 조선사업 외에 산업기계·차량·교량·전기기계·강재·주철관 등을 판매용으로 제작하게 되었다. <표 2-15>에서 알 수 있는 것처럼 조선고는 매년 변동이 심하였다. 경영기반을 안정시키기 위하여 조선 이외의 비중을 높이고 있었다. 이러한 제품의 생산고를 포함하면 일본 조선업의 생산고는 크게 증가하고 전 제조업 생산고에서 차지하는 조선업의 비율은 <표 2-12>에서의 수치보다 더 컸을 것으로 추측된다. 일본의 조선업은 방적업과 함께 일본공업화의 선도부문이었다. 성격이 상당히 다른 두 개의 선도부문을 가지고 있었던 것은 그 후 일본공업화에 중요한 의미를 부여하고 있었다.

제3장 무역의 발전과 기술이전

제1절 무역의 확대

1890년대부터 시작된 공업화를 뒷받침한 것은 무역의 확대였다. 1880년대에서 1910년대에 걸쳐 일본의 수출입량이 서유럽과 미국에 비해 거의 두 배로 증가한 것을 <표 2-2>에서 확인할 수 있다. <표 2-16>은 수출입액 및 그 중에서 차지하는 공업제품의 비율을 보여주고 있는데, 이 표에서 알 수 있는 것처럼 수량뿐만 아니라 그 가액에서도 수출·수입 모두 1880~1910년대에 크게 증가하였다. 같은 시기 총국민생산의 평균성장률은 2.4% 정도였기 때문에 당연히 무역의존도는 급상승하여 1910년대

<표 2-16> 수출입액·무역수지·수출입에서의 공업제품비율·교역조건의 추이(백만엔)

연도	수출액 (공업제품비율%)	수입액 (공업제품비율%)	무역수지	교역조건 (지수)
1877	25.3(51.8)	40.4(68.1)	−15.1	137.4
1882	34.2(60.2)	42.8(65.7)	−8.6	137.8
1887	54.0(66.3)	59.5(71.1)	−5.5	150.6
1892	88.1(72.0)	96.3(60.2)	−8.2	163.8
1897	168.3(75.6)	245.9(54.2)	−77.6	173.5
1902	290.0(77.4)	323.7(54.2)	−94.9	178.9
1907	430.8(81.8)	481.3(57.2)	−126.1	180.7
1912	626.3(82.7)	672.3(48.7)	−46.0	151.8
1917	1702.7(85.6)	1078.6(59.8)	624.1	130.4

주 : 각년도의 수치(당년가격)는 각각의 연도를 중앙년으로 하는 5개년 평균치 교역조건은 1934~35년＝100

자료 : 山澤逸平·山本有造(1979), 앞의 책, p.87.

전반에는 30%를 넘게 되었다. 공업화의 진전과 보조를 맞추어 무역이 발전하였고, 일본의 공업화를 뒷받침한 것은 무역이었다는 것을 말해주고 있다.

다음으로 주목되는 점은 수출액은 꾸준히 증가하였으나 수입의 경우는 시기에 따라 증가속도에 많은 차이가 있었다는 것이다. 1912~17년을 제외하면 수출의 5개년 변화율은 35~91%의 범위 안에 있지만, 수입의 경우는 6~155%라는 매우 광범위한 범위에 분산되어 있다. 1870년대부터 1880년대까지는 수입증가율이 그다지 높지 않았지만 1890년대 이래 공업화가 본격적으로 전개된 시기에 수입은 증가하였다. 그런데 수입이 특히 증가하여 5년간에 155%나 증가한 1892년에서 1897년에 걸친 시기와 제2위의 고율로 증가한 1902년에서 1907년까지의 시기는 모두 청일전쟁과 러일전쟁을 포함하고 있는 시기였다. 수입증가율이 시기에 따라 변동한 것은 전쟁이 중요한 원인이었다. 그러나 전쟁에 의한 수입증가분을 제거하여도 1890년대 이래 수입증가는 뚜렷하였다. 근대방적업의 원면은 오로지 수입면에 의존하였기 때문에 방적업의 성장은 필연적으로 면화수입의 증대를 가져왔다. 공업화의 진전과 수입확대와 깊은 관련성을 가지고 있었다.

다음으로 공업화에 따른 무역구조의 변화를 보기 위해 수출입에서 차지하는 공입제품비율의 변화를 살펴보자. 우선 수출에서는 공업제품비율이 계속 상승하고 있다. 막부 말기 이래 수출의 중심은 생사였기 때문에 일본은 후진국이었음에도 불구하고 처음부터 수출에서 공업제품의 비율이 상당히 높았다. 더구나 생사의 생산과 수출은 1880년대 이래 증가하였으며, 1890년대에는 면사수출이 급증하기 시작하였고 1910년대가 되면 이윽고 면직물이 생사 다음 가는 수출품이 되었다. 수출에서 공업제품비율이 상승한 것은 당연하였고, 1912년에는 공업제품비율이 83% 가까이에 이르렀다. 한편 수입에서 공업제품비율은 수출의 경우처럼 일관된 움직임을 지속적으로 보여주지는 않지만, 장기적으로 보면 공업제품의 비율은 감소하였다고 볼 수 있다. 공업화가 진전되고 더구나 19세기 말부터는 관세자주권의 회복으로 국내생산과 경쟁관계에 있는 수입품의 관세율이 인상되어 수입대체가 촉진된 것이 수입에 있어 공업제품비율의 저하를 가져왔다고 볼 수 있다. 그러나 20세기에 들어서면 경공업부문에도 동력기의 사용이 점차 증가하고 철강업·조선업 등 중공업도 발전궤도에 올랐다. 이와 같은 움직임은 근대공업이식을 위해 필요한 공업제품의 수입증가와 관련이 있었다. 또 전쟁으로 인한 수입은 병기·함선 등의 공업제품이 중심이었다. 따라서 수입에 있어서 공업제품비율은 시기에 따라 변동한 것이었고, 일률적으로 저하경향을 나타낸 것은 아니었다.

　이상의 사실은 농업·제조업에서의 수출·수입액/국내생산비의 추이를 나타낸 <표 2-17>에서도 확인할 수 있다. 농업에서의 수입액/국내생산액비와 제조업에서의 수출액/국내생산비가 1910년대 까지는 꾸준히 상승하였는데 특히 1890년대부터 상승하여 1910년대에는 두 개의 비율이 모두 20% 이상이 되었다. 농산물 수입의 대부분은 섬유원료였고 농산물 전체에서 차지하는 비율은 방적업의 성장과 함께 상승하여 1890년에

<표 2-17> 농업·제조업에서의 수출·수입액/국내생산비의 추이 (%)

연도	농업		제조업	
	수출	수입	수출	수입
1875	2.7(4.7)	0.3	4.7	16.8
1880	1.7(3.3)	0.3	4.5	9.8
1885	2.2(5.1)	0.4	7.9	9.5
1890	1.5(5.3)	3.6	8.7	12.9
1895	2.7(8.7)	5.5	13.5	11.1
1900	1.8(6.3)	9.1	13.9	17.5
1905	1.8(8.5)	19.4	19.9	18.9
1910	6.5(16.0)	18.2	21.0	12.6
1915	3.6(12.7)	23.7	23.4	8.7
1920	1.4(5.8)	27.4	20.6	13.7
1925	2.1(18.6)	39.0	23.5	11.3
1930	2.5(11.5)	34.3	18.8	9.9

주 : 당년가격수치에 근거한 비율임. 농업의 수출란에 괄호안의 수치는 생사수출
　　량에 대응한 누에고치 수출량을 수출액에 가산한 경우의 비율
자료 : 梅村又次 外(1966), 『長期經濟統計 9 : 農林業』, 제1표.

55%였지만 1910년에는 75%를 넘고 있다. 1890년대부터 공업화의 선도부문이었던 방적업의 성장을 뒷받침한 것은 면제품의 수입확대였는데 이것이 제조업의 수출비율을 증가시키고 농업에서의 수입비율을 상승시키는 구조가 자리 잡게 되었다.

한편 농업의 수출비율 및 제조업의 수출비율을 보면 양자 모두 장기적 경향이 뚜렷하지는 않다. 우선 농업의 경우는 생산고가 일시적으로 감소한 데다가 섬유원료 수입액이 전년보다 47% 증가한 1910년에 수입비율이 6.5%가 된 것을 제외하면 수입비율은 대체로 2.5 ± 1%의 범위 내에서 변동하고 있다. 그러나 농업의 경우 누에고치 그 자체는 직접 수출되지 않는다고 하여도 생사로 모습을 바꾸어 대부분이 수출되고 있다. 생사수출량에 상응하는 누에고치량을 사실상의 수출품으로 생각하여 수출비율을 계산하면 괄호안의 숫자가 되어 앞서의 비율을 상회하고 있었으며, 1880년대부터 1910년대에 걸쳐 상승경향이 뚜렷하였다. 농업도 수출확대와 전혀 관련이 없는 것이 아니었다. 반면에 공업품의 수입비율은 19세기 말·20세기 초를 제외하면 대체로 10% 전후로 변동하고 있는데, 제조업의 생산고가 매년 4% 전후로 성장하고 있기 때문에 공산물의 수입도 거의 이 수준으로 확대하였다. 이 시기 일본에서는 수입대체적 공업화가 진행하였지만, 한편으로는 이에 필요한 공업제품의 수입도 증가하였기 때문에 제조업의 수입비율은 떨어지지 않았다.

제2절 무역수지와 수출입의 지역별 구성

<표 2-16>을 보면 무역수지가 항상 적자였다는 사실을 알 수 있다. 1892년부터 1907년 사이에 수입초과액이 증가하고 있는데, 주 원인은 이미 지적한 것처럼 두 차례의 전쟁이었다. 게다가 공업화가 본격적으로 진전됨에 따라 수입이 확대되었다는 것은 앞에서 누차 지적하였다. 일본의 공업화와 깊은 관련이 있는 기계·금속품·화학품·섬유원료 등의 상품이 수입 전체에서 차지하는 비중은 1890년대에는 30~40%였지만 1900

~10년에는 60%에 이르고 있다. 이 때문에 교역조건이 현저히 개선되었음에도 불구하고 공업화의 진전에 따른 수입증대로 무역수지적자는 증가하였다. 더구나 수입초과는 일시적인 것이 아니라 장기간 지속되어 만성화되었다. 일본무역이 이러한 상황에 놓이게 된 원인은 무엇이었을까.

<표 2-18>은 무역수지・경상수지・종합수지 등의 추이를 보여주고 있다. 무역수지는 전 시기에 걸쳐 적자였다. 무역외수지와 이전수지를 포함한 경상수지는 1891~1902년 사이를 제외하고는 무역수지와 마찬가지로 적자를 기록하고 있다. 경상수지에 자본수지를 합친 종합수지를 보면 1890년까지는 적자, 1891년 이래는 흑자였다. 1874~1890년, 1883~1890년에는 장기・단기자본의 순유입에 의해 종합수지의 적자폭은 경상수지의 그것보다 큰 폭으로 감소하였지만, 종합수지의 적자분은 금은의 이동으로 결제되었다. 게다가 일본의 화폐제도는 원칙은 어떨지 몰라도 사실상은 은본위제였고 국제 은가격은 계속 하락하고 있었기 때문에 일본의 대 달러환시세는 하락하고 있었다. 이 같은 상황은 일본경제에 결코 바람직한 것은 아니었다.

<표 2-18> 무역수지・경상수지・종합수지・대달러환율의 추이 (백만엔)

연도	무역수지	경상수지	종합수지	대달러환율 (100엔당 달러)
1874~1882	-103.9	-178.2	-66.3	93.8
1883~1890	-38.3	-46.4	-7.1	81.4
1891~1902	-360.0	114.6	30.4	55.4
1903~1913	-572.6	-539.4	242.0	49.4

주 : 무역수지・경상수지・종합수지는 기간집계치고 대달러환율은 기간 평균치
자료 : 山澤逸平・山本有造(1979), 앞의 책, 제18표・제26표.

1891~1902년이 되면 무역수지는 큰 폭의 적자를 기록하고 있지만 경상수지는 역으로 상당한 흑자였다. 이 시기에는 청일전쟁이 끝나 거액의 배상금을 받았고 이는 이전수지에서 대흑자를 가져와 경상수지는 흑자로 전환하였다. 그리고 청으로부터 얻은 배상금의 일부를 대외준비로 하여 금본위제를 확립하였는데, 이로써 대달러환시세는 안정되기에 이르렀다.

청일전쟁의 배상금을 기초로 공업화를 위한 수입이 대폭 늘어나고 국제금본위제에 참가하는 것이 가능해졌다고 하여도 과언이 아니었다. 그러나 1903~1913년이 되면 양상이 또다시 바뀌게 된다. 무역수지와 경상수지 간에는 큰 차이없이 모두 대폭의 적자를 계상하고 있는데 종합수지는 거액의 흑자였다. 이는 장기·단기자본의 순유입이 매우 많았기 때문이다. 이 시기에 일본은 정부채를 중심으로 런던·파리·베를린·뉴욕 등에서 거액의 외채발행을 하였기 때문에 러일전쟁 후 동아시아지역으로의 투자확대에도 불구하고 자본수지는 흑자였다. 이를 근거로 지속적인 거액의 수입초과가 가능하였고 더 나아가 공업화가 전개된 것이었다.

끝으로 수출입에서 지역별 구성의 추이를 보면 1877년부터 1917년까지 수출입의 지역별 비중이 변화하고 있다(<표 2-19>). 생사의 최대수입국인 미국은 수출에서 높은 비율을 일관되게 유지하고 있었고, 중국은 1870년대부터 1890년대에 걸쳐 감소한 이후 1890년대 후반부터 면제품 등을 중심으로 수출이 눈에 띄게 신장하였는데 이로써 대중국수출의 비율이 다시 높아졌다. 유럽은 처음에는 50% 가까운 비율이었지만, 그 후 계속 하락하여 1910년대에는 20% 이하가 되었다. 기타에는 대만·조선·관동주라는 식민지가 포함되어 있고 이러한 세 지역에 대한 수출비율은 20세

<표 2-19> 수출입에서 지역별구성의 추이(1877~1917년) (%)

연도	수출				수입			
	중국	북미	구주	기타	중국	북미	구주	기타
1877	22	28	46	4	22	7	69	2
1882	19	39	39	3	20	9	64	7
1887	17	40	34	9	17	9	57	17
1892	8	40	29	23	14	9	48	29
1897	11	33	21	35	19	13	43	25
1902	19	30	23	28	13	17	35	35
1907	21	30	20	29	12	14	38	36
1912	20	22	19	39	10	18	30	42
1917	16	30	14	40	17	37	9	37

주 : 각년도의 수치(당년가격)는 각각의 연도를 중앙년으로 하는 5개년 평균치.
자료 : 山澤逸平·山本有造 (1979), 앞의 책, 제13표·제14표

기 초에 10~15%였다. 1890년대 이래 일본이 식민지 제국으로 두각을 나타낸 사실은 중국시장으로의 진출과 대식민지 수출의 비율에 잘 반영되고 있다. 그리고 1890년대 전기까지 대유럽·대미국을 합한 비중은 수출 전체의 70%에 달하였으나, 1890년대 후기 이래 비중이 급속히 떨어졌고 그 대신 중국·동남아시아·인도와 일본의 식민지를 포함한 아시아지역의 비중이 늘어났다.

수입은 수출에 비해 지역별 비중의 변화가 더욱 뚜렷하였다. 미국의 비율은 거의 일관되게 상승하고 있지만, 그 수준은 1917년을 제외하고는 그다지 높지 않았다. 한편 유럽은 1870년대에 70%에 가까운 비중을 차지하고 있었으나 그 비율이 급속히 떨어져 1910년대에는 비중이 반감하였다. 중국도 장기적으로 보면 비중이 감소하고 있었다고 볼 수 있다. 특히 일본의 방적업이 원면을 중국면에서 인도면으로 바꾸어 가는 경향이 강해짐에 따라 중국의 비중은 뚜렷한 저하경향을 보였다. 20세기에 들어서면 저하의 정도는 그렇게 심하지 않았지만 수입에서 차지하는 중국의 비중은 수출에서의 비중보다 훨씬 적었다. 기타 지역은 수출의 경우와 마찬가지로 수입에서도 1890년대 이래 그 비중이 크게 증가하였다. 기타 지역에서 큰 비중을 차지하고 있는 것은 인도였고, 중국면 대신 인도면의 사용이 확대됨에 따라 수입에서 인도의 비중이 10%를 초과하였다. 그러나 미국과 유럽은 수출의 경우와 마찬가지로 수입에서도 비중이 감소하였으나 1890년대부터 1910년대 사이에는 그다지 크게 저하한 것은 아니었고 여전히 50% 전후의 비중은 계속 유지하고 있었다. 이는 아시아의 비중보다 훨씬 큰 수치였다.

일본의 무역수지는 만성적으로 적자였지만 모든 지역에 대해 수입초과였던 것은 아니다. 대미국은 항상 흑자고 반대로 대유럽은 항상 적자였다. 대중국의 경우는 19세기에는 수입초과였지만, 20세기에 들어서면서부터 완전히 바뀌어 수출초과가 계속되었다. 또 동일한 아시아에서도 원면공급지인 인도에 대해서는 큰 폭의 수입초과를 기록하고 있었다. 따라서 공업화에 수반되는 수입확대는 미국으로의 생사 수출과 중국으로의 면제품

수출이 있었기에 가능한 것이었다.

제3절 기술이전의 특징

후진국에서 근대공업은 선진공업국으로부터 기술이전을 받아야 비로소 본격적으로 시작된다. 일본도 예외는 아니었다. 거셴크론(A. Gerschenkron)도 지적하고 있는 것처럼 후진국이 선진국에서 기술을 이전받아 공업화를 추진하기 위해서는 그 전제로 긴장감이라는 것이 반드시 필요하였다. 선진국과의 접촉에서 생기는 긴장감이야말로 차용기술도입을 재촉하는 결정적 요인이었다. 그러나 일본의 경우 개항 이후 선진공업국과 전면적으로 접촉하였으나 이것이 곧바로 긴장감을 낳고 차용기술의 도입으로 이어진 것은 아니었다. 후발국이 선진공업국과의 기술적 차이, 바꾸어 말하면 재래기술과 근대기술 사이에 가로 놓인 깊은 격차를 분명하게 의식하고, 차용기술의 도입·이식에 의해 선진국과 대항하는 것을 스스로의 과제로서 강하게 의식하지 않는 한 긴장감이 생기는 것은 아니다. 따라서 누가 어떠한 형으로 긴장감을 느끼는가에 따라 차용기술이 도입되는 부문과 방법이 결정되는 것이다.

메이지 정부는 구미열강과의 접촉을 통해 재래적 군비와 근대적 군비의 결정적 차이를 깊이 인식하고 근대적 군비를 충실히 하는 것이 급선무라는 것을 통감하였다. 이에 정부는 근대적 병기의 공급을 가능하게 하는 근대공업의 이식·정착을 중요한 정책과제로서 정하였다. 막부 말기에 막부와 웅번[1]은 주체적으로 서양기술의 도입을 시도하였다. 많은 경우 구미 선진국에서 초청된 기술자(고용외국인)에 의해 서양 근대기술의 도입과 전수가 이루어졌다. 메이지 정부도 막부·웅번이 설립한 공장을 인수하여 관영공장으로 만드는 한편, 각종 모범공장을 세워 서양 근대기술

---

1) 메이지 유신을 일으킨 사람들이 주로 사쓰마, 조슈(長州), 도사(土佐), 히젠(肥前)의 4개 번 출신이었는데 이들 4개 번을 서남웅번이라 한다.

의 도입·보급·정착을 시도하였다. 이 같은 시험은 제조업뿐만 아니라 농업 및 운수·통신 분야에서도 정력적으로 이루어졌다. 그리고 고용외국인에 의한 기술지도와 유학에 의한 일본인 기술자의 양성이 차용기술 이식의 중심적 수단이었다. 또 1870년대에는 개성학교(開成學校, 에도막부의 양학교육시설인 개성소를 메이지 정부가 명칭 변경)·공부(工部)대학교(1878~1886년 사이에 있었던 최초의 공업교육기관. 나중에 공과대학으로 합병)·도쿄대학 이학부(공과계)를 개설하여 서양 근대기술의 도입·이식을 담당할 상급기술자를 적극적으로 양성하였다. 1880년대에 들어서 우선 도쿄 직공학교(후의 도쿄 공업학교)가 설립되고, 1886년에는 도쿄 대학이 제국대학[2]으로 바뀌면서 동시에 공부대학교를 합병하여 공과대학을 설치함으로써 고등기술교육기관의 체계를 정비하였다. 이러한 것들이 일본에서 서양 근대과학·기술의 도입·보급에 끼친 공헌은 매우 컸으며 이 점에서도 정부의 역할은 중요하였다. 관영공장 가운데 많은 것은 뒤에 민간에 불하되었지만 요코스카 조선소 등 기간적인 관영공장은 육·해군 소관의 군사공장으로 계속 남아 선진 근대기술의 도입·정착에 주도적인 역할을 하였다.

일본의 경우 긴장감을 느낀 것은 정부만이 아니었다. 1880년대에 본격적으로 시작된 방적업은 정부의 직접적인 보호·조성 없이 서양근대 방적기술의 도입·정착에 성공하였다. 선진국의 근대 방적기술과의 국제경쟁에서 경제적 열세를 인식함으로써 긴장감이 생겨나고, 이것이 민간자본이 양식 방적기술을 도입하도록 만드는 계기가 되었다. 더욱이 국제경쟁에 직면하지 않았던 재래산업을 포함한 민간부문에서도 방적업처럼 체계적인 도입과 이식은 이루어지지 않았으나 서양 근대기술을 선택적으로 수용하였다. 그 모든 것이 과학적 뒷받침을 받은 합리적 선택이었다고는

---

2) 제국대학의 목적과 조직 등을 기본원칙으로 정한 제국대학령에 따라 제국대학이 되었다. 제국대학령은 전문 14조로 되어 있는데 제1조에서 '제국대학은 국가의 필요에 따라 학술기예를 교수하고 그 온오(蘊奧)를 연구하는 것을 목적으로 한다'는 데에 제국대학의 성격이 나타나 있다. 이후 도호쿠·규슈·홋카이도·경성(서울)·대북·오사카·나고야에 각 제국대학이 증설되었다.

말할 수 없고 주먹구구식의 도입도 적지 않았으나, 이러한 시행착오적 도입은 근대기술의 이식·정착에서 상당한 역할을 하였다. 어떻든 메이지기 일본에서는 공공부문과 민간부문이 나란히 선진기술의 채용과 그 정착에 노력하였다.

이와 함께 일본이 1660년대부터 시작된 서양 근대과학·기술의 어떤 발전 단계에서 서양 근대기술과 접촉하여 도입·이식하려고 하였는가 하는 타이밍의 문제도 매우 중요하다. 배러클러프(G. Barraclough)는 1660년에서 현재까지 300년간의 과학과 기술의 발전역사를 네 단계로 나누고 있다. 제1단계는 1660~1760년으로 과학의 발전이 사변적인 상태에만 머무르고 실제 응용은 거의 이루어지지 않았던 시기였다. 그러나 제1단계의 출발점이 된 뉴턴 역학은 근대 과학·기술의 기초가 되었다. 제2단계는 1760~1860년으로 영국 산업혁명기에 해당한다. 이 단계의 과학과 기술은 아직 새로운 원리에 근거한 것은 아니었고 주로 종래의 공법을 개량하고 기계화하려고 시도하고 있었다. 예를 들어 영국 산업혁명의 주요한 담당자의 하나였던 면직물업의 기술적 기초는 역직기였는데, 그것은 원리상으로는 수직기에 불과한 것이었다. 즉, 노동생산성을 상승시켰다고는 하지만 작업 그 자체는 이전의 것과 본질적으로 변하지 않았고, 다만 효율화되고 속도화된 것에 지나지 않았다. 이 제2단계에서의 주역은 석탄과 철이었다. 1860~1870년대부터 1940년대에 이르는 제3단계가 되면 무선전신·전화·전등·내연기관·각종 화학제품 등 새로운 원리에 입각한 다수의 발명품이 탄생되어 사람들의 생활을 바꾸었다. 제2차 산업혁명이라고도 부를 수 있는 이 시기의 주인공은 전력과 강철이었다. 세계의 조강생산량은 1870년에 70만 톤에 지나지 않았지만 1900년에는 2,800만 톤을 넘었다. 일본이 공업화를 시작한 것은 서양근대 산업기술의 발전이 기존 공법의 개량을 주로 한 제2단계에서 완전히 새로운 원리에 입각한 발명으로 사업이 면모하고 전력과 강철이 이를 뒷받침하고 있는 제3단계로 이행하는 시기였다.

일본이 본격적으로 서양 근대기술을 도입하고 이식하기 시작한 1870

~1890년대는 선진 공업국에서도 동력기는 증기기관이 여전히 압도적인 지위를 차지하고 있었으며 전동기는 겨우 보급되기 시작하고 강철생산도 본궤도에 간신히 오른 시기였다. 일본 공업화의 선도부문인 방적업의 예를 보면 근대 방적업의 담당자가 된 링기는 등장하기는 하였지만 그 성능이 개선되어 뮬기를 대체하게 된 것은 1880~1890대였는데 후진국 일본은 바로 이 시기에 뮬기에서 링기로 신속하게 전환하였다. 또 하나의 주도 부문인 조선업의 경우에도 세계적으로 1860년대부터 1890년대에 걸쳐 목선부터 철선으로, 다시 철선에서 강선으로 옮겨 가고 있었다. 이 같은 움직임 속에서 관영 요코스카 조선소는 1887년에 강철함선을 건조하였다. 그리고 동력기로서의 증기기관이 전면적은 아니지만 점차 도입·이용 되고, 이와 함께 대도시를 중심으로 등화용 전력이 공급되기 시작하였다.

재래공법의 개선에 머물러 있던 제2단계의 기술을 도입하려고 하는 경우에는 후진국의 재래기술과 선진국의 근대기술 사이에 현격한 격차는 없었고 재래기술을 근대기술과 접합하는 것도 불가능한 것은 결코 아니었다. 일본에서의 기술이전이 제2단계의 기술이식부터 시작한 것은 당연하였다. 예를 들면 방적업은 최초에 뮬기를 도입하고 조선업은 우선 양식 범선을 건조하였다. 같은 시기에 선진공업국에서는 제3단계로의 이행이 본격적으로 시작되고 시행착오를 거듭하였으나 완전히 정착단계에 들어선 것은 아니었다. 제2단계 기술의 도입·이식을 시작한 일본과의 기술적 격차는 결정적인 것은 아니었고, 그 때문에 비교적 용이하게 제3단계로 이행할 수 있었다. 이와 같은 절호의 시기에 서양 근대기술을 도입·이식한 것이 일본의 기술이전에서 매우 유리하게 작용하였다.

제4절 기술이전의 조건

일본의 경우 서양 근대기술의 도입과 이식이 완전 복사판식으로 이루어진 것은 아니었고 후진국 일본의 사회적·경제적 여러 조건에 적응하도록 도입기술이 다양하게 변모되었다는 것은 이미 여러 각도에서 지적되었고, 그 구체적인 예도 많이 밝혀졌다. 따라서 여기서는 이 문제를 정면에서 다루는 것은 피하고, 서양 근대기술의 도입과 이식에 관련된 몇 가지 문제를 지적하는 것에 머문다.

우선 수입근대기술과 재래기술이 경쟁하고 그 충격으로 재래기술의 개량 또는 근대기술의 변화, 다시 말하면 서양근대기술과 일본재래기술의 접합이 민간부문에서 상당히 많이 이루어졌다. 방적업의 '가라'방, 제사업의 기계제사는 재래기술을 개량한 대표적인 예다. '가라'방은 매우 짧은 기간 일시적으로 일부 지역에서 성행하는 데 그쳤지만, 기계제사는 개량 좌조제사를 압도하였다. 또 수입기술이 재래기술과 접합하여 변화된 예로서 직물업의 역직기와 제철업의 소형 목탄고로를 들 수 있다. 수입역직기는 고가의 광폭 직포용 철제 대형기계였고, 소폭 직기만을 취급하는 재래직물업에 그대로 도입하기는 곤란하였다. 그 대신 수입기계의 메커니즘을 받아들인 간편하고 값싼 목제 내지 목철혼용 간이역직기를 개발하여 영세·소규모 직물업에 널리 보급하였는데 이는 재래공업 근대화의 한 전형이 되었다. 일본의 재래제철업은 환원제로서 목탄을 사용하여 왔지만, 공부성 가마이시 제철소는 19세기 전반에 영국에서 널리 사용되었던 코크스 고로를 수입하여 환원제로서 목탄의 사용을 시험하였다. 바로 수입기술과 재래기술의 접합이다. 그런데 고로에 목탄을 사용하는 경우 그 소비량이 공급능력을 넘기 때문에 결국은 실패하였다. 그 대신 등장한 것이 가마이시 다나카 제철소가 개발한 수차동력·목제 풀무·간이열풍로 송풍의 소형 고로였고, 이는 수입기술과 재래기술의 접합이 성공한 하나의 예다. 이와 같이 다양한 형태로 수입기술과 재래기술의 접합이 가능해진 것은 수입기술이 제2단계 기술이었기 때문이다.

이들 기술은 기업적 성공의 정도와 존속기간의 장단의 차이가 있다고는 하지만 궁극적으로는 서양 근대기술이 본격적으로 정착·발전하게 됨에 따라 무대에서 사라지게 되었다. 1880년대 일본 근대방적업의 본격적인 발전과 함께 '가라'방은 사라졌다. 기계제사는 최대 수출산업이었던 제사업에서 중심으로 사용되었지만 재래산업의 근대화가 급속히 진행된

1920년대에 주식회사 형태의 대규모 경영인 근대적 기계제사로 이행하였다. 목철혼용의 간이 역직기도 광폭 면·견포 수출이 늘어나게 되자 역시 1910년대 전후에 철제대형 역직기로 빠르게 대체되었다. 목탄사용 소형 고로의 경우도 기술개량으로 수차가 증기기관으로 바뀌고 목제풀무는 철제송풍기로 대체되고 최종적으로는 목탄사용 대고로로 귀착하였다. 하지만 목탄사용 대고로도 결국은 도입된 근대 제철기술 앞에 무릎을 꿇고 관영 야하타 제철소의 창업을 맞이하였다. 이처럼 수입기술과 재래기술의 접합에서 생긴 기술은 일정한 기간 뒤에는 근대기술에게 주역 자리를 빼앗겼지만, 서양 근대기술의 이식과 정착을 위해서는 반드시 필요한 통과점이었다.

다음으로 주목되는 것은 세계적으로 보아 최신의 기술 특히 제3단계의 기술이 비교적 일찍이 일본에 도입되었다는 사실이다. 방적업의 경우 선진공업국에서 링기 개량이 거의 완료된 것은 1880년대 후기였지만, 일본에서 1885년부터 시작된 링기로의 전환은 세계적으로 유례가 없을 정도로 빠르게 이루어져 19세기 말에는 완전히 뮬기를 압도하였다. 조선업에서는 19세기 말에 선박의 대형화와 고속화를 가져온 획기적 기술진보인 선박용 증기터빈이 개발되었는데 일본에는 벌써 1911년에 국산터빈상선이 준공되었다. 선진공업국에서도 완전히 정착하지 않은 최신기술을 일본이 재빠르게 도입하였기 때문이다. 또 일본은 동력으로서의 전력도 세계적으로 볼 때 상당히 일찍이 이용하였다. 서구에서도 19세기 말이 되어서야 수력터빈·증기터빈 등을 이용한 대형발전기의 출현, 원거리 송전기술의 발달, 삼상교류전동기의 개발로 동력으로서의 전력이용이 본격적으로 이루어졌다. 일본에는 1880년대 후반에 전등용으로 영업 송전이 시작되었는데 1880년대부터 소규모 마을공장에서 발전기·전동기가 제작되고, 1890년대에 들어서는 이시카와지마 조선소·시바우라(芝浦) 제작소 등의 대제작사에서도 중전기계를 제작하기 시작하였다. 1905년경부터 전력을 동력으로 본격적으로 이용하게 되었다.

최신 기술을 전면적으로 도입하여 비약적인 기술진보를 단기간에 달성할 수 있었던 것은 후진국 기술혁신에서의 커다란 특징이었지만 모든 후진국에서 이것이 가능하였던 것은 아니다. 최신 기술을 이전하기 위해서는 해외로부터 기술에 관한 정확한 정보를 갖고 있는 것이 필요하다. 이것 없이는 최신기술을 체화한 기계 등의 자본재를 수입하는 것이 불가능하고, 그것을 운전할 수도 없다. 또 최신 기술의 이식과 정착을 용이하게 하기 위해서는 그 정보를 국내에 널리 전하는 정보망을 정비할 필요가 있다. 메이지 기의 일본에는 이러한 정보망이 상당히 일찍이 정비되었다. 해외정보를 수집하는 수단으로서 이 시기에 중요한 역할을 한 것은 고용외국인의 고용, 유학생의 파견, 박람회 참가, 영사관의 조사, 제국대학 공과대학을 정점으로 하는 근대과학·기술의 교육·공진회의 개최 등이었다. 그 외 민간부문에서도 종합상사에 의한 해외 기술정보의 수집, 동업조합을 통한 기술보급도 큰 역할을 하였다.

최신기술의 조기수입을 가능하게 한 조건이 정비되었다고 하여도 모든 산업에서 최신기술이 조기에 또 체계적으로 언제나 도입된 것은 아니었다. 관영 야하타 제철소는 선강일관체제를 갖춘 근대적 제철소로서 설립되었지만, 제선과 제강 사이에는 합리적 연관성이 결여되어 제선능력이 제강능력에 비하여 뒤늦었으며 선철생산과 강철생산 사이의 불균형은 매우 심각한 것이었다. 공업화의 전략적 거점인 철강업에서의 기술이전은 낭연히 당시 생각할 수 있는 최고의 조건 하에서 이루어진 것임에도 불구하고 철강업에서는 치명적이라고도 할 수 있는 선철생산과 강철생산의 합리적 체계성이 결여되어 있었다. 이는 선진공업국이 많은 시행착오를 거쳐 오랜 기간에 걸쳐 쌓아올린 기술적 성과를 후진국이 일시에 획득하는 것이 매우 어려운 일이라는 것을 말하고 있다. 이러한 곤란을 극복하는 데에는 후진국 그 자체에서의 기술개량·진보를 장기적으로 축적하는 것이 반드시 필요하였다.

끝으로 기술이전에서 공공부문 내지 정부와 민간부문의 협력·협동관계, 특히 전자의 선도성에 대하여 간단하게 언급하여 보자. 해외최신기술정보를 수집하고 기술정보를 국내로의 전달·보급하는 데 있어 공공부문 내지 정부가 매우 커다란 역할을 하였다는 것은 이미 지적하였는데, 중공업의 중핵적 지위를 차지하고 있는 조선업과 철강업에서도 기술이전에서 공공부문의 선도성이 명확하게 인정된다. 예를 들면 조선업의 경우 앞에서도 언급한 것처럼 일본의 조선업은 선박용 증기터빈을 일찍이 도입하였지만 그것은 해군의 주도 하에 이루어진 것이었다. 철강업을 보면 구레(吳) 해군공창에서 급속히 발전된 산성 평로법에 의한 제강기술이 니혼 제강소와 고베 제강소로 이전되어 민간제강업이 기술적 기초를 확립하는 데 기여하였다. 모든 산업에서 공공부문이 선도성을 가진 것은 아니었으나 관립의 고등기술교육기관을 포함하여 생각하여 보면, 서양 근대기술의 도입과 이식에서 관민의 협력·협동 관계와 그 속에서 공공부문이 매우 큰 비중을 차지하고 있었음은 분명하다.

제4장 공업화의 담당자

제1절 주식회사기업의 발달

공업화에 필요한 기술이전에서 공공부문이 선도적 역할을 하였다고 하여도 일본의 공업화를 담당한 것은 주로 민간기업이었다. 민간기업은 수입되는 선진공업국 제품과의 경쟁이라는 위험을 감수하면서 후진국이기 때문에 폭넓게 도입해야 할 근대기술목록 가운데 필요한 것을 취사선택해야 할 막중한 임무를 담당하였다. 따라서 공업화 과정에서 이와 같은 의사결정을 하고 경영관리와 마케팅에 관한 기술을 가지고 있던 기업가의 존재는 결정적으로 중요하였다. 또 도입기술을 이해하고 그것을 사회적·경제적 여러 조건에 적응시키기 위해 개량하는 능력을 지닌 기술자의 존재와 규율에 따라 타인과 협동할 수 있는 노동자의 존재도 공업화에 반드시 필요하였다. 그리고 기업가와 기술자·노동자간에는 고용관계가 맺어져 있는데 그 관계형태, 결국 노사관계의 존재형태도 공업화의 전개에 큰 영향을 주었다. 우선 기업가로부터 보자.

기업가 활동은 개인경영이나 공동기업 형태를 통해 이루어졌다. 일본의 공업화에서 근대부문은 예외 없이 회사기업 형태를 가지고 있었고 그 대부분은 주식회사였다. 근대기술의 도입·이식은 대규모의 생산단위를 요구하였고, 또 재래부문에 비해 고정자본투하액도 컸다. 또 후진국의 근대산업은 국내산업을 보호하고 육성하기 위한 관세정책도 없는 상태에서 선진공업국과 경쟁해야 하는 커다란 위험부담을 안고 있었다. 그러나 일부의 중앙도시 대상인을 제외하고는 대자본을 가지지 않았으며, 또 대규모경영에 필요한 자본축적이 있다고 하여도 개인경영적 색채가 짙은 재래적 경영으로서는 위험부담이 큰 근대부문에 대한 투자는 소극적일 수밖에 없었다. 이 때문에 선진 공업국으로부터 수입대체적인 근대산업에 적합한 기업형태로서 유한책임제·불특정 다수의 투자에 의한 자금결합, 소유와 경영의 분리를 특징으로 하는 주식회사제도가 최신 산업기술과 함께 도입되었다. 은행·보험·철도·근대해운·방적·조선 등의 근대부문의 기업은 모두 회사 특히 주식회사라는 기업형태를 갖고 있었다.

근대부문만이 아니라 회사기업은 각 산업분야에서 급속히 증가하면서 광범위하게 확산되어 갔다. 1870년대 후반부터 1880년대 중반에 걸쳐 기업붐이 일어나고 전국 각지에 잇달아 회사가 설립되었는데 물론 그 중에는 엄밀한 의미에서 회사기업이라고는 할 수 없는 것도 많이 포함되어 있었다. 그러나 1893년에 시행된 구상법, 1899년에 시행된 신상법으로 드디어 회사기업에 통일적인 법적 근거가 주어지게 되었는데 이는 일본에서 회사기업이 발전하는 데 있어 하나의 획기가 되었다. 구상법 시행 직전의 회사 수는 4,133사에 달하였지만, 시행 직후에는 2,104사로 반감되었다. 그 후 1890년대 후반부터 회사기업은 다시 급증하였다(<표 2-20>). 19세기 말부터 20세기 초에 걸쳐 회사 수는 크게 증가하였지만 1사당 불입자본금의 증가는 그 정도 크지 않았고 공업회사가 차지하는 비율은 도리어 하락하였으며 공업회사의 1인당 불입자본금도 전 회사 평균을 밑돌고 있

<표 2-20> 회사수·1사당 불입자본금의 추이

연도	전회사		공업회사	
	회사수	1사당불입자본금	대전회사비	1사당불입자본금
1894	2,969	84.1천엔	26.2	57.3천엔
1897	6,113	89.1	30.8	56.0
1803	8,559	90.6	29.7	62.2
1804	9,247	96.0	26.4	69.8
1807	9,330	116.8	27.3	104.9
1809	11,549	118.4	29.7	158.3
1812	13,887	126.3	31.7	153.9

자료 : 西川俊作·阿部武司 編(1990)『日本經濟史 4·産業化의時代 (上)』, 岩波書店, p.315

다. 공업화가 본격적으로 시작되는 시기였음에도 불구하고 제조업 이외의 산업에서 회사기업의 증가는 두드러졌다. 그러나 1903년을 경계로 양상은 변화하였다. 전 회사에서 차지하는 공업회사의 비중은 증가경향으로 돌아섰지만 그보다는 오히려 공업회사의 1인당 불입자본금이 급증한 것이 주목된다. 이 사실은 러일전쟁 후 근대공업의 발전이 가속화되었다는 것을 말하고 있는 것이다.

<표 2-21>은 1909년 현재 제조공장의 기업형태별 구성을 보여주고 있다. 전기·가스·금속제련으로 이루어진 특별공장을 제외하면 어떤 산업분야에서도 1공장당 평균종업원수 30인 이하의 개인경영이 전 공장의 3분의 2 내지 4분의 3을 차지하고 있다. 이러한 공장의 대부분은 재래부문에 속하는 것이라 볼 수 있다. 유사단체는 상법 규정에 준거하지 않은 공동기업을 가리키지만 대체적으로 1공장당 종업원수는 개인경영을 간신히 넘고 있는 정도고, 그것도 염직·화학(요업을 포함)·식품·잡공장에서 비교적 큰 점유율을 차지하고 있다. 이러한 산업은 모두 재래부문의 비중이 높기 때문에 유사단체도 개인경영과 마찬가지로 재래형 공장이라고 볼 수 있다. 개인경영과 유사단체의 양자를 합한 비율은 전 공장의 80% 이상에 달하고 있다. 그리고 주식회사와 합명회사·합자회사를 비교하면

<표 2-21> 1909년·공장의 기업형태별 구성 (단위 : %)

	주식회사	합명회사· 합자회사	유사단체	개인소유	공장수
염직공장	4.1(333)	5.7(98)	10.3(63)	78.8(29)	8,355(53)
기계기구공장	7.6(175)	9.9(112)	4.9(44)	76.9(30)	1,086(51)
화학공장	11.3(112)	8.7(87)	12.6(37)	66.9(27)	1,623(41)
식품공장	5.9(53)	9.5(40)	8.4(25)	76.3(21)	2,359(27)
잡공장	7.2(80)	8.6(49)	21.7(30)	62.0(23)	1,879(31)
특별공장	6.8(33)	4.4(60)	2.7(27)	23.9(25)	113(32)
전공장	6.2(211)	7.2(78)	11.2(47)	74.4(27)	15,431(45)

주 : 괄호안은 1공장당 평균종업원수(명)이다. 특별공장은 전기·가스·금속제련 공장으로 구성됨.
자료 : 松田芳郎 外(1990),『明治期工業統計調査の復元集計Ⅲ-明治42年「工場通覽」復元集計表-』.

특별공장을 제외하면 전 공장에 대한 비율에서는 차이가 있지만, 1공장 종업원 수는 주식회사 쪽이 훨씬 커서 대규모경영은 주식회사 형태를 띠고 있음을 나타내고 있다.

주식회사를 산업별로 보면 염직의 경우 전체의 4%에 불과하지만 1공장당 종업원 수는 333명으로 다른 산업을 압도하고 있다. 이것은 근대공업의 선도부문인 방적업이 주식회사라는 기업형태를 가진 대규모경영이 담당하고 있기 때문이고, 이는 영세·소규모의 재래형 경영이 압도적 다수를 차지하고 있는 제사·직물 부문과 뚜렷이 대조된다. 조선업을 비롯한 근대부문을 포함하고 있는 기계기구공업의 경우도 주식회사의 형태를 가진 근대적 대경영과 영세·소규모의 재래형 경영이 확실하게 대조된다. 그러나 청주·간장·된장 등의 재래산업을 중심으로 하는 식품공업에는 주식회사 형태의 공장이 전체의 6%에 불과하여 염직공장보다는 높았으나 1공장당 종업원 수는 53명에 지나지 않아 개인경영이나 유사단체와 그다지 커다란 차이가 없다. 재래부문에도 경영규모가 확대하면 주식회사 등의 회사기업이라는 형태를 가지게 된다고 볼 수 있지만 그것은 반드시 근대부문의 주식회사와 같은 근대적 대경영이라고 말할 수는 없는 것이었다. 수입과 경쟁하지 않는 재래부문에도 서양기술과의 접촉으로 재래기술의 변화가 이루어진 것에 대해서는 앞에서 지적하였는데 이는 기업형태의 경우에도 적용된다. 일본의 공업화가 서양근대 과학·기술에 적응하면서 추진되었던 것처럼 도입기술의 일종인 회사 특히 주식회사제도도 근대부문뿐만 아니라 재래부문에도 정착하여 가면서 일본의 공업화를 이끌어 갔다.

주식회사는 유한책임제와 주식의 양도성이라는 특성을 통하여 사회의 불특정 다수로부터 유휴자금을 흡수하여 거액의 자금을 조달한다. 1897년경의 주요기업의 자금조달을 보면 업종에 따라 차이가 있고 그 70~90%를 자기자본으로 감당하고 있다. 주식회사기업이 자기자본을 중심으로 자금조달을 하는 데에는 주식을 자유로이 발행·매매·양도할 수 있는 시장이 있어야 한다. 일본에도 메이지 초기에 도쿄·오사카 등에 주식

회사가 설립되었지만 거래소에서의 거래종목은 극히 한정되어 공채와 각
지의 거래소주·은행주·철도주·방적주 등이 중심이었다. 더구나 20세
기 초까지 주식매매는 낮은 수준에 머물렀는데 이는 주식거래소에서의
주식매매고 추이를 보면 알 수 있다(<표 2-22>). 그러나 1887년경부터 은
행의 주식담보금융이 확대되는 경향이었고, 1890년 이래 본격화된 일본은
행의 주식담보부 어음거래는 담보주식이 일본우선주·해상보험주와 13
종의 철도주에 한정되어 있다고는 하지만 주식담보금융의 확대를 촉진한
것은 분명하였다. 주식담보금융으로 얻은 자금이 최종적으로 주식에 재
투자되는가의 여부는 분명하지 않다. 하지만 그 자금으로 주식의 유동성
이 증가하고, 또 그 결과 은행이 기업에 장기자금을 공급하게 된 것은 확
실하였다. 주식시장이 아직 충분히 발달되지 않은 당시의 일본에서는 은
행에 의한 주식담보금융이 회사기업 특히 주식회사기업의 발달에 많이
기여하였다.

<표 2-22> 도쿄 주식거래소의 주식매매고 추이

연도	매매주수 (백만주)	매매금액 (1억엔)	1인당매매주수 (천주)
1890	1.6	–	5.7
1895	2.8	–	10.0
1900	3.7	2.1	12.8
1905	6.7	5.2	23.1
1910	10.9	10.4	37.7
1915	19.6	16.7	69.9

자료 : 日本銀行(1966), 『明治以綘本邦主要經濟統計』에서 작성.

제2절 근대적 기업가와 재래적 경영자

이제까지의 서술에서 알 수 있는 것처럼 1880년대 이래 일본의 공업화
를 주로 담당한 것은 근대부문의 대규모 회사기업과 재래부문의 소규모
개인기업이었으나 기업가 활동에 있어서는 양자 사이에 커다란 차이가

보인다. 서양 근대기술의 도입·이식에 의해 성립한 대규모 회사기업은 소규모 재래적 경영에서 발전한 것이 아니고 오히려 그것과 단절된 형태로 전개되었다. 일본의 공업화를 선도한 근대기업은 예외가 없다고 할 정도로 재래적 경영과는 관계없이 메이지 기에 들어서 등장하였다. 근대부문의 주요기업 가운데에는 분명히 에도 시대의 상인경영까지 소급할 수 있는 것이 있지만, 그것들은 결코 그 근대부문에 최초로 참가한 사람들은 아니었다. 차용기술이 일본에 정착하고 수입에 대한 경쟁력을 확보하여 수익성에 대해서도 충분히 확인할 수 있는 단계에 들어서야 그들은 근대부문에 참가하고 있다. 무역·조선·철강·기계·해운 등의 근대부문은 바로 그러한 것이었다.

근대 방적업에서 진정한 의미의 개척자였던 오사카 방적회사는 재래면업과는 무관계한 시부자와 에이치(攝澤榮一)·오쿠라 기하치로(大倉喜八郎)·마스다 다카시(益田孝)·후지타 덴자부로(藤田傳三郎) 등이 설립하였고 자본금 28만 엔의 40% 정도는 화족(구다이묘)이 출자한 것이었다. 그리고 영국으로부터 기계매입에서부터 공장의 건설에 이르기까지 이를 지휘하고, 조업개시 후에는 지배인으로서 공장경영을 담당했던 것은 야마베 다케오(山邊丈夫)라는 전문 경영인이었다. 동서 일본의 유력실업가가 발기인이 되고 광범위하게 출자를 모았으며 회사경영은 전문적 경영인에게 맡겼다. 명백히 재래적 경영과는 전혀 상관이 없었다. 근대방적업에서 일반적으로 보이는 이 형태의 회사기업을 다수출자자 대자본형이라고 부를 수 있고 그 외에도 소수출자자 소자본형·소수출자자 대자본형·다수출자자 소자본형로 구분할 수 있다. 그리고 이 다수출자자 대자본형은 방적 이외에 철도·해운·보험·전등 등의 근대산업에서 지배적인 지위를 차지하고 있었다.

조선업의 경우는 근대방적업과는 달리 창업자를 중심으로 한 개인적경영의 색채가 짙었고 소수출자자 대자본형에서 출발하였지만 규모가 확대됨에 따라 다수출자자 대자본형으로 바뀌었다. 미쓰비시 조선과 가와사키 조선이 그 전형이었다. 막부말 유신기에 등장한 이와자키 야타로(岩崎

彌太郎)가 창설한 미쓰비시 그룹의 한 중심을 이루고 있는 미쓰비시 조선은 우편기선 미쓰비시 회사(뒤에 미쓰비시 사를 거쳐 미쓰비시 합자회사가 됨)가 1884년에 관영 나가사키 조선소의 대하(불하는 1887년)를 받아 이전의 사업을 계승함으로써 시작하였지만, 조선관계 업무를 미쓰비시 합자에서 분리하여 독립적인 미쓰비시 조선회사를 창설한 것은 1917년이었다. 가와사키 조선의 경우는 상관무역의 거래상에서 출발한 가와사키 쇼조(川崎正藏)가 1878년 도쿄의 쓰키지에 조선소를 창설한 것이 시작이었고 그 후 효고에도 조선소를 창설하였다. 1886년에는 관영 효고 조선소의 대하(불하는 1887년)를 받은 것을 기회로 지쿠지 조선소와 효고의 자영조선소를 이것과 통합하여 가와사키 조선소를 발족하였다. 업무의 중심을 점차 수리에서 철선·강선의 건설로 옮김에 따라 자본조달력을 시작으로 개인경영의 한계가 명확하게 되어 1896년 가와사키의 개인경영에서 주식회사로 개조하였다. 이에 따라 가와사키는 경영 일선에서 물러나고 마쓰카타 고지로(松方幸次郎)가 사장의 자리에 앉았다. 가와사키 조선은 다수출자자대자본형 회사기업이 되었다. 미쓰비시와 가와사키의 성장은 모두 재래형 경영과는 분명하게 단절된 형태를 띠고 있다.

근대적 회사기업과 재래적 기업과의 단절은 기업 형태에서뿐만 아니라 기업가의 형태에도 나타났다. 메이지 기에 들어서 근대적 금융제도가 새롭게 형성되자 이에 발맞추어 근대적 은행업에 참여한 환전상도 분명히 있었다. 또 전통적 면업지에서는 재래면업가가 근대방적경영으로 이행하려고 시도하였으나 거의 실패로 끝났다. 최초로 성공을 거둔 오사카방적회사는 재래 면업과는 관계가 없는 사람들이 설립하여 운영한 것이고, 오사카방적 보다 뒤에 설립된 대부분의 대규모 방적도 거의 같은 성격을 가지고 있다. 도쿄의 5개 면물주(棉物主)[1]가 설립하였으나 영업상태가 부진하여 미쓰이은행의 지원으로 간신히 경영파탄을 면한 가네가부치방적회사가 일시에 업적을 회복하고 일본근대방적업의 선두계열에 서게 된

---

1) 여기서 물주는 일본의 돈야(問屋)를 가리킨다. 돈야란 일본 근세 막번제 하에서 전기적 상인에 의한 특권적인 중간도매업을 가리키는데, 이것이 발전하면 농·공의 소생산자를 선대제적으로 지배하게 된다.

것은 나카미카와 히코지로(中上川彦次郎)라는 재래면업과는 전혀 상관없는 근대적 경영자를 맞이한 이후였다. 무슨 이유로 재래적 기업가는 그대로 근대적 기업가로 이행하지 못하였을까. 일본의 공업화를 담당한 기업가에게는 어떠한 특별한 자질이나 재능이 필요하였던 것인가.

후진국의 근대공업은 이미 본 것처럼 선진국으로부터의 수입과 치열한 경쟁 가운데 장래에 대한 확실한 전망이 서 있지 않은 상태에서 거액의 고정자본을 투하할 필요가 있었다. 전통적인 가업 내지 경영을 하면서 더구나 사업이 안정되어 있던 개인경영·동족경영이 이와 같이 위험부담이 큰 산업에 대한 참가에 소극적인 것은 당연하였다. 에도 시대의 미쓰이(三井)·스미토모(住友)·고노이케(鴻池) 등의 대상인 경영은 개인경영의 영역을 넘어 자본결합을 하고 실제 경영은 번두(番頭)라는 전문적 경영자에게 맡겼다. 그러나 개인경영의 영역은 넘어섰다고는 하지만 실제로는 여전히 가업이었고 무한책임제에 의한 자본결합의 범위도 일족(본가·분가·별가로 이루어짐)에 한정되어 있었으며 경영의 소유자와 전문적경영자 간의 관계도 주가(主家)-번두라는 전통적인 주종관계였다. 경영과 소유의 분리가 보인다고 하여도 그것은 근대적 회사기업의 경우와는 다른 것이었다. 실제 에도 시대 도시의 거상·호상들은 근대공업부문에 참가하지 않았다. 그 가운데 미쓰이는 다른 에도 시대 상인들과는 다른 움직임을 보였다. 이는 주로 미노무라 리자에몬(三野村利左衛門)을 비롯하여 이제까지의 번두와는 자질·출신·경력 등이 다르고 근대적 기업가로서의 자질을 갖춘 인물을 전문적경영자로 등용하였기 때문이다. 그렇다고는 하지만 여전히 신흥기업가인 미쓰비시의 이와자키에 비하면 근대공업부문으로의 적극적 투자는 적었고, 유질(저당물의 소유권 상실)과 매수로 근대공업부문을 소유하게 된 경우에도 미쓰이는 이를 1890년대 후기 이래 매각하거나 혹은 미쓰이 가 직영사업에서 분리하였다.

근대공업의 참가는 위험을 분산시키면서 대규모의 자기자금을 조달할 수 있는 주식회사제도가 도입됨으로써 비로소 가능하게 되었으나 이식해야 할 서양과학기술과 마케팅에 관한 충분한 정보를 반드시 갖고 있어야

하였다. 더욱이 인적으로나 물적으로나 재래기업과는 비교가 되지 않는 대규모경영을 위해서는 종래와는 다른 관리능력이 필요하였다. 끝으로 가장 중요한 것은 기업가 스스로가 선진공업국과 접촉할 때 크게 긴장하면서 선진공업국에 대항하기 위해서는 서양 근대기술의 도입과 이식을 자신의 과제로 설정하는 것이다. 이 같은 자질·능력을 가진 사람만이 메이지 기의 공업화를 주도하는 근대기업가가 될 수 있었다. 메이지 기의 대표적인 실업가에 사무라이 출신이 많았다는 점이 자주 지적되고 있다. 정보에 대한 접근, 관리능력 그리고 긴장에 대한 대응의식이라는 점에서 사무라이 출신자가 다른 계층 출신자에 비해 근대기업가로서의 자질·능력을 갖출 가능성이 높다는 것은 분명하지만, 사무라이이기 때문에 근대기업가가 되었다고 보기는 어렵다. 근대기업가들은 사무라이 출신인 동시에 유학생이거나 게이오(慶應) 의숙·도쿄 대학·상법강습소(도쿄 상고) 등의 고등교육기관 졸업생이었다. 개항 이후 교육을 통하여 전통적인 사무라이 신분에서 벗어난 자가 근대적 기업가가 되었다고 볼 수는 있을 것이다. 국제적인 규모에서의 정보접근의 기회가 많은 무역상인(가와사키 쇼조 등)과 해운업자(이와자키 야타로 등), 수입과의 경쟁으로 자극을 받은 상인·지주 등도 근대공업의 담당자가 되었지만 그들 대부분은 유학 내지 고등교육기관에서 배운 사람을 전문경영자로 초빙하였다. 메이지 기의 고등교육기관은 근대산업기술의 이전에서뿐만 아니라 근대적 회사기업의 도입과 정착에서도 중요한 역할을 담당하였다.

일본의 공업화에서 재래적 경영자의 역할에 대하여 언급하여 보자. 산업기술의 경우와 마찬가지로 재래경영도 근대적 회사제도의 도입에 대응하여 적응과 변모를 거듭하였다. 모든 재래경영이 적응과 변모에 성공하였던 것은 아니며 지방의 재래산업에서 소수출자자 소자본형 내지 다수출자자 소자본형의 회사기업으로 변신하는 경우가 많았다. 또 이전의 사업을 계속하면서 전방·후방의 관련부문에 참가하거나 철도·은행 등의 주식회사 형태로 근대산업으로 투자한 경우도 늘어났다. 이처럼 적응과 변신을 달성한 지방의 재래기업가는 일반적으로 전통적인 도시상인은 아니고 막부 말기부터 급성장한 신홍상인층이었다. 제사업의 경우에도 재래경영의 영역을 벗어난 기계제사는 신흥제사업지대의 지방기업가가 담당하고 있었다. 이 시기의 공업화는 근대부문과 재래부문을 두 축으로 진전되었다. 전자의 경우에는 주식회사를 선두로 하는 근대적 회사기업에 의거한 근대적 기업가가, 후자의 경우에는 재래경영에 적응과 변신을 실현하는 데 성공한 신흥 지방기업가가 중심이었다.

제3절 기술자 및 직원의 형성

근대적 대규모 회사기업에서는 기술자·직원이라는 중간층이 중요한 역할을 담당하였다. 서양근대 과학기술을 도입·이식하여 성립한 근대공업에서는 자본재인 기계·설비를 수입하고 이것을 일본의 노동력과 결합시키지 않으면 안 된다. 이 두 가지를 결합시키는 데 커다란 역할을 하는 것이 기술자다. 메이지 초기의 기술자는 주로 고용 외국인 기술자였다. 막부 말기에 막부와 여러 번에 설립한 서양식 공장에서는 프랑스와 영국으로부터 기계 및 설비와 함께 외국인 기사와 숙련공을 초청하여 기술이전을 도모하였다. 메이지 기에 들어서도 이 방식은 계속되고 정부가 개설한 제 번의 서양식 관영공업에도 기사와 함께 각 직종의 숙련공(직장)을 고용하고 있었다. 이 경우의 특징은 공장경영의 책임자인 수장과 다수의 기술자(기사와 숙련공) 외에 사무직원도 고용되어 공장경영의 중추가 되는 스태프(staff)를 하나의 세트로서 초청하였다는 점이 특징이다. 여기서는 기술을 도입하는 상대국 공장에서의 생산체계가 그대로 전부 이전되었다. 그러나 동시에 공장 내에 기술전수제도를 마련하여 외국인기술자를 대체할 수 있는 상급기술자를 양성하는 한편 직공교육도 하였다. 1880년대에 들어서면 공부대학교 등이 개설되고 학교제도에 의한 기술교육이 이루어지게 되었기 때문에 상급기술자의 양성은 점차 학교교육에 의존하게 되었다. 일본인 기술자의 양성이 진전함에 따라 고용외국인기술자의 고용계약 중단이 1875년경부터 점차 증가하여, 1885년이 되면 고용외국인은 관영공장에서 완전히 모습을 감추게 되었다.

외국인 기술자를 대신하여 서양 근대기술의 정착에 기여한 일본인 기술자를 대학의 공학부 및 고등공업학교의 졸업생 명부를 중심에 두고, 여기에 기술자 인명부 등을 추가하여 그들의 출신 교육기관별·관민별·민간업종별 분포의 추이를 조사한 결과에 따라 기술자가 수행한 역할을 보도록 하자. <표 2-23>은 이 조사결과에 의거하여 기술자의 관민별·출신교육기관별 분포의 추이를 보여주고 있다. 이 표에서는 우선 기술자의 관민별 분포의 변화가 주목된다. 1890년 현재 관영공장을 포함한 관청이 전 기술자의 62.2%를 차지하고 민간은 37.8%에 지나지 않았으나, 1900년에는 관청 47.1%, 민간은 52.9%에 지나지 않았다. 그 후 양자의 차이는 확대되어 1920년대에는 관청의 비율이 26.8%에 불과하게 되었다. 다음으로 주목되는 점은 기술자의 출신교육기관에서 나타난 변화다. 1890년에는 고공(高工) 출신자의 비율은 전체의 20%를 차지하는 데 머물렀으나, 1910년에는 전체의 60%에 달하고 있다. 대졸과 고공졸의 관민별 분포를 보면 관청의 경우는 대졸의 비중이 일반적으로 높고 1900년까지는 압도적인 비중을 나타내고 있으며, 고공졸의 비중이 급격히 높아진 1910·20년대에도 고공졸은 대졸과 거의 균형을 이루는 정도로 상승하는 데 불과하였다. 더구나 중앙관청은 대졸, 지방관청은 고공졸이 주력을 이루고 있

<표 2-23> 기술자의 관민별·출신교육기관별 구성의 추이 (%)

연도	1890	1900	1910	1920
기술자총수(명)	482	1,565	5,078	14,162
민간	37.8	52.9	56.0	73.2
초기유학생	1.5	3.4	0.7	-
대학졸	27.2	24.6	16.7	22.8
고공졸	7.2	24.9	38.7	50.4
관청	62.2	47.1	44.0	26.8
초기유학생	14.9	-	-	-
대학졸	38.0	30.3	21.2	12.7
고공졸	9.3	16.8	22.8	14.1

자료 : 內田成美(1988), 「技術者の增加·分布と日本の工業化」, 『經濟硏究』, 제39권4호, p. 290.

기 때문에 중앙정부의 기사와 관영사업 기술자는 대부분 대졸이었다. 이에 대해 민간부문에서는 고공졸의 비중이 높아 1900년에는 대졸과 고공졸의 세력이 서로 대등하였고, 1910·20년에는 고공졸이 대졸의 두 배 이상이 되어 민간부문 기술자의 대부분이 고공졸이 차지하였다. 민간부문을 중심으로 하는 공업화 속에서 고공기술자가 수행한 역할은 매우 큰 것이었다.

민간제조업에서 기술자의 업종별 추이로 눈을 돌리면 <표 2-24>에서 보는 것처럼 민간제조업에 고용되어 있는 기술자 수는 급증하여 1890년에 72명에 지나지 않았으나 1900년에는 316명, 1910년에는 1,438명 그리고 1920년에는 6,253명이 되어 30년 사이에 90배나 증가하였다. 기술자 수의 증가는 근대공업이 급성장할 수 있는 확실한 밑거름이 되었다. 다음으로 업종별 구성의 변화를 보면 1890년에는 민간제조업 전 기술자의 4분의 1은 섬유공업, 22% 정도가 조선업에 집중되어 두 선도부문이 압도적인 비중을 차지하였다. 20세기에 들어서면 산업기계·금속·화학 등의 비율이 증가하여 중화학공업이 본격적으로 시작되었다는 것을 반영하고 있으나 섬유와 조선은 여전히 1위와 2위를 차지하고 있어 공업화의 주도산업으로서의 면모를 유지하고 있다.

<표 2-24> 민간제조업부문 기술자의 산업별 구성의 추이 (단위 : %)

	1890	1900	1910	1920
섬유	25.0	24.4	20.9	17.6
금속	–	2.5	3.3	10.2
조선	22.2	21.8	17.4	17.1
기계	} 8.3	12.1	7.4	8.9
전기(電機)		7.3	7.2	12.3
요업	} 15.3	7.6	6.3	4.8
화학		3.8	6.5	9.1
식품	–	5.4	10.4	2.9
제지	1.4	4.4	4.7	3.3
전력·가스	17.8	10.8	16.1	13.8
합계(명)	72	316	1,438	6,253

자료 : 앞의 표와 같음.

이들 기술자는 각 산업에 도입된 서양 근대기술을 소화하여 이를 생산현장의 노동자에게 전달하고 공장 생산체계의 효율적인 운영을 도모하는 것 외에 새로이 도입해야 할 기술을 선택하고 그것을 생산체계로서 확립시키는 것을 그 주요 직무로 하고 있었다. 그리고 많은 경우 기술자에게는 큰 권한이 주어져 적어도 기술에 관한 문제에서는 그들 특히 대졸 기술자의 의견이 그대로 채용되었을 뿐만 아니라 전략적 의사결정에 실질적으로 참가하는 경우도 적지 않았다고 한다. 그런데 이 시기 회사기업에서 직원(職員)으로 불린 중간관리층에는 기술자 외에 사무직원도 포함되어 있었다. 사무직원의 경우도 기술자에서 고공졸의 비중이 점차 커진 것과 마찬가지로 고상(高商)졸을 많이 고용하게 되었다. 직원은 본래 회사에 고용된 종업자이고 기업의 소유자인 주주와 그 대표인 중역, 결국 경영자와는 전혀 다른 입장에 있었지만 경영자와 직원이 임원으로 일괄되어, 매기의 임원상여금이 동일하게 배분되었다. 이 사실도 당시 회사기업에서 기술자·사무직원을 포함한 직원의 지위에 대해 말해주고 있다. 이와 같은 직원의 중용은 일본의 근대 회사기업에서 실현된 소유와 경영의 분리의 확립으로 비로소 가능하게 되었다고 보아도 좋을 것이다.

직원층 특히 기술자는 반드시 동일기업에서 오랜 기간에 걸쳐 근속한 것은 아니었고 유동성이 컸다. 예를 들면 1890년대 방적업에서는 기술자의 기업간 이농이 매우 심하였고, 선기기술사는 1개 소에 수력발전소가 완성되면 곧바로 신설 전력회사와 전철회사로 옮기는 경우가 많았다. 또 조선업에도 1905년에 미쓰비시 조선이 고베 조선소를 신설할 때 기술자·숙련공의 일부는 가와사키 조선소에서 데리고 왔다. 근대공업의 발흥기를 맞이하여 공장·회사가 잇달아 설립되면 고등기술교육기관의 졸업자가 증가한다고 하여도 생산시스템이 필요로 하는 기술자·숙련공의 부족 현상은 당연한 일이었고 따라서 기존 기업에서의 이동에 의존하지 않을 수 없었다. 기술자의 유동성이 높은 것은 결코 이상한 것이 아니었다. 그러나 선발기업의 확대, 발전에서 거기에 필요한 인적자본을 자사 내에서 확보하는 것이 바람직하다는 것은 말할 여지도 없었다. 성공을 거둔

선발기업은 예외 없이 다수의 기술자·숙련공 등의 중간관리층을 보유하고 있고 이들의 장기고용을 위한 여러 방책을 가지고 있다. 그 때문에 유동성이 높다고 하여도 10년을 넘는 장기근속 기술자가 많아 1910년경의 방적업에는 거의 종신고용된 직원의 수가 증가하였다. 따라서 1910년대에는 대기업에 관한 한 사실상 장기안정 고용제가 성립되어 있었다고 보아도 틀림이 없다.

제4절 근대적 공업노동력의 형성

후진국 공업화의 성공 여부를 좌우하는 요소의 하나는 공장제도에 적합한 근대적 노동력을 충분히 발견할 수 있는가의 문제이다. 기술자 등의 중간관리층이 광범위하게 형성되고 근대기술에 근거한 공장제도의 정착에서 큰 역할을 한다고 하여도 생산현장에서 근대기술을 체화한 기계·설비를 운용할 수 있는 노동자가 없어서는 공업화가 불가능하다. 메이지기를 거치면서 일본의 근대공업은 꾸준히 발전하였기 때문에 이를 뒷받침하는 근대적 노동력이 있었다는 것은 분명하지만, 공업화가 시작될 때 근대적 노동력이 이미 충분히 있었던 것은 아니다. 서양 근대기술의 정착에 많은 시행착오와 시간이 필요하였던 것처럼 19세기말이 되어야 근대적 노동력은 충분히 공급되기 시작하였다.

1896~1916년간 제조업종업자의 산업별 구성의 추이를 보여주는 <표 2-25>에서 알 수 있듯이 제조업종업자 수의 숫자는 20세기에 들어서야 꾸준히 성장하게 되고, 특히 1901~16년간에 많이 증가하였다. 일본의 공업화가 이 즈음부터 본격화되었다는 것을 알 수 있다. 다음으로 관민별 구성의 변화를 보면 민간제조업 종업자수가 대폭 증가하고 있음에도 불구하고 1906년 이래 관영공장 종업자의 비율이 급상승하여 전 제조업종사자의 10%를 넘고 있다. 이것은 철도국유화와 러일전쟁 후 무기·함선 국산화의 경향 덕분이었다. 관영공장 종업자의 비율이 10% 전후라는 것은 그것만으로도 매우 큰 숫자였지만, 관영공장의 대부분이 근대공업에

속하고 있다는 것을 고려한다면 관영공장에 종사하는 근대공업노동자의
비중이 높은 것은 분명하였는데 이것이 이 시기의 하나의 특징이었다.

<표 2-25> 제조업종사자 산업별구성의 추이 (단위 : 천명, 괄호안은 %)

	1896	1901	1906	1911	1916
민간공장	696(86.4)	678(93.5)	1,040(86.3)	1,313(88.9)	1,925(90.6)
섬유	347(48.0)	369(51.0)	510(42.3)	717(48.5)	948(44.6)
금속	16(2.1)	20(2.7)	30(2.5)	47(3.2)	80(3.8)
기계 기구	30(4.2)	44(6.1)	77(6.4)	83(5.6)	163(7.7)
화학	20(2.8)	24(3.3)	34(2.8)	50(3.4)	102(4.8)
요업	29(4.0)	25(3.5)	42(3.5)	56(3.8)	95(4.5)
식품	106(14.6)	78(10.7)	152(12.6)	161(10.9)	164(7.7)
기타	149(20.6)	117(16.2)	195(16.2)	199(13.5)	341(16.0)
관영공장	26(3.6)	47(6.5)	165(13.7)	165(11.1)	200(9.4)
종업자수합계	722(100)	725(100)	1,206(100)	1,206(100)	2,125(100)
동지수	100	101	167	206	294

자료 : 梅村又次·赤坂敬子 外(1985), 『長期經濟統計 2 : 勞動力』, 東洋經濟新
報社, 제18표.

민간부문의 산업별구성을 보면 전 기간에 걸쳐 방직부문이 40~50%로
압도적인 비중을 차지하고 있다. 그 다음이 식품부문으로 10~15%, 그 이
외의 부문은 10%에 못 미치고 기계기구부문이 1901년 이래 5~8%를 기
록하고 있을 뿐이다. 이 단계에서의 방직공입은 대부분이 재래부문이고
방적 및 겸영직포의 근대부문은 1910년대에도 전 섬유생산액의 20~25%
에 지나지 않아 방직부문 종사자의 압도적 대다수는 재래부문에 속하였
다. 역직기의 도입으로 재래직물부문의 근대부문으로의 이행이 이루어졌
지만, 그것이 본격화된 것은 1910년대 이후의 일이다. 또 제2위의 식품공
업도 대부분이 재래부문이고, 그 중 가장 일찍이 근대공업으로의 전환을
이룬 간장양조업에서도 근대적 대기업이 성립한 것은 1910년대 후반이었
다. 그러나 금속·기계기구·화학공업의 비중은 착실하게 증가하고 섬유
공업에서 근대부문의 비중도 눈에 띄게 상승하고 있기 때문에 여기에 관
영공장을 더하면 1910년대 근대부문의 노동자는 전체의 30%를 넘는다고

볼 수가 있다.

다음으로 근대적 공업노동력이 충분히 존재하였는지의 여부를 검토하기 위하여 교육수준의 측면에서 소위 노동력의 질의 문제에 접근해 볼 필요가 있다. 학령인구에서 차지하는 미취학자의 비율은 1880년대에 매우 높아 남자는 30%, 여자는 60% 수준이었다. 따라서 생산연령인구에서 소학교 미취학 내지 중퇴자의 비율이 높은 것은 당연하였고 1900년의 생산연령인구 2,667만 명 가운데 무려 85% 이상이 소학교 미취학자였다. 물론 미취학자 가운데에는 소학교 이외의 교육기관에서 간단한 초등교육을 받은 자가 포함되어 있기 때문에 위의 숫자로부터 당시의 식자율이 낮았고 또 교육수준도 낮았다고 곧바로 추론할 수는 없지만 근대공업의 발전에서 필수적인 근대적 노동력이 충분하였다고는 볼 수 없다. 이 때문에 메이지 전기부터 민간부문에도 기업 내에서 노동자교육이 시작되었는데, "그 내용은 고유의 의미에서의 직업교육은 아니고, 보통교육인 경우가 혼히 있었다"고 지적되고 있다. 그러나 1890년대 이후가 되면 미취학자의 비율이 급속히 떨어지는데 특히 의무교육의 수업료가 무료화된 1900년을 경계로 이 경향은 더욱 강화되어 1911년의 미취학률은 남자 1.2%, 여자 2.5%가 되었다. 공업화가 본격적으로 전개됨에 따라 노동력의 질도 향상되고 있었다.

소학교 미취학자의 비율이 아직 높은 단계에서는 남자의 경우 군대에서의 훈련도 근대적 노동력을 형성하는 데 일정하게 기여하고 있었다. 1896~1900년에는 연평균 415,500명이 징병검사를 받고 그 11%에 해당하는 45,500명이 신병으로 입대하였는데 수검자의 47.7%, 입대자의 42.4%는 소학교 미취학자였다. 군대생활에서 근대병기의 조작을 통하여 근대과학에 접하고, 규율에 따라 협동하는 것을 배우면서 비전통적·비재래적인 생활양식을 경험하였다는 것은 근대적 공업노동력의 형성에 있어 매우 중요한 의미를 갖는 것이었다. 물론 군인 전부가 근대공업의 노동자가 된 것은 아니었다. 그들의 대부분은 징병검사 때 이미 어떤 종류의 산업부문에 취업하고 있었고 부양가족이 없는 미혼자였다. 많은 사람은 제대 후 이전의 산업부문에 재취업하려고 하였지만, 노동력의 유동성이 높은 당시에는 근대적 노동력으로서 근대공업에 참가하려는 사람도 적지 않았다. 그러나 의무교육의 취학률이 빠른 속도로 개선됨에 따라 근대적 공업 노동력에 대한 군대에서의 훈련이 가진 의미는 약화되어 갔다.

그런데 19세기 말 이래 교육수준이 개선되었다는 것은 연령계층 간의 교육수준 차이가 매우 컸다는 것을 의미하고 있다. 그것은 또 직인적 숙련을 가진 소학교 미취학 내지 중퇴의 성년노동자와 경험은 없지만 학교교육을 받고 규율에 따라 협동할 수 있는 젊은 노동자가 병존하고 있다는 것을 의미하고 있다. 근대공장제도의 적합한 노동력은 물론 후자였고, 근대적 대공장에서 후자의 비중이 증가한 것은 당연한 것이었다. 근대공업의 종업자 수가 증가하고 그 증가분을 거의 소학교수료자가 차지하고 있다면, 전 종업원에 대한 소학교 미수료자의 비율이 하락하는 것은 당연하였다. 그러나 조선업 등의 대공장에는 그보다 더 큰 비율로 소학교 미수료자의 비율이 하락하고 있고, 학교교육을 받지 않은 성년노동자가 학교교육을 받은 젊은 노동자로 대체되는 경우도 적지 않았다. 기술자와 마찬가지로 근대공업의 노동자도 유동성이 높았는데, 직인적 숙련을 가진 성년노동자가 학교교육을 받은 미숙련의 젊은 노동자로 대체되어 가는 것도 그것의 한 원인이었을 것이다.

본격적인 공업화가 시작된 1890년대 이래의 이러한 움식임은 근대공장에서의 노무관리체계의 변화와 깊은 관련을 가지고 있다. 도입기술이 정착함에 따라 생산기술의 자본집약화가 진전되어 숙련노동은 기계·설비로 대체되고 재래의 직인적 숙련공은 사라져 감으로써 반숙련공·미숙련공의 비중이 높아졌다. 더욱이 생산규모의 확대와 함께 분업에 근거한 협업의 규모도 커지고, 그 관리·운영 조직의 확립이 중요한 과제로 등장하였다. 메이지 전기의 대규모경영에는 재래부문이든 근대부문이든 모두 간접관리방식을 취하고 있는 경우가 있었다. 재래부문 가운데 가장 생산규모가 큰 양조업에서는 청주나 간장의 경우 생산 그 자체는 양조기술자가 담당하고 양조기술자는 스스로의 책임 하에 생산노동자를 모아 작업을 수행하였다. 따라서 기업은 양조기술자를 매개로 간접적으로 생산노동자를 고용하고 있는 데 지나지 않았다. 이와 같은 양조기술자에 의한 청부방식은 에도 시대부터 이어 내려오는 것이었기 때문에 메이지 기에도 본질적으로는 아무런 변화가 없었다. 근대부문인 조선업에서도 관영공장시대는 직장마다 오야카타(親方) 청부제가 채택되었고 미쓰비시·가와사키 등에 불하된 이후에도 1880년대 까지는 간접관리방식이 답습되었다. 당시의 조선업은 수입한 서양형 선박의 수리가 중심이었고, 또 소형 양식선을 건조하는 데 머물렀지만 근대적 공업노동력이 완전히 성숙되지 않은 상황에서는 재래적인 직인적 숙련노동에 대한 의존이 불가피하여 오야카타 청부제가 받아들여진 것이다. 근대조선업에는 중간관리층인 기술자가 앞서 말한 것처럼 질과 양에서 그 비중을 높여 가고 있었는데 오야카타 청부제와 같은 간접관리방식 하에서는 기술자와 생산현장의 체계적 결합은 기대하기 어려웠다.

그러나 1890년대를 경계로 하여 오야카타를 매개로 한 생산노동자를 고용·관리하는 간접관리방식에서 기업이 직접 생산노동자를 고용·관리하는 직접관리방식으로 전환되어 갔다. 조선업에는 이 즈음부터 대형 강선 건조시대로 이행하여 가고 종래와 같은 직적 숙련노동으로는 대응할 수 없는 기술수준에 도달하여 규율에 따라 훈련을 받고 작업하는 생산노동자를 많이 고용할 필요가 있었다. 또 학교교육을 받은 젊은 노동자가 급속히 증가하고 있는 상황이었다. 간접관리방식에서 직접관리방식으로의 전환은 당연한 흐름이었다. 직접관리방식에서는 기능에 관해서는 오장(伍長)이라 불리는 생산현장에서의 관리층이, 또 기술적인 면에서는 기술자가 각각 중심적 역할을 담당하고 있어 기능을 달리하는 양자가 끊임없이 접촉·교류하면서 체계적인 생산활동을 가능케 하였다. 재래부문인 간장·양조업에도 1910년대부터 1920년대에 걸쳐 근대적 대기업으로의 전환과 함께 직접관리방식으로의 전환이 이루어졌다. 이 같은 직접관리방식으로의 전환은 서양 근대기술에 의한 공장생산의 본격적 전개, 젊은 근대공업노동력의 형성 그리고 기술자의 급증과 관련을 가지고 있었다.

끝으로 공장법에 대하여 살펴보자. 일본에서는 근대적 노무관리방식으로 확실하게 이행한 1890년대 말에 노동자보호를 목적으로 하는 공장법 제정이 본격화되었다. 최초의 것은 농상무성이 1898년에 제3회 농상공 고등회의에 자문한 공장법안이었다. 그러나 공장법이 최종적으로 제정 공포된 것은 1911년으로, 이미 13년의 세월이 지난 뒤 난산 끝에 탄생한 것이었다. 그 사이에 공장법의 제정 이유에 대해서도 변천이 있었고 법안 내용도 변화하였으며 더욱이 그 찬반을 둘러싸고 각종 논의가 등장하였다. 최종적인 법안은 1910년에 의회에 제출되었지만 심야업폐지규정 등에 대한 강력한 반대에 부딪혀 불가피하게 일시철회하였다. 그러나 심야업금지의 유예기간을 10년에서 15년으로 연장하는 등의 수정을 거쳐 법안을 다시 제출한 끝에 드디어 그 성립에 이르렀다. 공장법의 주요 목표는 과중노동을 부당한 것으로 보고, 이로부터 노동자를 지키는 것이었다. 그 경우 과중노동이 후세에 악영향을 미쳐 건전한 군인을 모집하는 것이 어려워질 수 있다는 우려도 노동자보호의 법제화를 계획하게 하는 한 계기가 되었다. 이 공장법은 모든 노동자에게 적용된 것은 아니었고 관영공장의 노동자와 방적업의 여자노동자 이외의 재래부문 소경영의 노동자 등은 법적규제의 대상에서 제외되는 등 일본의 노사관계에 대한 실질적인 영향은 그다지 크지 않았다. 그러나 국가의 입장에서 노동력 보전을 위한 법적규제가 도출되었다는 사실은 중요하며, 그 후 일본 노사관계에 있어 하나의 틀을 제공하였다.

제5장 공업화와 소규모 가족농업

제1절 소규모 가족농업의 발달

이 시기 농업부문의 성장은 본격적으로 공업화가 시작되는 1895~1915
년간의 농업변화를 보여주는 <표 2-26>에서 살펴볼 수 있다. 1877~1887
년의 농업변화를 나타낸 <표 1-11>과 비교하여 보면 농가호수는 약간 증
가하고 농업취업인구도 역시 약간 감소하고 있으며, 소농민 가족경영이
일본농업을 담당하고 있다는 점은 변하지 않았다. 농업생산액의 연평균
성장률을 보면 두 시기 모두 1.9%로 변화가 없다. 두 시기의 중간에 해당
하는 1887~1895년을 보면 성장률은 1.2%로 하락하고 있지만 메이지 기

<표 2-26> 농업의 변화(1895~1915년)

	1895년	1915년	20년간 변화율
경지면적(백정)	50,772	58,411	15.0%
농가호수(천호)	5,459	5,541	1.5
1호당경지면적(정)	0.930	1.054	13.3
농가취업인구(천명)	14,209	13,952	-1.8
1호당취업자수(명)	2.60	2.45	-5.8
1호당경지면적(정)	0.36	0.43	21.0
생산액(백만엔)	1,865	2,739	46.9
1인당생산액(엔)	131	208	58.8
1인당투입경상재(엔)	20.2	35.8	77.2
농업기원재(엔)	12.8	14.0	9.4
비농업기원재(엔)	7.4	21.8	194.6
1인당순자본스톡(엔)	175	207	18.3

자료 : 梅村又次 外(1966), 앞의 책, 제4, 32, 33, 38표

의 일본농업은 소농민 가족농업이라는 성격을 유지하면서 인구성장률보다 더 높은 성장을 지속하였다.

그러나 일본농업에 전혀 변화가 없었던 것은 아니다. 먼저 정부의 농업정책에 중요한 변화가 생겼다. 메이지 전기의 권농정책은 반드시 중앙주도형이었던 것은 아니고, 부현에 맡기는 분권적 색채가 농후하였는데 권농정책의 중점이 서양농업의 도입·이식에서 재래농업의 개량으로 전환됨에 따라 그 경향은 더욱 강화되었다. 또 재래농법에서 기술진보의 담당자로서 노농이 등장하고, 1881년에는 이들의 전국조직인 대일본농회가 설립하여 권농정책을 측면에서 지원하였다.

그러나 19세기 말경부터 기타의 식산흥업정책과 마찬가지로 권농정책도 중앙주도형으로 이행해 갔으며 1899년 제정된 농회법과 경지정리법, 1900년의 산업조합법 등의 각종 농업입법을 실시하여 농정을 뒷받침하는 제도적 틀을 정비하였다. 농회법의 제정으로 노농 내지 지주를 주체로 하는 대일본농회 대신에 소작인을 포함한 농업자의 조직으로서의 제국농회가 등장하게 되었다. 경지정리법은 경지의 효율적 이용을 실현하기 위하여 토지의 교환·분합, 구획·구거(溝渠)의 변경을 촉진·장려하는 것을 목적으로 하고 있다. 또 산업조합법은 생산자농민만을 대상으로 하는 것은 아니었지만 그 목적은 생산자농민을 주체로 하는 조합원의 출자에 의해 신용사업을 중심으로 판매·구매·생산 등 광범위한 사업을 하는 것이었다. 이러한 채널을 통하여 중앙정부는 적극적인 농업지도에 나섰다.

<표 2-22>에서 1877~87년과 1895~1915년을 비교하여 보면 몇 가지 중요한 차이가 보인다. 우선 주목되는 것은 메이지 후기(1896~1910년)에 경지가 크게 늘어난 것이다. 1890년대 이래 수리·개간·경지정리 등 농업생산 기반의 정비에 많은 노력이 기울여졌다. 1899년에 경지정리법이 제정되었지만 1905년에는 개간과 관개배수공사도 이 경지정리사업 속에 포함되고 1906년에는 부현의 경지정리사업에 국고보조가 인정되었다. 이러한 정책에 따라 개간을 포함한 경지정리가 메이지 후기에 집중적으로 이루어져 1895~1915년의 20년간에 경지면적이 15%나 대폭 증가하였다.

이것은 밭의 수전화를 포함하는 경지의 효율적인 이용과 맞물려 농업생산의 성장에 기여하였다.

또 주목되는 점은 1인당 투입경상재가 대폭 증가하고 그러한 가운데 농업기원재와 비농업기원재의 비중이 역전되었다는 것이다. 1인당 투입경상재는 20년간에 77.2% 증가하였고, 1인당 생산액 58.8%를 20% 가까이 상회하고 있다. 그 중에서도 비농업기원재의 투입이 눈에 띄게 증가하여 20년간 세 배나 증가하였다. 한편 1인당 순자본스톡의 증가율은 18.3%에 지나지 않았다. 이 시기 농업성장에 기여한 것은 농공분화의 진전에 따른 노동투입량의 증가를 고려한다고 하여도 역시 비약적으로 증가한 투입경상재였다. 투입경상재는 종자·잠종·사료·녹비(綠肥) 등으로 이루어진 농업기원재와 사료·비료·농약 등으로 이루어진 비농업기원재로 나누어진다. 모든 농업기원재가 자급성이 있는 것은 아니었지만 많은 것이 소농민 가족경영 내에서 자가생산된 것이다. 이에 반하여 비농업기원재는 모두 농가가 구입해야 하였다. 따라서 비농업기원재의 투입액이 증가한 것은 농민이 경상재의 구입에 상당히 의존하게 되었다는 것을 의미한다.

그런데 농업기원재에는 사료의 비중이 압도적으로 높아 50~60%에 달하고, 종자가 제2위를 차지하고 있다. 비농업기원재에서도 19세기 말·20세기 초까지는 사료가 과반을 차지하고 비료가 그 다음이었다. 순자본저량에서 동물이 차지하는 비율은 1874년부터 1915년까지 대체로 9~10%였고, 사료의 대부분은 이 동물이라는 자본저량을 유지·관리하기 위한 경상재였다. 그러나 자본저량으로서의 동물은 역축으로서 농작업에 사용되었을 뿐만 아니라 기비(廐肥) 등의 형태로 자급성 비료를 공급하고 있는 것도 간과할 수 없다. 20세기에 들어서면 비농업기원재에서 비료의 지위가 높아져 1895년에는 11.6%였지만 1915년에는 30%로 급증하고 있다. 구입비료에는 유기질비료[콩깻묵·어비(魚肥) 등]와 무기질비료(화학비료)가 있다. 후자가 일본농업에서 사용되기 시작한 것은 19세기 말이고 1915년 전후까지도 유기질비료의 4분의 1정도였기 때문에 이 단계에서의 구입비료는 유기질비료가 중심이었다. 따라서 이 구입유기질비료의 투입 증가가 메이지 후기 농업생산의 성장에 기여하였다고 볼 수 있다.

농업생산의 품목별구성의 추이는 앞서 말한 것처럼 1890~1913년은 1875~1890년과 대체적으로 같은 경향이 그대로 지속되고 있다. 쌀의 점유율은 거의 변화가 없지만 잡곡·공예작물의 점유율은 상당히 하락하였다. 한편 야채·과실·축산과 양잠의 비중이 증가하고 그 가운데 양잠은 1890년의 7.7%에서 1913년에는 10.4%에 달하여 10.6%의 보리 그리고 51.5%를 차지하는 쌀과 함께 일본농업의 주요 산물이 되었다. 1890년대 이래의 급격한 생사수출 증가에 자극을 받은 양잠은 그 점유율이 상승하였다. 이미 지적한 것처럼 이 시기 누에고치가격은 다른 농산물가격에 비해 상대적으로 높은 수준이었을 뿐만 아니라 기술진보로 생산성이 상승되었기 때문에 양잠은 메이지 후기 농업생산의 성장에 기여하였다.

제2절 양잠업의 성장과 지역적 확산

1884~1937년간 양잠의 추이는 <표 2-27>과 같다. 이 표에서 알 수 있는 것과 같이 1880년대부터 1930년대까지 양잠은 일본농업에서의 비중이 지속적으로 상승하였지만, 시기에 따라 그 발전양상은 달랐다. 예를 들어 1930~37년에는 뽕밭비율(뽕밭면적/전밭면적)·양잠농가비율(양잠농가호수/전농가호수)·누에고치생산량/누에고치소립량이 최고 수준을 나타내고 있다. 그러나 낮은 생사가격의 대응하여 1922~1929년에는 누에고치가격이 반 이상 폭락하였기 때문에 전 농산물 생산액에서 차지하는 양잠의 비율은 1922~29년기에 17.2%에서 12.2%까지 떨어지고 있다. 1884년에서 1913년까지를 보면 뽕밭비율은 증대하고 있지만 그 증가율은 1914년 이래에 비해 결코 크지는 않았고, 또 누에고치생산량을 나타내는 누에고치생산량/누에소립량도 1910년대 이래에 비해 그다지 크게 상승하지 않고 있다. 그러나 양잠농가의 비율은 16.4%에서 30.5%로 상승하였다. 하지만 양잠규모는 1920년대의 2.8반(反)에 비하면 훨씬 적어 1호당 뽕밭

면적은 2반에 지나지 않았다.

<표 2-27> 양잠의 추이(1884~1937년)

연도	뽕밭비율	양잠농가 비율	누에생산고/ 누에소립량	누에가격(지수) (kg/엔)	생사가격(지수) (kg/엔)
1884~1890	11.2%	16.4%			10.79(69)
1891~1902	11.6	25.9	0.79	0.915(90)	16.16(103)
1903~1913	12.0	30.5	0.87	1.015(100)	15.72(100)
1914~1921	17.6	32.8	1.18	1.726(170)	22.85(145)
1922~1929	20.6	31.9	1.70	2.188(216)	27.59(176)
1930~1937	22.5	35.7	2.12	0.997(98)	11.83(75)

자료 : 藤野正三郎 外 (1979), 앞의 책, 제56, 57, 61표

양잠경영은 상대적으로 유리하였기 때문에 양잠농가는 증가하고 뽕밭 면적은 늘어났는데 이는 <표 2-27>에서 알 수 있는 것처럼 누에고치가격이 다른 농산물가격에 대하여 상대적으로 상당히 높은 수준이었고 이제까지의 춘잠 외에 하추잠의 생산량이 급증하였기 때문이다. 1890년대까지는 춘잠이 전 누에고치생산량의 대부분을 차지하고 있었고 그 후 하추잠의 생산이 급증하여 1910년대 후기에는 춘잠에 필적하게 되었다. 춘잠은 사육이 비교적 용이하고 생산의 안정성이 높기 때문에 이는 유일한 양잠방식이었다. 그러나 춘잠의 사육시기는 미작과 겹쳐 농업노동의 계절성을 더욱 뚜렷하게 부각시킨다는 문제를 안고 있었다. 한편 미작과 겹치지 않는 하추잠의 경우에는 농한기의 유휴노동력을 유효하게 이용할 수 있다는 이점이 있었지만 잠종의 안정성, 따라서 생산의 안정성에 문제가 있었다. 이 난점이 기술적으로 극복되고 그것을 양잠농가가 수용하게 되자 춘잠사육과 하추잠사육을 동시에 할 수 있게 되었기 때문에 하추잠의 사육은 급속히 보급되고, 이로써 누에고치생산은 비약적으로 성장할 수 있는 계기를 얻었다.

양잠은 지역적 특화가 뚜렷한 농산물이었다. 1876~1878년의 경우 시나노(信濃)·고우즈케(上野)·무사시(武藏)·이와시로(岩代)·가이(甲斐)의 상위 5개 국이 55.5%를 차지하고, 양잠의 확대가 현저해진 1888~

1890년에도 시나노·고우즈케·무사시·이와시로·오미(近江)의 상위 5 개 국의 점유율이 50.5%에 달하였다. 상위 10개 국으로의 집중도를 보면 각각 76%와 72%였다. 또 생사생산의 지역적 집중도도 양잠과 거의 비슷한 수준이었다. 그러나 양자의 지역적 집중도의 추이 방향은 정반대고, 양잠의 경우는 시간의 경과와 함께 지역적 집중도가 약해져 가는 데 대하여 생사의 경우는 반대로 강해졌다. 누에고치 생산의 지역적 집중도의 저하는 1874년과 1924년을 비교해 보면 명백하게 알 수 있다. 1874년의 경우 도잔(東山 : 야마나시·나가노·기후 지역)·간토(關東)·도호쿠(東北)의 세 지방에서 누에고치 생산의 87%, 생사 생산의 72%를 차지하고 있었다. 1924년이 되면 제3위가 누에고치·생사 모두 도호쿠에서 도카이[東海 : 시즈오카(靜岡)·아이치(愛知)·미에(三重) 지역]로 바뀌었는데 상위 세 지방의 점유율 합계는 누에고치가 57%, 생사가 64%였다. 양잠·생사 모두 상위 세 지방으로의 집중도가 약해졌고 그 가운데에서도 양잠의 경우는 지역적 확산의 경향이 매우 뚜렷하였다. 1874년에 점유율이 1%에도 못 미쳤던 도카이·규슈·시코쿠가 1924년에는 각각 13, 9, 6%를 나타내고 있다. 그리고 이와 같은 누에고치 생산의 지역적 확산은 양잠농가의 급속한 증가와 불가분의 관계를 가지고 있었다. 이 사실은 또 양잠과 생사생산의 분화가 진전되고 있다는 것을 말하고 있다. 에도 시대부터 있던 오랜 잠업지에는 양잠과 제사는 미분화 상태였고, 이는 개항 후에도 변함이 없었지만 나가노 등의 신흥 잠업지역에는 양잠과 제사가 분화하여 양잠지대와 제사지대 사이의 지역간 분업이 뚜렷해졌다. 이 같은 경향에 따라 오랜 잠업지대도 점차 양잠과 제사가 분화되는 방향으로 나아갔다. 잠업 즉 양잠과 제사에 관한 한 농공 미분화 상태에서 벗어나 농공분화가 성립하였다.

이상에서 본 것처럼 양잠은 주로 도잔·간토·도호쿠 지방 특히 그 산촌지대를 중심으로 전개되고 있다. 이러한 지역은 일반적으로 경종작물의 생산력 수준이 낮고 그루갈이에서도 자연조건으로부터 혜택을 받지 못하였다. 경종작물용의 전답을 희생하지 않으면서 뽕밭면적의 확대가

가능하고 농한기의 유휴노동력을 이용한 하추잠 사육이 기능적으로 가능해지고, 또 가격 면에서도 다른 작물에 비하여 유리하였기 때문에 이러한 지역에서 양잠농가가 급속히 증가한 것은 당연하였다. 양잠의 확대는 이 때까지 비교적 낮은 수준이었던 이 지역의 농업산출고를 높여 농가소득을 증가시키는 효과를 가졌고 따라서 지역간 농가소득 격차는 많이 줄어들고 있었다.

제3절 지주제의 확대와 여러 양상

제2차 세계대전 전의 일본농업을 고려할 때 지주제의 문제는 매우 중요하다. 특히 여기서 문제 삼고 있는 메이지 후기·다이쇼 초기는 지주제가 급속히 확대된 시기였다. 1873~1917년의 소작지율·소작료·농업일

<표 2-28> 소작지율·소작료·농업일고임금의 변화(1873~1937년)

연도	소작지율 (%)	소작료(반당)		농업일고임금 (남·1일당엔)
		현미수량(석)	가액(엔)	
1873	(27.4)	–	–	–
1883~84	(35.9)	–	–	–
1887	(39.5)	0.934*	7.52*	0.144**
1892	(40.2)	–	–	0.199
1897	41.1	0.950	9.92	0.338
1903	43.6	0.988	13.54	0.415
1907	45.4	0.978	15.32	0.348
1912	45.4	0.974	20.23	0.564
1917	46.2	1.035	20.94	0.646
1922	46.4	1.041	27.81	1.51
1927	46.1	0.958	27.22	1.43
1932	47.5	0.939	19.20	0.78
1937	46.8	0.968	30.24	1.01

주 : 1873~92년의 소작지율은 홋카이도를 포함하지 않은 수치. 1897년이래는 홋카이도를 포함한 본토 전역의 수치. *는 1889년. **는 1888년의 수치
자료 : 安藤良雄 編(1979), 『近代日本經濟史要覽』(제2판), p.16. 梅村又次·赤坂敬子 外(1985), 앞의 책, 제34표.

고(남)임금의 추이를 보면 <표 2-28>과 같다. 1873년의 소작률은 27.4% 였고, 전 경지의 약 4분의 1이 소작지였다. 그 후 1881년에 시작된 마쓰카타 디플레이션기에 소작지율이 상승하여 1883~1884년에는 소작지율이 35.9%가 되었다. 그 이후에도 소작지율은 계속 상승하여 1917년에는 46.2%에 이르렀다. 메이지 유신 이래 1910년대 까지 지속적으로 자작지 는 감소하고 소작지는 증가하였다. 토지이동은 주로 매매 내지 유질에 의 한 것이었다. 또 1890년대 이래가 되면 고용노동에 의존하는 대경영(소위 지주수작경영)의 채산이 <표 2-28>에서 보는 것처럼 농업임금의 상승 등으로 악화하였기 때문에 수작경영을 축소 내지 폐지하고 오로지 소작 료수입에 의존하는 경향이 강하였다. 이것도 소작료율을 상승시키는 한 원인이었다.

메이지 이래의 지주·소작관계는 기본적으로 에도 시대의 지주·소작 관계와 다르지 않았다. 19세기 전기의 일본에서는 에도 시대 초기의 하인 소작을 이어받아 신분적 관계가 강한 지주소작관계(보통소작) 외에 토지 질입이라는 금전대차를 통해 형성된 질지 지주소작관계(질지소작)와 상 인 등이 자금을 내어 개간하고 개간에 노동을 제공한 농민을 개발된 신전 의 소작인으로 삼는 신전(新田) 지주소작관계(신전소작)가 있었는데, 이 가운데 큰 비중을 차지하고 있던 것이 질지 지주소작관계였다. 메이지 유 신 이후의 지조개정으로 사적토지소유권이 확립되었지만 에도 시대의 지 주소작관계는 거의 그대로 계속되었다. 메이지 기에 들어서 확대된 지주 소작관계는 개간에 의한 것도 있었지만 대부분은 토지구입이나 금전대차 의 유질에 의한 것이었다. 이와 같은 토지이동은 경작농민 간의 이동보다 도 농업 외 영업으로 토지구입자금 내지 대부자금을 공급할 수 있는 상인 ·지주·농민 등에 의한 토지취득이 중심이었다. 특히 상인 등에 의한 토 지구입이 많았던 것은 마쓰카타 디플레이션 이후 지가가 하락하고, 또 확 실힌 투지대상이 별로 없었던 상황 하에서 토지(경지)에 대한 투자가 가 장 유리하였기 때문이다. 막부 말기 기나이 지역(교토 인근지역)에도 농 민으로부터 상인에게로의 토지이동이 활발하게 이루어졌기 때문에 이 점을 보아도 메이지 기와 막부 말기는 연속된 것이라고 볼 수 있다.

에도 시대에는 질지소작의 경우 사실상 대차증문(貸借證文)의 한 형태인 소작증문이 작성된 경우를 제외하면 일반적으로 소작계약은 문서화되지 않았다. 그러나 지조개정을 계기로 소작증서를 작성하는 움직임이 강화되어 근대법 체계의 정비와 함께 관행과 구두약속에 의한 소작계약은 모습을 감추었다. 특히 메이지 기에 들어서면서부터 형성된 지주소작관계의 경우에는 소작계약이 체결된 것이 많고, 거기에는 소작미의 납입기한·연체이자율과 지불방법·소작미의 품질보장 등의 조항이 포함되어 있었다. 이러한 지주소작관계는 그 내용·성격에서 에도 시대와 본질적으로 다른 것은 아니었지만, 에도 시대에 비하면 딱딱한 비개인적인 성격이었고, 또 이전보다 지주에게 유리한 면이 많았다. 지주소작관계의 비개인화 경향에 대응하여 소작료 감면을 비롯한 소작인의 지주에 대한 요구도 각지에서 나타나고 때로는 소작쟁의로까지 발전하였다. 그러나 <표 2-28>을 보면 소작료는 약간 상승하였지만 거의 현상유지였고 농업생산력 특히 반당 생산력이 착실하게 상승하고 있는 것을 고려하면 소작료율은 오히려 하락하는 경향을 보이고 있다. 더욱이 이 표에서 보여주고 있는 농업일고임금이 1880년대에서 20세기 초에 걸쳐 상승하고 있는 점과 비교해 보아도 소작료의 상대적 저하는 분명하였다.

그런데 농가를 자소작별로 나누어 그 추이를 보면 자작농(자기소유지가 경지면적의 90% 이상을 차지하고 있는 사람)의 비율은 1880년대에 35% 전후였지만, 그 후 소작지율의 상승에 따라 점차 하락하여 1910년대에는 32% 가량이 되었다. 이에 대응하는 움직임을 나타내고 있는 것이 소작농(자기소유지가 10% 미만인 사람)으로 1880년대의 21%에서 1920년의 28%까지 상승하고 있다. 양자의 중간에 있는 자소작농(자기소유지가 90% 미만 10% 이상인 사람)의 비율이 제일 커서 1880년대부터 1920년에 걸쳐 38~45%를 차지하고 있다. 그러나 자소작농 비율은 자작농과 소작농처럼 일관된 움직임을 보이지는 않고 1883~1884년에서 1888년에 걸쳐 41.8%에서 45.1%로 상승한 후 하강 경향으로 바뀌어 1907년에 최저

37.7%가 되었지만, 그 후 다시 상승하여 1920년대 말에는 42.3%가 되었다. 이는 지주로부터 토지를 소작하는 농민은 일관되게 자소작농이 중심이었음을 말하고 있다. 자기소유지를 거의 갖지 않은 농민이 많은 소작지를 차입하여 자립적인 소농민 가족경영을 하고 있는 경우도 있지만, 많은 소작농은 겨우 입에 풀칠할 정도의 자급적 성격이 강한 농업생산을 하면서 농업외영업과 일고노동으로 많은 소득을 얻었다. 이에 비하여 자소작농의 경우에는 자기의 소유지에 소작지를 가하여 경영면적의 확대를 도모하고 자립적인 소농민 가족경영을 이루는 경우가 많았다. 이 경우에는 소작지는 자기소유지에 대한 보완적 지위에 있었고 소작지 규모는 가족노동력을 중심으로 하여 경작할 수 있는 범위가 상한이었다. 높은 소작료를 부담하여도 가족 노동력을 유휴화시키지 않고 전 농가소득의 증가로 연결할 수 있다면 소작지 차입은 소농민 가족경영의 효율화에 크게 기여하는 것이었다. 높은 소작료도 이것에 의해 가능해진다.

지주층에게 소작료 수입은 최대의 경제기반이었다. 1890~1912년의 농가경제조사에 따르면 지주층의 수입은 자작층의 5.4배, 소작층의 7.4배에 달하는데 그 약 3분의 2는 소작료가 차지하고 있었다. 메이지 전기의 지주는 농업부문에서 나온 잉여 가운데 많은 부분을 경지정리를 비롯한 농업부문에 투자하는 등 농업부문으로 환원시켰다. 그러나 1890년대에 들어서면서 특히 1910년대 이래 지주에 의한 농업부문으로의 투자는 많이 줄고 지주의 유가증권투자는 증가하고 있다. 이와 함께 지주에 의한 유가증권투자용의 부채도 증가하고 있었다는 지적도 있지만, 농업부문에서 비농업부문으로 순자금이 유출하였던 것은 분명하고, 지주의 투자가 농업에서 비농업으로 이동한 것도 확실하였다. 이는 농업수익률의 하락과 깊이 관련되어 있는데, 1920년대가 되면 이러한 관계는 더욱 명확한 모습으로 나타나게 된다.

제4절 농업부문과 비농업부문의 관계

끝으로 농업부문과 비농업부문 특히 공업부문과의 관계를 살펴보기로 하자. 농업부문과 비농업부문은 농가의 부업·겸업을 통해 긴밀하게 결합되어 있었다. 앞에서 말한 것처럼 공업에서의 재래부문은 일반적으로 농촌공업으로 전개하였다. 그리고 많은 경우 가내공업이라는 형태를 띤 채 농가부업으로서 이루어졌는데, 이는 특히 섬유공업의 경우 현저하였다. 막부 말기인 19세기 전기에는 원격지간의 시장을 위한 지방산업이 농가의 부업을 조직한 물주제 가내공업으로서 널리 전개되었다. 메이지 기에 들어서도 물주제의 내용·성격에 변화가 보였음에도 불구하고 농가부업을 조직한 물주제도는 재래산업 특히 섬유산업의 성장과 함께 확대하고 있었다. 동시에 이 같은 물주제 가내공업과 함께 노동자를 고용하여 작업시키는 공장도 각지의 농촌에 등장하게 되는데 그 가운데서도 특히 기계제사와 조합제사에서 많이 나타난다. 1884년의 공장수는 1,981개였지만, 그 62.4%에 해당하는 1,237개는 농촌입지였다. 그리고 이러한 농촌공업도 어떤 형태든 농가의 부업 내지 겸업과 결합되고 있었다.

물주제라고 하여도 농업이 부업으로서 생산한 공업제품을 물주상인이 구입하는 형태에서 물주가 농민에 원료와 도구를 대부하여 생산하는 형태까지 폭넓은 내용을 가지고 있었다. 그러나 시대가 지남에 따라 후자의 형태, 즉 문자 그대로의 물주제 가내공업이 널리 전개되었다. 그 전형적인 형태는 직물업에서 임기(賃機)이고, 특히 호목면(縞木棉) 등의 선염(先染)직물에서 일반적이었다. <표 2-29>는 1905년 직물업의 업종별 구성을 나타내고 있다. 임직업은 직원(織元)으로부터 원료사를 공급받아 직포한 후 그들에게 제품을 납입하고 직임을 받는 것이다. 독립영업은 스스로의 책임과 계산 하에서 직물업을 영위하는 것이지만, 직공 10인 이상의 공장, 가족종업원·직공을 합쳐 10인 미만의 가내공업과 임직업자 등에 원료사를 지급하고 직임을 지급하고 제직시키는 직원으로 구성되어 있다. 44만 명이 넘는 직물업자 가운데 임직업자가 65%를 차지하고 그 임직업자에게 임직시키는 직원은 전체의 3%이기 때문에 단순히 평균하면 직원 1호가 임직업자 22호를 산하에 두게 된다. 1905년이라는 단계에도 농가의 부업을 조직한 물주제 가내공업이 여전히 커다란 비중을 차지하고 있었다.

<표 2-29> 직물업의 업태별 구성

면 직 업 호 수	448,609호
임 직 업	65%
독 립 영 업	35
공 장	1
가 내 공 업	31
직 원	3

자료 : 『農商務統計表』.

그런데 이 표에 나타나 있는 공장과 가내공업도 농가의 부업 내지 겸업과 무관한 것은 결코 아니었다. 농촌공업으로서 전개하고 있는 직물업의 경우 공장과 가내공업의 경영자 그 자체가 지주이거나 농업겸영을 하는 자가 적지 않았지만, 그곳에서 일하는 노동자도 많은 경우 농가로부터 겸업적 노동공급을 전제로 하고 있었다. 예를 들어 남편은 농업경영의 기간적(基幹的) 노동력으로서 오직 농업노동에 종사하고, 부인은 직물공장과 제사공장에서 일하는 경우는 각 지역에 흔하였다. 1879년의 야마나시 현 미나미쓰루 군·기타쓰루 군에서는 21,000호의 농가 가운데 약 3분의 2가 겸업으로서 여성노동력을 제사·직물업에 제공하고 있었다. 이 경우의 농촌공업은 명확하게 농가로부터의 겸업적 노동공급을 전제로 성립하였고 그 의미에서 농공은 미분리 상태였다.

이와 같은 농공 미분리 상태도 20세기에 들어서면서 점차 변화하기 시작하였다. 20세기 초 이래 역직기화가 진행하였지만 이와 함께 임기제(賃機制), 결국 농가 부업을 조직한 물주제 가내공업이 모습을 감추고 대신 다수의 역직기를 가지고 있는 직물공장이 등장하였다. 반슈(播州)번의 경우도 20세기에 들어서 역직기가 도입되고 시간의 경과와 함께 그 움직임은 가속화되었다. 이 지역의 직원도 1900년에 도요타(豊田) 식 자동직기를 도입하여 역직기 20대·여성직공 10명 외에 수명의 남녀 노동자를 상시 고용하는 규모의 공장을 설립하고 그와 함께 임직제는 폐지하였다. 여성직공은 처음에는 인근 농가에서 모집하였지만 점차 다른 지방에서 모집하게 되었다. 인근의 농가에서 노동력을 모집하는 경우에는 농가의 겸업적 노동력인 경우가 대부분이고, 여전히 농공 미분리 상태가 계속되었다. 그러나 다른 지역에서 모집한 경우에는 농가출신 노동력이라는 것이 분명하였지만 농공은 분명하게 분화하고 있다. 그리고 직물생산이 농가의 시간적 여유에 좌우되지 않게 되고, 그 점으로부터도 생산의 효율화가 실현되었다. 농공분화가 진전되면 농업이나 공업에 모두 그 영향이 미치게 된다. 부업적·겸업적 공업생산에서 전업적 공업생산으로의 이행은 공업에서 생산성의 상승을 가져오게 된다. 또 부업·겸업적 공업생산을 상실한 농가는 이제보다도 많은 노동을 농업부문에 투입하는 것이 가능해진 반면 농가소득이 감소하게 된다. 그 결과 비료의 투입증가·신품종의 도입·이모작 면적의 확대·하추잠사육의 보급 등의 기술진보를 통하여 농업으로 노동투입이 증가하였으며, 동시에 사계절을 통한 노동배분이 종래보다 평준화되어 농업생산성의 상승과 농업소득의 증대에 기여하게 된다.

근대부문에서는 농가의 부업·겸업을 통한 농공간 관계는 일반적으로 존재하지 않는다. 근대공업과 농업과의 관계는 농공간의 임금 및 노동의 이동이 중심이 되고 있다. 농업부문은 항상적 저축초과부문이고 공업화 자금은 농업부문으로부터의 순자금 유출에 의해 조달된다는 것이 일반적인 설명이었지만, 농가부문에서의 자금유출은 비농부문의 자본형성액에 비해 미미한 것이었다. 조세부담의 부문간 불균형과 비농부문에 대한 보조금 지급이라는 재정자금의 형태로 농가잉여가 비농부문으로 유출되는 것이 많았다. 따라서 전체적으로 보면 농가부문으로부터 자금공급이 공업화자금의 대부분을 차지하였다고 말할 수는 없고, 재정 매커니즘을 통해 이루어진 농가부문으로부터 자금유출도 근대부문의 자금 형성에 분명히 기여하였다. 다음으로 농공간 노동이동에 대하여 살펴보자. 농업부문에서 비농업부문으로 노동이동은 메이지 초기 이래 항상적으로 이루어져

왔다. 농업취업인구는 메이지 초기 이래 거의 불변이었지만 이 사실은 농업인구의 자연증가에 상당하는 노동력이 비농업부문으로 유출하였다는 것을 의미하고 있다. 그러나 농업에서 비농업부문으로 노동이동수는 일정한 것이 아니고, 또 시기에 따라 커다란 차이가 있다고는 하지만 어떤 시기에도 대체로 비제1차산업유업인구 증가수의 약 80%를 차지하고 있었다. 이 점에서도 농업부문은 공업화를 크게 뒷받침하고 있다.

제6장 청일·러일전쟁과 식민지경영

제1절 청일전쟁의 승리

1880년대 이래 동아시아의 국제관계는 또다시 긴장이 고조되었다. 영국을 비롯한 구미 제국은 중국에서의 권익을 확장하였다. 한편 크리미아 반도로의 진출이 저지된 제정 러시아는 시베리아 철도를 극동지역으로 확장하여 1892년에는 블라디보스톡에 군항을 건설하고 동양함대를 편성하였다. 러시아는 동방정책을 취하여 중국 동북부 소위 만주로 세력을 확장하려고 하였고 조선으로 진출하였다. 식민지 지배의 확장을 둘러싼 구미 제국주의 국가들의 대립의 장소가 미국, 북아프리카, 중근동에서 중국, 조선을 무대로 한 동아시아로 옮겨진 것이다.

중국에서는 점진적으로 진행하는 식민지화에 대항하여 청조의 개혁이 양무운동으로 나아가고 신형 군함을 거느린 북양함대를 축으로 근대적인 해군이 창설되었다. 또 조선에 대한 종주권의 강화와 회복에 많은 노력을 기울였다. 조선을 강제적으로 개항시킨 일본과 중국 사이에는 조선을 둘러싸고 첨예한 이해의 대립이 나타났다.

1882년 조선의 임오군란 이후 일본정부는 한편으로 이노우에 가오루 외무경, 야마가타 아리토모(山縣有朋) 등이 대청타협안을 모색하고 있었으나, 다른 한편으로는 대청전쟁을 상정하고 군비를 확장하고 있었다. 1884년 말 조선에서 김옥균 등이 일으킨 갑신정변이 실패한 후 후쿠자와 유키치는 청일전쟁에서 승리하면 일본은 아시아의 영원한 맹주가 되기 때문에 일본인들은 이미 자기 자신을 사랑하는 것만으로는 만족할 수 없고, 중국의 전장에서 전사할 각오를 해야 한다고 떠들었다. 또 메이지 정부에 대한 반대파이자 자유민권운동의 지도적 사상가인 나카에 조민(中江兆民)은 조선을 강력한 러시아를 막기 위한 병풍으로 만들어야 한다고 주장하였다. 가상 적국을 청국으로 할 것인가 제정러시아로 할 것인가의 차이는 있었지만 일본 국내에는 전쟁준비가 부족하다는 이유로 대청타협정책을 펴는 정부에 비판의 화살이 집중되었다.

1889년에 대일본제국헌법이 공포되었다. 이 메이지 헌법은 한편으로 내각제도를 결정하고 국회를 개설한다는 것을 명확히 하였지만 다른 한편 "천황은 육해군을 통수한다"고 규정하여 통수권을 내각으로부터 독립시켰다.

1892년 이토오 히로부미 수상과 자유당 총리 이타가키 다이스케(板垣退助)는 해군확장7개년계획에 합의하였다. 1894년에는 조선에서 갑오농민전쟁이 일어났다. 이를 기회로 일본과 청국이 군대를 파병하여 1894~1895년에 청일전쟁이 일어났다. 일본 측에서 보면 대청국개전의 계기가 된 병력증파는 그 원인이 의회에서 이토오 연약외교가 비판을 받고 있었다는 점과 김옥균 암살사건에 있었지만, 결정적인 원인은 정부가 초기의회에 대처하는 데 실패하여 정국을 주도할 전망을 상실하였다는 데 있었고 해군력이 청국의 북양함대보다 약간 우위에 있었다는 점도 작용하였다.

일본해군이 황해해전·위해위(威海衛) 전투에서 청국함대를 격파하고, 육군은 평양을 비롯한 조선의 주요 도시를 점령하고 요동반도로 진격하면서 청일전쟁에서 승리하였다. 그러나 전비를 임시군사비특별회계에서 보면 육군이 1억 6,500만 엔, 해군이 3,600만 엔으로 합쳐서 2억 엔이 넘었다(<표 2-30>). 일반회계 세출의 2년분을 넘는 거액이었다. 이를 충당하기 위해, 우선 일본은행에서 차입한 자금으로 조달하였으나 증세, 내국채에 의한 조달을 중심으로 하였다. 내국채는 은행이 신디케이트를 조직하여 인수하고 그 위에 행정루트를 통해 지방자산가 등을 권유하여 판매하였다. 국채판매는 과거 봉건시대 때의 군용자금 징수와 똑같았다고 당시 일본은행 바칸(馬關) 지점장 다카하시 고레키요(高橋是淸)는 회상하고 있다. 군사비 중 3분의 1은 함선, 병기탄약비로 해외에 지불되었다.

<표 2-30> 청일·러일전쟁기의 임시군사비특별회계 (단위 : 백만엔)

전쟁명	세입	(세입중) 공 채	지출
청일전쟁	225.2	116.8	200.5
러일전쟁	1,721.2	1,418.7	1,508.5

자료 : 日本銀行(1967), 앞의 책, pp.130~31, p.136, p.143.

1895년 일본전권 이토 히로부미, 무쓰 무네미쓰(陸奧宗光)와 청국전권 이홍장 부자 사이에 시모노세키(下關) 조약이 체결되었다. 이 조약에서는 조선의 독립, 요동반도, 대만, 팽호도(澎湖島)의 일본으로의 할양, 배상금 2억 냥(3억1,100만 엔)의 지불 등이 결정되었다. 그러나 중국의 분할지배를 계획하고 있던 러시아는 요동반도가 일본에 속하게 되면 부동항을 얻을 가능성이 사라지고 또 청국이 일본에 지배 하에 들어간다고 보고 독일, 프랑스, 영국을 끌여들여 간섭을 시도하였다. 그러나 일본과의 우호관계를 유지하는 것이 이익이라고 본 영국은 이 연합간섭에 불참을 선언하였다. 러시아가 주도한 독일, 프랑스에 의한 삼국간섭은 이루어졌다. 무쓰 외상을 중심으로 영국, 미국, 이탈리아의 지원을 얻어 간섭을 배척하려고 시도하였으나 간섭에 참가하지 않은 영국의 지원을 얻지 못하였다. 그 결과 요동반도는 청국에 반환되고 그 대상으로 보장금 3,000만 냥(4,500만 엔)이 추가로 지급되었다. 배상금은 군사비를 상회하고 일본국민소득의 4분의 1 이상이 되는 거액이었다.

그러나 그 결과 일본국내에는 요동반도 반환에 대한 책임추궁과 삼국에 대한 반감이 고조되었고, 중국에서도 전쟁계속론이 비등하는 한편, 청조지배에 대한 반발이 강화되었다. 당시 여론을 이끌고 있던 미야케 세쓰레이(三宅雪嶺)는 와신상담을 주장하고, 도쿠토미 소호(德富蘇峰)는 군사력 강화론자로 돌변하였다.

제2절 러일전쟁의 승리와 아시아의 군사대국

삼국간섭 후 러시아는 대일방어를 명목으로 1896년에 러청조약을 체결하고 동청(東淸)철도의 부설권을 획득하였으며, 1896년에는 여순, 대련 등 요동반도를 조차하여 남만주의 철도부설권을 획득하였다. 독일은 1897년에 교주만의 청도(靑島)를 점령하고 영국도 위해위를 점령하였다. 유럽 열강은 본격적으로 청국 분할에 나섰다. 유럽 제국의 이러한 침략에 중국 국민은 강력하게 반발하였다. 중국에서 배외운동의 중심은 부청멸양(扶淸滅洋)을 내세운 의화단이었는데 이들은 선교사를 살해하고 그리스도교도를 박해하였다. 천진에서 진군해 온 연합군은 북경에 진주하여 1901년 일본을 포함한 11개 국과 청국 사이에 의화단사건 최종의정서가 교환되었다.

1903년 제정러시아는 시베리아철도, 동청철도를 완성하여 모스크바에서 블라디보스톡, 대련에 약 2주 만에 도달하였다. 점령지역으로부터 철병약속을 무시한 러시아와 일본의 대립은 격화되었다. 1903~1904년 초에 걸쳐 러일 간에 긴박한 외교적 교섭이 계속되었으나 1904년 2월에 결국 러일전쟁이 일어났다. 일반 국민들 사이에 호전적 분위기가 만연되어 있던 일본은 만주의 광대한 전선에서 러시아군을 밀어붙여 결국 1905년 2·3월의 봉천회전에서 러시아 육군의 주력을 격파하였다. 또 일본 해군은 개전 벽두에 러시아 동양함대를 여순항에 가두고 서서히 그 전력을 소진시켰다. 그리고 선박용 연료의 보충 등에서 영국의 갖가지 방해를 받으며 원정을 계속하여 대한해협에 간신히 도착한 러시아의 발틱함대를 괴멸시켰다. 그 후 미국 대통령 루즈벨트(T. Roosevelt)의 중재로 1905년 포츠머스 조약을 체결하였다. 러일전쟁 후 영일 간의 외교관계는 심화되어 주일외교관은 공사에서 대사로 승격하였다.

러일전쟁에서 승리한 후 일본정부는 1907년에 비밀리에 제국국방방침을 결정하고 러시아, 미국, 프랑스의 순서로 가상적국을 상정하였다. 육군은 25개 사단을 정비하고, 해군은 신식 전함 8척과 신식 장갑순양함 8척을 주력으로 하는 88함대 건설을 목표로 정책을 결정하였다. 이는 북만주에 여전히 세력을 뻗치고 있는 러시아의 위협을 의식하고, 다른 한편 미국이 해군을 중심으로 필리핀에 진출하면서 화북에서 만주에 이르는 철도이권에 높은 관심을 보이고 있는 것에 대한 경계심 때문이었다. 아시아의 군사대국이 된 일본은 미국와 러시아에 대항할 수 있는 전력을 준비하려고 하였다.

한편 만주 북부에서 러시아의 위협을 공통적으로 느끼고 있던 일본과 영국은 포츠머스 강화회의 중에 영일동맹을 개정하고, 1911년에 다시 일본의 한국병합에 맞추어 세 번째로 개정하였다. 그러나 1906년, 청일만주 선후조약이 체결되자 신봉(新奉)철도를 둘러싸고 경봉(京奉)철도권익을 중시하는 영국과 이해가 상반되었다. 영일동맹도 서서히 균열을 보이기 시작하였다.

제3절 제국주의의 실천과 식민지 경영

1. 조선과 철도건설

조선무역은 1876년의 강화도 조약으로 개항한 이후 1880~1890년대에는 대일무역이 4분의 3의 비중을 차지하고 있었다. 조선미의 대일수출과 일본제 면포의 대조선 수출이 중심이었다. 이것은 미면교환체제라고 불리고 있지만, 그렇게 단순히 물물교환이라고는 볼 수 없다. 어디까지나 수직분업관계였고, 일본 면공업이 비교우위산업이었다는 사실에 주목할 필요가 있다. 그리고 조일무역을 담당한 것도 일본상인이었다. 일본정부는 조선에 "자국이 스스로 제한을 가할 수 있는 자유무역"이라는 조건을 인정하지 않았다.

그러나 조선은 19세기 말까지 아시아에서 긴박하게 국제관계가 전개되던 무대의 하나였다. 따라서 "열차는 국가권력을 태우고 달린다"는 말이 있는 것처럼 식민지경영에서는 병참선으로서 철도의 역할에 초점이 맞추어졌다. 시베리아 철도의 부설을 위협이라고 본 야마가타 아리토모는 대

러시아 전략철도로서 조선종단철도를 구상하였다. 시부자와 에이치(澁澤榮一)가 중심이 되어 경부철도의 건설을 계획하고 1892년부터 측량을 시작하였다. 그 와중에 건설자금이 부족하여 일시 외국자본의 도입도 계획되었으나 일본정부의 반대에 부딪혔다. 경부철도 외에 경인철도, 경의철도 등의 철도건설이 계획되었으나 조선정부에 대한 러시아의 영향력이 컸다는 점도 있어 철도부설권의 향방은 장래를 예측하기 어려웠다. 결국 간선철도는 일본정부의 출자를 포함한 일본의 투자로 실시하게 되어 군사수송과 수출입화물 수송을 담당할 것으로 기대되었다. 그러나 기대수익은 낮고, 자금부족 때문에 건설은 지연되었다. 조선 종단철도의 건설은 러일전쟁 시에 임시군용철도감부에 의해 병참선으로서 협궤로 건설되었다. 그리고 한국통감부, 총독부 하에서 표준궤도로 개축되고 지선이 확충되었다.

1905년 군사적 압력을 사용하여 제2차 한일협약을 체결한 일본은 조선의 외교권을 빼앗아 조선을 보호국화하였다. 1906년에는 서울에 한국통감부를 설치하고 1909년에는 한국병합을 각의에서 결정하였다. 1910년에는 한일병합조약을 조인한 다음 통감부를 계승하여 이를 조선총독부로 고쳤다. 조선총독부 재정을 보면 일반회계로부터 보충금의 비중이 높았다. 특히 1910년대에는 철도건설을 중심으로 하는 지출 때문에 보충금이 컸다. 또 1908년에는 동양척식주식회사법이 제정되었다. 이 국책회사는 정부출자가 30%였는데 사업목적은 전답을 취득하고 소작료 수입을 얻는 것이었다. 1914년까지 약 6만 5000정보의 전답을 보유하고 160만 엔의 소작료 수입을 얻어 80만 엔의 이익을 올렸으나 오히려 외자도입기관으로서의 역할이 컸다고 할 수 있다.

한편 금융시스템을 보면 조선은 개항 후 세원의 축소 등으로 악화된 재정수지의 균형을 회복하기 위해 화폐를 악주하여 1890년에 백동화 인플레이션이 일어나는 등 조선의 폐제는 불안정하였다. 일본상인 등은 환율변동의 위험을 피하기 위해 일본은행권을 가지고 들어왔다. 일본정부의 지원 하에 관세사무취급, 국고금 취급사업을 한 제일은행이 발행하는 은행권이 사용되었으나 그레샴 법칙 그대로 다양한 악화의 유통을 막을 수 없었다. 1904년부터 일본정부는 한국의 폐제개혁에 나서 백동화를 회수하고 1911년에는 조선은행법을 개정하여 조선은행에 의한 발권으로 대체하였다. 금융시스템 상으로도 일본에 강력하게 통합되었다.

2. 만주와 삼두정치

러일전쟁 중에 일본군이 봉천으로 북상하자 병참선으로 협궤의 경편(輕便)철도가 부설되고 포츠머스 조약으로 동청철도 남만주지선을 양도받았다. 당초 일본은 군정을 실시하였으나 군관리에 대해 영국·미국이 항의하자 그들이 주장하는 만주의 문호개방과 기회균등을 양보하였다. 일본과의 무역비중이 높아져 만주로부터 콩과 콩깻묵이 수출되고 일본으로부터는 면사와 면포가 수입되는 수직무역관계가 형성되었다. 새로 개항한 대련항을 중심으로 대련중심주의라 일컬어진 철도, 항만, 금융·산업시설 등이 개발되었다. 운수설비가 정비되고 미쓰이 물산 등에 의해 콩의 유럽수출이 성공하자 만주콩은 식물성 유지원료로 세계적인 상품이 되어 만주에서 콩의 재배가 증가하였다.

1906년 관동도독부가 설치되어 일본정부가 반액 출자한 남만주 철도주식회사가 설립되었다. 육군의 지도 하에 있는 관동도독부, 외무성 출장의 영사관 그리고 만철이 만주지배의 삼두정치를 구성하였는데, 여기에 이미 육군과 외무성의 이원외교가 나타났다고 할 수 있다. 1910년에는 법고문(法庫門) 철도, 무순·연대 탄광문제, 철도연선채굴권문제 등 만주 5안건에 관한 협약이 체결되었다. 이 사이에 미국은 만주은행 설립안, 만주철도 중립화구상 등을 제기하였으나 러시아와 일본은 거부하였다. 대미관계가 긴장되는 가운데 러일협약이 강화되어 만주의 러일분할경영이 실행되었다.

1915년 3월 말까지 남만주 철도의 사업별 흥업비는 철도, 항만, 선박을 포함하여 운수에서 1억 2400만 엔, 광업에서 6,100만 엔을 중심으로 2억 3,500만 엔이었고 런던에서 사채를 계속발행하여 투자자금을 조달하였다.

만주개발비는 런던을 세계의 은행으로 하는 국제금융시스템에 의존한 것
이다. 다만 만철은 영업노선을 늘린 것은 아니고 1911년에 안봉선을 표준
축으로 개축한 예에서 보는 것처럼 표준궤화를 진척시키고 복선화공사를
하고 차량의 충실화를 도모하였다. 또 압록강의 가교공사를 완성하여 경
성-봉천의 직통열차를 운행하여 조선과 만주를 연결하였다.

제3편

제1차 세계대전 경기와 만성불황(1914~1931년)

제1장 세계정치경제질서의 동요와 일본경제

제1절 제1차 세계대전과 일본경제

제1차 세계대전은 영국·프랑스와 독일의 제국주의적 대립이 초래한 전쟁이었으나 곧바로 전 세계를 전쟁의 와중으로 끌어들여 1914년 7월부터 1918년까지 4년여 동안 계속되었다. 제1차 세계대전은 그 때까지의 전쟁에서는 볼 수 없었던 총력전이었고[1] 교전국은 엄청난 희생을 강요 당하였다. 특히 전쟁의 주전장이 된 유럽 교전국의 희생은 막대하여 경제력의 모든 것을 전쟁수행을 위해 동원해야 하였다. 그 결과 이들 나라들은 대부분의 수출시장에서 철수하였을 뿐만 아니라 많은 군수 관련 물자를 수입하게 되었다. 일본도 개전 다음 달에 독일에 선전포고하고 영국·프랑스를 중심으로 한 연합국 측에 가담하였으나 화북의 청도에서 독일군과 단기간 교전을 한 것 외에는 연합국 측에 대한 군사물자를 공급하는 역할만 담당하였기 때문에 직접 참전하지 않은 미국과 함께 전쟁경기를 누렸다. 제1차 세계대전은 이노우에 가오루의 말에 따르면 "일본국운의 발전에 대한 다이쇼 신시대의 천우(天佑)"였다.

---

[1] 제1차 세계대전은 무력전의 규모가 이전과는 비교할 수 없을 정도로 대규모였을 뿐만 아니라 '강과 전력의 시대'·'내연기관과 석유의 시대'의 산업기술에 기초한 항공기·전차·잠수함·장거리포·기관총 등 신병기가 등장하였다. 이에 따라 무력전의 양상이 근본적으로 변화하여 방대한 전비의 지출이 불가피하였으며 전쟁피해도 격심하였다. 더구나 전쟁은 단지 무력전만이 아니라 정치·경제·문화 등 국가의 총력을 기울인 전쟁이 되었다. 이 때문에 대전 직후부터 제1차 세계대전은 국가총력전(total war)라고 불렸다.

후진국 일본은 선진공업국과 경쟁하면서 공업화를 추진해야 하였으나 20세기에 들어와서는 관세자주권 회복 후의 관세정책, 조선장려법과 같은 보조금정책, 함선·철도용품 등에 대한 국산화정책 등의 후원 하에 중화학공업부문에서 수입대체화 작업을 시작하였다. 그러나 이에 따라 자본재의 수입이 증가하고 실제로 1905년경부터 철강·기계 등의 수입이 늘어났는데 특히 1910년 전후부터 증가하였다. 또 교역조건이 급속히 악화되었기 때문에 무역수지·경상수지는 적자가 되었다. <표 3-1>에서 보는 것처럼 1910년 이래 계속된 경상수지적자는 재외정화에 의한 지불과 외채의 신규모집으로 충당되었다. 그 결과 1905년에 4억 2,000만 엔에 달하였던 재외정화는 1913년에는 2억 2,000여 엔으로 감소하였다. 또 대외채무도 누적되어 외채이자지불액이 매년 증가하였다. 이 같은 상태가 계속된다면 일본경제는 대외적으로 파산상태에 빠지고, 금본위제의 유지도 거의 불가능해질 것이 분명하였다. 이 때문에 긴축정책을 강력하게 추진할 필요가 있어 공정이자율을 인상시켰다. 공정이자율은 러일전쟁 후의 반동공황과 뒤이은 불황 속에서 점차 인하되어 4.75% 수준이었으나 몇 차례 인상을 거듭한 결과 1914년 7월에는 7.30%에 이르렀다. 러일전쟁 후의 불황에서 아직 벗어나지 않은 단계에서 긴축정책을 전개한 결과 내수는 억제되고 또 수입대체적 중화학공업화에도 제동을 걸었다. 이처럼 경제의 어려움이 가중되고 있던 시기에 제1차 세계대전이 발발한 것이다.

<표 3-1> 제1차 세계대전 직전의 국제수지 (백만엔)

연도	경상수지	종합수지	재외정화증감	외채신규모집	외채이자지불
1907	7	-50	-40	177	58
1908	-63	-56	-71	91	63
1909	4	74	-1	148	63
1910	-85	3	8	217	73
1911	-105	-115	-106	55	77
1912	-108	-24	-17	86	81
1913	-96	17	32	118	85

자료 : 山澤逸平·山本有造(1979), 앞의 책, 16표.

제1차 세계대전은 곤경에 빠진 일본경제에 극적인 국면전환을 가져왔다. 수출이 크게 증가하고 그 결과 국제수지가 개선되었다. 우선 영국·프랑스 등 연합국 측으로 군수 관련 물자의 수출이 급증하였다. 그러나 다른 지역으로 수출도 증가하였기 때문에 <표 3-2>에서 보는 것처럼 수출에서 차지하는 유럽의 비중이 많이 증가하지는 않았으며 보합상태를 유지하였다. 한편 참전하고 있는 선진공업국이 후퇴한 해외시장 특히 아시아 시장으로 수출이 눈에 띄게 증가하여 조선·대만·관동주를 제외한 아시아지역이 전체 수출에서 차지하는 비율이 높아졌다. 그리고 전쟁경기를 구가하고 있던 미국시장으로 수출도 생사를 중심으로 호조를 보였다. 그 결과 <표 3-3>에서 보는 것처럼 1914년에서 1917년 사이에 수출규모는 1.8배로 늘어났다. 반면에 수입은 정체되었는데 전쟁이 본격화되

<표 3-2> 수출입에서 지역별 구성(1914~1931년) (%)

연도	수 출			수 입		
	아시아(중국)	유럽	북미	아시아(중국)	유럽	북미
1914	46.89(27.47)	15.53	34.13	51.12(9.79)	26.66	16.45
1915	48.22(19.92)	17.80	29.88	56.70(16.12)	14.84	19.46
1916	44.83(17.09)	19.20	31.30	48.69(14.36)	14.34	27.20
1917	43.92(19.86)	20.90	30.94	45.91(12.87)	7.93	34.98
1918	47.63(18.31)	15.20	28.55	48.72(16.89)	4.96	38.01
1919	46.50(21.30)	9.29	40.84	49.43(14.82)	7.50	35.59
1920	51.24(21.06)	10.04	30.51	40.35(9.34)	13.07	37.61
1921	49.49(22.93)	6.03	40.88	41.18(11.88)	17.47	36.53
1922	41.06(20.36)	9.04	45.71	39.04(9.86)	21.91	32.78
1923	40.57(18.80)	5.51	43.01	41.10(10.32)	22.06	27.08
1924	41.89(19.28)	9.69	42.32	40.70(9.68)	23.68	29.05
1925	43.40(20.32)	6.62	44.79	47.18(8.34)	17.40	27.40
1926	44.18(20.63)	6.33	43.53	42.80(10.07)	17.51	31.78
1927	42.39(16.77)	7.42	43.51	40.06(10.37)	17.79	33.96
1928	42.34(18.92)	8.13	43.54	41.12(10.68)	18.38	31.58
1929	42.60(16.13)	6.85	44.11	38.71(9.47)	18.94	32.68
1930	47.90(17.75)	8.53	35.97	40.91(10.46)	18.10	31.66
1931	44.03(13.58)	8.89	38.55	39.89(11.79)	16.17	30.61

자료 : 山本義彦(1987), 「兩大戰間期日本の貿易構造(上)」, 『靜岡大 法經硏究』, 35권3·4호, pp.58~59, 64~65.

<표 3-3> 수출입수량의 추이 (지수, 1911~13=100)

연도	수출	수입	연도	수출	수입
1911	85.3	85.4	1922	143.3	172.4
1912	100.1	100.3	1923	123.4	177.5
1913	114.0	114.3	1924	154.9	201.2
1914	108.5	86.9	1925	195.9	183.1
1915	132.1	82.1	1926	197.5	205.6
1916	128.0	94.3	1927	221.4	211.7
1917	192.9	95.2	1928	230.9	213.8
1918	191.1	109.3	1929	252.7	226.5
1919	158.4	127.2	1930	239.4	191.4
1920	135.8	128.5	1931	236.3	210.9
1921	120.1	144.6			

자료 : 山澤逸平·山本有造(1979), 앞의 책, 제3표, 제4표.

<표 3-4> 1914~31년 국제수지·교역조건·대미환율의 추이 (백만엔)

연도	수출	수입	무역수지	경상수지	종합수지	교역조건 (지수)	대미환율 (백엔당달러)
1914	671	671	0	-10	-42	140.8	49.250
1915	793	636	157	231	160	135.8	48.875
1916	1,252	884	368	635	197	141.4	50.000
1917	1,793	1,201	591	976	405	125.1	50.500
1918	2,177	1,902	275	851	502	112.5	51.375
1919	2,443	2,501	-57	397	533	137.0	50.625
1920	2,267	2,682	-415	-43	143	138.4	49.625
1921	1,503	1,941	-438	-233	-61	163.9	48.000
1922	1,885	2,216	-331	-106	-237	179.0	47.875
1923	1,699	2,394	-695	-521	-170	178.5	48.875
1924	2,121	2,972	-851	-647	-111	161.1	42.000
1925	2,687	3,109	-422	-244	-87	145.1	40.750
1926	2,432	2,923	-491	-336	-54	151.9	46.875
1927	2,399	2,714	-315	-126	-80	148.4	47.375
1928	2,425	2,747	-321	-131	-69	142.7	46.500
1929	2,621	2,766	-145	-78	143	148.6	46.070
1930	1,888	2,006	-118	-360	-360	132.0	49.367
1931	1,491	1,686	-195	-417	-417	138.7	48.871

자료 : 山澤逸平·山本有造(1979), 앞의 책, pp.234~235, 日本銀行, 앞의 책, p.169

면서 유럽으로부터 철강·기계 등의 수입이 격감하고 전 수입액에서 유럽이 차지하는 비중은 전전의 30%, 전후에서 1915년에는 12.6%, 1918년에는 4.4%까지 떨어졌다. 유럽 대신에 미국으로부터 수입이 증가하였지만 유럽으로부터의 수입감소를 보상할 정도는 못 되었다. 전쟁경기로 일본경제는 호황이었지만 수입량은 1914~17년간 1.1배 증가하는 데 그쳤다. 이처럼 수입규모가 급격하게 확대된 반면 수입규모는 보합상태였기 때문에 <표 3-4>에서 알 수 있는 것처럼 일본의 무역수지·경상수지·종합수지는 모두 1918년까지 계속 흑자를 기록하였다. 재외정화는 1914~1918년 사이에 8억 9000만 엔이나 증가하여 1918년 재외정화 총액은 10억 엔이 되었다. 이처럼 일본경제는 제1차 세계대전을 거치면서 국제수지의 위기에서 완전히 벗어났다.

정체상태에 빠져 있던 수입대체적 중화학공업화도 전쟁의 진전과 함께 활기를 띠었다. 중화학공업제품을 중심으로 하는 군수 관련 물자의 수출증가는 기존의 중화학공업에 큰 자극을 주었다. 그 대표적인 것이 조선업이었다. 일본의 조선업은 제1차 세계대전 직전에는 수입대체를 거의 완성하였지만, 시장은 국내시장에 한정되고 세계시장으로 진출하기에는 영국·미국·독일 등의 선진공업국의 벽이 너무 높았다. 제1차 세계대전으로 영국·독일의 조선업은 심대한 타격을 받았으며 제1차 세계대전 중에 가열화된 잠수함의 어뢰공격으로 선박의 소모가 격심하였다. 일본의 조선업은 전쟁터와 멀리 떨어져 있고 더구나 이미 수입대체를 달성하고 있었기 때문에 내외로부터 선박수요가 쇄도하였다. 일본의 조선업은 제1차 세계대전기에 크게 도약하였고 동시에 다량의 선박을 수출하였다.

또 대전의 영향으로 유럽으로부터 수입이 단절되거나 격감한 결과 수입대체가 진전된 중화학공업부문도 적지 않았다. 수입이 격감한 것은 기계류와 화학품으로 1916·1917년 기계류의 실질수입액은 대전 전의 3분의 1 내지 4분의 1까지 하락하였고, 화학품의 경우는 기계류 정도는 아니었지만 대전 전에 비해 30% 이상 감소하였다. 또 대전 전에는 국내생산고의 2~3배에 달하는 분량을 수입해야 하였던 강재도 제1차 세계대전의 시작과 함께 수입량이 크게 떨어졌다. 이와 같이 수입이 어려워지고 여기에 전쟁경기에 따른 내수확대가 있었기 때문에 이러한 산업부문에서는 당연히 수입대체가 신속하게 진척되었다. 일본의 공작기계공업은 제1차 세계대전기에 본격적으로 성립하였고, 대전 전에는 그 발전이 지지부진하였던 소다공업은 암모니아법·전해법으로 소다공업 확립의 제1보를 내디뎠다. 그리고 20세기에 들어서면서부터 등장한 민간철공업을 중심으로 제강부문이 성장하여 강재의 국내생산은 수입량과 비슷한 수준이 되었고 일시는 수입을 능가하기도 하였다. 제1차 세계대전은 일본의 중화학공업을 가로막고 있던 선진공업국과의 경쟁을 일시적으로 정지시킴으로써 수입대체적 공업화를 일거에 진전시켰다.

제2절 제1차 세계대전의 종전과 일본경제

1918년 11월에 제1차 세계대전이 끝났다. 그러나 종전 이후 곧바로 경기후퇴가 나타나지는 않았다. 전쟁수요가 감소하여도 국내의 초과수요는 해소되지 않았고 인플레이션은 계속되었다. 인플레이션으로 이윤이 증대된 기업은 적극적인 설비투자를 계속하여 GNP성장률은 5%를 유지하였다. 전후에도 일본경제는 여전히 호황이 지속되고 있었으나 공황의 그림자는 서서히 다가오고 있었다.

1920년 3월에 전후공황이 시작되었다. 그 해 1월에는 생사시세가 급등하여 요코하마 생사거래소 개설 이래 최고치를 기록하고 경기는 여전히 지속될 것으로 보였다. 그러나 생사시세는 이후 급락하고, 3월 15일 주식시장에서의 주가폭락으로 경제가 혼란에 빠지게 되었는데 이것이 전후공황의 발단이 되었다. 그리고 3월의 월간 수입초과액이 1억 3,546만 엔이 되고 그 때까지의 최고액을 기록하게 되었다. 4월이 되어도 주식폭락으로 인한 주식시장의 혼란은 진정될 기미를 보이지 않아, 일본은행도 주식시장 구제를 위한 조치를 취하지 않을 수 없었다. 그 때까지 비교적 안정되고 있던 상품시세도 폭락하기 시작하여 도쿄 미곡거래소·오사카 3품(면화·면사·면포)거래소·요코하마 생사거래소는 휴업이 불가피하였다. 더욱이 제당업·제철업·산동업·견직물업·모직물업도 일본은행의 구제융자대상이 되었다. 5월에는 생사를 수출하던 요코하마의 무역상 시게키(茂木) 상점이 파산하고 그 영향을 받아 칠십사(七十四)은행이 휴업하였다. 칠십사은행의 휴업은 다른 은행의 휴업과는 달리 가나가와 현을 비롯한 다른 지역의 은행에도 영향을 미쳤다. 이러한 움직임은 6월 하순에 일단 진정되었으나 4월부터 4개월간 예금인출을 당한 본점은행은 67개, 지점은행은 102개였고 그 가운데 21개 은행이 휴업하였다. 일본경제 전체가 크게 동요되었다. 그리고 전후공황이 끝났어도 호황국면이 되돌아온 것은 아니었고 1923년의 간토 대지진, 1927년의 금융공황을 거쳐 1929년의 세계대공황과 1930년의 쇼와 공황이 거듭되는 소위 만성불황의 1920년대가 되었다.

1920년대는 무역수지·경상수지가 계속 적자였다. <표 3-4>에서 보는 것처럼 무역수지는 1919년부터 1930년까지 매년 적자였고, 더구나 적자폭의 추이를 보면 매년 증가하여 1924년에는 최대 규모에 달한 이후 점감하는 역아치형이었다. 경상수지의 적자폭은 무역외수지가 항상 흑자였기 때문에 무역수지의 적자폭보다는 작았다. 그러나 1924년을 전환점으로 역아치형의 모습을 보이고 있다는 점에서는 무역수지의 경우와 동일하였다. 1920년대 내내 무역수지·경상수지가 시불초과였으나, 1920년대의 전반과 후반의 양상은 상이하였기 때문에 구분하여 살펴볼 필요가 있다.

제1차 세계대전이 끝난 이후 상황이 바뀌어 무역수지는 적자가 되고 더구나 그 규모가 급속히 확대되었는데, 이는 수출이 급감하고 수입이 급증하였기 때문이다. 이 점은 수출입수량(지수)을 나타내는 <표 3-3>을 보면 더욱 분명하다. 대전기를 통하여 수출수량은 약 두 배가 되었지만, 종전후 수년간에 40% 가까이 축소하였다. 그 후 약간 회복하였다고는 하나 1917·18년의 규모에는 못 미치는 것이었다. 반면에 수입수량은 전후가 되면 계속 확대되어 1924년에는 대전기보다 두 배 이상 늘었다. 수출이 격감한 것은 전쟁 관련 수요가 없어졌기 때문만은 아니었다. 유럽 제국의 경제부흥에 따라 전쟁으로 일시 정지되었던 선진공업국과의 경쟁이 재개되고, 일본방적업의 최대 시장인 중국에서 민족방적업이 성장하여 일본면사가 중국에 대한 수출경쟁력을 상실한 것 등도 커다란 요인으로 들 수 있다. 앞의 <표 3-2>에서 본 것처럼 수출에서 유럽과 아시아·중국의 비율은 정도 차이는 있지만 감소하고 있다. 수출량 전체가 감소하고 있는 점을 고려하면 유럽과 아시아·중국 시장으로 수출은 격감한 것이었다고 볼 수 있다. 한편 수입은 비율 면에서는 전전 수준에는 도달하지 못하였어도 유럽으로부터 수입은 전후에 증가하고 있다.

무역수지적자가 증가하는 것과 함께 주목해야 할 것은 교역조건의 개선과 엔화의 대외가치 하락이다. 제1차 세계대전기 거액의 무역수지흑자는 대전 직전의 국제수지의 위기를 해결하게 하였으나, 일본국내에는 수출성장과 수입감소로 초과수요가 발생하여 인플레이션이 격화되었다. 1914년부터 1920년까지 물가는 두 배 이상 뛰었다. 이와 함께 수출가격도 상승하였다. 서구 제국에서도 인플레이션은 진행되고 있었지만, 서구의 물가상승률이 일본을 하회하고 있었기 때문에 수입가격은 수출가격 만큼 상승하지 않았다. 그 결과 교역조건이 개선되었는데 이는 수출을 감소시키는 작용을 하였다. 다음으로 환율은 1917년에 실시된 금수출 금지의 결과 국제수지의 동향에 영향을 받게 되어 무역수지가 흑자일 때는 엔고가 되고, 적자일 때는 엔저가 되어 적자 폭이 커졌다. 여기에 간토 대지진으로 부흥자재의 수입이 증가하는 악재가 겹쳐 1924·1925년에는 100엔＝41~42달러의 엔저를 기록하였다.

1920년대 후반이 되면 수출가격이 수입가격보다 하락하여 교역조건은 악화되었다. 이에 따라 수출량이 늘고 무역적자의 적자폭도 서서히 감소하고 환율도 회복되어 47달러 전후가 되었다. 국제수지는 개선되었으나 환율은 구평가 즉 100엔＝50달러 수준을 회복하지 못하였다. 그러나 대전 중에 금본위제를 일시적으로 정지한 서구 제국은 차례로 금본위제로 복귀하였다. 이에 따라 일본이 세계경제질서에서 선진제국과 동렬에 서기 위해서는 금본위제로 복귀하는 것이 중요하게 되었다. 1929년 7월에 성립한 민정당 하마구치 오사치(浜口雄幸) 내각은 긴축정책을 채택하는 동시에 1930년 1월부터 구평가에 의한 금본위제로의 복귀를 발표하였다. 100엔=50달러의 금수출해금(=금본위제 복귀)은 엔화의 대외가치를 높였는데, 여기에 긴축정책이 겹쳐 디플레이션이 발생하였다. 1929년 10월의 뉴욕주식시장의 주식시장 폭락으로 세계대공황이 시작되는 가운데 구평가로 금수출을 해금함으로써 일본경제는 심각한 타격을 받았다. 그러나 2년도 채우지 못하고 1931년 12월에 금수출 재금지, 즉 금본위제를 포기하였다.

제3절 세계정치 · 경제질서의 변화

제1차 세계대전은 세계정치 · 경제구조에 커다란 변화를 초래하였다. 18세기 후반부터 20세기 초까지 세계의 정치 · 경제질서를 주도한 것은 영국이었고, 파운드 스털링이 국제적 기축통화인 상태에서 런던이 국제금융시장의 중심이 되어 자금의 국제적 불균형을 조정하였다. 그러나 제1차 세계대전 직전이 되면 국제금융의 운영이 어려워지기 시작하였다. 국제적 정치분쟁의 빈발도 있지만 단기자금이동의 규모가 줄어들기 시작하고 각국은 경쟁적으로 남획득에 열중하였다. 국제적 채무국이었던 호주 · 이탈리아 · 일본과 중남미 제국의 원리금상환이 점차 어려워져 채권국과 채무국 사이에 국제수지균형이 무너지기 시작한 것이다.

총력전이었던 제1차 세계대전은 유럽의 교전국에 막대한 경제적 부담을 강요하여 경제력을 후퇴시켰는데 세계경제의 맹주국인 영국도 전쟁을 치르면서 주도적 지위가 흔들렸다. 대전 직전부터 영국주도의 세계경제는 동요하기 시작하였는데 이것이 제1차 세계대전을 거치면서 더욱 확실하게 되었다. 영국의 수입초과액은 대전중에 증가하였는데 이는 막대한 군수 관련 물자를 중심으로 수입이 급증하고 수출은 감소하였기 때문이다. 영국의 대외자산은 전비조달을 위해 처분되고 전화로 인한 피해 등으로 대전 전의 약 4분의 1로 감소하여 대외투자에서 얻는 소득이 상당량 감소하였다. 당연히 영국의 경상수지 흑자폭은 축소되었고 1920년대에 들어서면 적자로 돌아섰다. 런던단기자본시장은 유동자산과 유동부채의 균형이 깨져 탄력성을 상실하였으며 국제금융에서 빛을 발하던 영국의 조정능력은 사라져 갔다.

영국을 비롯한 유럽 대신에 등장한 것이 미국과 아시아였으나, 미국은 대전에 끝까지 참전하지 않으면서 연합국의 병참기지로서 군수물자를 공급하였다. 또한 유럽의 교전국이 수출할 수 없었던 부분을 대체하는 한편, 전쟁경기를 누리고 있던 여러 국가로부터의 수요증가로 거액의 수출초과를 달성하여 대량의 금 내지 정화를 축적하였다. 전쟁 이전까지 채무국이었던 미국은 이제 대외채무를 반제하였을 뿐만 아니라 반대로 유럽에 대한 채권국이 되었다. 세계경제의 주도권은 점차 영국에서 미국으로 옮겨가고 영국의 세계지배체제도 끝나 가고 있었다.

1918년 11월 제1차 세계대전의 종결과 함께 세계정치·경제질서의 재편이 시작되었다. 제1차 세계대전에 대한 반성에서 1921년 새로운 국제정치기구로 국제연맹이 발족하였다. 세계의 많은 나라가 국제연맹에 가맹하고 일본도 상임이사국으로 참가하였으나, 미국은 참가하지 않았고 소련도 국제적으로 승인을 받지 않은 상태였기 때문에 국제연맹의 구성원이 못 되었다. 이러한 점에서 볼 때 국제연맹은 국제적 마찰과 분쟁을 조정·해결할 수 있는 충분한 능력이 없었다. 국제연맹의 최대 목적의 하나였던 군비축소 문제에 대해서는 협정체결의 기운이 높아 1921년부터 워싱턴회의가 시작되었다. 태평양의 평화에 관한 4개국(일본·영국·미국·프랑스)조약·중국문제에 관한 9개국(일본·영국·중국·프랑스·이탈리아·네덜란드·벨기에·포르투갈)조약·해군군축에 관한 워싱턴 조약(일본·영국·미국·프랑스·이탈리아)이 성립되었다. 그러나 워싱턴 조약은 주력함만을 대상으로 하였기 때문에 순양함·구축함·잠수함 등의 보조함에서는 도리어 경쟁이 격화되었다. 이 때문에 1930년 1월, 일본·영국·미국·프랑스·이탈리아가 런던에서 다시 해군군축회의를 열고 4월에는 각국이 타협하여 런던해군군축조약에 조인하였으나, 시대상황은 이미 협조에서 대립, 군비축소에서 군비확대 쪽으로 변하고 있었다.

　제1차 세계대전 중 전쟁에 참가하였던 각국은 금수출금지 내지 태환정지를 하여 금본위제가 일시 정지하였으나, 스칸디나비아 제국·네덜란드·아르헨티나 등의 중립국도 수출초과로 인해 금의 수입을 억제하는 입장이었기 때문에 국제금본위제의 기능은 완전히 정지되었다. 종전과 함께 세계경제를 재건하기 위해 금본위제로 복귀하려는 움직임이 일어났다. 1922년의 제네바 회의에서는 금본위제로 완전히 복귀하기 어려운 경우에는 금환본위제를 채용한다는 조건 하에 금본위제의 재건에 합의하였다. 그러나 미국은 일찍이 금본위제로 복귀하였지만 유럽 제국은 전쟁의 피해가 크고 전후경제부흥에 몰두하고 있어 1924년이 되어서야 금본위제로 복귀할 수 있었다. 기축통화국이었던 영국은 1925년 4월에 금본위제로 복귀하였으나 앞서 본 것처럼 경상수지의 흑자폭이 크게 줄었기 때문에 해외투자자금에 여유가 없었고 런던시장의 국제금융에 대한 조정능력도 현저히 감퇴된 상태였다. 미국은 거액의 경상수지흑자로 채무국에서 채권국이 되었으나 여전히 국내중시의 기조가 강하게 남아 국제금융에 대한 충분한 조정능력을 기대하기 어려웠다. 제1차 세계대전 전의 국제금융질서로 복귀하는 길은 요원하였다. 결국 1929년 뉴욕 주식시장의 대폭락으로 세계경제는 공황상태에 빠지고 국제금본위제는 역사의 전면에서 영원히 사라지게 되었다.

제4절 일본의 국제적 지위의 변화

　제1차 세계대전을 계기로 세계정치·경제에서 일본의 입장과 지위는 변화하였다. 그 첫 번째 변화는 일본과 구미 제국과의 관계에서 일어났다. 영국 및 유럽과의 관계는 그 비중이 상대적으로 작아지고, 미국과의 관계가 점차 중요성을 갖게 된 것이다. 앞의 <표 3-2>에서 본 것처럼 대전기 이래 일본무역의 지역별 비중은 영국을 포함한 유럽의 비중은 하락하고 반면에 미국의 비중이 상승하였는데 수출·수입에서 모두 미국이 유럽을 능가하였다. 이 경향은 수출의 경우 더욱 뚜렷하여 1919년 이후 1930년대를 거치면서 일본의 대 유럽수출은 전체의 10%가 안 되었지만, 대 미국수출은 전체의 3분의 1을 넘어서고 있다. 그리고 수입에서도 미국은 전체의 4분의 1 정도를 계속 차지하고 있었기 때문에 미국은 일본의 최대 무역상대국이 되었다. 또 외채발행에 의한 자본수입에서도 앞의 <표 2-5>에서 본 것처럼 1897~1915년에는 외채의 과반은 영국에서 발행되고 미국의 발행액은 20%가 안 되었으나 1923~1932년이 되면 뉴욕시장이 일본의 전 외채발행의 3분의 2를 차지하고, 영국은 3분의 1이 되어 국제금융 면에서도 미국에 대한 의존도가 높아졌다. 미일 간의 경제관계가 일본경제의 동향을 좌우하게 되었다.

이와 같은 국제경제관계의 변화와 함께 국제정치 면에서도 주목할 만한 변화가 발생하였다. 제1차 세계대전 전에는 대등한 관계는 아니었다고 하더라도 일본은 세계경제체제의 기축국인 영국과 동맹을 맺어 영국에 대해서는 특수한 위치에 있었다. 그러나 제1차 세계대전 후에는 이와 같은 영일관계가 변화하였다. 1920년 국제연맹이 성립하고 1921년 5월에는 영국 측으로부터 영일동맹이 자동적으로 갱신되지 않는다는 통고가 있었고, 같은 해 12월 4개국협정의 조인과 함께 1902년 이래의 영일동맹이 파기되었다. 제1차 세계대전을 거치면서 세계정치·경제질서 내에서 양국관계에 변화가 생긴 데다가 중국에서 일본의 권익이 확대되어 감에 따라 영일 간의 이해대립이 고조되었다는 점을 염두에 두면 이것은 당연한 결과였다. 다른 한편 일본과 태평양지역에 대해 많은 관심과 이해를 가진 미국과의 관계는 긴장과 마찰을 거듭하면서도 그 중요성이 점차 높아졌다. 중국으로의 일본진출에 관한 미합중국 국무장관 랜싱(R. Lansing)과 이시이 기쿠지로(石井菊次郎) 특명전권대사 사이의 1917년 협정(이시이·랜싱 협정), 1917년 말 일본·미국·영국의 시베리아 공동출병, 1921~1922년 워싱턴 회의 등으로 제1차 세계대전 후에는 미국과의 관계가 일본의 대외정책에서 중심과제의 하나로 등장하게 되고, 나중에는 이것이 결국 일본의 운명을 결정하게 된다.

세계정치·경제질서 내에서 일본의 지위가 변화하였다는 두 번째 사실은 일본이 지배국가로서의 위치를 강화하고 아시아 특히 중국과 태평양 지역에서의 권익을 확대하면서 식민지 제국으로 나아 가는 발걸음이 빨라졌다는 것이다. 1910년경까지 일본은 구미의 지배국가들과 거의 같은 방법으로 중국에서의 권익을 확보하고 확대하였다. 1911년의 신해혁명 후 중국에 지대한 관심을 가지면서도 원세개 정권에 대한 방침이 분명하지 않았던 일본은 1917년 7월 전쟁의 발발과 함께 즉각 독일에 선전포고를 하고 연합국의 이름으로 중국 산동성에 진출하여 교주만의 독일조차지와 독일소유 교제(膠濟)철도(독일조차지-제남 간)를 점령하였다. 그 밖에 같은 해 10월에는 남진하여 독일령 남양군도를 점령하고 서태평양 지역에서 권익확보를 시도하였다. 중국의 원세개정권이 구독일조차지에서 일본군의 철퇴를 요구하자 이를 계기로 1915년 1월 일본은 중국에 21개조 요구를 들이밀었다. 이와 관련하여 외교교섭이 진행되어 최종적으로 산동성에 관한 조약·만주 및 동부 내몽골에 관한 조약이 조인되었다. 이로써 중국 특히 만주에서 일본의 권익 특히 경제권익은 더욱 증대되었다.

중국에서 일본의 권익이 확대되는 것과 함께 일본의 중국에 대한 투자가 급증하였다. 일본의 대외투자를 나타내는 <표 3-5>와 국별 대중국 투자액의 추이를 보여주는 <표 3 6>을 보기로 하자. 일본의 대외투자는 러일전쟁 후 본격적으로 시작되었으나 <표 3-5>에서 보는 것처럼 1914년 이래 일본의 대외투자액이 급속하게 증가하고 있다. 그리고 대외투자의 대부분이 중국으로 향하였기 때문에 1914년 말까지 전체의 83%, 1930년 말까지는 95% 가까이가 중국을 대상으로 하고 있다. 1919년 말의 경우에는 61%에 머물렀지만 거기에는 임시적·일시적 성격의 연합국에 대한 투자가 포함되어 있어, 이것을 제외하면 대중국투자가 90%였다. 일본의 대중국 투자의 증가속도는 놀라울 정도였고, <표 3-6>에서 보는 것처럼 외국의 중국투자 총액에서 차지하는 일본의 비율은 1902년에는 겨우 1%였으나 1914년에는 13.7%로서 영국, 러시아, 독일에 이어 4위를 차지하였

다. 그리고 1931년에는 35.1%에 달하여 제1위인 영국에 육박하였다. 일본
의 대중국투자의 특징은 구미에 비해 만주에 대한 투자가 매우 컸다는 점,
또 중국 본토와 만주에 대한 투자형태를 달리하였다는 점인데 전자는 차
관, 후자는 민간사업에 대한 대부와 직접투자가 압도적 비중을 점하였다.
이러한 사실로부터 1914년을 경계로 일본의 대외투자·대중국투자는 새
로운 단계에 들어가 가속적으로 확대되어 갔다는 것, 또 투자의 대부분이
만주로 향하였고 일본은 서구 제국과는 달리 만주에 특수권익을 가지고
있었다는 점을 지적할 수 있다.

<표 3-5> 대외투자의 추이 (백만엔, 괄호안은 %)

	1914년말	1919년말	1930년말
대중국투자	439(83.0)	1,163(60.9)	2,779(94.7)
<내 대만주>			<1,472(49.8)>
차관에 의한 투자	19(3.6)	268(14.0)	1,054(35.7)
<내 대만주>			< 232(7.9)>
민간상업대부·직접투자	420(79.4)	895(46.8)	1,542(52.2)
<내 대만주>			<1,240(42.0)>
대남양 기타 투자	40(7.6)	80(4.2)	130(4.4)
대하와이·남북미투자	50(9.5)	50(2.6)	50(1.7)
대연합국대부		618(32.3)	
합계	520(100.0)	1,911(100.0)	2,955(100.0)

자료 : 山澤逸平·山本有造(1979), 앞의 책, p.56.

<표 3-6> 국별 대중국 투자액의 추이 (백만 달러, 괄호안은 %)

	1902년	1914년	1931년
일본	1(0.1)	220(13.7)	1,137(35.1)
영국	260(33.0)	607(37.7)	1,189(36.7)
러시아	246(31.3)	269(35.1)	273(8.4)
독일	164(20.8)	264(16.4)	87(2.7)
프랑스	91(11.5)	171(10.6)	192(5.9)
미국	20(2.5)	49(3.0)	197(6.1)
기타	6(0.8)	30(1.9)	167(5.1)
합계	788(100)	1,610(100)	3,242(100)

주 : 만주·홍콩을 포함한 투자액임
자료 : W.G.Beasley(1987), *Japanese Imperialism : 1894~1945*, p.133.

그런데 제1차 세계대전 이전 일본은 경상수지의 적자가 계속되고 대외투자를 위한 자금조달이 어려워 중국에 권익을 가진 서구제국과 보조를 맞추면서 중국정부에 대한 차관을 비롯하여 각종 투자에서 충분한 역할을 할 수 없었기 때문에, 외채발행을 통해 자금을 조달하는 방법을 택하였다. 자본수입으로 자본수출을 실현한 것이다. 이러한 이유로 제1차 세계대전기까지 일본의 대중국 투자의 규모는 상당히 컸다. 이미 본 것처럼 제1차 세계대전기에 일본은 거액의 경상수지흑자를 내어 대외투자를 위한 자금이 풍부하였다. 1920년대에 경상수지 적자가 계속되었지만 대전기에 축적된 자금에 아직 여유가 있고 이에 더하여 외채발행에 의한 자본수입도 있었기 때문에 대중국투자를 증가시킬 수 있었다.

제1차 세계대전을 계기로 일본은 지배국가로서 구미 열강과 동렬에 설 수 있는 기회가 다가왔으나, 이를 가능하게 하기 위해서는 구미 열강과의 관계를 해쳐서는 안 되었다. 중국에서의 일본권익의 확대는 필연적으로 서구 열강과의 긴장·마찰·대립을 내포하였는데 중국에 권익을 가진 구미 제국과의 협조관계는 어떤 형태로든 유지되어야 하였다. 그것은 앞서 말한 「이시이·랜싱 협정」 외에 태평양지역에 관한 「4개 국 조약」, 중국에 관한 「9개 국 조약」 등에 나타났는데, 일본이 군축조약에 참가하여 군축을 실시한 것도 그 같은 정책의 일환이었다. <표 3-7>은 1910·1920년대 군사비의 일반회계와 GNE(Gross National Expenditure)에 대한 비율의 추이를 보여주는데, 이를 보면 군사비 비율이 눈에 띄게 감소하고 있다. 그러나 이러한 움직임은 오래 가지 못하고 1920년대 후반부터 1930년대 초에 걸쳐 군사비 비율이 다시 상승하고 있다. 1920년대 후반 중국에서는 불평등조약을 개정하여 치외법권의 폐지와 관세자주권의 회복을 실현하려는 민족주의 운동이 고양되었다. 이러한 움직임에 대하여 일본은 소극적·부정적인 자세를 보였고 이와 대조적으로 미국·영국은 호의적인 자세로 대응하였는데, 이로써 일본과 구미 제국과의 협조관계는 약화되고 다른 한편 중일관계는 더욱 악화되어 갔다. 일본과 중국 간의 긴장관계는 1931년 만주사변을 계기로 파국으로 치달았고, 이는 또한 일본과 서구열강과의 관계를 협조관계에서 대립관계로 결정적으로 전화시켰다.

<표 3-7> 군사비 비율의 추이 (단위 : 백만엔)

연도	상비국방비(A)	일반회계세출(B)	(A)/(B)	(A)/GNE
1910	185.2	569.2	32.5%	4.7%
1913	191.9	573.6	33.5	3.8
1916	211.4	590.8	36.2	3.4
1919	536.7	1,172.3	45.8	3.5
1922	604.8	1,429.7	42.3	3.9
1925	443.8	1,525.0	29.1	2.7
1928	517.2	1,819.9	28.5	3.1
1931	454.6	1,476.9	30.8	3.4

자료 : 군사비·경상지출은 江見康一·塩野谷祐一(1966), 앞의 책,제2표·제3표.
　　GNE는 大川一司·高松信淸·山本有造(1974), 앞의 책, 제1표.

제2장 공업화의 새로운 전개

제1절 동력혁명의 전개

1910년대는 일본의 공업화에 있어 새로운 국면으로의 전환기였다. 앞절에서 본 것처럼 답보상태에 빠져 있던 수입대체적 중화학공업화가 제1차 세계대전을 계기로 활력을 얻었으며, 재래산업을 포함한 일본의 제조업 전체도 전환기로 들어서게 되었다. 순국내생산의 산업별 구성의 추이와 유업인구의 산업별 구성을 나타내는 <표 3-8>과 <표 3-9>를 보면 1910년대의 공업화가 상당히 진전되었고, 국내생산에서 공업생산의 비중도 증가하고 있음을 알 수 있다. 1900년에 전 국내생산의 16.7%에 머무르고 있던 광공업은 그 비율이 1915년에 26.1%, 1920년 24.8%였다. 제조업만 보면 1915년 22.2%, 1920년 20.6%를 차지하여 전 국내생산의 5분의 1이상을 공업이 차지하고 있다. 또 유업인구에 대해서도 전 유업인구에서

<표 3-8> 순국내생산의 산업별 구성의 추이 (당년가격, %)

연도	농림수산업	광공업(제조업)	건설업	운수·통신 공익사업	상업·서비스업
1900	40.1	16.7(15.0)	4.5	3.6	35.1
1910	36.0	19.7(19.1)	4.4	6.2	33.7
1915	30.5	26.1(22.2)	3.8	7.4	32.2
1920	30.7	24.8(20.6)	4.5	7.9	32.1
1925	26.4	21.8(18.5)	5.9	10.5	35.4
1930	19.5	26.0(23.7)	5.6	12.1	36.8

주 : 각년도의 수치는 각각의 해를 중앙년으로 하는 연평균치
자료 : 大川一司·高松信淸·山本有造(1974), 앞의 책, 제9표·제11표.

<표 3-9> 유업인구의 산업별 구성의 추이 (%)

연도	총수 (천명)	제1차 산업	(농림업)	제2차 산업	(제조업)	제3차 산업	(상업)
1910	25,264	60.6	(58.1)	16.9	(13.1)	22.5	(11.5)
1915	26,123	57.8	(55.6)	18.5	(14.1)	23.5	(12.3)
1920	27,261	54.0	(52.1)	21.6	(16.8)	24.4	(12.4)
1925	28,301	50.8	(48.9)	21.6	(16.8)	27.6	(15.1)
1930	29,620	49.7	(47.7)	20.8	(16.0)	29.5	(16.7)

주 : 상업은 금융보험업 · 접객업을 포함.
자료 : 梅村又次, 赤坂敬子 外(1985), 앞의 책,제8표 · 제9표.

차지하는 제조업의 비율은 1910년의 13.1%였으나 1920년에는 16.8%가 되었다.

1910년대에는 공업생산의 비중이 증대하는 한편 제조업에서 동력을 많이 이용하게 되었다. 근대 산업기술의 커다란 특징의 하나로서 인력을 대신한 동력의 등장을 들 수 있다. 그런데 그 동력을 제공하는 원동기도 기술진보의 단계에 따라 풍차 · 수차→증기기관→내연기관 · 증기터빈 · 전동기라는 형태로 변화하였다. 전(前)공업화 사회에서는 수차가 원동기의 주력이었으나 그것은 제조업의 한정된 분야에서만 이용되었다. 18세기 후반부터 시작된 산업혁명에서 수차가 근대 산업기술과 결합된 원동기로서 처음에는 널리 이용되었다. 곧이어 증기기관이 등장하여 '철과 증기의 시대'가 도래하였다. 19세기 후반이 되면 내연기관 · 증기터빈 · 전동기 등이 발명되었고, 이 가운데 전동기가 중심적 역할을 담당하여 '철과 전력의 시대'를 맞이하게 되었다.

일본의 전공업화사회의 경우에도 농업용 수차 외에 수차동력이 정미 · 제분 · 제유 · 제당 등을 중심으로 한 공업생산에서 이용되었으나, 유럽에 비하면 매우 제한적인 것이었다. 1870~90년대에 일본이 본격적으로 근대 산업기술을 도입 · 이식하기 시작할 때 선진공업국에서의 원동기는 증기기관이 아직 주류를 점하여 방적기 · 역직기 등의 작업기와 함께 원동기로서 증기기관이 수입되었다. 일본의 근대산업은 수차가 아닌 증기기관을 원동기로서 사용하면서 시작하였다. 한편 메이지 기에 들어와서도

정미·제분·제유에서는 수차를 계속 이용하였고, 제사·제지와 금속광
산에서는 메이지기 내내 수차가 존속하였다. <표 3-10>에서 보는 것처럼
1884년의 제조업 원동기의 총 마력수는 1,000마력에 지나지 않았다. 그것
의 73%는 증기기관이 차지하고 수차는 겨우 27%에 머물러 일본의 제조
업은 처음부터 증기기관을 동력의 중심으로 하고 있었다. 그 후 1910년경
까지 제조업에 이용된 원동기 마력수는 증가한 것이 분명하였으나, 증기
기관이 중심을 이루고 있다는 점에서는 다를 바가 없었다. 그러나 1910년
대에 들어서자 원동기가 빠르게 보급되어 근대부문과 대공장은 물론 재
래부문과 중소공장에도 전동기를 원동기로서 이용하게 되어 동력화율이
높아졌다. 선진공업국에서 동력의 주역이 증기에서 전력으로 전환한 것
이 19세기 말에서 20세기 초에 걸친 시기였다는 것을 생각하면, 후진국
일본에서 전동기가 광범위하게 보급된 것은 그다지 늦은 것은 아니다.

<표 3-10> 제조업 원동기 마력수의 추이

연도	총마력수 (천마력)	구성비(%)				
		전동기	증기기관	가스기관	석유기관	수차
1884	1	–	73	–	–	27
1890	22	–	87	–	–	13
1900	69	0.5	88	0.5	1	10
1905	129	7	83	1	2	7
1910	311	18	63	6	2	11
1915	651	31	48	5	1	15
1920	1,450	61	27	3	1	8
1925	2,635	66	30	1	1	2
1930	4,276	88	11	0.5	0.5	1
1935	5,222	82	15	1	1	1
1940	10,632	82	16	0.5	0.5	1

자료 : 南亮進(1976), 『動力革命と技術進步』, 부표 3.

　제조업의 업종별 동력화율·전화율(電化率)을 <표 3-11>에서 보면
1900년 제조업 전체에서의 동력화율은 32.3% 수준이었고, 그 가운데 전
화율은 18.8%에 지나지 않아 동력의 대부분을 전동기가 아닌 것에 의존
하고 있었다. 근대공업의 비중이 가장 높은 기계기구공업의 동력화율은

55%를 넘고 있으나 전화율은 35%에 머무르고 있다. 또 근대방적업을 포함하는 방직공업의 동력화율은 35.7%로 전체의 평균을 약간 넘고 있었고, 전화율은 전제조업의 평균보다도 상당히 낮은 12%였다. 그러나 1910년대에는 금속·기계기구·화학 등의 중화학공업과 방직공업에서 동력화율이 급상승하고 전화율도 거의 비슷한 수준으로 상승하였다. 이러한 추세는 1920년대에도 계속되었다. 1930년대에는 모든 업종에서 동력화율과 전화율이 높은 수준을 나타내어 제조업 전체의 동력화율은 82%를 넘었고 전화율은 87%에 달하고 있다. 그런데 원동기로서의 전동기는 증기기관과 다른 특성을 가지고 있다. 즉, 전동기는 대형에서 소형까지 각종 용량을 제작할 수 있고, 또 용량이 작아도 그다지 효율이 떨어지지 않았다. 또 원동기는 작업기와 직결되어 있기 때문에 샤프트와 벨트에 의해 동력을 전달하는 증기기관보다도 제어가 훨씬 간단하였다. 이러한 특성 때문에 전동기는 모든 분야에서 또 모든 규모의 공장에서 이용되었다.

<표 3-11> 제조업업종별 동력화율·전화율의 추이 (%)

연도	1900	1905	1910	1915	1920	1925	1930
방직공업	35.7	48.8	53.6(12)	69.7(23)	69.6(53)	82.5(62)	89.6(85)
금속공업	31.5	52.0	69.0(27)	81.2(51)	81.5(73)	91.0(61)	92.2(92)
기계기구공업	55.4	69.3	72.7(35)	84.1(60)	81.8(77)	87.3(70)	89.0(92)
요업	10.0	16.1	18.4(26)	35.5(32)	35.2(67)	56.8(55)	65.2(81)
화학공업	29.3	40.2	49.3(21)	65.0(29)	69.7(54)	79.9(71)	82.8(92)
식료품공업	23.1	32.0	34.0(10)	46.0(22)	53.6(54)	71.0(69)	76.9(86)
기타	24.6	32.5	45.1(8)	56.1(32)	61.5(50)	72.5(70)	75.2(74)
전제조업	32.3	43.8	49.2(18)	63.4(31)	65.0(61)	77.7(66)	82.5(87)

주 : 괄호가 없는 것은 동력화율. 괄호안은 전화율. 동력화율은 동력공장수/전공장수 전화율은 전동기마력수/원동기총마력수의 백분비임.
자료 : 南亮進(1976), 앞의 책,부표 2.

　　전동기는 증기기관보다 뛰어난 특성을 가지고 있기는 하지만 문제는 외부로부터 전력공급이 없는 한 그 특성을 발휘할 수 없다는 것이었다. 따라서 가격과 송전량의 두 측면에서 전력공급체계가 충분히 정비되지 않는 한 전동기가 소·영세 규모의 공장까지 보급되는 것은 불가능하였다. 이렇게 볼 때 1910년대·20년대 동력혁명이 가능하였던 것은 1880년대 후기 이래 전력업이 발전하였기 때문이다. <표 3-12>는 발전력의 추이를 보여주고 있는데 일본의 발전력은 1910년대·20년대에 엄청나게 증가하였다. 일본의 발전력은 화력발전에 의한 등화용 전력의 공급을 목적으로 시작하였다. 그러나 도시의 등화용 전력만을 위해서는 커다란 발전량이 필요하지 않았다. 1903년의 발전량은 겨우 25,000kw에 지나지 않았고 화력발전이 전체의 거의 3분의 2를 차지하고 있다. 1905년경부터 전기철도·방적업·시계제조업 등에서 전동기가 사용되고 발전량도 증가하게 되면서 수력발전의 비율이 증가하고 있다. 1925년에는 발전량 200만kw를 넘었으며 수력발전의 점유율이 70% 이상을 차지하게 되었다. 그리고 전력요금도 많이 낮아져 저렴한 요금으로 전력을 공급하게 되었다.

<표 3-12> 발전력의 추이

연도	발전량 (1,000kw)	구성비(%)	
		수력	화력
1903	25	36	64
1910	161	49	51
1915	569	69	31
1920	951	69	31
1925	2,167	72	28
1930	3,961	71	29
1935	5,137	64	36
1940	7,881	63	37

자료 : 南亮進(1965), 『長期經濟統計 12 : 鐵道と電力』, 제18표.

전력공급체계가 갖추어져도 전동기를 얻기가 어렵고 값이 비싸면 전동기의 보급은 지연된다. 전력과 달리 전동기는 수입할 수 있었으나 수입전동기는 고가였고, 따라서 그 보급에는 한계가 있었다. 그러나 1910년대 후기부터 국산 소형 범용전동기가 대량으로 생산되기 시작하여 가격저하와 품질향상을 달성하였기 때문에 전동기는 짧은 기간 내에 널리 보급되었다. 그 배후에는 제1차 세계대전을 계기로 수입대체적 공업화가 진전되어 기계기구공업 특히 전기기계공업이 발전하였다는 사실이 놓여 있었다.

또 제1차 세계대전의 전쟁경기로 공업생산이 확대된 것도 동력화율을 높이는 데 기여하였다.

제2절 재래산업의 근대화

에도 시대 이래 전통적인 생산기술·경영형태를 이어받고 있는 것을 재래산업이라 한다. 그 가운데에서 최대의 비중을 차지하는 것은 농림수산업이었다. 제조업에서도 양조·제다(製茶) 등을 중심으로 하는 식품공업, 제사·직물 등의 섬유공업, 제염·제람(製藍)·화지(和紙) 등의 화학공업, 도자기 기타의 요업은 재래산업에 속하는 것들이다. 이러한 재래산업은 성장률은 근대산업에 못 미쳤지만 메이지 기의 공업생산에서 큰 비중을 차지하면서 그 시기 내내 성장을 계속하였다. 예를 들어 화학공업부문에서 재래품목은 1900년에 65%의 점유율을 차지하고 있고, 1885~1915년의 평균성장률은 2.05%로 근대품목의 5.52%보다는 낮았지만 착실하게 성장하고 있었다.

이러한 재래산업은 반드시 전통적인 생산기술과 경영형태를 그대로 유지하고 있는 것은 아니었고, 외부의 힘에 의해 변화와 재편성이 이루어지고 있었다. 그 가운데 많은 것은 기본적으로는 재래기술에 의존하는 물주제 가내공업의 형태를 유지하고 있었다. 직물업은 소수 대기업에서의 방적겸영직포를 제외하면 수직기에 의한 물주제 가내공업이 대부분을 차지하고 있었다. 제사업의 경우에도 재래기술의 연장인 좌조에는 10가마 미만의 농가부업적 영세경영이 대부분이고 물주제 가내공업의 형태를 취하고 있었으며, 또 외래기술을 채택한 기계제사의 경우에도 10가마 미만의 영세공장이 3분의 2를 차지하고 있었다. 제다업의 경우도 재래적 방법에 의한 다엽생산농가의 소규모 제다가 중심을 이루는 농촌공업이었다.

그러나 재래공업에도 20세기에 들어서 근대화의 움직임이 나타나기 시작하였다. 제사업에는 1900년대 후반에 좌조와 기계제사에서의 생산성격 차가 심화되어 좌조는 점차 기계제사로 대체되고, 그 기계제사도 1920년대 후기에는 다조 조사기에 밀려났다. 다조 조사기의 보급과 증기기관에서 전동기로의 전환은 동시에 나란히 진행되었다. 재래직물업의 경우는 1899년에 풍전식 역직기가 본격적으로 생산되어 1900년대부터 1910년대에 걸쳐 이 역직기가 주요 기업지에 보급되었지만, 그것은 전동기보다도 증기기관과 가스기관을 중요한 원동기로 하고 있었다. 그러나 1920년대가 되면 전동기에 의한 동력화가 진전되고 이 때까지 수직기에 의존하고 있던 영세기업가도 역직기와 소형전동기를 도입하게 되었다. 제다업에서도 1910년대 후반에서 1920년대에 조유기(粗揉機)·정유기(精揉機) 등 제다기술이 도입·보급됨에 따라 각종 원동기가 도입되었고 1930년대에는 전동기가 최대 비율을 차지하게 되었다.

1910년대 이후 재래산업의 근대화가 본격화되고 그에 대응하여 제조업에서의 동력화율이 상승하고 있었지만 재래산업의 근대화가 반드시 전동기의 도입으로 시작된 것은 아니었다. 특히 제1차 세계대전 이전에는 전동기보다도 증기기관·가스기관 그리고 수차 등이 동력으로 중요한 역할을 하고 있었다. 그러나 재래산업의 근대화를 완결시킨 것은 바로 전동기였다. 이는 <표 3-13>에서의 종업원 5~9인 규모공장의 업종별 동력화율·전화율의 추이에서 확인할 수 있다.

<표 3-13> 5~9인 규모공장의 업종별 동력화율·전화율의 추이 (%)

연도	동력화율				전화율			
	1909	1914	1919	1930	1909	1914	1919	1930
방직공업	11.8	24.3	41.9	83.9	9.8	36.6	58.2	90.2
금속공업	27.4	40.6	68.9	87.8	13.7	14.2	86.3	90.1
기계기구공업	32.8	50.3	66.8	85.1	20.6	43.9	93.0	92.3
요업	1.0	6.3	16.0	58.6	3.2	27.8	75.1	92.0
화학공업	16.1	34.9	45.2	72.8	7.2	23.8	51.5	87.2
식료품공업	15.0	34.9	49.1	73.2	11.2	22.7	48.0	84.1
전제조업	14.1	28.5	46.0	76.6	10.6	27.2	56.9	86.7

주 : 동력화율은 동력공장수/전공장수, 전화율은 전동기마력수/전원동기마력수의 백분비.
자료 : 南亮進(1976), 『動力革命と技術進步』, 부표 1·부표 7.

재래산업은 가내공업 형태를 가진 것이 많았지만 그 대부분이 종업원 5인 미만의 경영이었다. 면직물업을 예로 들면 1933년의 시점에서 기업가(機業家)의 91%는 종업원 5인 미만층이 차지하고 있었다. 5~9인 규모의 공장 가운데 많은 것도 재래산업에 속하고 가내공업에 가까운 형태를 가진 것이 적지 않았다. <표 3-13>을 보면 5~9인 규모공장의 동력화율은 1919년까지는 느리게 상승하였으나, 1920년대에 급상승하여 1930년도에는 요업을 제외하면 모두 70%를 넘고 있다. 전화율은 처음에는 낮은 수준이었지만 동력화율보다 빠르게 상승하여 1919년에는 전 제조업이 평균 56%를 넘었다. 재래부문을 거의 차지하는 식료품공업과 근대부문과 재래부문이 병존하고 있는 방직·화학공업 등에 비하면 거의 근대화부문으로 이루어져 있는 금속공업과 기계기구부문은 동력화율·전화율이 모두 높고 특히 전화율은 90% 전후로 되어 있다. 전동기를 중심으로 한 동력화는 근대부문의 소·영세공장에서는 거의 끝나가고 있었지만 재래부문의 근대화는 아직 완전한 단계에 도달하였다고 볼 수는 없었다. 그러나 1930년대가 되면 전화율은 전제조업 평균이 90%를 넘고 식료품공업에도 동력화율 73%, 전화율 87%가 되었다. 5~9인 규모의 공장에서도 1920년대에 동력혁명이 진행하여 증기기관 등의 원동기에 의한 동력화의 단계를 거치지 않고 곧바로 전동기에 의한 동력화가 1930년대까지 거의 완결되었다.

전동기의 도입으로 대표되는 재래산업의 기계화·근대화는 재래산업의 재편성을 촉진하였다. 예를 들어 면직물업의 경우 동력화는 수직기에서 역직기로의 전환과 동시에 진행되었으며 경영규모의 확대와 함께 가내공업은 쇠퇴하여 갔지만 동시에 제품도 전통적인 것에서 외래적·근대적인 것으로 바뀌어 갔다. 반면 직물생산지로서의 지위는 저하되었지만 여전히 수직기로 전통적인 국내수요를 대상으로 하는 직포를 생산하면서 재래적 가내공업을 계속하는 산지도 있었다. 또 제다업의 경우도 기계화·동력화의 진전은 규모의 확대를 요구하였다. 그 결과 규모가 작은 차생산 농가는 차제조를 중지하고 생엽판매으로 특화하든가 혹은 공동제다라는 형태로 규모의 확대를 도모하든가 선택의 기로에 놓이게 되고, 차제조를 계속하는 농가는 매엽으로 제다 규모를 확대하였다. 1920년대에 전동기에 의해 급속하게 진행된 동력화·기계화로 재래산업은 확실하게 변화되고 재편성되었다.

제3절 중화학공업화의 진전

1910·1920년대를 거치면서 중화학공업화가 본격적으로 시작되었다. 1911~1931년에 연평균 5.7%로 성장한 제조업 가운데 금속·기계·화학 등의 중화학공업의 비율이 높아졌다. 공업생산의 업종별 구성의 변화를 보여주는 <표 3-14>에 의하면 1910년대에 중화학공업의 비중은 21%에서 33%로 높아졌지만 제1차 세계대전 후인 1920년대 전반에는 중화학공업의 비율이 24%로 일시적으로 하락하였다가 후반에는 상승하여 1930년에 다시 33%의 수준이 되었다. 1910년 전후부터 발전궤도에 오르기 시작한 일본의 중화학공업은 제1차 세계대전으로 큰 자극을 받았으나 전쟁 관련 수요가 사라지고 선진공업국과의 경쟁이 재개되면서 그 성장이 벽에 부딪혔다. 그러나 1920년대 후반에는 다시 성장하여 중화학공업화가 본격적으로 진행된 1930년대로 나아가고 있었다.

<표 3-14> 공업생산의 업종별 구성의 추이 (당년가격, %)

연도	1910	1915	1920	1925	1930
중화학공업	21.3	29.4	33.4	23.7	32.8
화학	11.4	11.8	12.4	10.1	12.8
철강	1.8	4.5	4.6	4.4	6.2
비철	1.6	3.8	1.9	2.0	2.5
기계	6.5	9.3	14.5	7.2	11.3
경공업	78.7	70.6	66.6	76.3	67.2
식료품	34.0	27.2	23.9	25.6	25.0
섬유	33.6	33.1	34.3	39.4	30.6
기타	11.1	10.3	8.4	11.3	11.6

자료 : 篠原三代平(1972), 앞의 책, 제1표.

  업종별로 볼 때 1910년대에 가장 많이 성장한 업종은 철강업과 기계공업이었다. 화학공업의 점유율은 거의 변화가 없었지만 화학공업 가운데 근대부문의 비율은 1910년대의 39%에서 45%로 상승하였기 때문에 근대공업으로서의 화학공업도 철강업·기계공업 다음으로 성장하였다. 그 가운데에서도 기계공업의 성장이 가장 뚜렷하였다. 1910년대에 기계공업의 점유율은 화학공업의 절반 정도에 지나지 않았으나 1920년대에는 화학공업을 능가하여 중화학공업 가운데 최대 비율을 갖게 되었다. 제조업의 성장에 대한 업종별 기여도를 보면 1910년대의 기계공업의 기여도는 25.7%로서 섬유공업의 25.4%보다 약간 높았다(<표 3-15>). 그러나 1920년대가 되면 양상이 바뀌었다. 기계공업의 비중은 크게 떨어져 화학공업의 비중을 밑돌고 있다. 1920년대 후반에 많이 회복하였으나 1910년대 말의 수준에는 도달하지 못하였다. 이에 비하여 철강업·화학공업은 1920년대 중반에 약간 비중이 하락하였지만, 1920년대 후반에는 상승 경향으로 바뀌고 특히 철강업의 비중이 많이 높아졌다. 이 점은 <표 3-15>을 보면 더욱 분명하다. 1910~1920년에는 기계공업의 기여도가 발군이었다. 그러나 1920~1930년에는 그 기여도는 4분의 1 이하로 떨어졌다. 반대로 철강·화학·비철의 각 공업은 모두 1910년대보다 1920년대 쪽이 기여도가 높다. 제1차 세계대전을 계기로 중화학공업화가 진전되는 속에서 기계공업의 행보는 매우 특이하였다.

<표 3-15> 제조업의 성장에 대한 업종별 기여도 (%)

	식료품	섬유	요업	화학	철강	비철	기계	기타
1910~20년	23.8	25.4	1.5	8.9	5.6	4.0	25.7	6.6
1920~30년	15.9	30.9	3.1	18.9	11.8	4.8	5.6	9.2

주 : 성장에 대한 기여도는 각 업종생산고 증가분/전제조업생산고 증가분의 백분비. 1934~1936년 가격평균생산고에 근거하여 산출
자료 : 篠原三代平(1972), 앞의 책, 제2표.

  기계공업 가운데에서 비중이 큰 것은 수송기계제조 특히 조선이었다. 이미 본 것처럼 조선업은 제1차 세계대전 중 국내외로부터 선복수요가 증

가하여 급성장하였으며 더 나아가 수출산업으로 변모하였다(<표 2-15 참조>). 1915~1918년간 기계생산액의 54~64%를 선박이 차지하고, 총 1,000톤 이상의 건조능력을 가진 조선업자는 1913년 말 5개 사에서 1918년 10월에는 52개 사로 증가하였다. 이에 따라 건조 총톤수도 51,525톤에서 그 10배가 넘는 626,695톤으로 증가하고 있다. 그러나 전쟁이 끝남에 따라 군수 관련 중화학공업과 함께 조선업도 타격을 받았다. 더욱이 대전 말기에 영국·미국에서 건조된 상선이 차례로 해운시장에 투입된 결과 선박과잉 현상이 나타나 일본의 조선업은 생산을 축소할 수밖에 없었다. 또 1920년대의 해군군축으로 타격을 받게 되었다. <표 3-16>은 1920년대의 기계생산의 업종별 추이를 보여주고 있는데 수송기계의 비중이 하락한 사실을 명백하게 알 수 있다. 조선업의 수출산업화는 물거품이 되고 말았다.

<표 3-16> 기계생산의 종류별 구성의 추이 (당년가격, %)

연도	일반기계	전기기계	수송기계	정밀기계	무기
1919	31.1	13.5	52.4	2.3	0.2
1922	33.0	22.1	37.7	4.1	3.1
1925	32.1	34.9	23.6	4.9	4.5
1928	30.9	36.6	23.6	5.4	3.5
1931	36.4	28.0	26.9	5.7	3.0

주 : 민영 5인이상 공장생산액에 의해 산출
자료 : 篠原三代平(1972), 앞의 책, 제40표.

수송기계 대신 급성장한 것이 전기기계였다. 중전기계의 제조는 1890년대부터 시작되었다. 하지만 기술수준은 아직 낮아 소용량·저전압의 기계를 생산하는 데 머물렀으며, 대용량·고전압의 제품은 수입에 의존하고 있었다. 그러나 제1차 세계대전으로 전기기계의 수입이 두절된 것을 계기로 대용량·고전압용기계의 생산이 시작되어 국산화율이 높아졌다. 이 과정에서 특히 외국기업과의 제휴에 의한 기술도입이 중요한 역할을 담당하였다. 대표적인 것으로 지포제작소와 미국의 제네랄·일렉트릭(GE), 미쓰비시 전기(電機)와 미국의 웨스팅하우스, 후지(富士) 전기화

독일의 지멘스와의 관계를 들 수 있다. 외국기업과 제휴하지 않은 히타치(日立) 제작소도 특허사용료를 지불하고 영국과 독일 등으로부터 기술을 도입하였다. 전동기에 의한 전화의 주역을 담당한 범용 소형 전동기의 대량생산은 1910년대에 히타치와 시바우라제작소 등을 중심으로 시작되고, 그 가격이 하락하여 중소기업으로의 전동기 보급에 크게 기여하였다.

공작기계도 전기기계와 마찬가지로 제1차 세계대전기 수입의 어려움과 내수의 급증을 계기로 국산화작업이 시작되었다. 일본의 공작기계공업은 출발부터 중층적 구조를 가지고 있었다. 즉, 일본의 공작기계시장은 (a) 수입기계가 독점하고 있는 시장, (b) 수입기계와 국산기계가 경합하고 있는 시장, (c) 국산기계가 거의 독점하고 있는 시장, (d) 중고의 값싼 공작기계가 대량으로 수요되는 시장으로 이루어져 있었다. 이러한 시장에서 취급되고 있는 공작기계에는 품질·성능·가격 면에서 커다란 차이가 있었고, 시장참가자도 수요·공급의 양 측면에서 모두 분단되어 있었다. 관영공장과 대규모기계공장은 품질·성능에서 우수한 고가의 수입기계와 국산고급기계를 수요하였다. 한편 다종소량생산을 하는 소영세기계공장은 가격이 싼 범용선반·프레이즈(fraise)판을 국산품과 중고품으로 조달하였다. 그리고 양자의 중간에 (b)에서 (d)에 이르는 시장에 참가하는 중규모기계시장이 존재하였다. 공급자에 있어서도 소위 5대 메이커(이케가이 철공소·오쿠마 철공소·카라츠 철공소·니가타 철공소·도쿄 가스 전기공업)로 대표되는 대공작기계기업은 수입과 경합하는 고급기계의 생산을 독점하고 있었고 소영세공장은 수입과 경합하지 않는 품종에서 제작의 난이도가 낮은 기계의 생산에 집중하면서 중고품과 경합하고 있었으며 그 중간에 중규모 메이커가 폭넓게 존재하고 있었다.

이와 같은 구조를 가지면서 제1차 세계대전기에 성장한 공작기계공업도 1920년대에 들어서면 공작기계에 대한 국내수요가 하락하고 전쟁 중 일본무역에서 후퇴하였던 영국과 독일이 복귀함으로써 수입압력이 강화되었다. 공작기계공업은 곤경에 빠져 조선업과 마찬가지로 중규모층을 중심으로 기업정리가 진전되었다. 그러나 앞서 말한 중층구조는 여전히 존속하여 일본공작기계공업의 구조적 특징을 이루고 있었다.

끝으로 철강업에 대하여 언급할 필요가 있다. 제1차 세계대전 전 일본의 철강생산은 양적으로나 질적으로 국내자급에는 크게 못 미쳐 1911~1913년의 자급률은 선철 50%, 강재는 30%에 불과하였다. 제1차 세계대전으로 기계공업이 성장함에 따라 철강부족현상이 발생하였는데 그 영향을 가장 많이 받은 것이 조선업이었다. 조선업은 생산확대와 함께 선박용강재의 수입의존도가 더욱 높아졌다. 세계적인 강재공급부족이라는 상황속에서 일본의 선박용 강재수입의 90% 이상을 차지하고 있던 미국은 1917년에 철재의 수출을 금지한다고 발표하였다. 이것이 실시된다면 일본의 조선업이 받을 영향은 치명적이었다. 곧바로 미일 교섭이 시작되어 우여곡절 끝에 1918년 4·5월에 미일 선철(船鐵) 교환계약이 체결되어 일본의 선박과 미국의 강재를 일정한 비율로 교환하기로 하였다. 이것은 일본철강업의 낮은 생산력을 상징하는 사건으로, 중화학공업이 발전하기 위해서는 철강업의 발전이 반드시 필요하다는 인식을 심어주었다.

1870~1930년대 철강의 생산량과 가격은 <표 3-17>에서 보듯이 철강생산량은 제1차 세계대전을 획기로 크게 증가하였다. 제1차 세계대전으로 강철부족현상이 나타나 그 가격이 세 배 이상 등귀하였다. 여기에 자극받아 철강생산이 증가하였는데, 특히 강재·조강이 선철보다 훨씬 빠른 성장을 보였나. 제1차 세계대전기에는 제철기술의 후진성 때문에 선철생

<표 3-17> 철강생산량·가격의 추이

연도	생산량(천톤)			가격(톤당 엔)		
	선철	강재	조강	선철	강재	조강
1874~1882	4	4	2	25.30(54)	68.52(63)	46.91(77)
1883~1890	10	4	2	18.48(39)	50.03(46)	34.25(56)
1891~1902	25	5	6	26.92(57)	72.90(67)	49.91(82)
1903~1913	152	131	186	35.19(75)	95.29(88)	65.24(107)
1914~1921	454	406	708	118.58(253)	261.39(241)	189.99(312)
1922~1929	788	1,137	1,457	49.17(105)	116.08(107)	92.31(152)
1930~1937	1,560	2,982	3,668	43.14(92)	108.49(100)	62.35(102)

주 : 수치는 각 기간의 연평균치. 가격의 괄호안은 1934~1936년 기준의 지수
자료 : 篠原三代平(1972), 앞의 책, 제35표, 제39표.

산과 강철생산의 기술적 합리적 일관성이 결여되어 선·강생산의 불균형
이 발생하였지만, 대전 후에는 기술혁신을 포함한 생산합리화가 본격화되
어 가격하락에 대응할 수 있는 비용절감에 성공하였다. 그러나 선·강 간
의 기술적 불균형은 확대하였다. 일본의 철강업은 강철을 위한 원료선철
의 공급능력을 확보할 수가 없어 인도로부터 수입하는 저가격선철에 의
존하고 있었다. 1920년대에 강철생산은 급증하여 이 시기의 중화학공업
화를 선도할 수가 있었다.

제4절 섬유공업의 구조변화

1910년대와 1920년대에 섬유공업은 전 제조업 가운데 최대의 비중을
차지하고 있었고 제조업 성장에 대한 기여도도 매우 높았다. 섬유공업에
서는 전통적인 면업·견업 외에 모사와 모직물의 비중이 높아졌다. <표
3-18>은 섬유생산의 업종별·종류별 구성의 추이를 보여주고 있다. 모사
(毛絲)·모직물 및 기타의 비중은 거의 수직적으로 상승하여 1930년대에
는 15.6%가 되었는데, 그것의 3분의 2가 넘는 11.4%는 모직물이었다. 더
구나 이것들은 면제품과 생사·견직물과 달리 거의 전부가 국내수요를

<표 3-18> 섬유생산의 업종별·종류별구성 (당년가격, %)

연 도	1910	1915	1920	1925	1930
면 업	44.2	45.7	49.1	45.8	41.1
사 류	24.0	25.5	24.8	23.0	19.2
직 물	24.2	20.2	24.3	22.8	21.9
견 업	46.9	41.7	37.5	42.2	43.3
사 류	29.2	26.9	21.1	30.0	25.9
직 물	18.7	14.8	16.4	12.2	17.4
기 타	8.9	10.7	13.6	12.0	15.6
사 류	0.5	1.8	3.5	3.2	4.2
직 물	8.4	8.9	10.1	8.8	11.4
총생산액(백만엔)	604	824	2,848	3,392	2,257

자료 : 篠原三代平(1972), 앞의 책, 제14표, 제18표

대상으로 하고 있다. 또 1910년대 후반에는 인조견사공업이 등장하여 점차 그 생산액이 증가하여 갔다. 1930년의 시장점유율은 2%에 머물렀으나, 1930년대의 급성장을 위한 기반정비를 마무리하고 있었다. 이러한 가운데 면업·견업에서도 구조변화가 이루어지고 있었다. 우선 견업부터 살펴보자.

<표 3-19>를 보면 제1차 세계대전기에 생사생산고가 증가하였고 수출비율(수출고/총생산고)과 생사가격도 상승하였다. 제1차 세계대전으로 제사업은 커다란 자극을 받았다. 전쟁경기와 패션의 변화 등으로 미국의 생사수요가 늘어나 대미수출이 급증한 탓이기도 하지만, 수출비율의 동향에서 알 수 있는 것처럼 전쟁경기를 배경으로 한 국내수요의 증가도 무시할수 없었다. 전후가 되면 1920년의 전후공황으로 생산량이 일시적으로 정체한 뒤 1920년대 전반에 다시 증가하였으며 수출비율도 80% 정도로 매우 높았다. 생사가격도 여전히 높은 수준이었다. 1920년대 후반에는 생사가격이 대폭 하락하였음에도 불구하고 생산량은 계속 증가하였고 수출비율도 그다지 떨어지지 않았다. 이를 보면 일본의 제사업은 제1차 세계대전 후 만성적불황기에도 국내수요는 정체되었지만 수출확대의 도움으로계속 성장하였다.

<표 3-19> 제사공장수·생사생산량·수출비율·생사가격의 추이

연도	공장수(기계공장수) (100공장)	생사생산고 (10,000kg)	수출비율 (%)	요꼬하마생사 현물시세(엔/kg)
1911	3,703(51)	1,281	67.7	14.284
1913	3,336(47)	1,403	87.8	14.834
1915	2,882(43)	1,517	70.5	14.167
1917	2,697(44)	1,994	77.7	22.934
1919	2,391(43)	2,388	71.9	35.467
1921	2,398(51)	2,340	67.2	25.184
1923	2,037(37)	2,534	62.4	33.467
1925	1,851(36)	3,107	84.7	32.617
1927	835(38)	3,705	84.5	22.917
1929	694(37)	4,235	82.3	21.834
1931	664(37)	4,381	76.8	9.717

자료 : 藤野正三郎 外(1979), 앞의 책, 제53표·제56표·제59표·제63표

제사업의 급성장은 누에고치생산·생사생산에서 합리화·기계화 등을 통해 생산성이 크게 상승한 덕분이었다. 뽕밭 이용의 집약화와 하추잠의 보급·사육법의 진보 등으로 뽕밭 1정(町)당 고치생산량·소립잠종 1kg당 고치수확량은 1910·20년대에 계속 증가하였는데 특히 1920년대에 크게 증가하였다. 생사생산에서 노동생산성은 생산기술의 향상·동력화의 진전 등으로 1910·20년대에 줄곧 상승하였다. 이와 함께 주목할 만한 것은 기계제사공장을 포함하는 공장수가 1911년 이래 계속 감소하고 있다는 사실이다. 이는 좌조·기계제사를 막론하고 1공장 당 생산고는 상승하고 생산단위가 대규모화되었다는 것을 말하고 있다. 특히 기계제사에서는 미로리카와(御法川) 조사기로 대표되는 다조 조사기의 개발과 그 보급으로 기계(器械)제사에서 기계(機械)제사로 전환되고, 기계(器械)방적업에 필적할 수 있을 정도의 규모를 가진 기계(機械)제사업이 나타났다. 본래의 의미에서의 근대적 제사업의 성립이라고 말할 수 있다. 그러나 일본 제사업은 1929년의 세계대공황으로 막심한 타격을 받아 가격이 폭락하고 생산량은 정체되고 수출은 절대적·상대적으로 감소하였다.

면업을 보면 면사·면포 생산은 제1차 세계대전기에 모두 증가하고 있지만 제1차 세계대전기보다도 1920년대에 더욱 두드러지게 성장하였다(<표 3-20>). 그러나 면사와 면포가 반드시 보조를 같이했던 것이 아니고, 면포가 더 큰 비율로 성장하였다. 1914년과 1932년을 비교하면 실질생산액은 면사가 1.8배, 면포가 4.0배가 되고 수출비율은 면사가 39%에서 5%로 크게 감소한 반면 면포는 23%에서 55%로 상승하였다. 가격지수를 보면 면사가 56.3에서 67.1로 상승한 반면에 면포는 반대로 106.8에서 75.6으로 하락하고 있다. 생사 다음으로 중요한 수출상품이었던 면사는 1910년대에서 1920년대에 걸쳐 그 지위에서 물러나고 그 대신 면포가 수출의 제2위를 차지하면서 생산액이 급증하였다. 일본면업의 중심은 면사에서 면포로 이동하였다.

이미 본 것처럼 제1차 세계대전 이후 중국에서 민족방적업이 대두하고 일본방적업의 수출경쟁력이 하락하였기 때문에 중국시장에서 면사는 후

<표 3-20> 면사·면포의 생산액·수출비율·가격지수의 추이 (백만엔)

연도	면사			면포		
	생산액	수출비율	가격지수	생산액	수출비율	가격지수
1914	356.9	38.6%	56.3	162.8	23.1%	106.4
1917	441.5	22.7	112.5	272.4	32.2	169.3
1920	417.0	21.6	180.8	275.5	48.3	293.3
1923	498.3	13.8	133.4	398.6	33.9	175.4
1926	598.5	10.7	111.3	527.3	56.4	140.3
1929	641.0	4.0	121.8	624.4	56.5	108.6
1932	644.9	4.7	67.1	653.5	54.9	75.6

주 : 생산액은 1934~1936년 기분의 불변가격에 의한 것, 수출비율은 당년가격에
　　의한것, 가격지수는 1934~1936년을 기준으로 한 것이다.
자료 : 篠原三代平(1972), 앞의 책, 제15표·제20표, 安藤良雄 (1979), 앞의 책, 제
　　5,6표. 藤野正三郎 外 (1979), 앞의 책, 제9표

퇴하지 않을 수 없었고, 수출비율은 급감하였다. 방적업의 수출경쟁력 저
하, 그 배경을 이루는 생산성의 낮은 신장은 <표 3-20>에서 나타나 있는
면사의 가격지수의 움직임을 보아도 분명하게 알 수 있다. 중국시장으로
의 수출에 크게 의존하고 있던 일본방적업은 심각한 사태에 직면하였다.
위기를 타개하기 위해 기술혁신에 의한 합리화, 제품의 고급화, 직포·염
색가공의 일관생산의 추진, 인조견사 등의 신흥부문으로 진출을 고려하는
동시에 중국으로 직접투자가 적극적으로 이루어졌다. 제1차 세계대전 전
에 과점체제의 벽에 부딪혀 저지되었던 후발기업이 상해로 생산거점을
옮긴 예도 있었으나, 1920년대에 들어서 10대 방적 및 기타 일본의 방적
업은 직포부문과 함께 중국에 본격적으로 직접투자를 하기 시작하였다.
중국에서 일본기업의 방적업경영을 재화방(在華紡)이라 하지만 1920년대
이 재화방의 추이를 보여주는 <표 3-21>에 의하면, 재화방은 방적·직물
양 부문 모두 1920년대 전기부터 후기에 걸쳐 시장점유율을 급속히 높여
중국의 민족방적업과 치열하게 경쟁하였다. 중국에 방적공장을 설립한
일본의 방적업은 대(對)중국수출의 중심인 태사·후지면포부문을 죽소하
고, 면사·면포 부문 모두 제품의 고급화를 추구하여 국내부문을 재구축
하였다.

<표 3-21> 재화방의 발전(1920~31년)

연도	방기수(천추)				직기수(백만대)			
	총계 (A)	중국인 경영	일본인 경영(B)	B/A (%)	총계 (C)	중국인 경영	일본인 경영(D)	D/C (%)
1921	3,232	2,124	849	26.2	16	11	3	18.4
1922	3,550	2,221	1,071	30.2	19	12	4	20.6
1924	3,581	2,176	1,218	34.0	22	14	6	26.4
1925	3,570	2,049	1,332	37.3	23	13	7	31.4
1927	3,685	2,099	1,383	37.6	30	13	14	46.9
1929	4,201	2,386	1,652	39.3	-	-	-	-
1931	4,904	2,730	2,003	40.9	43	21	21	45.3

자료 : 安藤良雄(1979), 앞의 책, p.103.

　면사 대신에 주역의 자리에 오른 면포를 보면 우선 1910·20년대에 역직기에 의한 겸영면직물생산액이 착실히 증가하였다. 더욱이 이미 본 것처럼 이 시기 재래면직물업의 동력화·기계화가 진행되어 1경영 당 생산규모도 확대되었다. 생산성이 상승한 것은 당연하였고 이것은 면사가격의 동향에 반영되었다. 면직물업의 전면적인 근대화·기계화로 수출비율이 증가하고 생산액의 과반이 수출되었다. 일본의 면직물업은 수출주도로 성장을 지속하면서 1930년대를 맞이하였다.

제3장 금융재편성과 산업합리화

제1절 1920년대의 만성불황

전쟁경기와 그 도움으로 경제성장을 달성한 1910년대와 만성불황이라고 불리는 1920년대의 경제성장 상황은 <표 3-22>에 나타난 그대로다. 1910년대는 GNP가 연평균 3.8%로 성장하고 특히 제조업생산고가 6.5%의 성장을 기록하고 있다. 1920년의 전후 반동공황 이후 3~4년 간격으로 간토 대지진·금융공황이 발생한 1920년대가 되면 GNP의 성장률은 1910년대에 비하면 많이 떨어졌지만, 적어도 평균 2%의 성장은 계속 유지하였다. 산업별로 고찰하면 농업은 겨우 1.0%에 지나지 않았는데 이는 메이지 초기 이래 최저의 성장률이었다. 그리고 1910년대에도 농업의 성장률은 1.4%에 머물렀다. 이에 대해 제조업은 크게 떨어지지는 않았고 4.7%의 성장을 지속하고 있었다. 이 성장률은 1890·1900년대보다 높고, 또 미국·영국·독일에 비해서도 높은 것이었다. 그리고 앞의 <표 3-9>에 나타나 있는 것처럼 유업인구는 착실히 증가하여 제조업 유업인구의 성장률은 제조업의 성장률을 능가하고 있었다. 실업률도 미국에 비하면 상당히 낮은 수준이었다. 만성불황이라고 하여도 새로운 발전국면을 맞은 제조업을 중심으로 1920년대에도 어쨌든 성장은 계속되었다고 볼 수 있다. 따라서 거시적 측면에서 1920년대는 반드시 만성불황이라고 부를 수는 없다.

<표 3-22> 경제성장의 상황(1911~31년) (연평균성장률, %)

	1911~31년	1911~21년	1921~31년
총국민생산	3.0	3.8	2.0
농업생산고	1.2	1.4	1.0
제조업생산고	5.7	6.5	4.7
개인소비지출	2.7	3.5	1.9
총국내고정자본형성	3.3	6.4	0.2
비1차산업고정자본	3.5	9.4	-2.0

주 : 1911·1921·1931년을 중앙년도로 하는 5개년 평균치에 근거하여 산출
자료 : 大川一司·高松信淸·山本有造(1974), 앞의 책, 제19표·제21표·제23표,
　　　梅村又次 外(1966), 앞의 책,제4표, 篠原三代平(1972), 앞의 책, 제2표.

경제성장이 지속되었다고 하여도 1920년대 총국내 고정자본 형성의 연평균 성장률은 0.2%라는 낮은 수준이었기 때문에 제조업을 중심으로 설비투자가 활발히 이루어진 1910년대의 6.4%와는 많은 차이가 있었다. 특히 제조업에서 설비투자는 둔화하여 비1차산업 고정자본 형성은 -2.0%였다. 더욱이 <표 3-23>에서 보듯이 1910년대에 급등한 물가는 1920년을 경계로 하락 경향으로 바뀌고 1920년대 후반까지 계속 하락하였다. 이와 같은 물가의 움직임은 전후의 인플레이션에 의해 1920년대 중반까지 계속 상승하고 있던 프랑스·이탈리아·벨기에 등 유럽 대륙의 일부 국가는 예외로 하고, 미국·영국·스위스·네덜란드·북구 제국 등 세계 각국의 물가동향과 거의 같았다. 다만 일본의 경우는 1920년부터 1923년까지의 물가하락폭이 미국·영국 등의 여러 국가보다 작고 또 비교적 높은 수준을 유지하고 있었지만 1920년대 후반에 이르러 다른 국가들보다 심하게 하락한 점이 특징이었다. 이와 같은 1920년대 후반의 물가하락에 금융공황 등에 의한 기업의 정리 및 집중 등이 가중되어 경제에 대한 불안감은 더욱 깊어 갔다.

그런데 <표 3-17>에서 알 수 있는 것처럼 농산물가격과 공산물가격은 반드시 보조를 같이하는 것은 아니었다. 제1차 세계대전의 시작과 함께 공산물가격은 급등하였으나 농산물가격은 개전 후 수년 사이에 그 정도로 상승하지는 않았고, 1917년에 가서야 등귀세가 뚜렷해 졌다. 그러나 돌

<표 3-23> 물가의 변동 (지수, 1934~36년 기준)

연도	종합지출물가	농산물가격	공산물가격	농공간 상대가격	제조업 실질임금
1912	65.1	79.3	81.4	97.4	47.9
1913	66.9	78.8	79.8	98.7	51.0
1914	61.8	56.5	76.3	74.0	56.6
1915	58.7	53.3	80.6	66.1	59.1
1916	64.5	60.5	100.5	60.2	58.4
1917	80.0	85.5	129.4	66.1	54.4
1918	106.6	132.7	160.8	82.5	51.9
1919	137.7	182.0	186.0	97.8	57.4
1920	147.4	145.6	195.2	74.6	72.6
1921	133.4	143.3	150.3	95.3	80.8
1922	131.5	127.8	151.2	84.5	86.7
1923	130.8	138.5	154.6	89.9	84.6
1924	131.6	148.5	155.3	95.6	86.7
1925	131.3	148.8	147.7	100.7	87.9
1926	123.0	134.1	130.9	102.4	93.9
1927	123.0	117.3	122.6	95.7	93.5
1928	118.52	115.6	123.7	93.5	99.1
1929	116.2	114.3	119.6	95.6	100.9
1930	103.5	75.3	96.8	77.8	101.5
1931	91.2	69.3	79.7	87.0	106.6

자료 : 大川一司·野田 孜 外(1966), 『長期經濟統計 8 : 物價』, 제1표·제10표·
제15표·제25표에서 작성.

발적으로 상승한 1919년을 제외하면 농산물가격의 상승은 대체로 공산물
가격의 상승을 크게 밑돌고 있다. 이 때문에 대전기를 통하여 농·공 간
의 상대가격은 변동하였고, 그 수준은 대전전에 비해 눈에 띄게 낮았다.
그 후 물가하락기에는 공산물가격의 하락이 농산물가격의 하락보다 컸기
때문에 농·공 간의 상대가격은 상승으로 바뀌고 거의 대전 전의 수준을
회복하였다. 그러나 전쟁경기에 도취된 일부 기업은 공산물가격의 대폭
적인 하락으로 위축되었으며 수출수요의 감소가 수출기업에 가져온 타격
과 맞물려 이윤을 크게 감소시켰다. 거시적으로는 불황이라고는 부를 수
없었으나, 대전시의 붐과 전후의 낙차의 크기에 커서 기업을 중심으로 불

황감이 고조되었다. 더 나아가 1920년대 후기에는 공산물가격과 농산물 가격이 동시에 급락하여 불황감을 더욱 부채질하였다. 그리고 1929년의 세계대공황, 1930년의 금수출해금으로 본격적인 공황인 쇼와공황이 도래 하였다.

<표 3-24>는 주요 기업의 업적 추이를 보여주는데 이를 통해 지금까 지 말한 것을 확인할 수 있다. 1916년부터 1922년에 걸쳐 불입자본금은 급속히 증가하여 이 시기에 회사의 증자와 신설이 계속된 것을 알 수 있 다. 제1차 세계대전에 따른 전쟁경기에 힘입어 대규모 기업열이 일어나 1915~18년의 신규사업계획자본은 51억 엔을 넘었다. 대전 말기부터 전 후에 걸쳐 일시적으로 침체 현상을 보였으나 1919년부터 1920년에 걸쳐 기업열이 재연되어 이 2년간의 신규사업계획자본은 91억 엔이라는 거액 에 도달하였다. 이러한 사업계획이 모두 실시된 것이 아니고 탁상공론으 로 끝난 것이 적지않았다 하여도 사업의 확장과 신설을 목적으로 한 불입 자본금은 급격히 증가하였다. 이와 같은 기업열의 배경에는 전쟁경기로 이익이 크게 증가하였다는 사실이 놓여 있었다.

<표 3-24> 주요 기업의 자본금·이익금·주주배당금의 추이 (백만엔)

연도	회사수	불입자본금 (A)	당기이익금 (B)	주주배당금 (C)	B/A	C/A	C/B
1914	153	663	101	64	15.2%	9.7%	63.4%
1916	153	752	314	123	41.8	16.4	39.2
1918	148	1,190	624	276	52.4	23.2	44.2
1920	149	1,734	684	384	37.0	22.1	59.9
1922	150	2,526	414	309	16.4	12.2	74.6
1924	148	2,832	484	302	17.1	10.7	62.4
1926	110	2,584	380	279	14.7	10.8	73.4
1928	132	3,136	441	303	14.1	9.7	68.7
1930	132	3,322	389	254	11.7	7.6	65.3

자료 : 會社銀行八十年史編纂室(1955), 『會社銀行八十年史』, 東洋經濟新報社, p.2, 『會社業績調査』(東洋經濟新報社調).

제1차 세계대전으로 야기된 거대한 초과수요는 물가의 급등을 초래하였으나 전술한 것처럼 공산물가격의 상승은 농산물가격의 상승을 웃돌았으며 게다가 인플레이션으로 실질임금의 상승도 억제되었기 때문에 제조업을 중심으로 기업은 인플레이션의 이익을 얻을 수가 있었다. 전쟁이 끝난 후에도 1920년까지 인플레이션이 계속되고 인플레이션 이득은 여전하였다. 1916~20년의 불입자본금에 대한 이익금비율(B/A)은 37~52%라는 고율을 기록하였다. 이에 대응하여 주주에 대한 배당률(C/A)도 비교적 높아 16~23%가 되었지만 당기이익금에 대한 주주배당금의 비율(C/B)은 다른 기간에 비해 낮은 수준에 머물러 이익금의 상당 부분은 임원상여와 내부유보가 배당되었다. 기업열이 일어난 것은 당연한 것이었다.

1920년대에 들어서면 1920년의 전후공황을 경계로 인플레이션은 정지되고 기업열에서 일전하여 기업정리가 이루어져 1920년부터 1925년 사이에 감자·해산·합병 등에 의해 불입자본금이 19여억 엔이나 감소하였다. <표 3-24>를 보아도 1920년대는 불입자본금의 성장이 둔화하여 1926년에는 일시적이지만 주요기업에서도 불입자본금이 감소하였다. 그러나 불입자본금에 대한 이익금비율은 제1차 세계대전 시에 비해 낮았다고는 하지만 15% 전후를 계속 유지하였으며, 주주에 대한 배당률도 10% 수준을 유지하였다. 만성불황 상태라고는 하지만 일본의 주요기업은 1920년대에 손실을 입은 것은 아니고 10% 이상의 이익률을 항상 확보하고 있었다. 주요 기업의 업적에서 보는 한 1920년대는 만성불황이 아니있다. 1920년대가 끝나고 1930년대에 들어서면 이익금률·주주배당률이 저하하였는데, 이것은 세계대공황·쇼와 공황에 의한 것이었다.

제2절 재벌콘체른의 형성

1920년대에는 산업조직 면에서도 주목할 만한 변화가 일어났다. 그러한 변화 가운데 중요한 것의 하나로 재벌콘체른의 형성을 들 수 있다. 여기서는 재벌콘체른을 "가족 또는 동족에 의해 출자된 친회사(지주회사)가 중핵이 되고 그것이 지배하고 있는 여러 기업(자회사)에 다종의 산업을 경영시키고 있는 기업집단이고, 대규모의 자회사는 각각의 산업부문에서 과점적 지위를 차지하고 있는"[1] 것으로 이해한다. 미쓰이·미쓰비시·스미토모·야스다(安田)가 소위 일본의 4대 재벌이지만 이 가운데 엄밀한 의미에서 앞의 정의와 일치하는 것은 미쓰이·미쓰비시·스미토모였다. 야스다의 경우는 금융업을 중심으로 하고 다각적 경영이라는 점에서 다른 세 재벌과는 큰 차이가 있다. 그러나 야스다는 아사노(淺野) 재벌과 긴밀히 제휴하여 야스다가 출자 내지 융자하고 아사노가 사업을 전개한다는 형태를 띠고 있었기 때문에 아사노와 일체화된 것으로서 야스다를 본다면 미쓰이·미쓰비시·스미토모와 동렬에 놓을 수 있다.

에도 시대의 도시대상인의 계보를 가진 미쓰이·스미토모와 막부 말·유신기에 적수공권으로 출발한 미쓰비시·야스다는 생성의 역사적과정이 분명히 달랐으나 모두 은행을 중심으로 광범위한 산업에서 다각적 경영을 하고 있었다는 점에서 같은 특징을 지니고 있다. 구미의 선진공업국 중 미국·독일 등에서는 재벌콘체른이 존재하였으나 그것들은 특정 산업을 중심으로 수직적·수평적 통합을 통하여 형성된 것이었고 일본처럼 다업종에 걸친 것은 아니었다. 일본과 같은 후진국에서는 각종 산업부문에서 도입기술에 의한 근대화를 일제히 전개해야 하였기 때문에 공업화의 시초부터 다각경영이 출현하였다. 근대산업의 이식·정착을 위해서는 막강한 자금 조달능력을 가진 뛰어난 경영자원을 가지는 것이 반드시 필요하였고 소수의 재벌에 의한 다각적인 기업집단이 형성되는 것은 당연한 결과였다.

4대 재벌은 1909년부터 1921년 사이에 재벌콘체른으로서의 모습을 갖추었다. 미쓰이는 1909년에 미쓰이 11가로 이루어진 미쓰이 합명회사를

---

1) 이 정의는 '재벌콘체른'에 대한 것이고, 콘체른화 하기 이전의 4대 재벌을 포함한 일본 재벌 일반의 정의로서는 너무 좁은 개념이다. 4대 재벌 외에도 후루카와·오쿠라·가타쿠라를 비롯한 중소 재벌과 지방 재벌이 있었지만 부호 일족에 의한 다각적 경영이라는 점에서는 4대 재벌과 다르지 않았다. 그러나 기업집단으로서의 규모 및 구조와 일본 경제에서의 지위에 대해서는 4대 재벌과는 큰 차이가 있었다. 여기서는 1920년대의 4대 재벌을 재벌콘체른으로 파악하고 중소 재벌·지방 재벌과 구분한다.

설립하고, 이를 미쓰이 재벌의 중추로 삼았다. 그와 함께 은행·물산·광산을 주식회사로 개조하였으며 그 주식은 미쓰이 본사라고 할 수 있는 미쓰이 합명이 소유하였다. 미쓰이 동족(三井同族)이라는 폐쇄적인 혈연집단이 지주회사를 구성하고 주식보유를 통하여 다수의 기업을 지배하는 체제가 성립하였다. 발족 당시 자본금 5,000만 엔의 미쓰이 합명의 산하에는 직계·방계 및 자회사를 합쳐 11사 그 자본금 합계는 1억 8,700만 엔이었다. 그 후 1910·20년대를 통해 기업집단의 규모는 확대되어 1930년경에는 산하기업 40개, 자본금 합계 10억 3,700만 엔에 달하였다.

미쓰비시는 제1차 세계대전기부터 전후에 걸쳐 이와자키 가 일족으로 이루어진 미쓰비시 합자회사의 지주회사화를 달성하였다. 미쓰비시 합자의 사업부를 이루고 있던 부문이 주식회사화 되고, 미쓰비시 조선·미쓰비시 제철·미쓰비시 광업·미쓰비시 상사·미쓰비시 은행 등이 되었다. 1928년경의 미쓰비시 재벌은 자본금 1억 2,000만 엔의 미쓰비시 합자를 정점으로 직계 10사, 방계 11사, 직계·방계 각각 다수의 자회사를 거느리고 그 자본금 합계는 5억9,000만 엔이 되었다. 스미토모는 1921년 스미토모 총본점을 자본금 1억5,000만 엔의 스미토모 합자회사로 개조하고 이를 지주회사화 하였다. 그러나 산하기업이 모두 주식회사화된 것은 아니고 여전히 스모토모 가의 직영 형태를 띤 것이 많았고 그 주식회사화는 점진적으로 이루어졌나. 따라서 미쓰이와 미쓰비시처럼 일시에 재벌콘제른화한 것은 아니었으나 1928년경에는 스미토모 합자의 직계회사는 스미토모 은행·스미토모 벳시 동산(銅山)·스미토모 전선·스미토모 제강을 비롯해 13사, 그 공칭자본금 합계 1억 8,500만 엔이 되었다. 끝으로 야스다를 보면 1912년에 그때까지 동족회였던 보선사(保善社)를 합명회사로 조직 개편하고 지주회사가 되었다. 산하기업은 은행업을 중심으로 했고 1920년대에 지배하고 있는 은행은 20개, 공칭자본금 합계 1억 5,975만 엔에 이르렀다. 그 외의 관계회사로는 생명보험·손해보험·제마(製麻)·철도·전기 등 29사가 있었다.

이들 재벌콘체른은 1920년대 특히 그 후반에 금융공황 등을 계기로 진행한 기업정리 과정에서 그 세력을 더욱 강화하였다. 예를 들어 1922년에 요코하마의 무역상 시게키 상점이 파산하고, 1927년 금융공황 때에는 스즈키(鈴木) 상점이 도산하였다. 이들 도산기업이 가지고 있던 상품의 독점판매권 등의 상권은 미쓰이 물산과 미쓰비시 상사에 손에 들어가 수출입에서 차지하는 물산·상사의 시장점유율은 더욱 커졌다. 또 스즈키 상점의 지배 하에 있던 대일본셀룰로이드·일본금속·클로드식 질소공업·제일질소공업·일본제분·신일본화재해상은 미쓰이계로, 동양제당·동양화재해상보험은 미쓰비시계로 옮겨갔다. 이처럼 금융공황을 거쳐 재벌콘체른은 일본경제에서 압도적인 지위를 차지하게 되었다. 1928년 미쓰이·미쓰비시·스미토모·야스다의 4대재벌 산하기업의 불입자본금 총액은 19억 6,300만 엔에 달하여 전국회사 불입자본금 총액의 15%를 차지하였다. 그리고 4대재벌의 핵심적 지위에 있는 은행업을 보면, 1930년에 4대은행이 전국보통은행의 예금총액의 30%를 차지하고 대부액에서도 24%의 점유율을 가지고 있었다.

1930년대 중화학공업화에서 중요한 담당자의 하나였던 신흥재벌은 이 단계에서는 아직 재벌로서의 모습을 갖추지 못하였으나, 메이지 초기에 기원을 가진 아사노·오쿠라(大倉)·후루카와(古河)·가와사키 등의 재벌도 1910·20년대에 각각 지주회사를 중심으로 한 기업집단으로서의 체제를 성립시켰다. 이들 재벌은 4대재벌과는 달리 은행이 없었고, 다각화의 정도도 낮아 아사노를 제외하면 불입자본금은 1억 엔 가량으로 4대 재벌에 비하면 규모가 작았다. 그 가운데 아사노 재벌은 1929년에 직계·방계 기타 75의 관계회사를 가지고 불입자본금 총액은 3억 2,950만 엔에 달하여 스미토모를 능가하고 있었다. 야스다와 아사노는 긴밀한 제휴관계를 가지고 있었기 때문에 양자를 합치면 5억 엔 가까운 불입자본금을 가지게 되고 이들까지 포함하면 4대 재벌의 지위는 더욱 커지게 된다.

제3절 금융재편성과 금융공황

　1910년대·20년대는 은행업의 산업조직에서도 극적인 변화가 일어나고 있었다. <표 3-25>는 각종 금융기관수의 추이를 보여주고 있는데 이를 대충 보기만 해도 은행업에서 많은 변화가 일어난 것을 알 수 있다. 특히 보통은행·저축은행의 수가 감소하였고 농림수산업중소기업 금융기관(농촌신용조합·시가지신용조합·무진업)이 증가하였다. 1920년대에는 보통은행·저축은행의 수가 많이 줄었고, 1910년대에는 농촌신용조합이 압도적인 부분을 차지하는 농림수산중소기업 금융기관이 급성장하고 있다. 따라서 양자의 움직임은 반드시 대응하는 것은 아니지만 금융구조가 재편성된 것은 분명하였다. 그리고 이와 같은 움직임과 함께 우편저금 취급국은 1900~1910년대에 증가한 이후 착실한 성장을 계속하여 일본의 금융제도에서 확고한 지위를 차지하였다.

<표 3-25> 각종 금융기관수의 추이

연도	1900	1910	1920	1930
보통·저축은행	2,289	2,092	1,987	872
특수은행	47	49	50	23
신탁회사	-	41	425	37
보험회사	68	56	89	92
정부금융(우편저금취급국)	4,816	7,054	8,002	9,954
농림수산중소기업금융기관	13	4,722	11,156	13,177

자료 : 寺西重郎(1982), 『日本の經濟發展と金融』, p.392.

　19세기 말부터 20세기 초에 걸쳐 자본금 5~30만 엔의 소은행이 난립하였다. 그 가운데에는 불건전한 것이 많이 있었고, 정부도 은행합동의 장려와 자본금 50만 엔 미만의 소은행의 설립을 억제하여 이에 대처하려고 하였다. 그러나 현실적으로 합병 내지 매수에 의한 합동도 그다지 일어나지 않고, 소은행의 설립 억제도 처음에는 별로 효과를 보지 못하여 여전히 소은행의 설립이 계속되었다. 더구나 제1차 세계대전에 의한 전쟁경기로 일반적인 기업 규모의 확대에 대응하여 증자 또는 합동을 통한 은행의 규모도 대폭 확대되었다. 그럼에도 불구하고 1910년대에 보통·저축은행 수가 100행 이상이나 감소한 것은 소은행을 중심으로 해산·파산·폐업이 불가피해진 은행이 많았기 때문이다. 이러한 은행 가운데에는 사기에 가까운 영업을 한 것도 적지 않았지만, 많은 경우 거래처의 경영파탄에 영향 받은 것이었다. 그 가운데에는 특정 사업회사와의 결합이 강하여 그 결과 은행경영의 안정성을 무시한 편재된 자금을 공급하는 소위 기관은행이 증가하였다. 또 지방의 재래산업에 대하여 자금을 공급하고 있던 지방소은행이 이미 앞서 본 것처럼 재래산업의 재편성 과정 속에서 존립기반을 잃은 경우도 보인다. 그러나 중소은행이 본격적으로 도태하기 시작한 것은 1920년대에 들어서면서부터였다.

1910년대 금융업에서 그 이상으로 주목해야 할 것은 농림수산업중소기업 금융기관이다. 그 가운데에는 전통적·재래적인 상호금융에서 발전한 무진업(無盡業)이 포함되어 있지만 1910년대의 시점에서 그 수는 831개로 농림수산중소기업 금융기관 전체의 약 20%를 차지하는 데 머물렀고 1920년대에는 그 수가 202개로 감소하고 전체에 대한 비율도 2% 정도로 감소하였다. 농림수산중소기업 금융기관으로서 수적으로 압도적 비율을 차지한 것은 농촌신용조합으로, 1920년대를 통해 절대적·상대적으로 비약적인 성장을 보였다. 신용조합은 1900년에 제정된 산업조합법에 근거하여 소생산자를 위한 금융기관으로서 설립된 것이었으나 처음에는 기대한 만큼 보급되지 못하였다. 1906·1909년의 제1차·제2차 개정으로 신용조합의 설립이 촉진되고 특히 농촌부에서 신용조합이 급증하였다. 조합원의 예금을 주요 자금원으로 하여 이것을 주로 조합원에게 대부한다는 상호금융적 색채가 강한 신용조합이 발전하면 필연적으로 예금·대부에서 변동이 생기게 된다. 특히 지방소은행과 예금·대부를 둘러싸고 경쟁관계가 격화되었다. 예를 들어 예금금리는 지방은행의 금리에 가까운 높은 수준에 설정되어 있고 대부에 대해서도 다른 금융기관에 대한 채무상환을 위한 차환자금수요가 상당한 비중을 차지하고 있었다. 신용조합의 급증으로 지방 소은행은 그 존립기반을 상실하게 됨으로써 금융재편성은 더욱 촉진되었다.

1920년대에 들어서면 전쟁경기를 누리고 있던 조선업과 제사업 기타의 수출산업·해운업·무역업 등은 전쟁종결에 따른 반동경기의 영향을 크게 받았으며 방만한 경영을 하고 있던 기업의 사업축소와 도산이 잇달았다. 이러한 기업과 밀접한 관련을 가지고 있던 중소은행도 연쇄적으로 휴업·폐업에 직면할 수밖에 없었다. 1920년에 휴업한 은행은 21행에 달하였으나, 그 후에도 은행예금청구·휴업이 계속되어 합병·매수 등에 의한 합동도 급속히 증가하였다. 1922년부터 1926년까지 사이에 은행의 신설은 61행에 머물렀으나 파탄에 의한 은행감소는 163행, 합동에 의한 감소는 355행을 기록하고 있다. 그러나 일본은행은 은행의 신규설립을 억제하고 합동을 권장하는 한편 곤경에 빠진 은행에 대하여 대규모 구제융자를 하였기 때문에 불건전한 경영을 하고 있는 은행을 온존시키는 결과를 초래하였다. 1925년의 보통은행업에서는 불입자본금 300~1000만 엔의 중규모 은행군이 불건전하였는데 이는 예대율·예금비용·차입의존도가 모두 높은 수준이었던 데서 알 수 있다. 따라서 소은행의 도태·금융재편성이 진행하고 있던 것은 확실하였으나 정리를 필요로 하는 부분도 여전히 많이 남아 있었던 것도 사실이다. 그리고 1927년의 금융공황으로 금융재편성은 최종적으로 마무리되었다.

1926년 정부는 구제에서 정리로 방침을 선환하면서 금융조사회를 설치하고 금융제도개혁에 착수하였다. 조사회의 심의를 거쳐 마침내 최종안을 얻은 정부는 1927년 2월 보통은행의 최저자본금을 원칙적으로 100만 엔으로 하는 은행법안을 「진재(震災)어음처리법안」과 함께 의회에 제출하였다. 이들 법안은 3월 말까지 양원을 통과하여 법률로서 공포되었다. 두 법안의 심의 중 귀족원 예산위원회에서의 가타오카 나오하루(片岡直溫) 대장상의 실언이 발단이 되어 미결제 진재어음을 많이 떠맡고 있던 대만은행·와타나베(渡邊) 은행 등이 휴업하게 되었다. 이는 정권교체를 가져올 정도의 긴급사태로 발전하였다. 신정부는 전국의 은행에 대하여 2일간의 자발적 휴업을 명하고 또 3주간의 지불정지를 실시하였지만, 십오(十五)·오미(近江)·소우다(左右田)·나카이(中井)·무라이(村井)·제육십오(第六十五) 등 44개 은행이 휴업하였다.

금융공황으로 약소은행이 정리되었는데 1928년 1월의 은행법이 이를 결정적인 것으로 만들었다. 정부는 최저자본금에 미치지 못하는 은행의 단독융자를 원칙적으로 인정하지 않고 흡수 내지 합병에 의한 증자로 해결하도록 만들었다. 그 결과 많은 은행이 해산되어 1927년 1,238행이었던 보통은행은 1932년에는 538행으로 감소하였다. 이와 같은 은행정리과정을 통하여 중소은행에서 대은행으로 예금이 이동되었으며 신탁회사·우편저금·신용조합 등의 금융기관으로 예금이 옮겨갔다. 그 중에서 정기성예금의 경우는 우편저금으로 많이 이동하였다. 미쓰이·미쓰비시·스미토모·야스다의 재벌계은행에 제일은행이 가세한 5대 은행은 금융공황 직전인 1926년에 전국 보통은행예금 합계액의 24%, 대부의 21%를 차지하고 있었으나, 1932년에는 예금 41%, 대부 33%로 증가하였다. 은행업에서 대기업체제가 성립한 것이다. 그러나 동시에 금융에서 보통·저축은행의 비중이 급속히 떨어진 것도 주목할 필요가 있다. <표 3-26>에서 대출·유가증권 투자액의 금융기관별 구성을 보면, 1920년부터 1930년에 걸쳐 보통·저축은행의 점유율이 78.2%에서 49.9%로 감소하였다. 이에 비해 보험은 같은 기간에 3.3%에서 7.3%, 정부금융은 6.1%에서 14.9%, 농림수산중소기업 금융기관은 2.0%에서 7.3%로 증가하였다. 신탁회사는

<표 3-26> 대출·유가증권 투자액 및 금융기관별 구성의 추이 (백만엔)

연도	1900	1910	1920	1930
총액	1,009	2,476	11,468	22,827
10년 변화율(%)	-	145	363	99
금융기관별구성(%)				
보통·저축은행	83.8	72.1	78.2	49.8
특수은행	8.4	14.9	10.4	15.3
신탁회사	-	-	-	6.5
보험회사	1.8	2.9	3.3	7.3
정부금융	5.9	9.6	6.1	14.9
농림수산 중소기업 금융기관	-	0.5	2.0	7.3

자료 : 寺西(1982), 앞의 책, pp.392~393.

1930년에 새로이 7.3%를 차지하고 있다. 이와 같이 재편성된 금융구조 하에서 일본경제는 1930년대에 새로운 국면을 맞이하게 된다.

제4절 쇼와 공황과 산업합리화

금융공황으로 혼란이 계속되던 1928년 노르웨이·프랑스가 금본위제로 복귀함으로써 이제 남은 것은 일본뿐이었다. 1927년 7월에 성립한 하마구치 내각은 금본위제로 복귀(금수출해금)를 기본정책으로 내걸고, 그 조타수로서 당 외에서 요코하마 정금은행 은행장과 일본은행 총재의 경력을 가진 이노우에 준노스케(井上準之助)를 대장상으로 기용하였다. 이노우에는 경상수지의 적자가 계속되는 가운데 금수출해금을 실시하기 위하여 극적인 정책전환을 시도하였다. 우선 100엔＝44.6 달러까지 내려가 있던 환시세를 구평가(100엔＝50달러)에 접근시키는 방법을 채택하였다. 또 금리도 약간 높게 유도하여 금융긴축을 도모하였다. 그리고 실행예산을 편성하여 당초예산에서 9,000만 엔의 지출을 삭감하였다. 여기에 소비절약·근검저축, 수입억제·국산품애용, 산업합리화를 전국유세를 통하여 강력하게 호소하였다. 당연한 결과로 디플레이션 경향이 강화되었고 물가는 급락하였으나 주가도 크게 하락하였다.

이러한 와중에 1929년 10월 미국·월가의 주식시세가 대폭락하여 세계대공황이 시작되었다. 그러나 내외 모두 낙관적 예측이 지배하였기 때문에 예정 그대로 1930년 1월에 금수출해금이 실시되었다. 디플레이션은 가속화되고 쇼와 공황이 시작되었다.

미국과 영국의 대불황에 비해 쇼와공황은 단기간에 끝났으나 농촌의 불황은 매우 심각하여 농가소득이 2년 만에 반감하였다. 또 제조업도 타격을 받아 국내수요·수출수요 모두가 침체하고 공산물가격은 30% 이상 하락하였다. 반면 제조업의 실질임금은 약간 상승하였다. 제조업의 업적악화는 피할 수 없었고 <표 3-26>에 나타나 있는 주요기업의 업적을 보아도 1930년에는 손실은 계상되어 있지는 않지만 불입자본금에 대한 이익률은 많이 하락하였다. 이와 같은 상황에 대처하기 위하여 기업은 사업의 신설·확장계획을 줄여 경영합리화·인원정리 등의 방법을 이용하여 생산비를 낮추려고 노력하였다. 민간의 이러한 노력에 대응하여 정부도 산업합리화정책을 전개하였다.

1929년 11월 내각에 산업합리화 심의회가 설치되었다. 또 다음 달인 12월에는 금융공황 후인 1927년 5월에 이미 발족한 상공심의회가 산업합리화에 대한 답신을 내었다. 그 답신에서는 기업합동의 촉진과 카르텔의 장려가 두 중심축을 이루고 있었다. 1930년 1월에는 상공심의회가 사실상 개조되어 임시산업 심의회가 되고, 6월에는 상공성에 임시산업 합리국이 설치되어 산업합리화 정책의 추진자가 되었다. 산업합리화라고 하여도 실제는 카르텔 정책이고 중요산업통제법으로 구체화되었다. 이 법률의 핵심은 정부가 지정하는 중요산업(면방적·견사방적·인조견사·철강·시멘트·제분·제지·카바이트)에 대해서는 가맹기업의 3분의 2 이상의 신청에 의해 가맹하지 않은 외부자도 그 협정에 따를 것을 강제할 수 있다는 점에 있었다. 실제로 이 조항이 발동된 것은 아니었지만 외부의 활동을 크게 제약하여 카르텔의 효과를 높였다는 것은 분명하다. 이 법률의 뒷받침 하에 잇달아 불황카르텔이 결성되어, 1930년에서 1932년에 걸쳐 48개의 카르텔이 새롭게 탄생하였다. 중요산업에서 카르텔화가 급진전된 것은 재벌콘체른의 강화와 함께 일본경제에서 대기업체제가 성립하고 발전하는 데 기여하였다. 불황대책으로서 출발한 이 중요산업통제법은 뒤에 1936년에 개정을 통해 전시경제통제 속에 포섭되었다.

개별기업 측에서도 합리화는 신기술의 도입과 인원정리라는 형태로 강력히 추진되었고 또 임금수준도 인하되었다. 이로써 노동생산성의 상승과 생산비의 절하를 실현한 반면 노동쟁의가 빈발하게 되었다. 노동조합·노동쟁의의 추이를 나타낸 <표 3-27>을 보면 1920년대를 통하여 노동조합수나 조합원수가 모두 착실하게 증가하였으나 1929~1931년에는 더 많아졌다. 또 노동쟁의 건수·참가인원은 1918·1919년에 높은 수준을 기록하고, 그 후 건수는 감소하였으나 1920년의 야하타 제철소·도쿄 시

전(市電), 1921년 아시오(足尾) 광산과 미쓰비시·가와사키 양 조선소, 1923년 노다(野田) 간장 등의 대쟁의가 계속되었다. 그 후 쇼와 공황기까지 쟁의건수·참가인원 모두 그 정도 크게 변동하지는 않고 쟁의의 성격에도 기본적인 변화는 없었다. 그러나 1929년이 되면 양상이 바뀌어 쟁의건수·참가인원도 크게 늘어나고 쟁의의 성격도 변하여 요구 내용은 주로 임금인 내지 해고반대 등 현재의 노동조건의 유지가 중심이었다. 그러나 실업률은 그다지 상승하지 않았으며, 이미 언급한 것처럼 제조업의 실질임금도 이 시기에 저하하지 않고 오히려 약간 상승하고 있다. 그리고 1931년부터 일본경제는 새로운 국면에 들어가 불황에서 성장으로의 전환이 이루어졌으며 그에 호응하여 노동쟁의건수도 1931년을 정점으로 감소하기 시작하였다. 이에 따라 쟁의의 성격도 노동조건의 향상을 목적으로 하는 것으로 회귀하였다.

<표 3-27> 노동조합·노동쟁의의 추이

연도	조합수	조합원수(A)	쟁의건수	참가인원(B)	1쟁의당 참가인원	B/A
1918	107	- 천명	417	66천명	159	- %
1919	187	-	497	63	127	-
1920	273	-	282	36	129	-
1921	300	103	246	58	237	51
1922	389	137	250	42	166	31
1923	432	126	270	36	134	29
1924	469	228	333	55	164	24
1925	457	254	293	41	139	16
1926	488	285	495	67	136	24
1927	505	309	383	47	122	15
1928	501	309	397	46	117	15
1929	630	331	576	77	134	23
1930	712	354	906	81	90	23
1931	818	369	998	65	65	18
1932	932	378	893	55	61	15
1933	942	385	610	49	81	13
1934	965	388	626	50	79	13

자료 : 安藤良雄(1979), 앞의 책, p.129.

제4장 일본경제의 이중구조

제1절 농업생산의 정체

1910년대와 1920년대에 농업생산은 제조업에 비해 상당히 더딘 성장을 보였고, 그 결과 순국내생산에서 차지하는 농림수산업의 비중은 상당히 하락하였다. 농업유업인구의 비율은 20년간에 10% 정도 하락하였을 뿐만 아니라 절대액도 감소하였다는 것은 앞의 <표 3-8>, <표 3-9>, <표 3-22>에서 보는 바와 같은데, 이 20년간의 농업의 변화를 잘 보여주는 것이 <표 3-28>이다. 이것을 1895~1915년의 농업변화를 보여주는 앞의 <표 2-26>과 비교하면 이 시기 농업의 정체와 변화를 더욱 정확하게 알

<표 3-28> 농업의 변화(1910~30년)

	1910	1920	1930	1910~20 10년변화율	1920~30 10년변화율	1910~30 20년변화율
경지면적(백정)	56,140	60,155	60,310	7.2%	0.3%	7.4%
농가호수(천호)	5,518	5,546	5,608	0.5	1.1	1.6
1호당경지면적(정)	1.017	1.085	1.075	6.7	-0.9	5.7
농업취업인구(천명)	14,017	13,939	13,911	-0.6	-0.2	-0.8
1호당취업자수(명)	2.54	2.51	2.48	-1.1	-1.2	-2.4
1호당경지면적(정)	0.40	0.42	0.43	5.0	2.4	7.5
생산액(백만엔)	2,465	2,893	3,217	17.4	11.2	30.5
1인당생산액(엔)	176	208	231	18.2	11.1	31.3
1인당투입생산재(엔)	28.1	35.8	44.5	27.4	24.3	58.4
농업기원재(엔)	13.7	14.0	13.2	2.2	-5.7	-3.6
비농업기원재(엔)	14.4	21.8	31.3	51.1	43.1	117.4

자료 : 梅村又次・山田三郎 外 (1966), 앞의 책, 제4・32・33・38표.

수 있을 것이다.

1895~1915년과 1910~1930년을 비교할 때 우선 눈에 띄는 것이 산출, 결국 생산액의 20년간 변화율(성장률)이 47%에서 31%로 떨어진 것이다. 제조업의 생산액은 농업의 경우와는 반대로 20년 변화율이 122%에서 214%로 상승하여, 농업과 제조업의 성장률 격차는 더욱 커졌다. 다음으로 투입면을 보면 취업인구는 두 시기 모두 감소하고 있지만 감소율은 1895~1915년 쪽이 더 크다. 따라서 취업자 1인당 생산액 다시 말하면 노동생산성의 상승률은 1910년대 이래 상당히 둔화되었다. 노동 이외의 투입에 대해 보면 1910~30년대에도 경지면적이 계속 늘어났고 따라서 취업자 1인당 경지면적도 확대되고 있었으나 증가율은 떨어지고 있다. 또 비농업기원 경상재 1인당 투입액과 순자본저량의 경우도 1910~1930년에 큰 폭의 증가를 보였지만, 양자 모두 1895~1915년에 비해 그 증가율은 감소하였다. 이러한 점에서 보면 낮은 산출성장률과 낮은 투입증가율이 정확하게 대응하고 있다고 볼 수 있다. 1910~1930년대에 이르러 메이지 초기 이래 지속되어 온 농업생산의 성장이 멈추었다고 보는 것이 정확할 것이다. 그러나 1910~1930년을 10년대와 20년대로 나누어 살펴보면 그 양상이 매우 달랐다.

1910년대의 경우 농업은 아직 정체 상태는 아니었고, 메이지 중기 이래의 성장경향이 지속되어 실질생산액은 연평균 1.7%로 증가하였다. 투입면에서도 경지면적이 연평균 1%로 계속 늘어났으며, 비농업기원재를 중심으로 한 경상재의 투입도 증가하고 있다. 그러나 1920년대로 들어서면 경지면적이나 취업인구는 거의 변하지 않고 비농업기원 경상재투입과 순자본 저량만이 증대한다는 조건 하에서 농업생산액의 연성장률이 1.1%까지 감소하여 인구성장률 1.4%를 밑돌고 있다. 또 늘어나는 비농업기원의 투입경상재에서도 질소·인산 등의 화학비료의 투입량이 증가하고 있다. 이것은 1910년대에서 1920년대에 걸쳐 화학비료가격이 농산물가격에 비해 상대적으로 떨어진 것과 관계가 있고, 또 수입대체적인 화학비료공업이 이 시기에 발전한 것도 커다란 요인이었던 것은 말할 것도 없지만, 다른 한편 생산비용에서 차지하는 화학비료의 비중이 높아져 농업경영에 영향을 미치게 되었다.

농업생산이 정체되었다고 하여도 앞의 <표 1-16>과 뒤의 <표 4-12>에 따라 농산물생산액(불변가격평가)의 품목별 구성의 변화를 보면 몇 가지 주목할 만한 사실을 찾아낼 수 있다. 우선 1870년대부터 1910년대에 걸쳐 쌀의 비중은 66%에서 55%로 10% 이상 떨어지고 있지만, 1910년대·20년대에는 하락을 멈춘 채 50~55% 수준을 유지하고 있다. 이 시기에 비중이 떨어진 것은 보리와 콩이었다. 1913년과 1931년을 비교하면 보리는 10.2%에서 8.4%로, 콩은 3.5%에서 2.5%로 하락하고 있다. 이에 대하여 비중이 높아진 것은 축산과 양잠이었다. 축산은 비중 자체가 낮았지만 2.4%에서 7.5%로 상승하고, 양잠은 7.3%에서 12.9%로 성장하였다. 1910·20년대는 이미 지적한 것처럼 누에고치·생사 가격이 매우 높았기 때문에 당년가격에 의한 양잠의 비중은 더욱 증가하여 1917·24년에는 19%라는 고율을 기록하고 있다. 이 시기의 농업생산이 비록 저성장이기는 하지만 성장하고 있는 것은 분명하였고, 그 성장에 주로 기여한 것은 양잠이었다. 그러나 1920년대 말부터 시작된 대불황기가 되면 누에고치 가격은 다른 농산물보다 큰 폭으로 가격이 떨어져 일본농업의 위기를 심화시키는 요인이 되었다.

제1차 세계대전 말인 1918년 7월 후쿠야마(富山) 현 우오즈 정(魚津町)에서 시작된 쌀소동(米騷動)은 전국으로 파급되어 8월에는 절정에 달하여 9월17일까지 37시·134정·139촌에서 대중운동이 일어났다. 제1차 세계대전 경기로 일반물가가 등귀한 가운데 미가는 1917년까지 비교적 낮은 수준에 머물러 있었지만 1918년이 되자 등귀세로 돌아서 7월부터 8월에 걸쳐 폭등한 것이 사건의 발단이 되었다. 이 쌀소동으로 데라우치 마사다케(寺內正毅) 내각이 하라 다카시(原敬) 내각으로 교체되었고, 1921년에는 '미곡의 수량 또는 시가를 조절하기' 위한 미곡법이 제정되었다. 이 미곡법은 쌀소동의 재발을 방지하기 위하여 정부비를 비축하는 데에 초점이 맞추어져 있었는데 쌀소동의 궁극적인 원인이 쌀의 부족에 있었다는 것이 분명하였다. 이 시기에는 농업생산의 성장률보다 인구의 성장률이 더 높았고, 더구나 쌀의 비중은 거의 보합 상태고 보리·콩 등의 비중이 크게 낮아지고 있었기 때문에 이러한 농산물의 자급률은 당연히 떨어졌다. <표 3-29>는 식용농산물의 추이를 보여주는데 감자류·과일·콩류의 자급은 이미 불가능하였고 더구나 그 자급률은 계속 하락하고 있었다. 특히 보리·콩류의 자급률이 급속히 하락하였으며 콩류의 자급률은 1930년의 경우 50%도 안 되었다. 공급의 부족분은 주로 식민지와 관동주·중국 등에서 이·수입으로 보충하였다. 특히 쌀을 보면 값싼 식민지 쌀이 대량으로 들어와 쌀 부족문제는 해결되었으나, 반면에 국내 미가를 강력하게 압박하여 미가의 하락 움직임에 박차를 가하였다. 이 때문에 쌀 부족을 대비하기 위해 정부의 미매입을 정하였던 미곡법이 미가유지를 위해 운용되기에 이르렀다. 그러나 그 효과는 매우 한정되었기 때문에 1920년대 말 이래 미가의 폭락을 막을 수 없었다.

<표 3-29> 식용농산물 자급률의 변화 (%)

연도	식용작물	(쌀)	(보리)	콩	고구마·감자	과실	야채
1911~15	98	(94)	(89)	68	100	103	100
1921~25	90	(89)	(62)	58	99	102	100
1930	89	(86)	(67)	49	101	102	101
1935	82	(73)	(96)	42	101	104	101

자료 : 矢野恒太記念會(1981), 『數字でみる日本の100년 : 日本國勢圖會·長期統計編』, p.129.

제2절 소작관계의 확대와 소작쟁의

소작지율은 1870년대 이래 계속 증가하였으나 전게 <표 2-28>에서 보는 것처럼 소작지율은 1910·20년대에는 둔화되었다고는 하지만 여전히 증가경향을 보이고 있으며 1922년에는 소작지율이 46.4%에 달하였고 소작료도 매우 높은 수준을 기록하고 있다. 소작지율의 이 같은 변화와 함께 농가호수의 자작·자소작·소작별 구성에도 주목할 만한 움직임이 발생하였다. 이미 본 것처럼 농업취업자수는 감소하고 있었으나 농가호수 는 반대로 꾸준히 증가하고 있었다. 그러한 가운데 자작농은 1910·20년 대를 거치면서 호수가 감소하였을 뿐만 아니라 그 비율도 33.4%에서 31.1%로 떨어졌다. 자작농의 대극에 있는 소작농은 호수 그 자체는 거의 변화가 없었으며 비율도 28% 정도를 유지하고 있다. 중간에 있는 자소작 농은 절대적·상대적으로 늘어나고 있다. 1910 ~30년에 자소작농은 22 만 호나 증가하여 20년간 증가율이 10%에 달하였고 그 비율도 39.2%에 서 42.3%로 상승하고 있다. 일본농업의 중심적인 담당자는 자소작농이었 으며, 전 농가의 70% 정도가 대소 소작지에 의존하는 농업경영을 하고 있 었다.

소작료는 1910년대 후기·20년대 전반기에 반당 1석을 넘는 수준까지 상승하였으나 농업생산성이 꾸준히 상승하고 있었기 때문에 소작료의 실 질적인 부담은 오히려 감소하였다. 그러나 농업에서 생산성의 상승이 둔 화되는 속에서 제조업과 농업의 성장률 격차는 확대하고 있었다. 그리고 1920년대 후반이 되면 농산물가격이 공산물가격보다 더 큰 폭으로 떨어 졌다. 그럼에도 불구하고 소작료는 그렇게 하락하지는 않았다. 한편 도시 에서는 제조업을 중심으로 노동쟁의가 빈발하였다. 이 같은 상황 속에서 소작쟁의도 1920년대에 들어서 고양기를 맞이하였다. <표 3-30>은 이 시 기 소작쟁의의 추이를 보여주고 있다.

소작쟁의는 제1차 세계대전말기인 1917년경부터 발생하기 시작하여 그 해에 85건에 달하였다. 1918년에는 256건, 1920년에는 408건으로 증가 하였고 1922년에는 1,500건을 넘었으며 1926년에는 2,751건에 달하고 있 다. 그 후 일단 감소하였다가 쇼와 공황기부터 다시 급증하여 1930년대 중반까지 높은 수준을 유지하였다. 소작쟁의를 지역별로 보면 효고·오 사카·기후·아이치·후쿠오카 등의 부현에 집중되고 있다. 1917년에는 소작쟁의의 60%가 아이치·기후의 두 현에서 집중적으로 나타났으나 그 후 효고·오사카로 확대되었다. 1917~29년의 13년간에 소작쟁의 건수의 합계는 19,091건에 달하였다. 그 중 42%는 위의 5 부현이 차지하고 있었

<표 3-30> 소작쟁의의 추이

연도	쟁의건수	원인 1	원인 2	참가소작인수	1쟁의평균	
					참가소작인수	관계토지면적
1918	256건	- %	- %	- 천명	- 명	- 정
1920	408	25.0	-	34.6	84.9	67.1
1922	1,578	30.9	-	125.7	79.7	57.2
1924	1,532	66.6	1.6	110.9	72.4	45.9
1925	2,751	71.1	11.5	151.0	54.9	34.8
1926	1,866	47.3	24.7	75.1	40.3	26.1
1928	2,478	22.9	40.4	58.5	23.6	16.1
1930	3,414	31.0	44.5	61.4	18.0	11.4
1934	5,828	33.3	46.4	121.0	20.8	14.7
1936	6,804	20.2	53.6	77.1	11.3	6.8
1938	4,615	19.4	55.5	52.8	11.4	7.4
1940	3,156	18.3	46.9	38.6	12.2	8.7

주 : 원인 1은 風水害·病蟲害 기타, 원인 2는 소작권관계 또는 소작료인상에 의한 것.
자료 : 安藤良雄(1979), 앞의 책, p.107

지만 여기에 니가타·미와(三重)·교토·나라·오카야마(岡山)를 더한 상위 10 부현의 집중도는 59%에 달하고 있다. 이들 부현의 대부분은 상업적 농업이 발전하고 대도시에 근접하여 있어 도시노동자의 노동쟁의로부터 영향을 많이 받은 지역이었다.

<표 3-30>은 1918~36년간의 소작쟁의를 원인별·요구별로 보여주고 있다. 1920년대 소작쟁의의 주요 목표는 <표 3-30>에서 알 수 있는 것처럼 소작료문제, 곧 소작인의 경제적 조건을 개선하는 데에 있었다. 이는 이 시기 노동쟁의의 거의 대부분이 노동조건의 개선을 요구한 것과 대응하는 것이었고, 1920년대 중반을 정점으로 소작료의 일반적 수준도 하락하고 있다. 1920년대 말부터 1930년대에 이르면 소작쟁의의 원인은 소작권문제가 중심을 차지하였고, 쟁의형태는 지주의 토지몰수에 대하여 소작계약의 유지 내지 소작권의 배상을 요구하는 것으로 바뀌고 있다. 소작료 수준의 하락, 미가의 상대적 저하, 소작쟁의의 빈발 등으로 인해 1920년대의 지주경영은 점차 그 의의를 상실하고 있었다. 1910년대 말까지는 소작

료이율은 논밭을 가리지 않고 정기예금금리와 주식이율보다 낮지 않았으나, 1920년대가 되면 소작료이율은 정기예금금리와 공사채·주식이율을 하회하고 있다. 이 때문에 지주는 자작화와 택지화를 목적으로 소작지를 반환하려고 하였으며, 소작인은 현재의 경제적 조건을 유지하기 위한 소작쟁의로 전환할 수밖에 없었다. 이미 말한 것처럼 노동쟁의도 1929년 이래 임금인하 내지 해고반대를 목적으로 하고 있었는데, 동일한 시기에 노동쟁의와 소작쟁의의 목적은 현상유지 쪽으로 그 성격이 바뀌었다.

소작쟁의의 고양, 지주제의 동요는 반드시 농정 특히 농지정책의 변화를 가져온다. 1920년 하라 내각은 농상무성 내에 소작제도 조사위원회를 설치하고 소작제도의 개혁을 위한 조사를 시작하였다. 소작인 보호를 주안점으로 한 소작법안은 지주 측의 강력한 반발로 무효화되고, 그 대신 소작쟁의의 조정에 대한 소작조정법이 1924년에 성립하였다. 이 소작조정법에 따라 많은 쟁의가 조정되고 일반적으로 지주·소작인 각각의 주장을 타협시키는 형태로 조정이 이루어졌다. 성립한 조정건수는 전 쟁의건수의 74%에 달하고 있다. 또 자작농 창설사업도 1924년의 소작제도조사회의 답신에 근거하여 시작되었다. 1926년 공포된 자작농 창설유지보조규칙은 차입된 간이보험 적립금을 원자로 소작인의 자작용 토지구입대금의 대부를 실시하는 도부현에 대하여 보조금을 교부한다는 제도였다. 이를 통해 자작농의 유지·창설이 실현을 보게 되었으나 창설된 자작농은 1926~36년에 19여만 호, 경지면적으로 8만 6,000정보에 지나지 않았다. 그러나 메이지 이래 지주제에 기반을 둔 농정에 하나의 중요한 전환점이 되었다는 것은 분명하였다.

제3절 농공간의 불균형성장

이제까지의 서술에서 알 수 있게 된 것처럼 1910·20년대를 거치면서 농공간 성장의 불균형은 더욱 확대되었다. <표 3-31>은 농림업과 제조업에서의 취업자 1인당 생산액의 추이를 나타내고 있는데 이를 보면 농공간의 불균형이 확대되고 있다는 점을 분명하게 알 수 있다. 그러나 1910년대와 20년대는 양상이 다르다는 것에도 주의할 필요가 있다. 1910년대 농림업의 취업자 1인당 생산액, 다시 말하자면 노동생산성은 제조업의 반정도였으나 1910년대를 거치면서 양자 모두 증대하여 농공간의 격차는 약간 증가하였을 뿐이다. 그러나 1920년대에 들어서면 농림업과 제조업의 취업자 1인당 생산액의 움직임은 점차 반대 방향을 나타내기 시작하여 특히 후기에 이르러 더욱 현저하게 되었다. 농림업의 경우는 1928년부터 1931년에 걸쳐 많이 하락한 결과 제1차 세계대전 전의 수준을 약간 넘는 정도에 머물렀다. 이에 대하여 제조업은 1920년대 후기의 성장이 두드러져 1925~31년간에 1.6배 증가하여 농공간의 불균형은 2배 이상 확대되었다. 그리고 쇼와공황기에 그 격차는 최대가 되었다. 농업과 제조업의 실질임금의 움직임은 취업자 1인당 생산액의 경우와 완전히 같은 것은 아니었으나 기본적 경향은 다르지 않았다. 특히 1910년대에 현저하게 상승하였던 제조업의 실질임금이 1920년대에 들어서 높아진 점과 쇼와 공황기에 농업의 실질임금이 급락한 점이 주목된다.

<표 3-31> 농업·제조업에서의 취업자1인당 생산액·실질임금
(1934~36년 가격평가, 엔)

연도	취업자1인당순국내생산			실질임금지수(1934~36년기준)		
	농림업(A)	제조업(B)	A/B	농업(C)	제조업(D)	C/D(지수)
1910	141.6	282.7	50.1%	26	53	49.1
1913	150.1	330.0	45.5	29	51	56.9
1916	182.1	414.9	44.1	29	58	50.0
1919	192.2	412.0	46.7	75	57	131.6
1922	172.5	423.6	40.7	116	87	133.3
1925	192.9	426.3	45.2	131	88	149.8
1928	181.6	557.2	32.6	123	99	124.2
1931	165.9	697.2	23.8	69	106	65.1

주 : 임금지수는 농업남자 일고임금 및 제조업 남자임금에 대한 것.
자료 : 大川一司·高松信清·山本有造 외(1974), 앞의 책, 제26표·제27표, 梅村又次·赤坂敬子 외(1985), 앞의 책, 제8표·제9표, 大川一司·石渡茂 外(1966), 앞의 책, 제25표.

다음으로 농공간 노동생산성의 격차와 관련하여 산업간의 노동이동에 대하여 고찰하여 보자. <표 3-32>는 1910년대와 1920년대의 15~59세 인구와 산업별유업인구의 증감을 보여준다. 이 표를 보면 1910대와 1920년대는 그 양상이 다르다는 것을 분명히 알 수 있다. 우선 1910년대에 대해서는 유업인구가 남녀를 합친 15~59세 인구증가분의 약 60%에 상당하는 규모로 증가하고 있는데 특히 남성의 비율은 97%에 달하였다. 이에 대하여 1920년대의 경우는 전 유업인구의 증가분이 15~59세 인구증가분에서 차지하는 비율은 46%로 하락하였고 남성도 75%까지 크게 떨어졌다. 1920년대에는 15~59세 인구에서 차지하는 취업자의 비율이 눈에 띄게 하락하였다.

<표 3-32> 15~59세 인구 및 산업별 유업인구의 추이 (천명)

	1910~20년			1920~30년		
	남녀계	남성	여성	남녀계	남성	여성
15~59세 인구(A)	+3,202	+1,624	+1,578	+5,120	+2,727	+2,393
전유업인구(B)	+1,940	+1,575	+365	+2,359	+2,043	+316
농림유업인구	-513	-445	-68	-34	-49	+15
제조업유업인구	+1,240	+931	+309	+165	+320	-155
상업유업인구	+470	+318	+318	+1,065	+976	+89
B/A(%)	60.7	97.0	97.0	46.1	74.9	13.2

자료 : 梅村又次・赤坂敬子 外 (1985), 앞의 책, 제1표・제2표・제8표・제9표

다음으로 산업별 유업인구의 증감을 보자. 1910년대의 경우 특징적인 것은 농림업 유업인구가 감소하고 특히 남성유업인구가 크게 감소한 데 비해 제조업의 유업인구는 남녀 모두 증가하였다. 제조업 유업인구는 124만 명이 증가하여 전 유업인구 증가분의 60%를 차지하였다. 1910년대에는 전 유업인구에서 차지하는 점유율이 제조업과 거의 비슷하였던 상업은 1910년대를 거치면서 유업자수가 증가하였음으나 제조업에 비하면 증가율은 매우 낮았다. 이미 말한 것처럼 1910년대에는 일본의 공업화가 새로운 국면을 맞이하여 국내생산에서 제조업의 비중이 높아지고 있었는데 제조업은 필요한 취업자를 산업간 노동이동, 특히 농림업으로부터 노동이

동으로 확보하였다. 농림업 유업인구의 감소는 겨우 51만 명 정도에 머물렀으나 1910년대의 농가인구는 총인구의 54~60%를 차지하고 있기 때문에 인구증가의 반 이상은 농가인구의 증가였다. 이 점을 고려하면 농공간 노동이동은 <표 3-25>에 나타난 숫자보다 훨씬 많이 일어나고 있었음을 알 수 있다. 그리고 이와 같은 농공간에 대량의 노동이동은 1910년대에 취업자 1인당 생산액에서 농공간의 격차가 확대하지 않았다는 것과 관련이 있었다.

1920년대의 경우 15~59세 인구와 전 유업인구는 모두 1910년대 보다 증가하고 있으나 제조업 유업인구의 증가는 미미하여 전 유업인구 증가분의 6%에 불과하였다. 다른 한편 농림업 유업인구의 감소폭도 줄어들어 1910년대에 보였던 감소폭의 7%정도밖에 안 되었지만 여성의 경우는 약간이긴 하나 오히려 농림업 취업자가 증가하고 있다. 1920년대의 일본농업은 이미 서술한 것처럼 성장은 낮은 수준에서 정체된 상태였고, 그 취업자 흡수능력은 1910년대보다 떨어지고 있다. 농림업 취업인구가 그다지 감소하지 않은 것은 타 산업 특히 제조업의 노동수요가 낮은 수준에 머물러 있었기 때문이다. 그 중에서도 여성취업자는 제조업 특히 섬유공업에서 감소하였다. 농림업에서 여성취업자가 증대한 것은 그 필연적 귀결이라고 볼 수 있다. 하여간 농림업 취업인구가 거의 감소하지 않은 1920년대에 농림업에서 취업자 1인당 생산액은 상승경향을 나타내지 않고 있다. 그러나 1920년대 농림업에서 타 산업으로 산업간 노동이동이 1910년대에 비해 상당히 줄어들었다고 보는 것은 잘못이다. 농가인구가 총인구에서 차지하는 비율은 1920년대에 들어서 낮아지고 있었으나, 여전히 50~54%의 수준이었기 때문에 15~59세 인구의 증가분 512만 명의 50% 가량은 농가인구에 속하는 것이었다. 따라서 1920년대에도 일본의 농가는 여전히 많은 노동력을 농업 이외의 산업에 배출하고 있었다.

1920년대에 농가에서 유출한 노동을 제조업 대신에 받아들인 것은 제3차 산업 특히 상업이었다. 1920년대 상업 유업인구의 증가는 100만 명을 넘어서 1910년대의 두 배 이상이 되었는데, 그 가운데에도 남성취업자의 증가가 현저하였다. 1920년대 산업간 노동이동의 주류는 남자노동력이 농림업에서 상업으로 이동하는 것이었다. 그 반면에 농림업에서 제조업으로 산업간 이동은 감소하였다. 1920년대 특히 그 후반의 제조업은 철강·화학·기계를 주체로 하는 중화학공업화가 진전되고 면공업은 방적에서 직포로 이동하고, 재래공업도 전동기를 중심으로 한 동력화로 근대화가 급속히 진행하였다. 그리고 1920년대 말의 산업합리화로 일본제조업은 적극적으로 신기술의 도입과 인원정리를 추진하였다. 이러한 것들을 통해 제조업의 취업자 증가는 낮은 수준으로 억제된 반면, 생산고는 1920년대에 연 5% 가까운 성장을 나타냈다. 노동생산성이 상당히 높아져 취업자 1인당 생산액이 증가하였다. 취업자 1인당 생산액이 증가하지 않은 농업과 제조업의 생산성격차는 당연히 확대되었다.

그리고 이 같은 농공간 생산성의 격차는 두 산업에서 취업자 소득의 격차를 가져왔다. <표 3-33>은 쇼와 공황 직전인 1926~27년에 도시고용자와 농업자의 가계를 비교한 것이다. 이를 보면 일반적으로 고용자의 실질수입이 농업자의 그것을 웃돌고 있다. 자작농의 실질수입은 임금노동자의 실질수입보다 10엔 정도 많았으나 평균세대인원은 노동자 4.21 명, 자

<표 3-33> 1926~27년 고용자·농업자의 가계 (1세대, 1개월당)

	고용자		농업자		
	봉급생활자	임금노동자	자작농	자소작농	소작농
평균세대직원(인)	4.17	4.21	5.93	5.93	5.61
실질수입(엔)	137.17	102.07	112.53	100.33	79.16
실질지출(엔)	124.34	91.38	109.66	100.63	81.26
실질지출의 항목별 구성비(%)					
음식비	32.3	39.8	51.0	44.6	50.9
주거비	22.9	20.3	22.6	21.0	20.8
피복비	13.8	13.0	8.5	8.1	6.6
사회생활비	12.9	11.3	8.6	7.2	5.8
문화비	14.3	11.6	11.6	11.1	9.2
기타	3.4	4.0	6.8	8.0	6.4

주 : 주거비는 광열비를 포함. 사회생활비는 보건위생·교육문구·교통통신·공과로 이루어짐. 문화비는 교제비·교양오락·여행으로 이루어짐
자료 : 多田춤三(1989), 『日本家計研究史』, pp.228~231, 236~237.

작농 5.93명으로 양자간에 1.72 명의 차이가 있기 때문에 실제로는 임금노
동자 쪽이 높았다고 볼 수 있다. 이 차이는 실질지출의 항목별내용에 명
확하게 반영되어 있다. 고용자의 가계에는 음식비가 차지하는 비율이 농
업자보다 10% 정도 낮고, 피복비·사회생활비·문화비의 비율은 상당히
높다. 소득과 생활수준에서 농공간에 상당한 격차가 있었다는 것은 의문
의 여지가 없다. 이 격차는 1929~31년의 쇼와공황기에 더욱 확대되었다.

제4절 이중구조 : 제조업의 규모별 격차

외국에서 차용한 기술을 중심으로 하는 대규모 자본주의적 경영과 재
래기술에 근거한 중소규모의 가족경영이 병존하고, 양자 사이에 성장속도
격차·생산성격차·소득격차가 존재하는 상태를 가리켜 이중구조라고
부른다면 1920년대에는 분명히 농공 간에 이중구조가 형성되어 있었다.
이처럼 근대부문과 재래부문의 병존구조는 농공간뿐만 아니라 섬유공업
을 비롯한 제조업 내에도 있었다. 이미 지적한 것처럼 제1차 세계대전까
지는 재래부문과 근대부문은 균형있게 성장을 지속하였고 두 부문간에
격차는 있었으나 그 격차가 더 벌어지지는 않았다. 그러나 1910년대와
1920년대에 동력화·기계화로 인해 재래산업의 근대화가 진전되어 중소
기업이 광범위하게 등장하였다. 이에 따라 근대산업 내부에 규모별격차
가 점차 일반화되었다. 이중구조는 이와 같은 규모별 격차도 포함하는 것
이었다.

규모별격차가 분명하게 드러나는 것은 임금격차였다. 임금의 이중구
조가 발생한 시기를 보면, 1910년경의『공장통계표』에서는 규모별 임금격
차를 거의 확인할 수 없었지만, 1932~33년의 대도시『공업조사서』에는
확실하게 드러나 있다. 이러한 자료들을 비교 가능한 상태로 정리해 보면,
1909·1914년에는 종업원규모별의 임금격차는 큰 것이 아니었지만, 1932
~33년이 되면 규모가 커짐에 따라 임금수준도 상승하고 5~9인 규모의
공장과 500인 이상의 공장에서는 두 배 가깝게 격차를 보이고 있다. 섬유

공업 등에는 이미 1910년경에 임금격차라 부를 수 있는 것이 나타나기 시작하였다는 지적도 있으나, 그 경우에도 호황기인 1910년대에는 임금격차가 축소되고 1920년대에 들어서면서부터 임금격차가 확대되어 일반화된 것으로 보고 있다. 이와 같은 임금격차는 1920년대부터 1930년대에 걸쳐 섬유공업뿐만 아니라 금속공업·기계공업을 비롯한 기타 공업에서 또 일본내 전 지역에서 일반화되었고, 그것이 더욱 확실한 모습을 띠게 된 것은 1930년대였다. 그리고 제조업에서 규모별 격차가 일반화된 1920년대는 농공간의 생산성 격차 및 소득격차가 더욱 확대된 시기이기도 하였다.

생산성격차·소득격차·임금격차가 일반적으로 확대된다면 경쟁적 노동시장의 존재를 전제로 하는 한 농공간 그리고 중소기업·대기업간에 노동이동이 일어나 격차가 축소되거나 시정될 것이다. 그러나 중일전쟁이 시작된 1937년 이래 격차가 줄어들기는 하였으나 격차가 사라진 것은 아니었다. 그런데 이 시기 일본의 노동시장은 공급과잉 상태였다. 실업률은 분명 낮은 상태에 있었으나 대량의 잠재실업자는 농업과 제3차 산업 외에 제조업의 소공장·가내공업부문에서 자영업자 내지 가족종업자라는 형태로 흡수되었다. 전술한 것처럼 1920년대에는 농업으로부터 노동이동이 감소하고 제조업 유업인구가 거의 증가하지 않았으나 상업유업인구가 급증한 것은 이 시기가 과잉노동공급 상태였다는 것을 말하고 있다. 그리고 이 같은 노동의 공급과잉은 임금격차를 가져온 하나의 조건이 되었다. 하지만 임금격차의 발생에서는 노동시장의 분단성이라는 측면도 중요한 의미를 갖고 있다.

1910년경까지 근대공업에서의 노동과정은 주로 직인적 직공이 담당하고, 내부청부제로 대표되는 것처럼 생산과 노무관리에서는 직인적 직공의 리더인 현장감독이 일반적으로 커다란 권위와 권한을 갖고 있었으나 그들의 이직률은 높았고 횡단적 노동이동이 빈번하게 일어났다. 그런데 1910년대부터 1920년대 사이에 대공업에서 심상(尋常)·고등소학교를 졸업한 어린이를 견습공으로 채용하고 기업내 교육을 통하여 그들을 기간공으로 양성하여 가는 제도가 자리 잡게 되었다. 대규모공장에서는 직인적 직공은 점차 사라지게 되고 직공의 정착률도 크게 높아져 대공업의 노동시장은 자기완결적·폐쇄적이 되었다. 그러나 직인적 직공의 역할이 곧바로 사라진 것은 아니었다. 새로운 기술을 많이 도입하지 않은 중소공장에서는 여전히 직인적 직공이 중요한 역할을 담당하고 있었으며, 여러 공장을 전전하면서 기능을 숙련하는 직공도 적지 않았다. 숙련노동자인 직인적 직공 외에 낮은 임금수준에서도 취직하려는 이농자·이직자·대공장에 취직할 수 없었던 자들이 비숙련노동자로서 중소공장에 고용되었다. 숙련공·비숙련공을 막론하고 중소공장 노동자의 노동이동률이 높았던 것은 분명하였으나 그들이 대공장에 취직하는 경우는 거의 없었다. 또 농가 내지 농촌 출신 젊은이가 의무교육을 끝낸 후 대공장에 취직하는 경우는 많았으나 일단 농업에 취업한 사람이 이농하여 대공장에 취직하는 예는 극히 드물었다. 이러한 점에서 볼 때 일본의 노동시장은 분명히 대공장용과 중소공장용으로 나뉘어져 있었음을 알 수 있다.

이와 같은 시장의 분단성이 노동시장에만 있었던 것은 아니다. 제품시장과 금융시장에서도 시장의 분단성이 있었다. 근대부문은 생산재·소비재·군수품·주요 수송수단의 생산에 주로 집중되어 있고, 소비재 생산은 생산재에 가까운 성격을 지닌 제당·제분 외에 맥주 등에 한정되었다. 이에 대해 의식주와 관련된 소비재생산의 대부분은 재래부문(농업·재래공업)이 담당하였다. 양자 사이에는 일종의 분업관계기 성립되여 서로 상대방의 영역을 침범하는 일이 적었다고 지적되고 있다. 제품시장은 대규모 경영의 근대부문과 중소규모의 재래부문으로 명확하게 나뉘어져 있었다. 1910년대부터 1920년대에 걸쳐 제조업의 근대화가 진전된 후에도 기본적으로 이 관계에는 변화가 없었다. 그리고 동일산업부문 내에서도 대기업과 중소기업은 분리되어 있었다.

제사업의 경우 기계제사와 좌조의 규모격차는 매우 커서 1920년대에 기계제사가 1공장당 가마수가 63.8, 생사생산량 2,770kg이었던 데 대해 좌조는 가마수 1.3, 생사생산량 9kg에 지나지 않았다. 무엇보다 내수를 대상으로 하는 좌조의 점유율은 기계제사제 생사가 국내시장에 출고됨에 따라 점차 축소되었으나 기계제사에 적합하지 않은 하등 누에고치가 있었고 전통적인 견직물을 중심으로 마디가 있는 좌조사에 대한 수요가 여전히 남아 있어 좌조는 기계제사와 병존하였다. 면직물에서도 대기업에 의한 방적겸영직포와 중소기업 내지 가내공업에 의한 산지직포로 나뉘어 생산성·임금수준 모두 후자가 낮은 이중구조가 성립하고 있었다. 그러나 방적겸영직포는 옥양목을 비롯한 이식광폭직물을 생산하고 산지직포는 백목면·호목면·병목면 등의 전통직물을 주로 생산하고 있었다. 더 나아가 염색업의 경우를 보아도 1910년대부터 1920년대 사이에 크게 발전한 기계염색업은 재래염색업과는 제품시장에 관해서 완전히 분리되어 있었는데 동력화와 생산규모에서도 분명히 격차가 있었다. 일본의 공업화에서 선도부문이었던 조선업에서도 군함·대형여객선·대형화물선을 건조하는 대조선소와 어선으로 대표되는 재래형과 화양(和洋) 혼성에 의한 절충형 선박을 건조하는 중소조선소로 나누어졌다. 그리고 공작기계공업에서도 대규모공장·중규모공장·소영세공장이 각각 생산하는 공작기계의 종류에 따라 나뉘어 있었다는 것은 앞서 지적하였다.

끝으로 금융시장의 분단성에 대하여 간단하게 살펴보자. 은행제도가 일찍이 발달하였음에도 불구하고 농가·재래적 경영을 포함한 재래적 경제주체는 직접 은행으로부터 자금의 공급을 받는 것이 아니고 지주·물주가 은행에서 차입한 자금에 의존하는 것이 많았다. 이러한 종류의 금융방식을 중복금융이라고도 부를 수 있는데 근대적 회사기업은 중복금융에 의존하는 것이 아니고 은행에서 직접적으로 자금공급을 받았다. 금융시장은 분명히 분단되어 있었다. 중복금융은 1920년대를 지나면서 급속히 사라져 갔으나 금융시장의 분단성이 해소된 것은 아니었다. 한편 중소은행군과 재래기업과 중소기업으로 구성된 금융시장이 존재하면서 고예금금리·고대출금리를 특질로 하고 있는 데 비해 다른 한편에는 근대적 대기업과 재벌계대은행으로 이루어진 금융시장이 있어 저예금금리·저대출금리를 특징으로 하고 있었다. 이 경우에도 분명히 금융시장은 분단되어 있었다.

이상의 서술에서 분명히 알 수 있는 것처럼 노동시장·제품시장·금융시장 등에서 대기업과 중소기업 사이에 분단성이 있었던 것이 이중구조를 뒷받침하였다. 여기에 노동의 과잉공급상태가 더해져 1920년대에는 규모별 임금격차가 일본 경제 내에 확고히 자리잡게 되었다. 따라서 노동시장에 여유가 없는 호황기에는 규모별 임금격차는 많이 줄어들지만 그것은 임금격차의 축소였지 해소는 아니다. 여러 시장 특히 노동시장에서 분단성이 존재하는 한 이중구조는 소멸한 것이 아니었다.

제5장 도시화와 생활의 변화

제1절 농촌에서 도시로 인구이동

1910·20년대는 도시화에서도 새로운 국면을 맞이하였다. 1860년대 이
래 도시인구는 눈에 띄게 증가하였지만 모든 도시의 증가경향이 동일한
것은 아니었다. <표 3-34>는 1880년대부터 1910년대에 걸친 주요 도시의
인구동향을 보여주고 있다. 이 표에 나타난 도시는 모두 이 시기에 인구
가 크게 증가하였으며 특히 20세기에 들어서의 증가가 현저하였다. 19세
기에는 도쿄, 오사카, 교토가 막번제 시대의 중앙대도시로서 다른 도시와

<표 3-34> 대도시인구의 추세 (천명)

연도	1920	1925	1930	1935	1940
전국인구(A)	55,963	59,737	64,450	69,254	71,933
도시인구(B)	18,501	20,674	23,470	26,688	29,248
게힌·게한신 도시인구(C)	8,584	9,549	11,251	13,311	15,061
4대공업권 도시인구(D)	10,387	11,636	13,675	16,117	18,311
B/A(%)	33.1	34.6	36.4	38.5	40.7
C/A(%)	15.3	16.0	17.5	19.2	20.9
D/A(%)	18.6	19.5	21.2	23.3	25.5
C/B(%)	46.4	46.2	47.9	49.9	51.5
D/B(%)	56.1	56.3	58.3	60.4	62.6

주 : 여기서 도시라는 것은 1925년에 시제가 시행된 도시지만 예외로서 현재의 기
　　타큐슈 시를 더하였다. 게힌(京浜)은 도쿄 부·가나가와 현, 게한신(京阪神)
　　은 교토, 오사카, 효고 3부현의 도시인구, 4대 공업지는 여기에 아이치, 후쿠
　　오카의 두 현의 도시인구를 더한 것이다.
자료 : 中村隆英·尾高煌之助 編(1989), 『日本經濟史 6 : 二重構造』 p.46.

는 다른 인구규모를 가지고 있었는데, 20세기에 들어서도 이러한 경향은 기본적으로 큰 변화가 없었다. 도쿄, 오사카, 교토는 1918년에 각각 212만, 117만, 58만이라는 발군의 인구를 보유하고 있었다. 그러나 1898～1918년의 20년간 증가율은 100%에 못 미치고 있다. 한편 같은 시기 고베, 요코하마, 하코다테, 기타큐슈(北九州)의 4개 시, 나가사키의 증가율은 100%를 넘고, 그 가운데에서도 고베와 기타큐슈 4개 시의 인구성장이 현저하여 인구규모는 20년간에 2.5～3.5배로 확대하였다. 그리고 1918～25～35년에도 인구증가 경향은 쇠퇴하지 않았다. 이러한 도시들이 근대공업과 무역·해운 등을 기반으로 하고 있는 도시였음은 두말할 나위가 없다. 근대경제발전·공업화가 도시화의 진전을 낳고, 20세기에 들어서 특히 1910·20년대에 도시화가 가속적으로 진전된 것은 이 표를 충분히 알 수 있다.

<표 3-35>은 다른 각도에서 도시화의 진전을 보기 위하여 도시인구와 4대 공업지대인구의 전국인구에 대한 비율의 추이를 보여주고 있다. 도시인구비율은 1910·20년대를 거치면서 상승하여, 1903년에는 16%였지만 1925년에는 28%, 1935년에는 32%에 달하고 있다. 1910·20년대는 공업화의 새로운 전개에 대응하여 게힌(京浜), 한신(阪神), 주쿄(中京), 기타큐슈의 4공업지대가 성립·발전하였던 시기였다. 앞의 <표 3-34>에서 인구증가가 뚜렷한 도시 중 많은 것은 4대공업시내에 속하고 있다. 따라서 4대공업지대의 인구성장률이 전국 도시인구의 그것을 상회하는 것은

<표 3-35> 도시화의 추이 (천명)

연도	전국인구(A)	도시인구(B)	4대공업 지대인구(C)	B/A	C/A
1893	40,500	5,490	2,620	13.6%	6.5
1903	45,250	7,350	3,720	16.2	8.2
1913	50,930	9,870	5,250	19.4	10.3
1925	59,740	16,490	10,550	27.6	17.7
1935	69,250	22,020	14,320	31.8	20.7

주 : 4대공업지대는 게힌·한신·주쿄·기타큐슈.
자료 : 1893·1903·1913년의 도시인구는 伊藤繁(1982), 「明治大正期の都市農村間人口移動」, 森島賢·秋野正勝 編, 『農業開發の理論と實證』, p.309. 1925

·1935년의 도시인구는 東洋經濟新報社(1991), 『昭和國勢總覽』, pp.45~56,
전국인구는 梅村又次·赤坂敬子 外(1985), 앞의 책, 제1표·제2표.

당연하였고, 4대 공업지대 인구의 전국 인구에 대한 비율은 1925년에는
18%, 1935년에는 21%에 달하여 전국 총인구의 5분의 1은 4대 공업지대
에 살고 있었다. 도시화가 진전됨에 따라 점차 시부의 인구흡인력이 한계
에 달하여 도시 근교로 도시인구가 확산되었다. 이 움직임은 도쿄에서는
19세기 말부터 오사카에서는 20세기에 들어서 시작되었으며 그것이 본격
화된 것은 1910·20년대였다.

도시인구비율의 상승은 농촌지대로부터 도시로 인구유입이 증가하였
다는 것을 의미한다. 중화학공업화와 재래공업의 근대화 등에 의해 진전
된 공업화의 새로운 전개는 광공업과 통신·운수 등을 중심으로 도시의
고용기회를 확대시켜 농촌으로부터 노동력을 흡인하는 힘을 증가시켰다.
한편 농촌 측에도 노동력을 도시로 밀어내는 힘이 존재하였다. 농업 그
자체의 성장이 둔화되어 취업자 흡인력이 저하한 데다가 재래공업의 동
력화·근대화로 농가부업이 축소된 결과 농촌에서 도시로 노동력유출이
강화되었다. 물론 농촌지대 내부에서 산업간 노동이동이 없었던 것은 아
니다. 농가유업인구가 정체 내지 약간 감소하고 있었는 데도 <표 3-35>
에서 보는 것처럼 성장률이 낮기는 하였지만 비도시인구(전국인구-도시
인구)는 착실히 증가하고 있다. 이는 농촌지대 내부에도 제1차 산업에서
제2·3차산업으로의 노동이동이 있었다는 것은 입증하고 있다. 그러나
농가로부터 유출된 노동력은 대부분 고용기회가 증가한 도시로 이동하고
있었다. 게힌·한신 공업지대 특히 각각의 공업지대의 중심에 있는 도쿄
와 오사카는 광범위한 지역으로부터 인구를 흡수하였고, 전자는 동일본
일대, 후자는 서일본 일원에서 인구가 유입되었다.

도시의 근대부문에서 고용기회가 증가하였다고는 하지만 농촌지대에
서 도시로 유출된 인구 중 많은 사람은 근대부문이 아닌 비근대부문에 취
업하였다. 1910년대 초 도쿄 시 직업통계를 보면 도시화의 진전에 따라

확대된 고용은 전통적인 성격이 강한 잡업적 직업이었다는 것을 지적하고 있다. 또 1920년의 국세조사를 보아도 도쿄 부, 오사카 부와 시부에서 근대산업의 유업인구는 전 유업인구의 25~30%에 지나지 않았고, 1930년의 국세조사에서도 이 점은 거의 변화하지 않았다. 농촌에서 도시로 노동이동은 남녀를 가리지 않았지만 대부분은 남성이 차지하였다. 그리고 <표 3-36>에서 알 수 있는 것처럼 남성의 비중은 해가 갈수록 증가하고 있다. 이러한 농촌출신 남성노동자 중 많은 사람은 성인독신자였고 단순노동 내지 육체노동을 중심으로 하는 잡업적 직업에 종사하고 있었다. 따라서 도시화의 진전과 함께 도시인구의 성비(남/여×100)는 상승하였다. 전국인구에서의 성비는 101~102인 데 비해 대도시는 110을 넘고 있다. 그러나 농촌출신의 남성노동력을 출가형 노동력으로 일반화시키는 것은 타당하지 않다. 그들은 도시에 정착하여 가족을 이루고 있었다. 이를 반영하여 성비는 1910년대 이래 하락하고 있다. 분단적 노동시장 하에서는 정착한 노동력이 근대산업으로 이동하는 예가 거의 없었다. 하지만 자녀들에게 고등교육을 시켜, 다음 세대가 근대적 대기업 지향의 노동시장에 참여하는 경우는 적지 않았다. 도시화의 진전에 따른 도시 내부에서의 노동공급 내지 노동력창출도 상당히 있었다.

<표 3-36> 비제1차산업 여성유업인구의 추이

연도	비제1차산업 여성 유업인구(천명)	대남녀합계비 (%)	구성비(%)		
			상업	방적업	가사사용인
1906	3,342.8	35.1	29.3	19.1	22.9
1910	3,382.1	34.0	29.2	22.4	21.8
1915	3,534.4	32.1	29.4	22.0	22.3
1920	3,849.9	30.7	29.6	24.7	15.2
1925	4,066.6	29.2	33.6	23.0	16.2
1930	4,136.9	27.8	36.0	22.6	17.2
1935	4,785.5	28.7	36.9	21.5	19.5

사료 : 梅村又次·赤坂敬子 外 (1985), 앞의 책, 제8표, 제9표.

농촌출신 여성노동력 가운데 많은 사람이 재래부문에 취업하고 있다.

<표 3-25>는 비제1차 산업의 여성취업인구의 추이를 보여준다. 비제1차 산업에서 여성유업인구는 절대적으로는 지속적인 증가 경향을 보이고 있지만, 상대적으로는 1906년의 35%에서 1930년의 28%로 일관되게 하락하고 있다. 농촌으로부터 도시로의 여성노동력 유출은 점감하고 있었으며, 전 기간을 통하여 재래부문인 상업·가사사용인(소위 하녀) 그리고 근대·재래 두 부문으로 이루어진 방직업의 세 부문이 여성유업인구의 70% 이상을 차지하고 있다. 여성노동력을 많이 흡수한 세 부문 가운데 우선 가사사용인은 1910년대 후기 이래 그 비율이 하락하고 있다. 섬유공업의 비중은 제1차 세계대전기에 급속히 증가하였지만 그 후 1920년대에 점감하고 있고, 상업은 오히려 제1차 세계대전 이후 특히 1920년대에 점유율이 지속적으로 상승하고 있었다. 제1차 세계대전을 계기로 농촌출신 여성의 취업구조에 무시할 수 없는 변화가 생겼음을 알 수 있다. 그러나 이러한 세 부문에 취업하고 있는 농촌출신의 노동력은 남성의 경우와는 달리 본래는 출가형이었다. 물론 그들이 전부 농촌으로 환류한 것은 아니었다. 농촌으로 환류하지 않고 도시에 머무는 자의 수는 증가하고 있었다. 성비가 높은 대도시에서 가족형성이 증가하였다는 것은 그것을 가능케 하는 여성인구의 도시유입이 있었기 때문이고, 농촌출신 여성이 도시에서의 취업이 끝난 후 농촌으로 돌아가지 않고 도시에서 가족형성으로 나아가는 경우가 적지 않았다.

이상에서 본 것처럼 도시화의 진전은 언제나 농촌으로부터의 인구이동에 의존하고 있었지만 동시에 도시 내부에서의 노동공급이 점차 중요성을 가지게 되었다.

제2절 도시기능의 정비와 생활양식의 변화

1910·20년대에는 또 대도시를 중심으로 도시기능이 정비되어 근대도시로서의 변화가 이루어지고 그에 따라 도시주민의 생활양식과 인생관이 변화한 전환기였다.

에도 시대 후기부터 메이지 유신기에 걸쳐 에도를 비롯한 중앙도시와 조카마치를 주체로 하는 지방대도시는 인구규모가 줄어들었고, 1870년대 이래 근대국가체제가 정비되고 공업화가 가속적으로 이루어짐에 따라 점차 대규모의 인구가 도시로 유입하기 시작하였다. 당연히 시가지는 부족하고 인구밀도는 높아져 종래의 도시기능으로는 불충분하게 되었다. 하지만 도시로의 인구유입은 계속되고 시계(市界)는 종래의 시가지를 넘어 교외로 무질서하게 확대되었다. 따라서 도시주민의 생활환경은 개선되지 않았을 뿐만 아니라 때로는 악화된 경우도 있었다. 이 때문에 1880년대에는 도쿄, 오사카 등 대도시의 사망률이 전국의 평균수준을 크게 상회하고 있었다. 이 시기 콜레라를 중심으로 한 전염병으로 전국적으로 사망률이 높았던 1886년에 전국의 간접표준화 사망률[1]은 27.9%이었지만, 도쿄, 오사카를 포함한 도쿄 부, 오사카 부는 각각 38.9%, 39.5%나 되어 도시의 생활환경이 농촌의 그것보다 나쁜 조건 하에 있었다는 것을 분명하게 보여주고 있다.

그러나 1880년대 후반경부터 대도시를 중심으로 교통기관, 상하수도, 전기·가스공급, 근대 항만설비 등을 비롯한 근대적 도시기능이 본격적으로 정비되었다. 종래의 도시에는 도시 내에서의 화물수송은 수로를 중심으로 하고, 도로는 보행 내지 가마에 의한 사람의 교통을 전제로 한 좁은 것이었다. 메이지 기에 들어서서 인력거와 마차의 왕래가 일반화되자 이제 더 이상 재래의 도로로는 대처하지 못하게 되어 도로의 광폭, 보도와 차도의 분리 등이 도시정책의 중요한 과제가 되고 시구 개정을 동반하면서 도로·교량의 정비계획이 실시되었다. 또 시가교통과 교외로의 교통기관

---

1) 통상의 사망률은 사망수를 전 인구로 나눈 값이지만 연령구성에 의한 영향을 피할 수 없기 때문에 사망수준을 보는 지표로서 꼭 적절한 것은 아니다. 연령구성의 차이에 따르는 영향을 제거하는 하나의 지표가 표준화 사망률이다. 여기에는 직접법과 간접법의 두 방법이 있다. 전자의 직접표준화사망률은 표준인구(일본에서는 1930년 인구를 사용하는 경우가 많다)의 연령구성을 사용하여 대상이 되는 지역 내지 연도의 연령별 사망률에서 사망률을 계산하는 방법이다. 이에 대해 후자의 간접표준화 사망률은 대상지역 내지 연도의 연령구성과 표준인구의 연령별 사망률에서 사망률을 계산하는 방법이다.

으로서의 전기궤도의 건설도 20세기에 들어 각지에서 진전되었다. 수도 부설도 1887년의 요코하마를 시작으로 19세기 말·20세기 초까지는 하코 다테·나가사키·도쿄·오사카·히로시마·고베 등에서 이루어졌다. 이 같은 상하수도의 정비로 대도시에서의 콜레라 등의 전염병의 유행은 억제되고, 1890년대 이후 대도시에서 나타난 사망률 저하에도 기여하였다. 1883년에 설립된 도쿄 전등회사는 1887년 직류에 의한 전기를 일반에 공급하기 시작하였고, 1899년 오사카 전등회사는 교류에 의한 전기공급을 시작하였다. 청일전쟁 후 19세기 말경부터 전력공급은 급속히 증가하였다. 가스공급은 전기에 비하여 보급의 정도가 매우 낮았지만 1910년대 전기에는 전국의 주요도시에서 가스사업이 일어났다. 끝으로 19세기 말·20세기 초에는 고베와 요코하마에 대규모의 근대항만 건설계획이 추진되기 시작하였다.

이러한 도시기능 가운데 전기·가스와 전기궤도 등은 일반적으로 민간 기업의 손에 의해 이루어졌으며, 기타의 도시기능 가운데 많은 것은 지방 공공단체에 의해 정비되고 일부에서는 민영의 시가지 전기궤도와 전기사업의 공영화의 움직임조차 있었다. 도시기능의 정비에 대해서 일종의 도시간 경쟁이 존재하였다는 지적이 있을 정도로 대도시를 중심으로 근대도시를 지향한 도시정비가 급속히 이루어졌다. 그 때문에 주요한 재원이 된 것은 외채였다. 러일전쟁 후에는 전시외채의 이자지불과 상환 그리고 무역수지가 대규모 적자를 보았기 때문에 정부는 긴축정책을 취하지 않을 수 없어 중앙재정의 신장률은 1% 정도에 머물렀다. 그럼에도 불구하고 같은 시기 6대 도시의 재정지출이 17%가 넘게 늘어난 것은 근대 도시기능의 정비와 관련된 공공투자가 크게 증가하였기 때문이다. 외채발행을 통하여 재외정화의 보전을 꾀하려고 하는 정부의 정화정책에 뒷받침되어 6대 도시는 수도·전기·가스·전기궤도·축항 등의 사업자금 조달을 위해 대규모의 외채를 발행하였다. 이것을 주요 재원으로 하면서 근대도시 기능의 정비가 대도시를 중심으로 진전되었다. 그러나 본격적으로 전개된 것은 1920년대에 들어서였다.

제1차 세계대전에 의한 전쟁경기와 이를 계기로 본격화된 중화학공업화에 의해 도시로 인구유입이 급증하여 도시의 팽창이 다시 가속화되었다. 이와 함께 도시계획사업이 각지에서 진전되어 근대 도시 기능이 급속히 정비되고 대도시에서는 도시경관이 바뀌었다. 토지구획정리로 시가구조가 재편·정리되고 도심부에서는 철근콘크리트 빌딩이 잇달아 건설되어 회사·백화점·극장·영화관 등이 줄지어 세워졌다. 도시공간이 확대됨에 따라 수도·전기·가스의 공급능력도 증대하여 시내교통에서도 노면전차와 자동차가 주역이 되었다. 도시인구 규모의 팽창과 함께 도시주민 특히 샐러리맨 등의 증산계급은 점차 주거를 도심부에서 도심부 주변지역으로 옮기고, 전차·버스 등의 교통기관을 이용하여 회사와 공장으로 통근하는 경향이 강해졌다. 교외와 도심부를 연결하는 전기궤도는 1910년대부터 20년대에 걸쳐 사철을 중심으로 급속하게 발전하였다. <표 3-37>에 나타나 있는 것처럼 사철의 여객수송인킬로는 1910~30년의 20년간 10배 이상 증가하여 국철·사철을 포함한 전철도여객수송킬로에서 차지하는 사철의 비중도 6%에서 15%로 상승하였다.

<표 3-37> 여객·화물수송량의 추이 (괄호안은 구성비)

연도	여객운송인킬로(백만인킬로)			화물수송톤킬로(백만톤킬로)		
	합계	국철	사철	합계	국철	사철
1910	5,198(100)	4,890(94)	308(6)	3,528(100)	3,477(99)	51(1)
1915	6,788(100)	6,206(91)	582(9)	5,536(100)	5,411(98)	125(2)
1920	14,725(100)	13,493(92)	1,232(8)	9,932(100)	9,691(98)	241(2)
1925	20,873(100)	18,741(90)	2,132(10)	12,199(100)	11,816(97)	383(3)
1930	23,499(100)	19,875(85)	3,624(15)	11,886(100)	11,423(96)	463(4)

자료 : 南亮進(1965), 앞의 책, 제11표, 제15표.

이와 같은 근대도시기능과 함께 도시주민이 소비하는 일상생활 필수품의 유통기구, 특히 소매업에 주목할 만한 변화가 생겼다. 화이트컬러층을 중심으로 하는 중산계급이 대두하고 한편 농촌지역에서 유입하여 근대산업의 고용자가 되고 각종 도시잡업에 종사하는 유동성이 높은 사람들도 증가하였다. 일상생활물자의 공급은 재래의 유통기구로는 이미 감당할 수 없게 되고, 소량현금판매에 의한 일용품의 판매기구가 더욱 필요하게 되었다. 1910년대 후기에는 공설식료품시장을 설치하려는 움직임이 각지에서 일어나고, 이를 계기로 1920년대에는 수많은 사설시장이 설립되었다. 그리고 이러한 시장에 대한 식료품의 공급을 안정적으로 확보하기 위하여 1923년에는 중앙도매시장법이 제정되고 이것에 근거하여 많은 부현에서 공영 중앙도매시장도 설립되었다. 다른 한편 비교적 소득이 높은 계층을 대상으로 한 도심부의 백화점과 다른 업종의 소매점이 모여 있는 상점가가 근대도시상업의 새로운 담당자가 되었다. 또 고베 등의 일부 도시에는 주로 중산계급을 대상으로 하는 생활협동조합과 기업의 종업원을 대상으로 하는 구매조합도 새로운 유통기구로서 등장하였다.

도시공간의 확대·도시기능의 정비에 대응하여 도시주민 특히 신중간층이라고 불리는 계층의 생활양식과 생활방식도 크게 변화하였다. 1920년대에는 의식주의 모든 것에서 외래적·서양적 요소의 수용으로 급격한 변화가 일어났다. 가족형태도 도시로 유입하는 인구군을 형성하는 가족은 사실상 근대적 소가족 즉 핵가족이라 불리는 것이었으며, 메이지 가족법의 가제도와는 명백한 괴리가 발생하였다.[2] 이러한 가족에서는 대체로 남편은 밖에서 일하고 아내는 집안에서 가사·육아를 담당한다는 역할분담, 즉 '성에 의한 분업'이 성립하고 있었다. 가족이 가진 경제기능 가운데 생산기능은 뒤로 물러나고 소비기능이 전면에 등장하여 소비생활 혹은 생활문제에 점차 관심이 집중되었다. 또 이러한 가족은 자식들에게 좋은 취업기회를 보장하기 위하여 고등교육을 시키는 것이 일반적이었다. 그러나 농촌에는 도시주변농촌과 시역 안의 농업지구에서조차 일반적으로 도시적 생활양식과는 무관하였고, 도시와 농촌의 생활양식의 차이가 점차

---

2) 메이지 가족법에서 가제도는 가족경영에 적합한 제도고 호주에게 가산집중과 호주에 의한 가족노동력의 통제를 인정함으로써 가족경영의 유지존속을 보장하였다. 그러나 공업화의 진전으로 가족경영의 비중이 약해지고 핵가족이 확대되어 메이지 가족법의 가제도의 현실과 괴리되었기 때문에 1919년 하라 내각 하에서 임시법제심의회가 설치되어 민법전 개정이 문제가 되었다. 그러나 가제도의 존속·강화를 노린 보수파는 근대소가족 원리에 따른 가족법의 재편을 주장하는 진보파와 대립하여 결론을 보지 못한 채, 제2차 세계대전으로 중단되었다.

커졌다. 소득수준뿐만 아니라 생활양식에서도 도시와 농촌의 격차는 191
0 · 20년대를 통하여 확대되어 갔다.

제3절 생활수준과 교육수준

　1910 · 1920년대에는 생활수준이 일반적으로 상승하였다. <표 3-38>은
1874~1930년 1인당 개인소비지출(5개년평균)의 추이를 보여주고 있다.
이를 보면 1910~1930년에 생활수준이 뚜렷이 상승하였고 특히 1910년대
후반과 1920년대 후반에서의 상승이 현저하였다. 그리고 만성적 불황기
라고 불리는 1920년대 후기에도 개인소비지출은 증가하고 있었다. 개인
소비지출의 항목별 구성의 추이를 보면 19세기 최후의 10년간에 저하한
후 20세기에 들어 얼마간 보합상태였던 식료비는 1910년대 후기 이래 급
속하게 그 비중이 감소하였다. 결국 생활수준의 하나의 지표인 엥겔계수
는 확실히 떨어지고 있었다. 반면 피복비와 교양오락비의 비중이 증가하
였는데, 이는 생활수준의 상승과 생활양식의 변화를 반영하는 것이었다.

<표 3-38> 1인당 개인소비지출의 추이

연도	실수		구성비(%)				
	총액(엔)	전년대비 증가율(%)	식료품	피복	주거	교양오락	기타
1874~1880	87.0		64.8	3.1	15.4	2.4	14.3
1881~1885	91.2	4.8	65.5	2.7	14.8	3.0	14.0
1886~1890	101.2	11.0	64.4	4.0	13.7	4.9	13.0
1891~1895	112.1	10.8	62.3	5.4	12.7	6.1	13.5
1896~1900	124.1	10.7	59.9	7.0	12.3	6.2	14.6
1901~1905	120.9	-2.6	60.1	5.1	14.3	5.5	15.0
1906~1910	123.0	1.7	59.3	6.9	15.1	5.6	13.1
1911~1915	129.8	5.5	61.6	7.1	13.3	5.8	12.2
1916~1920	150.5	15.9	59.7	10.0	13.3	6.6	10.4
1921~1925	175.8	16.8	57.7	9.1	15.3	7.3	10.6
1926~1930	180.2	2.5	55.3	9.4	16.3	7.7	11.3

　자료 : 篠原三代平(1967), 『長期經濟統計 6 : 個人消費支出』, 제4표.

생활수준 향상의 중요한 지표 중 하나는 아동체위의 향상과 사망률 특히 유아사망률의 개선인데 이것이 1920년대에 실현되었다. 소학 1학년의 체위는 1910년대 후기까지 변화하고 있었는데 1920년대가 되면 뚜렷이 향상되었다. 그리고 1920년대의 남녀평균수명은 남성 45세, 여성 46.5세가 되어, 1910년대보다 2~3세 증가하였다. 이러한 것들은 모두 생활수준의 향상에 따른 영양상태의 향상 · 의료지출의 증대 등이 가져온 것인데, 공중위생 내지 근대의료를 위한 제도와 시설의 정비 · 확충에 의해서도 뒷받침되었다. <표 3-39>는 의사 · 조산부 · 간호부 · 약제사 · 병원수의 추이를 보여주고 있는데 인구 1인당 의사수는 그다지 증가하지는 않았고 19세기 말에 비하면 1920년대는 오히려 감소한데 비해 조산부 · 약제사 · 간호부 · 병원수는 증가하였다. 특히 근대의료에 관한 지식과 의료를 가진 조산부의 대폭적인 증가로 유아사망률은 개선되었다.

<표 3-39> 의사 · 조산부 · 간호부 · 약제사 · 병원수의 추이

연도	의사	치과의사	조산부	간호부	약제사	병원	인구1만명당 의사수
1892	40,093		33,016		2,716	576	9.7
1897	39,392		35,375		3,086	624	9.0
1902	33,967	610	25,709		2,767	746	7.4
1907	36,229	913	26,677		3,751	807	7.4
1912	40,133	1,531	29,376	13,925	4,912	895	7.7
1917	46,097	4,124	34,295	25,661	6,933	1,151	8.2
1922	43,737	7,738	38,704	33,758	7,176	1,273	7.6
1927	47,108	13,731	45,663	54,350	16,180	1,947	7.7
1932	50,069	17,164	54,655	85,060	20,470	2,451	7.6
1937	61,799	22,072	61,732	120,144	28,156	3,045	8.7
1942	50,677	17,599	52,991	112,118	21,333	2,903	8.0

자료 : 新保 博(1995),『近代日本經濟史』, 創文社, p.239.

또 생활수준의 상승에 대응하여 교육수준도 매우 높아졌다. <표 3-40>은 20~24세 인구의 학력별 구성의 추이를 남녀별로 보여주고 있다. 이 표를 보면 교육수준에서는 남녀간의 격차가 인정되지만 교육수준의 급격한 상승이라는 점에서는 남성과 여성 사이에 차이가 없었다. 우선 19세기 말부터 20세기 초에 걸쳐 의무교육인 심상소학교의 미취학 내지 중퇴자는 남녀 모두 상당히 감소하여 남자는 10% 이하, 여자는 20% 이하가 되었다. 그리고 그 후에도 의무교육을 수료하지 않은 자의 비율은 계속 감소하여 1930년대 초에는 남녀 모두 5% 이하가 되었다. 1920년대에는 20~24세층의 의무교육 미수료자 비율이 남녀 모두 반전하여 상승하고 있는데, 이것은 1908년부터 의무교육 연한이 4년에서 6년으로 연장되었음에도 불구하고 처음에는 이전과 같이 심상소학교 4년까지만 학교교육을 받고 끝마친 사람이 많았기 때문이다.

<표 3-40> 20~24세층 학력별 구성의 추이 (%)

	연도	심상소학교 미취학·중퇴	심상소학교 졸업	고등소학교 졸업	중등학교 졸업이상	실업보습 학교졸업
남성	1900	61.6	29.4	8.5	0.5	0
	1905	32.6	49.5	15.0	2.9	0.02
	1910	18.9	48.2	27.0	4.9	1.0
	1915	5.7	52.0	29.0	7.2	6.1
	1920	10.7	29.8	32.3	8.6	18.6
	1925	10.9	19.7	34.9	9.3	25.2
	1930	4.0	10.7	44.9	12.8	28.4
	1935	1.7	6.4	51.0	19.0	21.9
	1940	3.6	4.2	55.4	17.9	18.9
여성	1900	90.0	8.7	1.2	0.1	0
	1905	77.2	18.5	3.4	0.9	0
	1910	55.3	33.5	9.0	1.9	0.3
	1915	19.0	62.5	13.3	3.8	1.4
	1920	27.0	51.5	13.4	5.1	3.0
	1925	24.3	49.0	15.6	6.8	4.3
	1930	11.1	47.0	22.4	10.5	9.0
	1935	8.3	38.0	28.9	15.1	9.7
	1940	4.8	32.1	34.9	19.3	8.9

자료 : 高松信清(1989), 「戰前勞動の質および敎育程度の推計」, 尾高煌之助 編, 故高松信清 著, 『明治以絳經濟統計推計ノート(下)』, pp.102~106.

남자의 경우 1910년대 이래 6년간의 의무교육만으로 교육을 종료하지 않고 고등소학교·중등학교·실업보습학교 등으로 진학하는 자가 증가하였다.[3] 특히 1920년대에 그 경향이 현저하였고, 1935년 20~24세 남성 인구의 5명 중 1명은 중등학교이상의 학력을 가졌으며 또 반 이상은 고등소학교 졸업자가 차지하였다. 고등소학교는 2~3년 과정이었지만 그 교과과정은 의무교육의 교과과정에는 없는 외국어(영어)와 대수가 포함되었다. 20~24세 남자인구의 90% 이상이 외국어·대수의 학습경험을 가지고 있다는 것은 일본에서 노동력 질의 전반적인 향상을 가져왔다. 그러한 의미에서 1920년대는 교육수준의 향상·노동력의 질의 향상에서 큰 획기가 되었다.

마찬가지로 여성에 대해서도 1920년대는 교육수준이 급속히 상승한 시기였다. 고등소학교와 중등학교로의 진학자의 비율이 증가하였고 그 가운데에서도 후자의 진학률은 남자와 거의 차이가 없었다. 이와 같은 여성의 진학률 상승은 1910·20년대에 직업을 가진 여성의 증가와 여성의 직업영역이 대폭 늘어난 것과 깊은 관련을 가지고 있다.

이 같은 교육수준의 상승은 소득수준·생활수준의 향상에 따른 것이었지만 동시에 제조업에서 중화학공업의 비중 증대와 재래공업의 근대화, 도시인구비율의 증대, 취업인구에서 고용자비율의 상승, 도시주민의 단혼 소가족화, 도시에서의 생활양식의 변화 등과 관련이 있었다.

제4절 대중사회의 등장

3) 1907년의 학제개정 이전은 4년간의 의무교육(심상소학교) 위에 교육연한 2~4년의 고등소학교가 있었고 중학교·고등여학교는 2년간의 고등소학교 과정을 이수한 자가 입학하고 (갑종)실업학교는 4년간의 고등소학교 과정을 수료한 자를 취학시켰다. 1907년의 학제개정은 의무교육인 심상소학교의 연한을 6년으로 늘리는 동시에 심상소학교 위에 중학교(5년제)·고등여학교(4년제)·실업학교(5년제)·실업보수학교(3년제)와 고등소학교(2-3년)를 중등교육기관을 병렬적으로 놓은 것이었다. 그리고 고등교육기관과의 연속성이 제도상으로 인정되고 있는 중등교육기관은 중학교·고등여학교로 하였다. 또 이 학제에서 사범학교(4년제)에는 원칙적으로 고등소학교 3년과정을 수료한 자가 입학하도록 하였다. 이 같은 학제는 제2차 세계대전 후의 전후개혁에 의한 학제개혁까지 기본적으로 계속되었다.

공업화·도시화의 진전과 함께 봉급생활자를 중심으로 하고 여기에 도시 임금노동자의 일부를 더한 신중간층이 형성되어, 1910·20년대를 거치면서 그 수가 증가하였다. 봉급생활자와 임금노동자로 이루어진 고용자는 1920년에 전 취업자(고용자·자영업주·가족종업자)의 30.7%를 점하였으나 1930년에는 32.4%까지 그 비중이 증가하였다. 1920년 제1회 국세조사에 따르면, 봉급생활자 세대의 인구는 전 인구의 8% 전후를 차지하여, 신중간층이 착실히 증가하고 있음을 보여주고 있다. 또 제3종 소득세 납세자에서 중등계급이 전세대에서 차지하는 비율은 1903년에 2.4%, 1917년에 5.0%, 1925년 11.5%로 급증하고 있다. 경제적으로 여유가 있고 높은 학력을 가진 신중간층은 이제 무시할 수 없는 사회적 발언력 내지 영향력을 가진 존재가 되었다.

1918년 쌀소동으로 총사직한 데라우치 내각의 뒤를 이어 1917년 제13회 총선거로 제1당이 된 정우회의 당수 하라가 수상이 되고, 육해외(陸海外) 3상 이외의 각료를 전부 정우회가 차지하여 처음으로 정당내각이 탄생하였다. 1919년에 선거법의 개정이 있었으나 대선거구제에서 소선거구제로 고치고, 중의원선거권의 납세자격을 10엔에서 3엔으로 내리는 정도에 그쳐, 중의원의원선거권의 납세자격에 의한 제한을 철폐하는 보통선거에는 이르지 못하였다. 이 개정으로 유권자 수는 150만 명에서 300만 명으로 배증하였으나 신유권자는 대부분 소지주와 자작농이었고, 증가하고 있는 도시의 신중간층은 여전히 의회를 통한 정치적 발언권을 얻지 못하였다. 1921년 하라의 사후 곧바로 비정당내각이 들어섰지만 정당내각의 재현을 목표로 하는 호헌운동이 전개되었다. 1924년 제15회 총선거의 결과에 입각하여 호헌3파(헌정회·정우회·혁신구락부)의 연립에 의한 가토 다카아키(加藤高明) 내각이 성립하고 본격적인 정당내각이 실현되었다. 가토 내각은 1925년에 치안유지법과 함께 보통선거법을 제안하여 두 가지 법을 거의 동시에 성립시켰다. 이로써 중선거구제로의 이행과 피선거권자 30세 이상 선거권자 25세 이상의 남자보통선거제가 실시되어 유권자수는 기존의 4배인 1,200만 명이 되었다. 이로써 신중간층은 무시할 수 없는 정치적 발언권을 얻게 되었다. 하지만 신중간층이 능동적·자율적·개성적인 행동양식을 갖지 못할 경우 수동적·종속적·획일적인 대중이 되어 정치적으로 무력한 존재가 되고 위험한 독재의 길이 열리게 된다는 것은 그 후의 역사가 보여주고 있다.

사회의 대중화 현상은 대중문화의 성장·문화산업의 성립이라는 형태로 나타났다. 1910·20년대에는 신문발행 건수가 급증하고 일간지도 크게 증가하였다. 정보에 대한 수요의 급증·정보의 다양화가 진전된 것이었다. 그러나 반면에 대중매체의 발전으로 정보공급의 상업화와 획일화가 발생하였다. 아사히(朝日) 신문·마이니치(每日) 신문은 대도시를 중심으로 200만 부 전후를 발행하고, 같은 정보를 신중간층을 중심으로 하는 전국 각지의 독자가 거의 동시에 공유하는 상황이 벌어졌다. 신문 발행은 문화산업으로서 확고한 위치를 차지하게 되었다.

동일한 상황이 출판업에서도 나타났다. 그것을 상징하는 것이 '엔본(円本)'이었다. 1926년에 정가 1엔짜리『현대일본문학전집』37권이 간행되기 시작하였는데 그 발행 부수는 35만 부에 달하였다. 이것이 '엔본'붐의 도화선이 되어 300종에 달하는 1책 1엔의 전집이 계속 간행되었다. 영화·레코드·라디오 등의 시청각 문화도 제1차 세계대전후 발전하였다. 일본 최초의 상설영화관은 1903년의 아사쿠사 영화관(淺草電氣館)이지만, 1910년대에 영화의 독자적인 표현기술을 사용한 극영화가 제작되고 단기간에 영화관이 증가하여 1921년에는 전국의 영화관 수가 504관에 달하였다. 그리고 1924년에는 일본영화가 외국영화를 제작편수에서 압도하게 되었다. 라디오의 보급은 1920년대 말에 6% 정도에 머물렀고 그 급속한 보급은 1930년대를 기다려야 하였다.

이 같은 소위 대중문화의 성장은 도시주민을 중심으로 생활수준의 상승과 교육수준의 상승에 의해 뒷받침되었다는 것은 말할 것도 없지만, 또 대중매체를 통하여 대중이 지금보다 훨씬 다양하고 많은 정보를 공유하게 되었음을 의미한다. 이것은 신중간층을 중심으로 도시주민이 수용하는 정보량을 확대시켜 그들의 판단능력을 높이는 한편, 생활양식·행동양

식의 획일화 및 수동화를 가져올 가능성을 증대시켰다. 정보조작에 의한
대중지배의 위험성이 일상적으로 존재하게 된 것이다.

제4편

15년 전쟁과 통제경제의 전개(1932~1955년)

제1장 국제금본위제의 붕괴

제1절 세계대공황과 국제금본위제의 붕괴

구미 선진 제국은 1920년대에 들어서면서 금본위제로 복귀하였으며, 일본도 그 뒤를 따라 1930년에 금본위제로 복귀하였다. 이 시기의 금본위제는 금환본위제라는 불완전한 형태를 띠고 있었으나 일단 국제적으로 금본위제는 재건되었다. 하지만 제1차 세계대전 이전과는 달리 국제경제 환경이 바뀌어 금본위제를 뒷받침할 만한 조건은 더 이상 존재하지 않게 되었다.

금본위제 하에서는 국제적인 다각적 결제기구가 존재하고, 각국의 경제는 이를 통하여 상호 결합되어 국제적인 분업체계가 성립한다. 이 때 다각적 결제기구의 기축이 된 것이 영국이었다. 그러나 영국은 제1차 세계대전 이후 국제수지의 흑자폭이 줄어들어 해외투자로 돌릴 자금여유가 적어진 결과 국제금융에 대한 런던 시장의 조정능력이 약화되었다. 미국은 제1차 세계대전 이후 채권국이 되고 뉴욕 시장이 런던 시장과 함께 국제금융의 중심이 되었으나, 영국과 달리 유입된 금을 자국 내에 보유하기만 하고 해외투자를 하지 않았다. 또한 뉴욕 시장도 국제금융에 대한 경험이 충분치 못하여 조정 능력이 부족하였다. 이러한 여러 가지 이유로 제1차 세계대전 전에 존재하였던 국제금융망이 재건될 가능성은 거의 없었다.

불완전한 형태로 존속하던 국제금본위제는 1929년 가을부터 시작된 대공황으로 결정적인 타격을 받게 되었다. 대공황의 영향으로 1931년 7월 영국이 금본위제에서 이탈하였다. 뒤이어 오스트리아·독일이 금융공황의 영향을 받아 해외로부터의 자금회수로 단기자본의 유출이 일어나면서 금유출을 일으켰기 때문에 금본위제를 정지할 수밖에 없었다. 국제금본위제에서 기축통화국이었던 영국이 탈락하였기 때문에 다른 나라들이 이를 뒤따르는 것은 시간문제였다. 그러나 나라에 따라 이탈시기는 상당히 달랐으며 이탈을 단행하게 된 직접적인 계기도 달랐다. 독일은 영국보다 1개월 빨리 금융공황에 의한 외자인출·단기자본유출대책으로 금본위제에서 실질적으로 이탈하였다. 세계 금의 3분의 1을 보유하고 있던 미국은 독일과 영국과는 달리 국제금융공황에 의한 공황속에서 1933년 3월에 새로이 대통령이 된 루스벨트가 금수출 금지를 단행하였다. 프랑스는 풍부한 금준비에 국제수지도 균형 상태였기 때문에 다른 나라보다 오랫동안 금본위제를 유지하였으나, 1935년경부터 급속히 금이 유출되자 이를 방지하기 위하여 1936년 9월 프랑을 절하하는 동시에 금본위제의 정지를 단행하였다. 이 같은 과정을 거치면서 국제금본위제는 완전히 자취를 감추게 되었으며 그 후 다시 부활되지 않았다. 이는 19세기 이래의 영국의 세계지배가 해체되었음을 의미하는 것이었다.

국제금본위제가 해체되면 국제적인 거래결제체제가 그 기능을 정지하게 된다. 이전처럼 자유무역주의에 근거한 국제경제질서는 사실상 없어지고 그 필연적인 귀결로서 보호주의가 대두하였다. 각국은 자유무역주의를 버리고 보호주의를 채택하기 시작하였다. 이와 함께 구미 선진 제국은 자국의 정치적·경제적 영향 하에 있는 지역을 경제블록으로 조직하여 갔다. 파운드·달러·프랑·마르크 등을 각각 기축통화로 하는 블록경제권이 형성되고, 역내자급경향이 강화되어 세계무역은 지역적으로 분리되었다. 그 때문에 1880~1920년대에 연 2.5% 정도의 성장을 보여 온 세계무역량은 1930년대 들어 감소하기 시작하였다. 1930년대 초 세계 무역량이 감소한 것은 주로 세계대공황 때문이었으나, 경기가 회복된 1930년대 후반까지도 세계 무역량이 증가하지 않은 것은 블록경제화의 진전 때문이다. 이 같은 세계의 움직임에 따라 일본도 일본·만주·화북으로 이루어진 블록경제권을 형성하려고 하였다. 보호주의적 경향이 강한 블록경제화의 진전으로 여러 국가 사이에 정치적·경제적 마찰이 발생하였고, 국가 간의 긴장·대립이 격화되었다. 제1차 세계대전 후 국제정치기구로서 탄생한 국제연맹은 미국과 소련이라는 두 강대국이 참여하지 않아 국제적 마찰과 분쟁을 조정하고 해결할 능력이 거의 없었다.

이 같은 상황 속에서 일본은 중국대륙 침략과 수출의 급증이 초래한 경제마찰 등으로 국제적으로 고립화되면서 세계 정치·경제로부터 이탈하여 갔다.

제2절 일본의 금수출재금지와 관리통화체제로 이행

일본은 세계대공황의 충격이 점차 확산되어 가고 있는 1930년 1월에 금본위제(실제는 금환본위제)로 복귀하였으나, 1930~31년의 2년 사이에 8억 엔에 가까운 정화(금 또는 국제결제통화)를 상실하여 금본위제를 더 이상 유지할 수 없게 되었다. 세계대공황이 가져온 미국 경제의 불황으로 미국의 생사수요가 줄어들어 생사가격은 폭락하고 일본의 생사수출은 크게 감소하였다. 이 때문에 일본의 수출액은 큰 폭으로 떨어져, 1931년의 수출액은 1929년의 57% 수준에 불괴히게 되었다. 반면 수입은 수출만큼 줄어들지 않아 1920년대 후반 이후 감소하고 있던 무역수지적자가 다시 증가하였다. 중국 특히 만주로의 투자는 계속 증가되었으나 외국으로부터 자본유입이 감소되었기 때문에 1930·31년의 종합수지는 메이지 이후 최대의 적자를 기록하여 이 2년간 종합수지의 총적자액은 약 8억 엔에 달하였다. 1920년대를 거치면서 재외정화가 거의 고갈 상태에 빠져 종합수지적자의 결제는 주로 국내로부터 금을 이동하여 해결하였다. 그 결과 국내의 금준비·재외정화를 합친 정화준비액은 3분의 1정도로 급감함으로써 금본위제의 기초가 흔들리고 금본위제의 포기를 요구하는 소리가 경제계에서 나오기 시작하였다.

1931년 9월 관동군이 남만주철도의 일부를 폭파하여 만주사변을 일으켰다. 이로써 1945년의 패전에 이르는 15년 전쟁이 시작되었다. 당시의 와카스키 레이지로(若槻禮次郎) 내각은 전쟁불확대방침을 표명하였으나 군부의 독주를 억제하지 못하였으며 전쟁은 계속 확대하여 갔다. 결국 와카스키 내각은 1931년 12월 퇴진하고, 같은 해 12월 13일에 이누카이 쓰요시(犬養毅) 내각이 성립하였다. 대장상에는 이전부터 적극재정을 주장하여 온 다카하시 고레키요가 취임하여 경제정책의 변화를 가져왔다. 내각 성립 후의 첫 각의에서 금본위제의 포기를 결정하고 금태환도 정지하였다. 일본도 구미 선진 제국과 마찬가지로 금본위제에서 완전히 이탈하여 관리통화제로 이행하게 된 것이다.

금본위제를 정지함으로써 통화공급에서 금준비라는 물리적 제약으로부터 해방되어 일본은행은 통화공급을 확대할 수 있게 되었다. 그러나 그 실현을 위해서는 일본은행권의 발행에 대한 법적 규제가 완화될 필요가 있었다. 1932년 7월 일본은행권의 보증준비발행한도가 1억 2,000만 엔에서 8배가 넘는 10억 엔까지 인상되었고, 제한외 발행세의 최저세율도 5%에서 3%로 인하되었다. 또 1932년 11월에는 적자국채의 일본은행인수발행이 시작되었다. 이 때까지의 국채발행은 금융시장에서의 국채매각으로 여유자금을 흡수한 이후 재정지출을 통하여 자금을 시중에 살포하는 것이었지만, 일본은행인수발행의 경우는 국채를 일본은행이 인수한 후 자금을 정부에 공급하여 우선 재정자금을 시중에 살포한 다음 일본은행이 시중은행에 국채를 매각하여 여유자금을 흡수하는 방식이었다. 이로써 민간의 자금수요와 경합하지 않으면서 국채를 발행하는 것이 가능해졌다. 이러한 방법으로 통화의 공급이 확대되고 재정금융정책의 중심이 된 유효수효 창출정책을 뒷받침하는 체제가 정비되었다.

제3절 저환율과 수출의 급증

일본은 금본위제를 정지하였으나 미국은 아직 금본위제를 유지하고 있었기 때문에 대미환율이 급속히 떨어져 엔저의 방향으로 나갔다.[1] 게다가 무역수지 적자, 정화준비의 대폭적인 감소, 적자공채의 발행에 따른 재정팽창과 통화팽창, 금리수준의 하락 등 환율하락의 요인이 다양하게 존재하고 있었다. 해외시장에서 진행된 엔매출·달러매입의 환투기는 환율의 하락을 더욱 부채질하였다. <표 4-1>에서 알 수 있듯이 금본위제 이탈과 함께 대미환율은 폭락하기 시작하였는데, 정부는 이 같은 움직임을 방관한 채 의도적인 외환관리정책을 실시하지 않았다. 정화준비가 고갈된 상태 하에서는 외환안정정책을 제대로 펼 수도 없었지만, 한편으로 환율의 저위안정을 노린 다카하시의 입장에서 보면 이 같은 환율의 움직임은 뜻대로 되어 가고 있었기 때문에 구태여 이를 억제하는 정책을 펼 필요가 없었다. 이 때문에 환율은 계속 떨어져 금본위제 포기 이후 1년 뒤인 1932년 말에는 30달러 이하로 떨어졌다. 제1차 세계대전 후 금본위제를 정지하였을 때도 엔의 최저가치는 38달러대였고, 금본위제 복귀 직전에는 평가인 49.85달러 가까운 수준까지 회복하였다. 따라서 금본위제 포기 이

<표 4-1> 교역조건·수출가격·환율의 추이 (지수, 1934~36년=100)

연도	교역조건	수출가격	대미환율 (100엔=달러)	달러환산 수출가격
1929	148.6	149.8	46.070	228.5
1930	132.0	110.8	49.367	188.6
1931	138.7	88.4	48.871	149.0
1932	120.1	89.7	28.120	87.0
1933	115.8	105.3	25.227	91.6
1934	106.0	101.5	29.511	100.0
1935	96.6	97.4	28.570	95.4
1936	96.8	100.4	28.950	100.4
1937	100.0	115.6	28.813	116.8
1938	106.8	117.7	28.496	120.1

자료 : 山澤逸平·山本有造(1979), 앞의 책, p.87.

---

1) 환율을 표시하는 데에는 자국화폐기준과 외국화폐기준이 있다. 전자는 우리 나라 원에 대해 '외국돈 얼마'라고 표시하는 것이고, 후자는 외국화폐단위에 대하여 '우리 나라 돈으로 얼마'라고 표시하는 것이다. 현재 일본은 후자의 방법을 택하고 있으나 당시 일본은 자국화폐기준을 사용하였기 때문에 환율이 떨어지면 일본 엔화의 가치가 하락하는 것이다.

후의 환율 하락은 매우 비정상적인 것이었다.

1933년 3월 미국이 금본위제에서 이탈하였음에도 불구하고 <표 4-1> 에서 보는 것처럼 1934년에서 1938년까지 대미환율은 29달러 전후의 낮은 수준에 머물렀다. 환율이 낮은 수준에서 안정되었던 것은 1933년 3월에 제정된 외환관리법으로 외국환 관리체제가 확립되었고, <표 4-2>에서 보는 것처럼 1932년과 1936년에 걸쳐 경상수지가 계속 흑자를 기록하여 종합수지도 균형을 회복하였기 때문이다. 하지만 29달러 전후의 수준은 금본위제를 포기하기 전에 비하면 40% 이상 엔절하가 이루어졌음을 의미하였다. 이를 계기로 일본정부는 적극적인 수출 추진정책을 추진하게 되는데, 그 배경으로는 달러표시수출가격이 하락함으로써 일본상품의 국제경쟁력이 강화되었다는 점, 불황으로 인해 국내시장이 정체되어 부득이 해외시장을 개척하여야 하였다는 점 등을 지적할 수 있다.

<표 4-2> 무역수지 · 경상수지 · 종합수지의 추이 (1932~44년) (백만엔)

연도	수출	수입	무역수지	경상수지	종합수지
1932	1,820	1,936	-116	41	-79
1933	2,367	2,463	-96	49	-82
1934	2,813	2,970	-157	14	13
1935	3,292	3,272	20	239	-20
1936	3,604	3,641	-37	237	30
1937	4,205	4,766	-561	-549	-867
1938	3,939	3,794	145	-550	-681
1939	5,163	4,164	999	129	-683
1940	5,417	4,653	764	-25	-353
1941	4,384	4,067	317	-1,026	-172
1942	3,505	2,924	581	-1,026	-103
1943	3,055	2,939	116	-802	-181
1944	1,298	1,947	-649	163	-181

자료 : 山澤逸平 · 山本有造(1979), 앞의 책, 제16표.

엔저에 의한 수출확대효과는 1932년 4월부터 나타나기 시작하였다. 수출확대효과는 1932년 6 · 7월경부터 뚜렷해지고, 이후 수출은 1937년까지 계속 증가하였다. 1926~1939년 사이의 무역수량지수의 동향을 보면 엔저 상태였던 1931년부터 1937년에 걸쳐 수출량이 증가하여 수입량을 훨씬 능가하고 있다(<표 4-3>). 수출량은 1931년부터 증가하기 시작하고 특히 1933년 이래 급증하여, 1936·37년에는 수출량이 1931년의 두 배를 넘게 되었다. 한편 수입량은 1934년부터 증가하기 시작하여 1937년에 최고조에 달하였으나 그것도 1931년에 비해 60% 정도 증가한 것에 불과하여 이 시기 수출촉진이 얼마나 적극적으로 이루어졌는가를 말해주고 있다. 물론 이 같은 수출확대가 모두 엔저에 기인한 것은 아니었다. 만주사변 이후 만주지구의 식민지 경영과 관련하여 관동주와 만주로 수출이 증가한 것도 중요한 한 요인이었다. 그러나 1935년경까지는 관동주·만주 외에 대만·조선·중국으로 이루어진 엔블록으로 수출증가는 이 기간 수출증가액 전체의 절반 이하였으며, 미국·영국 등의 선진국과 아시아를 중심으로 하는 후발국으로 수출증가가 절반을 차지하고 있었다. 특히 아시아지역에서는 면포를 중심으로 하는 섬유품 수출이 늘어나 영국을 능가하게 되었다.

<표 4-3> 수출입 동향의 추이 (지수, 1928~32년=100)

연도	수 출	수 입	연도	수 출	수 입
1926	80	98	1933	126	103
1927	89	101	1934	153	116
1928	93	102	1935	187	121
1929	102	108	1936	200	134
1930	96	91	1937	203	159
1931	95	100	1938	186	131
1932	114	98	1939	191	137

자료 : 山澤逸平·山本有造(1979), 앞의 책, 제3표·제4표

이와 같이 수출량은 증가하였으나 <표 4-2>에서 보는 것처럼 무역수지는 여전히 계속 적자였다. 1935년에 흑자를 기록하였으나 그것도 근소한 것이었기 때문에 1932~37년간 무역적자의 누적액은 9억 4,700만 엔에 이르고 있다. 그 원인은 교역조건의 악화, 즉 수출가격이 상대적으로 큰 폭으로 떨어졌기 때문이다. 하지만 그것은 반드시 엔저 때문만은 아니었

고, 1920년대 후반에 집중적으로 진행된 산업합리화 등으로 공업생산성이 상승한 것도 하나의 원인이었다. 대미환율이 큰 폭으로 하락하였기 때문에 무역상대국에서 본다면 일본은 엔화절하를 이용하여 저가격수출을 하는 것이 되었다. 예를 들어 <표 4-1>을 보면 일본의 달러기준수출가격은 1929년과 1933~35년을 비교하면 2분의 1로 하락하고 있다. 일본으로부터 수출과 경쟁상대에 있는 상대국의 산업에 커다란 영향을 주지 않을 수 없었는데 엔저가 수입을 억제하였기 때문에 더욱 그러하였다.

일본의 주요 무역상대국이고 또한 아시아지역으로의 수출경쟁상대인 영국과 미국 등은 일본으로부터 수출추진이 절정에 달하였던 1935년 당시 실업률이 각각 20, 14%를 기록하고 있었고, 일본의 저가격수출을 '수출덤핑'·'소셜·덤핑(social·dumping)'[2]이라고 비판하였다. 더구나 일본의 수출증가가 중국대륙에 대한 군사침략과 동시에 이루어졌기 때문에 일본에 대한 비판은 강도가 더욱 높아져, 미국·영국·인도 등에서는 일화배척운동이 전개되었다.

제4절 전쟁의 확대와 일본의 국제적 고립

세계경제의 블록화가 진행되는 가운데 일본은 이전부터 보유하고 있던 경제권익을 유지·확대하기 위하여 만주를 점령하였다. 이미 식민지였던 대만·조선에다 만주를 합쳐 엔블록을 형성하려고 하였으며 이를 위한 그 첫 번째 작업이 만주사변이었다. 만주사변으로 일본에 대한 국제적 비난이 고조되었으나 육군, 특히 관동군과 남만주철도주식회사는 만주지구의 식민지화를 강행하였다. 이누카이 내각도 전쟁불확대 방침을 천명하였으나 결국은 군부의 의향에 따를 수밖에 없었다. 그 결과 1932년 3월에는 독립국가의 체제를 갖춘 식민지국가인 만주국이 세워지고, 관동군과

---

2) 저임금이라는 사회적 조건을 이용하여 부당하게 낮은 가격으로 수출을 늘리는 것을 소셜·덤핑이라 한다.

남만주철도주식회사가 중심이 되어 개발계획을 작성하여 이를 기초로 식민지경영이 이루어졌다.

1920대 후반의 국민혁명 이래 중국은 정치적·경제적으로 자립하려는 움직임이 활발해졌으며, 1930년대에 들어서 남경의 국민정부는 관세인상으로 국내산업 특히 면공업을 보호하는 한편 화폐제도를 개혁하였다. 이와 같은 중국의 자립노선을 둘러싸고 이를 지원하는 미국·영국과 식민지화된 만주와는 별도로 중국 전체를 일본을 중심으로 하는 경제권에 편입하려는 일본과의 대립도 점차 고조되어 갔다. 그 때문에 일본은 화북을 분리하여 만주와 함께 엔블록으로 통합하려고 시도하였다. 한편 국내에서는 군과 우익의 테러가 계속되고 1932년 5·15 사건을 계기로 정당내각이 완전히 사라지게 되었다. 1933년 봄 관동군이 동북부 지구에서 화북지구로 군사적 침략을 시작함으로써 전쟁은 확대되어 갔다.

일본의 중국대륙에서의 군사행동과 식민지경영에 대해 국제연맹은 1931년 말 영국의 릿튼(V. A. G. R. Lytton)을 위원장으로 하는 조사단을 파견하기로 결정하였다. 동 조사단은 1932년 10월에 보고서를 제출하였다. 그 보고서에서는 일본의 권익을 인정하기는 하였으나 만주국의 건설은 부정되고 그 대신 동삼성(東三省 : 현재의 중국 동북부) 자치정부의 수립을 권고하였다.

서구 열강이 중국문제에 대하여 미온적인 태도를 보이고 있는 사이 일본은 1932년 9월 일만의정서(日滿議定書)에 조인하여 만주국을 기정 사실화하였다. 뿐만 아니라 관동군은 1933년 1월 이래 만리장성을 넘어 중국본토로 군사적인 침략을 강행하였다. 이 같은 일본의 행동에 대하여 국제적 비판은 더욱 높아져, 1933년 3월 24일 국제연맹총회는 릿튼 보고서의 채택과 만주국의 부인을 내용으로 하는 결의안을 성립시켰다. 일본은 이 결의안에 반대함으로써 국제적으로 완전히 고립되었으며, 결국 국제연맹에서 탈퇴하였다. 이는 일본이 개항 이후 편입되었던 영국 주도의 세계 정치·경제질서로부터 이탈하여 서양과의 공존관계를 포기하고 국제적 고립화의 길로 나아가게 된 것을 의미한다. 하지만 실제로 일본이 국제적으로 고립하게 된 것은 1930년대 후반이었고, 그 때까지는 서구제국과의 관계악화를 방지하기 위한 외교적 노력을 거듭하고 있었다. 또 중국과의 관계도 1933년 당고(塘沽) 정전협정에서 보이는 것처럼 사태가 더 이상 악화되는 것을 막기 위한 방법을 모색하고 있었다.[3]

그러나 일본은 1934년 말 워싱턴 군축조약의 파기를 미국정부에 통고하고, 1936년 1월에는 런던 군축회의에서의 탈퇴를 통고하면서 본격적인 군비확장에 나섰다. 1920년대에는 제1차 세계대전에 대한 반성으로 군비축소를 위한 노력이 국제적으로 이루어져 육·해군의 군비축소의 방향으로 나아갔으나, 일본은 만주사변 이후 군사비의 증대경향이 강화되었으며, 정부는 군비확장 의사를 명확히 천명하였다. 1935년경부터 화북지구에 대한 군사침략이 다시 시작되고 1937년 7월 노구교(盧溝橋) 사건으로 중일전쟁이 시작되었다. 일본의 국제적 고립이 더욱 심화되는 가운데 1945년의 패전의 길로 나아갔다.

---

3) 만리장성 이남 30마일 및 거의 삼각형 지대를 만주국과 중국 본토 사이의 비무장 완충지대로 만들고 그 지역의 치안은 중국경찰이 담당하되 중국군의 진입은 허용되지 않고 중국국의 철퇴를 일본 측이 비행기로 사찰하여 확인한 후 일본군은 장성선 밖으로 철퇴한다는 것이 당고정전협정이다. 이로써 장성선이 만주국의 국경선이 된다는 것이 인정되었고, 기동지구라는 완충지대도 사실상 관동군의 세력권에 포함되었다. 그 후 곧바로 중일관계는 안정된 것처럼 보였으나 화북·만주의 광물자원이 일본의 국방상 불가결하고 일본의 주도 하에 개발해야 한다는 군부, 특히 관동군과 만철이 화북으로의 군사적·경제적 진출을 모색하고 있었고 1935년 중반부터 그 움직임이 활발해지게 되었다.

제2장 적극재정하의 경제성장

제1절 긴축정책에서 적극정책으로 전환

쇼와공황이 한창 진행되는 중에 불황에서의 탈출이라는 과제를 안고 등장한 이누카이 내각은 이전의 와카스키 내각의 이노우에 대장상이 펼친 긴축정책을 폐기하였다. 앞서 서술한 것처럼 다카하시 대장상은 금수출을 재금지하는 동시에 대미환율의 하락을 묵인하는 것 외에 높은 수준이었던 공정금리를 단계적으로 인하하였다. 이 같은 금리의 급격한 인하와 함께 다카하시는 적극재정을 폈다. 대장상 취임 후 곧바로 다카하시는 전임자 이노우에가 편성한 긴축형 예산에 대하여 추가예산을 편성하고 재정지출을 대폭 확대하는 정책을 단행하였다. 그리고 그 재원은 물론 증세에 근거한 것이 아니라 일본은행 인수 공채발행에 의존하는 방식을 채용하였다. 저환율·저금리·적자공채발행은 상호관련을 가지면서 커다란 유휴생산능력을 가지면서 불황에 빠져 있던 일본경제에 강력한 자극을 주었다.

그런데 엔화시세가 크게 하락함으로써 수출이 증가하였으나 동시에 수입억제효과를 통해 수입대체도 촉진하였다. 엔저에 의한 수입대체효과가 가장 뚜렷하게 나타난 곳은 물론 중화학공업이었다. 예를 들어 전 수입에서 차지하는 중화학공업 비중의 동향을 보면 1910년대 후반과 1920년대 전반에는 수입 전체에서 차지하는 중화학공업품의 비율은 33%였고 1920년대 후반에도 30%에 못 미쳤다(<표 4-4>). 그러나 1930년대에 들어서면 20~22%로 낮아졌으며, 그 후 상승하였다고는 하지만 여전히 25% 정도의 수준에 머물러 중화학공업제품의 비중하락은 구조적인 것이라는 사실을 말해주고 있다. 1930년대 중화학공업화가 급속히 진행되면서 자본재 수입이 증가하는 것이 당연하였음에도 불구하고 수입에서 차지하는 중화학공업제품의 비율이 떨어진 것은 수입대체가 상당히 진전되었기 때문이다. 다음으로 중화학공업품을 금속제품·기계·화학제품으로 나누어 볼 때, 1930년대에 비중이 가장 많이 축소된 것은 기계였고, 금속제품은 1931년과 1932년에 큰 비율로 떨어진 후 1910·20년대의 수준으로 복귀하였다. 화학공업제품은 이들과는 달리 큰 변동을 보여주지는 않았지만 장기적으로는 약간 하락하였다. 따라서 이 시기에 수입대체가 가장 뚜렷하게 이루어진 분야는 기계였으나 금속제품과 화학제품에서도 수입대체가 착실하게 진행되었다고 볼 수 있다. 이와 같은 수입대체의 진전에는 관세정책도 큰 역할을 하였지만 더욱 중요한 역할을 한 것은 대미환율이 40~50%나 떨어진 다음 저수준에서 안정되었다는 사실이다.

<표 4-4> 수입중 중화학공업제품의 비율 (불변가격, 1934~36년 기준) (%)

연도	전수입	중화학공업제품	(금속제품)	(기계)	(화학제품)
1916~20	1,422.8(100만엔)	33.2	(12.5)	(9.7)	(11.0)
1921~25	2,242.4	33.2	(10.1)	(12.0)	(11.1)
1926~30	2,676.6	29.7	(9.6)	(9.5)	(10.6)
1931	2,690.2	21.2	(5.7)	(4.1)	(11.4)
1932	2,636.7	20.6	(6.7)	(3.0)	(10.9)
1933	2,761.5	22.1	(9.5)	(2.5)	(10.1)
1934	3,119.0	24.3	(10.5)	(4.5)	(9.3)
1935	3,258.6	26.8	(12.0)	(5.2)	(9.6)
1936	3,587.4	24.4	(10.2)	(4.3)	(9.9)

주 : 1916~20년, 1921~25년, 1926~30년의 수치는 모두 기간 평균치
자료 : 山澤逸平·山本有造(1979), 앞의 책, 제4표.

다음은 저금리 문제를 살펴보기로 한다. 이노우에 긴축정책 하에서는 심각한 불황에 대처하기 위하여 공정금리를 5.48%에서 5.11%로 인하하였다. 하지만 만주사변 직후에는 5.84%로 인상되고, 이누카이 내각으로 정권이 교체되기 직전인 1931년 11월에는 6.57%가 되었다. 다카하시는

공정금리를 단계적으로 인하하여 1932년 3월에는 5.84%, 6월에는 5.11%, 그리고 8월에는 이제까지 최저의 공정금리수준이었던 4.75%(1890년 5월, 1910년 3월)보다도 낮은 4.38%가 되었다. 공정금리는 계속 인하되어 1933년 7월에는 3.65%(하루이자 1전2리)까지 인하되었다. 이 같은 공정금리의 인하에 발맞추어 시중금리도 하락하였다. 소위 저금리시대가 도래한 것이다. 저금리시대는 일본은행의 신용창조에 의한 통화공급을 확대함으로써 유지되었으나 저금리는 공채 등의 발행을 용이하게 하지만 반면에 주가상승을 가져왔다. 주가는 1932년 7월부터 급상승하여 1932년 말·1933년 초에 일시적으로 하락하였으나 그 후 계속 상승하였다. 이로써 사채와 주식의 발행이 유리해지고, 은행차입보다도 자본시장을 통한 자금조달이 많아지게 되었다.

　적자공채에 의한 재정지출 확대는 수요의 창출을 통해 생산확대를 유발하였다. 1931년의 당초예산에서 일반회계세출은 14.8억 엔이었으나 1932년에는 19.5억 엔, 1933년에는 22.5억 엔, 1934년에는 21.6억 엔으로 대폭 확대되고 재정팽창분의 재원은 주로 일본은행인수의 공채발행에 의해 조달되었다. 이 재정지출 확대는 만주사변 관련 군사비와 쇼와 공황 관련 시국광구비(농촌구제 토목사업비)가 중심이었다. 1931년의 군사비는 4.5억 엔이었으나 1932~34년에는 8.5억 엔 전후로 증가하고 3년간 군사비의 증가분은 합계 12.3억 엔에 달하였다. 또 농촌불황사업으로서 새

<표 4-5> 최종수요의 국내생산 유발효과(1931~36년)

(1934~36년 가격 ; 백만엔)

	최종수요의 증가	그 국내생산 유발효과
민간소비지출	1,663	3,181
정부소비지출	501	974
고정자본형성	1,157	3,026
수출	2,067	4,585
수입대체수요	235	551
합계	5,632	12,317

자료 : 富永憲生(1986), 「1932~36年の日本經濟」, 原朗 編, 『近代日本の經濟と政治』, p.328.

로이 설치된 시국광구비는 1932~34년 3년간에 합계 8.7억 엔이 지출되었다. 군사비가 기계공업 등에 대해 수요창출 효과를 가지고 있었다는 것은 지적할 필요도 없지만 시국광구비는 농민의 소득증가에 기여하였으며 건설 관련 시멘트공업에 크게 자극을 주었다. 동시에 강재에 대한 수요증대를 가져와 생산을 확대시키는 커다란 유인이 되었다. 이 시기 최종수요의 증가가 가져온 국내생산 유발효과를 보면 <표 4-5>와 같다.

제2절 1930년대의 경제성장

일본경제에 엄청난 영향을 미친 만주사변과 금본위제로부터의 이탈이 있었던 1931년을 경계로 일본경제는 10년에 걸친 만성불황에서 벗어났으며, 이후 1930년대에는 꾸준히 성장하였다. 1931년에서 1937년까지의 7년간 실질국민총지출의 연평균 성장률은 6.2%라는 높은 수준을 나타내었다. 이 시기에 경제성장을 달성한 것은 물론 일본만이 아니었다. 서구 선진 제국도 1930년대 중반부터 대공황에서 벗어나 경기가 회복되고 경제는 성장하였다. 하지만 1931년~40년간 선진국의 연평균 성장률을 보면 미국 3.7%, 영국 3.2%, 독일 4.3%, 이탈리아 1.3%에 불과하였다. 이처럼 1930년대 일본의 경제성장률이 서구선진제국을 능가하고 있었던 점은 주목할 만하다.

이 시기 일본경제의 경기변동은 무엇보다 가격변동으로 나타났다. 호황시에는 가격이 크게 오르고 불황시에는 가격이 폭락하였지만, 생산은 가격과 같이 심하게 변동하지는 않고 불황이나 공황 때에도 농업은 물론 공업의 생산도 감소하지 않은 것이 특징이었다. 1920년대 말부터 1930년대 초에 걸친 세계대공황기의 경우 미국·영국·일본의 실질국민총생산을 비교하여 보면 이 점을 분명하게 알 수 있다. 이 시기 물가의 연평균 변화율은 미국 -6.1%, 영국 -2.1%였으나 일본은 -10.3%로 물가하락폭이 가장 컸다. 그러나 실질국민총생산의 성장률을 보면 미국 - 8.7%, 영국 -1.9%로 모두 마이너스 성장을 하고 있는 데 반하여 일본은 0.7%의 성장률을 기록하여 약간이나마 생산이 증가하였다. 일본은 1920년대의 소위 만성불황기에도 연평균 2% 정도 성장하고 있다. 이처럼 1931년 이래의 경제성장은 1920년대의 생산확대라는 기초 위에서 이루어진 것이다.

 1930년대의 경제성장이 순조롭게 진행된 것만은 아니었다. 1930~37년의 실질국민총지출의 연성장률과 물가의 대 전년비 변화율을 나타내고 있는 <표 4-6>에서 알 수 있는 것처럼 2% 정도의 평균 연평균성장률을 확보하고 있다. 1930~31년의 세계대공황기에는 물가가 매년 10% 이상 하락하였으나 실질국민총지출의 성장률은 1.07%와 0.43%로 플러스 상태였다. 1932년이 되면 물가하락이 멈추었을 뿐만 아니라 전년비 2.1%의 상승을 보였다. 동시에 실질국민총지출의 성장률은 4.42%를 나타내고 있다. 엔화가치가 45~50%나 평가절하되고 경제성장률이 10% 이상 되었음에도 불구하고 수입인플레이션이 일어나지 않아 물가는 낮은 수준에 머물렀다. 그리고 1933년에는 금본위제에서 이탈하고, 제1차 산품 수입가격과 공업품 수입가격의 경우 상품수입 가격지수는 1916년에서 1939년까지의 기간 중 최저치를 기록한 1931년보다 모두 40% 정도 올랐다. 그리고 엔화가치의 하락으로 수입가격이 크게 상승하였지만, 대미환율이 46달러대였던 1927~29년의 수준을 회복하지는 못하였다. 수입의 대부분은 소비재

<표 4-6> 일본의 국민총지출성장률과 물가변동률 (%)

연도	실질국민총지출성장률	물가변동률
1930	1.07	-10.9
1931	0.43	-11.9
1932	4.42	2.1
1933	10.08	4.0
1934	8.72	1.0
1935	5.42	2.1
1936	2.16	2.4
1937	6.32	10.4
1938	3.10	9.4
1939	0.57	

자료 : 실질국민총지출은 大川一司·高松信淸·山本有造(1974), 앞의 책, 제18표, 물가는 大川一司·野田孜 外(1966), 앞의 책, 제1표.

가 아니라 생산재였고, 기술혁신과 생산합리화로 가격상승분을 흡수하게
된 점과, 1920년대에 공업생산능력이 증대되었으나 불황으로 인해 유휴생
산능력이 상당히 있었다는 점 등의 이유로 물가상승은 낮은 수준에서 억
제될 수 있었다.

1934년 이래 실질국민총지출의 성장속도는 점차 낮아져 1936년에는
2.16%가 되고 물가상승률도 2% 정도였다. 대미환율이 1933년의 25달러
대에서 1936년의 28~29달러대로 회복되고, 수입가격지수의 상승은 둔화
되었는데 특히 공업품의 수입가격지수는 변동이 없었다. 경제성장속도가
많이 줄었기 때문에 물가상승률이 낮은 것은 당연하였다. 그러나 그 사이
통화발행잔고는 연 6~7%로 확대되고, 물가의 상승속도도 조금씩 빨라지
고 있었다. 유휴생산능력이 한계에 달하고 중일전쟁의 시작으로 15년 전
쟁이 새로운 단계에 들어선 1937년이 되면 일본경제는 다시 6%대의 성장
을 실현하게 되었으나, 통화발행잔고는 전년비 27% 팽창하고 물가는
10% 이상 등귀하였다. 전시인플레이션이 시작됨으로써 일본경제도 새로
운 단계에 들어섰다. 이상에서 본 것처럼 일본의 1930년대는 많은 굴곡이
있었으나 경제성장의 시대였던 것은 부정할 수 없다.

제3절 은행제도의 정비·안정

1920년대의 만성불황에서 1930년대의 경제성장으로 전환하게 된 계기
가 된 것이 만주사변 외에 저환율, 저금리, 재정지출 확대를 내용으로 하
는 다카하시의 재정정책이었다. 하지만 1929년에 이노우에가 추진한 금
본위제 복귀를 포함한 긴축정책도 그 당시로서는 충분히 이유가 있는 것
이었다.

일본의 1920년대는 제1차 세계대전 후의 반동공황, 간토대지진, 그리고
금융공황 등이 연속적으로 일어난 만성불황기였으나 미국, 영국, 독일과
는 달리 일본의 공업생산은 감소하지 않고 계속 증가하였다. 수출성장의
뒷받침 속에서 섬유공업과 수입대체를 위한 중화학공업을 중심으로 공업

생산이 증가하였으며 동시에 생산성 향상을 위한 기술혁신과 생산합리화
도 활발히 이루어졌다. 이노우에의 긴축정책에 따라 생산성이 낮고 경영
내용이 좋지 않은 기업은 신속하게 정리되어 갔으며, 이 과정에서 기술혁
신과 생산합리화가 촉진되었다. 또 금본위제 복귀를 준비할 때부터 엔고
가 되었으며, 이는 산업합리화를 위한 기계수입에 유리한 조건으로 작용
하였다. 앞의 <표 4-4>를 보면 1926~30년 기계수입이 전 수입액의 9.5%
를 차지하고 있는데 그 60%는 미국과 영국에서 수입되었기 때문에 환율
상승이 도움을 준 것은 분명하였다. 물론 이와 같은 형태로 기술혁신과
생산합리화가 이루어진다고 하여도 그것이 반드시 고용확대를 가져온 것
은 아니었기 때문에 경제규모가 곧바로 확대되지는 않았다. 그러나 이러
한 기술혁신과 생산합리화는 1930년대 경제성장을 위한 전제조건이 되었
다.

이에 더해 자본집약적인 중화학공업을 중심으로 공업생산이 확대되자
기업의 자금수요도 증가하였다. 재벌계 기업과 대방적회사 등에서는 자
기금융의 경향이 강하였으나, 외부자금도 큰 역할을 하였다. 생산규모가
확대됨에 따라 단기자금수요도 늘어났고, 이는 은행 등의 금융기관에 의
존해야 하였다. 이를 위해서라도 금융제도 특히 은행조직의 정비와 안정
이 필요하였는데 1927년의 금융공황, 뒤따른 은행법 개정, 여기에 이노우
에의 긴축재징으로 은행정리와 집중이 급진전되이 미쓰이, 미쓰비시, 스
미토모, 야스다, 다이이치 등 5대 은행 중심의 은행제도가 성립하였다. 은
행법에 따라 소은행을 강제적으로 정리하는 작업이 거의 끝난 1932년부
터 중일전쟁이 시작된 1937년까지는 은행 합동과 파탄은 그다지 많지 않
았으며 은행 수는 비교적 안정세를 유지하였다. 안정적인 은행제도의 성
립으로 도시 대은행의 자금과잉과 지방 중소은행의 일본은행차입의존이
라는 1920년대의 자금편재 형태는 많이 없어지게 되었다. 약소은행이 불
황과 은행법에 의해 정리된 결과 지방은행에 대한 신뢰가 회복되고 지방
은행의 예금이 증가하기 시작하여 대은행보다도 높았던 지방은행의 예대
율(할인어음 + 당좌대월 + 제대출금/정기성예금 + 당좌예금 + 기타예금)

도 1935년 이래는 대은행보다 적게 되었으며, 이와 함께 지방 중소은행의 자금부족이 해소되었다. 그리고 도시 대은행의 예금도 현저히 증가하였다. 중화학공업화가 진행되면서 확대될 자금수요에 대한 충분한 준비가 이루어졌다고 할 수 있다. 1934년 이래 철강·화학·기계 등을 중심으로 설비투자를 위한 자금수요가 증가하기 시작하여 도시 대은행의 예대율도 상승경향으로 바뀌었다. 1933년경부터는 은행행정도 종래의 예금자보호와 신용질서의 유지를 목적으로 하는 것에서 효율화 중심의 금융통제 확립을 목표로 하는 것으로 변하였는데, 이는 동시에 저금리정책을 뒷받침하는 것이기도 하였다. 이 시기의 금융통제는 아직 맹아적 형태에 불과하였으나 1937년 이래 본격적으로 시작된 금융통제의 출발점이 되었다.

이상과 같은 조건이 정비되자 비로소 다카하시의 적극정책은 효과를 나타내기 시작하여 1930년대의 일본경제성장이 이루어진 것이다.

제4절 수출·투자·재정지출·민간소비지출

끝으로 1930년대의 경제성장을 수요의 측면에서 뒷받침한 것은 무엇이 있었는가를 보기 위하여 수출, 민간 및 정부의 투자, 재정지출, 민간소비지출을 각각 검토한다.

수출량은 1931~1937년 사이에 크게 늘어났다. 앞의 <표 4-3>에 나타나 있는 것처럼 이 기간에 수출수량지수는 두 배 이상이 되었다. 그리고 1930년대의 무역의존도(국민총지출에 대한 수출입합계의 비율)는 상품만으로는 31.8%, 서비스를 포함하면 39.1%로, 개항 이후 무역을 시작한 이래 가장 높은 비율을 나타내었다. 더구나 수출구성을 보면 1910년대부터 수출의 85~90%가 공업제품이었다. 따라서 1930년대에 공업생산 증대를 중심으로 이루어진 경제성장에서 수출은 상당히 커다란 역할을 하였다. 그리고 이 같은 수출증대를 가져온 것은 앞에서 본 것처럼 금본위제 이탈 이후의 엔화가치 절하와 만주사변 후의 만주국 경영이었다.

그러나 수출공업제품의 구성에는 주목할 만한 변화가 일어났다. <표

4-7>에서 알 수 있듯이 1910·20년대 수출공업제품의 56~66%는 섬유제품이 차지하고, 중화학공업제품은 13~20%에 지나지 않았다. 그러나 1930년대가 되면 섬유제품은 변함없이 수위를 차지하고 있으나 그 비중은 40%대로 떨어지고, 그 대신 철강·기계 등의 중화학공업품의 비중이 증가하여 전 수출의 4분의 1 이상을 차지하였다. <표 4-8>을 보면, 1925년에서 1935년에 걸쳐 수출총액은 증가하였지만 섬유품의 수출액은 확실히 많이 감소하고 있다. 그 가운데에서도 특히 생사·견직물이 크게 감소

<표 4-7> 1925~35년 수출액의 변화 (백만엔)

	선진국	후발국	식민지·반식민지	합계
섬유품	-473	379	66	-28
생사·견직물	-523	-4	4	-523
면사·면직물	19	152	-202	-31
기타	31	231	132	524
중화학공업품	34	113	357	504
화학	-6	19	62	75
금속	8	48	127	183
기계	31	45	167	243
기타	85	56	154	295
합계	-354	548	577	771

주 : 선진국은 미국·영국·유럽대륙(동유럽 제외), 식민지·반식민지는 대만·
  조선·중국(관동주·만주 포함), 후발국은 그 외의 지역
자료 : 行澤健三·前田昇三(1978), 『日本貿易の長期統計』, pp.160~169.

<표 4-8> 1925~35년 생사수출의 변화

	1925년	1935년	10년간의 변화율
국내총산출고(천kg)	31,066	43,748	26.6%
수출총량(천kg)	26,307	33,300	26.6
수출총량/국내총산출고(%)	84.7	81.3	-4.0
미국으로 수출량(천kg)	23,458	30,657	30.7
대미수출량/수출총량(%)	89.2	92.1	3.3
미국의 수입가격(달러/파운드)	6.45	1.41	-78.9
요코하마생사현물가격(엔/kg)	32.62	11.88	-63.6
누에가격(엔/kg)	2.59	1.14	-56.0

주 : 누에가격은 각각의 해의 생산액을 생산량으로 나눈 값.
자료 : 藤野正三郎(1979), 앞의 책, 제56표·제57표·제58표·제63표·제64표.

하였다. 하지만 1925~35년에 생사 수출량이 25% 이상 증가하고, 수출의 90% 전후를 차지하는 대미수출량은 그 이상으로 증가하였다. 그럼에도 불구하고 수출액이 격감한 것은 국제적 수요가 큰 폭으로 줄어들어 생사 가격이 10년 사이에 3분의 1로 하락하고 대 미국수출가격은 그것보다 더 하락하였기 때문이다. 일본의 근대경제 발전에서 견인차적 역할을 해 온 생사는 이제 그 주역의 자리에서 물러나기 시작하였다.

면사 · 면직물의 수출은 현지생산의 증가 때문에 식민지 · 반식민지의 경우 감소하였지만 선진국 · 후진국에서는 증가하였고, 특히 아시아를 중심으로 하는 후진국으로 수출은 증가하여 영국을 압도하였다. 이것은 주로 엔저 효과에 따른 것이라고 볼 수 있다. 더욱이 인조견사를 포함한 다른 섬유품의 경우에는 전 지역에 걸쳐 수출액이 확대되었는데 가장 크게 증가한 것은 후진국이었다. 이것도 일부는 엔저 효과라고 볼 수 있지만, 인조견사라는 신흥섬유품에서 일본은 선진국이고 1939년대의 생산액을 보건대 일본은 세계 최고의 위치에 있었다는 점이 중시되어야 한다. 어떻든 면공업 · 인조견사공업 모두 아시아 시장으로 수출증가로 인해 국내생산이 증가하였다.

다음으로 중화학공업품의 경우 1925~35년 사이의 수출액 증가는 대부분이 대 식민지 · 반식민지 수출이었고, 그 가운데에서도 중국 특히 대 만주수출이 압도적이었다. 그 결과 1935년 중화학공업제품 수출총액의 39%를 식민지, 31%를 반식민지가 차지하고 있다. 일본의 만주국경영은 석탄 · 철광석 등 원료 및 연료공급지로서의 만주의 지위를 강화하는 한편 만주에도 철강 · 항공기 · 자동차 · 철도차량 · 병기 등의 중화학공업을 정착시켜 일본 본토의 중공업과의 사이에 일종의 산업복합체를 형성하려고 하였다. 이는 식민지는 종주국 공업제품의 수출시장 · 1차산품의 수입시장이라는 19세기적 식민지 인식과는 구별되는 것이었다. 그 결과 일본의 대 만주투자는 급증하여 1930년 말은 14억 7,200만 엔이었으나 1936년 말에는 30억 엔에 달하여 6년 사이에 15억 엔 정도의 신규투자가 이루어졌다. 같은 기간 특별회계의 군사비와 일반회계의 병비개선비를 합친 것이

20억 엔이었다는 사실과 비교하면, 대 만주투자가 얼마나 큰 것이었나를 알 수 있다. 이와 같이 중화학공업을 중심으로 하는 대 만주투자의 증가는 중화학공업품의 대 만주수출을 크게 늘렸다. 이 시기에는 선진국과 후진국에 대한 중화학공업품 특히 철강과 기계의 수출도 증가하였다. 이것도 상당 부분은 엔저로 인한 것이었으나 그보다는 주로 1920년대 중화학공업을 중심으로 하는 기술혁신·생산합리화에 의한 생산성상승의 효과가 보다 컸다.

민간·정부투자(고정자본형성)도 1930년대의 경제성장을 뒷받침하는 요인이었다. <표 4-9>는 1930년대 국민총지출의 구성비의 변화를 나타내고 있는데, 1930년대 들어서 연 평균율 10%로 성장한 정부·민간의 고정자본 형성은 국민총지출에서 차지하는 그 비중이 증가하였다. 그리고 1937년 이래 그 비율은 더욱 높아져 1940년에는 31.7%가 되었다. 이와 같이 고정자본 형성의 급증이 1930년대 경제성장에 기여하였다는 것이 분명하다. 그 가운데에서도 민간설비투자의 역할이 컸다. 1920·30년대 민간·정부투자의 추이를 보여주는 <표 4-10>을 보면 1920년대·30년대 전반에 걸쳐 투자에서 민간부문과 정부부문의 비율은 대체로 55 : 45였지만 1930년대 후반이 되면 민간부문의 비중은 61.5%로 상승하고 있다. 이것은 민간설비투자의 성장이 이 시기 고정자본형성을 주도하였다는 것을 말해주고 있다. <표 4-11>에서 알 수 있는 것처럼 민간설비투자는 이미 1933년부터 급증하였고 1936·37년에 증가율이 일시 둔화하였다가 1938년에는 다시 증가하였다. 그리고 1930년대에 중화학공업의 중심은 이 민간설비투자의 확대에 있었다는 것은 재론의 여지가 없다. 그런데 1920·30년대 전반에 민간투자와 정부투자의 비율은 제2차 세계대전이 시작된 후의 70 : 30에 비하면 정부부문의 비중이 컸으나 정부투자의 70~80%는 비군사적인 것이었다. 하지만 1930년대 후반이 되면 양상이 변화하여 정부투자에서 비군사적투자의 비율이 일거에 27%로 떨어지고 일본경제는 본격적으로 전시경제의 색채를 띠기 시작하였다.

<표 4-9> 국민총지출구성비의 추이 (당년가격, %)

연도	개인소비지출	정부경상지출	총고정자본형성	경상해외잉여
1931	73.3	12.7	14.6	-0.6
1932	71.1	13.5	14.8	0
1933	70.7	13.3	16.1	-0.1
1934	71.3	11.8	17.2	-0.3
1935	69.2	11.6	18.3	0.9
1936	69.0	11.3	18.7	1.0
1937	66.3	11.4	24.8	-2.5
1938	60.7	11.5	30.2	-2.4
1939	57.3	10.9	31.5	0.3
1940	55.1	13.1	31.7	0.1

자료 : 大川一司·高松信淸·山本有造(1974), 앞의 책, 제33표.

<표 4-10> 1920·30년대 정부·민간투자
(당년가격의 연평균, 백만엔, 괄호안은 %)

기간	정부투자(비군사)	정부투자(군사)	민간투자	투자총액
1921~25	830(33.4)	292(11.8)	1,363(54.8)	2,485(100)
1926~30	970(38.9)	196(7.9)	1,327(53.2)	2,495(100)
1931~35	809(32.1)	347(13.7)	1,369(54.2)	2,525(100)
1936~40	957(10.3)	2,619(38.5)	5,717(61.5)	9,293(100)

자료 : 江見康一(1971), 앞의 책, 제1표.

<표 4-11> 민간설비투자 대전년비의 추이 (불변가격, 1934~36년기준)

연도	대전년비	연도	대전년비
1930	-4.4%	1936	13.1
1931	-26.3	1937	18.0
1932	14.4	1938	65.8
1933	47.1	1939	41.0
1934	42.2	1940	24.6
1935	32.1		

자료 : 江見康一(1971), 앞의 책, 제3표.

끝으로 재정지출에 대하여 보자. 재정지출(정부경상지출)은 1930년대
에 평균 5%가 넘는 성장을 하고 있지만 국민총지출에서 차지하는 비율은
<표 4-9>에 나타나 있는 것처럼 12% 전후였다. 다카하시의 적극재정으
로 국민총지출에 대한 정부경상지출의 비율은 13%를 넘어 공황탈출·경

기회복에 도움을 주었지만, 경기회복이 확실하게 이루어지자 인플레이션을 걱정한 다카하시는 군사비를 포함한 정부지출의 팽창을 억제하려고 하였기 때문에 1934년부터 대국민총지출비는 11%대로 떨어졌다. 따라서 재정지출의 확대는 1930년대 전반의 경우 공황탈출에서 커다란 역할을 하였다고 보아도 좋지만, 1930년대의 경제성장을 전체적으로 볼 때는 수출과 민간설비투자가 더 크게 기여하였다. 그러나 다카하시의 재정지출 억제방침은 2·26 사건으로 다카하시가 살해된 이후 물거품이 되고 군부의 압력 하에서 정부지출에서 차지하는 군사비의 비율은 점차 증가하였는데 1930년대 후반이 되면 그 증가경향은 더욱 뚜렷해졌다. 정부지출에서 대한 군사비의 비율은 1935년에 11%였지만, 1940년에는 23%까지 높아져 군수를 대상으로 하는 중화학공업의 성장에 커다란 도움을 주었다. 그 반면 민간소비지출은 침체상태에 빠져 1931년부터 1937년에 걸쳐 대국민총지출은 73%에서 66%로 저하하였다. 국민생활은 점차 더 어려워지기 시작하였다.

　이상의 검토에서 분명히 알 수 있는 것처럼 1930년대의 경제성장은 엔저가 초래한 수출확대와 중화학공업에서 수입대체의 진전, 그리고 만주사변으로 시작된 15년 전쟁의 영향을 받으면서 진전되었다. 하지만 그것은 동시에 일본경제의 근본적인 구조변화와도 밀접한 관련을 가지고 있다.

제3장 15년 전쟁의 시작과
중화학공업화의 진전

제1절 대 만주투자의 확대

일본경제는 1931년의 만주사변으로 시작된 15년 전쟁을 거치면서 그 구조가 크게 변화하였다. 그러나 15년 전쟁은 일직선적으로 진행한 것은 아니었고 1931년 만주사변, 1937년 중일전쟁, 1941년 태평양전쟁이라는 세 개의 획기에 의해 세 단계로 나누어 파악할 수 있다.

1931년 만주사변의 발발로부터 1937년 중일전쟁까지의 시기는 그 후의 시기와 비교하여 보면 군사행동의 규모나 범위가 그다지 빠르게 확대되지는 않아 전쟁은 서서히 진행되어 갔으나, 군비확장의 속도는 점차 빨라지고 있었다. 전쟁과 군비확장은 당연히 군수 관련 산업에 자극을 주었는데, 이 시기 일본경제에 더욱 큰 영향을 준 것은 만주에서의 식민지경영 특히 대 만주투자였다. 이미 본 것처럼 1931~36년간 대 만주투자의 증가분은 15억 엔을 넘고 1936년 말 일본 대외투자 전체의 57%를 차지하였다. 이와 같은 대 만주투자의 급증에 호응하여 만주로 중화학공업품 수출을 증가시켜 1930년대 일본의 중화학공업은 최고의 발전기를 맞이하였다.

이 시기에도 화북지방에서는 방적회사를 중심으로 직접투자가 활발히 이루어졌다. 일본 면업자본의 중국에 대한 직접투자는 상해를 중심으로 1920년대부터 이루어지기 시작하였는데 1930년대에 들어서 중국으로 면포수출이 보호관세로 인해 격감하였기 때문에 1933년경부터 중국으로 직접투자가 급증하게 되었다. 1929년부터 1936년에 걸쳐 재화방은 방추수에서 46%, 직기대수에서는 152% 증가하였다. 더구나 일본은 자신의 군사적·정치적 영향력이 큰 화북지방으로 더욱 진출하려고 하여 재화방의 중심은 상해에서 천진·청도로 이동하였다. 화북을 중심으로 하는 대 중국투자액은 1936년 말에 16억 엔에 달하였으나 대 만주투자에 비해 규모가 작고 중심은 방적회사의 직접투자에 있었기 때문에 일본경제에 대한 영향력은 대 만주투자에 비하면 거의 무시해도 좋을 정도였다.

1937년에 중일전쟁이 시작되면서 15년 전쟁은 새로운 단계를 맞이하고 경제통제도 강화되었다. 1930년대 전반의 일본경제는 전시경제로 많이 기울어져 갔다고는 하지만, 아직 전시경제체제로 이행한 것은 아니었고 일본경제의 제도적 틀도 본질적으로 변하지는 않았다. 그러나 군부를 중심으로 병기생산을 위한 중화학공업을 급속히 발전시켜야 한다는 주장이 강력히 제기되어, 중일전쟁이 시작되기 직전인 1937년 5월에는 중화학공업의 생산능력 확충을 목적으로 하는 「중요산업5개년계획」이 책정되었다. 수출감소로 국제수지의 적자가 확대되는 가운데 중화학공업의 확충에 필요한 수입을 확보하기 위해서는 관리무역을 본격적으로 실시할 필요가 있었다. 1937년 6월에 성립한 제1차 고노에 후미마로(近衛文麿) 내각은 일찍이 생산력 확충, 물자수급의 조정, 국제수지의 균형이라는 3원칙을 사야 오키노리(賀屋興宣) 대장상과 요시노 신지(吉野信次) 싱공상의 이름으로 공포하여 이제 경제통제는 점차 현실화되어 갔다. 다음 달 7월에 중일전쟁의 시작과 함께 정부는 곧바로 직접통제를 실시하기 시작하여 9월에는 임시자금조정법, 수출입품등임시조치법, 군수공업동원법으로 이루어진 전시통제3법이 제정되고 본격적인 전시통제경제가 시작되었다. 1930년대의 경제성장은 새로운 단계에 들어서게 되고 일본경제구조도 빠른 속도로 변화하기 시작하였다.

제2절 산업구조의 변화(1) : 농업의 비중감소

1930년대 일본경제의 구조변화는 산업구조의 변화를 통해 알 수 있다. 1920년대와 1930년대 순국내생산(NDP)의 산업별 구성의 변화를 나타낸 <표 4-12>를 보면 농림·수산업과 광공업의 동향이 매우 대조적이다. 1920년부터 1940년까지 농림·수산업이 10% 이상 하락한 데 비해 광공업은 15%나 상승하였다. 농림·수산업에서는 농업이 광공업에서는 제조업이 압도적인 비중을 차지하고 있었다는 점을 감안할 때, 이는 농업의 상대적 지위가 하락하는 한편, 공업화가 진전되었음을 말하고 있다.

그러나 이 같은 산업구조의 변화는 순조롭게 진행된 것은 결코 아니었고, 농림·수산업의 비중저하와 광공업의 비중상승이 동시에 이루어진 것도 아니었다.

<표 4-12> 순국내생산의 산업별구성의 추이 (당년가격, %)

연도	농림수산업	광공업 (제조업)	건설업	운수·통신· 공익사업	상업·서비스업
1920	30.2	24.1(20.2)	5.0	8.0	30.2
1925	28.1	21.4(18.6)	5.7	10.6	34.2
1930	17.6	25.7(22.3)	5.9	13.0	37.8
1932	18.4	27.8(24.5)	5.2	11.9	36.7
1934	17.0	29.1(25.4)	6.1	10.4	37.4
1936	18.9	29.7(25.8)	8.2	9.6	33.5
1938	16.8	37.3(32.6)	7.7	8.2	30.0
1940	18.8	39.7(36.0)	7.7	7.0	26.8

자료 : 大川一司·高松信淸·山本有造(1974), 앞의 책, 제11표·제34표

1920년대에는 농림과 수산업의 비중이 계속 하락하였는데 특히 1920년대 후반에 급격하게 떨어져 1925년부터 1930년에 걸친 5년간에는 10% 이상이 하락하여 이 시기는 농업의 수난기였다고 할 수 있다. 하지만 광공업은 이 같은 움직임은 보이지 않고 있다. 1925년과 1930년을 비교하면 광공업의 비중은 4% 이상 증가하였으나 1920년과 1930년을 비교하여 보면 겨우 1.6% 상승하는 데 머물렀다. 이렇듯 1920년대에 광공업의 비중이

계속 증가한 것은 아니었고, 건설업을 포함한 제2차 산업 전체를 보아도 그 비중의 상승은 미미하였다. 이에 대해 1920년대에 꾸준히 그 비중이 증가한 것은 운수, 통신, 공익사업과 상업, 서비스업 등의 제3차 산업에 속하는 부문으로 1920~30년 사이에 두 부분을 합쳐 10%나 상승하였다. 1920년대에는 제1차 산업의 비중저하와 제3차 산업의 비중상승이 대응하면서 진행하고 있었다는 점에 특징이 있었다.

그러나 1930년대에 들어서자 양상이 완전히 바뀌었다. 이 시기에 비중이 변화한 것은 제2차 산업과 제3차 산업 특히 광공업과 상업서비스업이었다. 광공업은 1930년대를 거치면서 비중이 높아져 1930~40년간에 14%나 증가하였다. 여기에 그 동안 착실하게 비중이 증가한 건설업을 합한 제2차 산업 전체를 보면 1940년에는 순국내생산에서 차지하는 비율이 47.4%에 달하고 있다. 반면에 제3차 산업의 비중은 크게 줄어 1930년 50.8%에서 1940년에는 33.8%로 15% 이상 하락하였다. 특히 전시통제경제가 본격화된 1930년대 후반에 많이 하락하였는데 그 중에서도 상업서비스업의 비중이 현저히 하락하였다. 1930년대에는 광공업의 비중확대와 상업서비스업의 비중감소가 나란히 진행된 데에 특징이 있다. 그런데 농림·수산업의 경우 1920년대 특히 그 후반이 되면 비중저하경향이 멈추고, 1930년대에는 순국내생산에서 차지하는 비중이 약간 증가하였다. 농업은 최악의 상대에서 벗어나 10년 사이에 그 비중을 1% 정도 늘리는 대 성공하였다.

<표 4-13>에는 1925~35년간 농업의 변화가 나타나 있다. 이를 보면 경지면적과 농가호수는 늘고 농업취업인구는 줄었으나 전체적으로는 거의 변화하지 않았다. 한편 불변가격으로 본 농업생산액은 10년간에 11.3%, 연평균률 1.08%로 성장하였으며, 농업취업자 1인당 생산액도 거의 동일한 비율로 증가하고 있다. 농업생산은 확실히 증가하고 있었다. 하지만 1920~30년의 10년간에도 연 1.05%로 농업생산이 성장하고 있기 때문에 1930년대에 들어 일본농업의 성장률이 특별히 높아진 것은 아니었다. 1920년대 후반부터 1930년대 초에 걸쳐 일본농업을 휩쓴 심각한 불황

은 농업생산의 양적인 정체에서 비롯된 것이 아니라 농산물가격의 하락에 의한 것이었으며, 농공간 상대가격지수는 1920년대 후반 14% 이상 하락하고 있다. 1920년대는 물가가 대체적으로 하락세를 보인 것이 특징이었으나 그 중에서도 농산물가격은 1920년대 후반기의 몇 년 간을 빼면 공산물가격보다 더 많이 떨어졌다. 농산물 가운데에서도 특히 미가와 누에고치가격이 폭락하였다. 이처럼 품목에 따라 가격변동에 커다란 차이가 보이는 경우에는 불변가격에 의한 비교만으로는 충분하지 않고 평년가격에 의한 비교를 추가할 필요가 있다.

<표 4-13> 1925~35년 농업의 변화 (1934~36년 가격평가)

	1925년	1935년	10년변화율
경지면적(백정)	59,896	61,501	2.7%
농가호수(천호)	5,548	5,602	1.0
1호당경지면적(정)	1.080	1.098	1.7
농업취업인구(천명)	13,941	13,750	-1.4
1호당취업자수(명)	2.51	2.48	-1.2
1호당경지면적(정)	0.430	0.447	4.0
생산액(백만엔)	2,980	3.318	11.3
1인당생산액(엔)	214	241	12.6
1인당투입경상재(엔)	40.2	49.3	22.6
농업기원재(엔)	13.4	13.6	1.5
비농업기원재(엔)	26.8	35.7	33.2

자료 : 梅村又次 外(1966), 앞의 책, 제4·32·33·38표.

이 점을 고려하여 작성한 것이 <표 4-14> 인데 이 표는 농업생산의 품목별 구성의 추이를 보여 주고 있고 당년가격에 의한 것과 불변가격에 의한 것을 병기하고 있다. 또 1945년에는 당년가격에 의한 것이 없는데 이는 전시물가통제로 시장가격을 구할 수 없기 때문이다. 그런데 이 표를 보면 불변가격에 의한 비중과 당년가격에 의한 비중에 큰 차이가 있는 것이 쌀과 누에고치라는 것을 금방 알 수 있다. 쌀의 경우 당년가격에 의한 비중은 전 기간에 걸쳐 불변가격에 의한 비중을 하회하고 특히 1917~31년에는 5~8%의 큰 차이를 보이고 있는데 농산물 가격 특히 미가의 하락이 평균보다 훨씬 크게 하락하고 있었다. 1934~36년 기준의 미가지수를 보면 1924년에 141이었던 것이 1927년에는 103, 1929년에는 97로 떨어지고 1930·31년에는 61·60으로 폭락하였다. 이에 대해 양잠의 경우는 당년가격에 의한 비중은 불변가격에 의한 비중을 크게 초과하고 있다. 이 점을 보면 쌀과 양잠은 매우 대조적인 것처럼 보인다. 그러나 양잠에서 당년가격에 의한 비중과 불변가격에 의한 비중의 괴리폭의 추이를 보면 시간이 경과하면서 괴리폭은 급속하게 줄어들었고 특히 1924~31년에 큰 폭으로 줄어들었다. 이 사실은 말할 것도 없이 누에고치가격이 1920년대 내내 하락경향을 보였고 1920년대에 그 경향이 더욱 강화되었다는 것을 말해 주고 있다. 쌀과 양잠이 전 농산물에서 차지하는 비중은 각각 제1위와 제2위였기 때문에 이 2대 작물의 가격이 1920년대 말에 폭락한 것은 농업불황을 더욱 심각한 것으로 만들었다.

<표 4-14> 농산물생산의 품목별 구성의 추이 (%)

	1917	1924	1931	1938	1945
쌀	44.8(53.2)	47.0(55.0)	44.1(50.6)	50.6(53.2)	(63.0)
보리	8.5(10.2)	8.2(8.1)	7.5(8.4)	9.4(7.8)	(9.1)
잡곡	1.6(1.6)	1.1(1.3)	0.9(0.9)	0.8(0.8)	(0.6)
감자	4.0(4.0)	3.3(3.5)	3.7(3.2)	3.5(3.7)	(4.9)
콩	3.7(3.7)	2.7(3.3)	2.4(2.5)	2.4(2.4)	(2.1)
야채	7.1(6.0)	6.4(6.0)	8.8(6.7)	7.2(7.2)	(6.2)
과실	1.7(1.7)	2.0(1.9)	3.1(2.3)	3.0(3.0)	(2.3)
공예작물	5.1(5.2)	4.2(4.8)	5.7(5.1)	6.1(6.1)	(3.7)
양잠	19.0(9.4)	19.1(10.4)	14.0(12.9)	8.6(8.6)	(3.4)
축산	3.0(2.8)	4.3(4.0)	7.5(5.3)	6.4(6.4)	(2.4)
기타	1.5(2.1)	1.7(1.7)	2.3(2.1)	2.0(2.1)	(2.3)
생산액합계 (백만엔)	2,465(2,815)	4,544(2,857)	2,070(3,000)	4,296(3,404)	(2,617)

주 : 괄호가 없는 것은 당년가격, 괄호안은 1934~36년의 불변가격에 의한 것
자료 : 梅村又次 外(1966), 앞의 책, 제4표.

앞에서 본 것처럼 하락하고 있던 물가는 1932년부터 농산물가격을 필두로 상승하기 시작하였다. 누에고치가격은 1931년 최저가격을 기록한

이후 상승세로 돌아섰으나, 1938년에 이르러서도 최고치를 기록하였던 1920년대 전반기 가격의 60% 정도를 회복하는데 그쳤다. 하지만 미가는 1931년부터 회복되기 시작하였으며 특히 1934년 이후에는 다른 농산물가격의 상승속도를 능가하여 1938년에는 1920년대의 최고치를 넘어섰다. 이와 같이 미가가 급등한 것은 쌀에 대한 수입관세율이 크게 높아졌기 때문이었다. 20세기에 들어서자 일본은 점차 국내생산량만으로는 국내수요를 충족시킬 수 없게 되어 대만과 조선에서 쌀을 수입하게 되었다. 일본의 미곡자급률은 1910년대 전반기에는 94%였으나, 그 후 계속 떨어져 1930년에는 86%가 되었다. 식민지미는 국내산미보다 저렴하고 게다가 쌀에 대한 관세율이 낮았기 때문에 국내미가는 오를 수가 없었다. 이러한 이유로 1920년대의 미가하락은 더욱 가속화되었다. 하지만 다카하시 재정기에 들어서 쌀에 대한 관세율이 대폭 인상되어 <표 2-3>에서 보는 것처럼 쌀에 대한 관세율은 1933년에 일거에 41.2%가 되었다. 게다가 1934년 3월에는 임시미곡이입조절법을 공포하여 식민지미의 이입제한을 강화하였다. 이러한 조치로 인해 국내미가는 상승하였다. 그러나 국내미가의 상승에도 불구하고 쌀의 자급률은 계속 떨어져 1935년에는 73%가 되어 쌀 공급문제는 전시일본경제의 최대 고민거리였다.

　<표 4-14>에서 농산물생산액의 품목별 구성(불변가격에 의함)의 추이를 보면 1920년대·1930년대를 통해 쌀의 비중이 거의 일정한 것 외에 보리·잡곡·콩의 비중이 저하하고 야채·과실·축산의 비중이 증대된 것이 주목된다. 이 가운데 쌀의 경우를 보면 수입의존도가 점차 상승하여 1930년대 중반에는 쌀 수입량은 국내생산고의 3분의 1을 차지하게 되었다. 따라서 쌀의 국내공급량=국내소비량은 1920년대·1930년대를 통해 착실하게 증가하고 있으나, 보리·잡곡은 반대로 비중이 지속적으로 축소하고 있기 때문에 주식에서 차지하는 쌀의 비중이 상당히 커지게 되었다. 콩도 비중이 감소하고 있으나 쌀보다도 수입의존도가 훨씬 높아 1930년대에는 50%를 넘고 있기 때문에 콩의 국내공급량=국내소비량은 야채·과실·축산과 마찬가지로 계속 확대하고 있다고 볼 수 있다. 이러한 변화

들은 일본인의 식생활이 1920년대·1930년대를 통해 계속 변화하고 있다는 것을 명확하게 보여 주고 있다. 그러나 전쟁의 마지막 해인 1945년에 이르러서는 농업생산량 그 자체가 감소하고 품목구성도 1930년대와는 많이 달라져 국민들의 식생활이 열악하게 되었다.

끝으로 1930년대에는 화학비료의 투입이 증가하였다는 점을 강조할 필요가 있다. 앞의 <표 4-13>을 보면 1인당 투입경상재 가운데 비농업기원재는 1925~35년의 10년간 33%나 증가하고 있다. 더구나 비농업기원재의 60% 전후는 비료이고, 구입비료의 투입이 증가한 것이 이 시기 일본 농업의 특징이었다. <표 4-15>에서 단보당 비료투입량과 그 가운데에서 차지하는 화학비료의 동향을 보면 이 점을 더욱 분명하게 알 수 있다. 이 표를 보면 1920년대 후반부터 30년대를 거치면서 단보당 비료투입량과 화학비료비율은 나란히 증가하고 있다. 질소·인산·칼륨 가운데 유안 등의 질소비료의 성장이 눈에 띄고, 1930년대에는 전 비료투입량의 반 이상을 차지하게 되었다. 이 시기의 농업생산은 연 1%가 넘게 성장하였는데 그것은 주로 화학비료의 투입을 증가시켰기 때문이다. 이것은 동시에 화학비료의 공급에 지장이 생기면 일본농업생산은 치명적인 타격을 받는다는 것을 의미하였고 전시경제 말기에 실제로 이러한 문제가 나타났다.

<표 4-15> 성분별 비료투입량 및 화학비료비율의 추이

연도	질소		인산		칼륨	
	단보당 투입량(kg)	화학비료 비율(%)	단보당 투입량(kg)	화학비료 비율(%)	단보당 투입량(kg)	화학비료 비율(%)
1901	0.83	1.6	0.58	21.4	0.44	0
1906	1.02	17.0	0.96	45.3	0.48	0
1911	2.03	33.1	1.70	59.1	0.79	25.5
1916	2.12	22.4	1.63	55.7	0.81	19.5
1921	2.93	27.4	2.16	45.0	1.00	23.5
1926	4.35	43.8	3.08	65.2	1.38	39.5
1931	4.97	53.3	3.26	66.2	1.50	43.2
1936	5.87	72.9	4.24	75.9	1.74	57.7
1941	5.99	84.5	3.32	86.4	1.49	20.7

주 : 화학비료비율은 동일성분비료 총투입량에서 차지하는 화학비료의 비율.
자료 : 梅村又次 外(1966), 앞의 책, 제20표, 제21표, 제22표, 제32표.

제3절 산업구조의 변화(2) : 중화학공업화

1930년대의 공업화는 중화학공업을 중심으로 이루어진 것이었고, 이러한 공업화의 진행은 농업의 상대적 지위를 하락시켰다. 이는 <표 4-16>과 <표 4-17>에서 알 수 있다. <표 4-16>은 1920~30년대 공업생산의 업종별 구성의 동향을 보여주고 있는데, 이를 보면 1920~30년대를 거치면서 중화학공업의 비중이 계속 증가하고 있다. 따라서 1930년대에 이루

<표 4-16> 공업생산의 업종별구성의 추이 (1934~36년 가격평가, %)

	1926~30년	1931~35년	1936~40년
중화학공업	31.4	37.4	50.9
화학	11.0	13.6	16.6
철강	6.1	8.4	10.9
비철	3.1	3.4	3.4
기계	11.2	12.0	20.0
경공업	68.6	62.6	49.1
식료품	27.1	19.3	14.5
섬유	29.9	31.6	24.0
기타	11.6	11.7	10.6

주 : 수치는 기간평균치.
자료 : 篠原三代平(1972), 앞의 책, 제2표

<표 4-17> 1925~35년 공업생산액의 변화 (1934~36년 가격평균, 백만엔)

	1925년	1935년	연평균성장율
중화학공업	1,986	6,298	12.3%
화학	697	2,119	12.0
철강	370	1,497	15.0
비철	230	411	6.0
기계	689	2,261	12.2
경공업	5,174	8,464	5.0
식료품	2,199	2,465	1.1
섬유	2,099	4,353	7.5
기타	1,573	3,775	9.1
합계	7,160	14,762	7.6

주 : 각년의 수치는 각각의 해를 중앙년으로 하는 3개년 평균치.
자료 : 篠原三代平(1972), 앞의 책, 제2표.

어진 중화학공업화는 제1차 세계대전 이래 진행된 중화학공업화의 연장선 속에서 파악할 필요가 있다.

제1차 세계대전의 영향으로 중화학공업제품에 대한 수급균형은 변화하였다. 제1차 세계대전의 발발과 함께 중화학공업품의 수입이 어렵게 되자 그 때까지 중화학공업품의 수입에 의존하였던 일본은 중화학공업품의 공급을 축소할 수밖에 없었다. 반면에 일본에서 공업화가 진행되고 전쟁으로 인한 해외로부터 수요증가로 중화학공업품에 대한 국내수요는 급증하였다. 그 결과 수입대체용 중화학공업이 발전하게 되어 전 공업생산에서 차지하는 중화학공업의 비율이 높아져 1916~20년에는 32%가 되었다. 제1차 세계대전이 끝나고 국제경쟁이 재개되자 서구선진제국에 비해 생산력과 기술면에서 상당히 뒤떨어져 있던 발전 초기의 일본의 중화학공업은 곧바로 난관에 직면하게 되었다. 1921~25년 전 공업생산에서 차지하는 중화학공업의 비중은 5%가 떨어져 27%가 되었다. 하지만 1920년대 후반이 되면 기술혁신·생산합리화 등을 통하여 선진공업국과의 격차를 좁힌 결과, 중화학공업의 비중은 1916~20년의 수준을 회복하고 있다. 이를 기초로 하여 1930년대 중화학공업의 발전이 가능하게 되었다.

<표 4-17>은 1925년부터 1935년까지의 10년간에 공업생산의 변화를 업종별로 나타내고 있다. 이 표를 보면 1920년대부터 1930년대에 걸쳐 있는 10년간에 공업생산이 연평균 7.6% 성장하였다. 이러한 성상률은 서구 제국보다 훨씬 높은 것이었다. 즉, 1912~37년간 공업생산을 국제적으로 비교하여 보면 미국이 2.9%, 영국 1.5%, 독일 1.4%., 이탈리아 2.0%였으나 일본만이 특출나게 6.8%라는 높은 성장을 기록하고 있다.

또 업종별 성장률을 같은 표에서 비교하여 보면, 경공업과 중화학공업간의 연성장률에는 커다란 차이가 있음을 알 수 있다. 경공업이 5.0%인데 비해 중화학공업은 그보다 높은 12.3%였다. 경공업 가운데에는 섬유공업이 연 7.5%로 성장하면서 10년간에 생산액을 배증시켰으나, 섬유공업에 버금가는 존재이고 더구나 전통산업으로서의 성격이 강하였던 식료품공업의 연성장률은 겨우 1.1%에 머물렀다. 중화학공업의 경우 비철금속을

제외한 화학·철강·기계는 모두 연 10% 넘게 성장하여 중화학공업화가 급진전되었음을 보여주고 있다. 중화학공업을 중심으로 한 공업생산의 높은 성장이 1930년대 일본경제의 커다란 특징이었다.

중화학공업만을 좀더 자세히 보면 철강업, 전기기계공업, 공작기계공업, 항공기공업, 인조견사공업 등이 특히 발전하였다. 강재는 만성적불황기인 1920년대에 생산이 급증하여 수입량을 완전히 초과하였다. 1930년대에 국내수요가 늘어남에 따라 국내생산은 1920년대보다 높은 10% 이상의 성장률을 기록하였다. 그 결과 수입의존도는 뚝 떨어져 1935년에는 10% 이하가 되었으며, 강재의 수출량은 수입량을 웃돌게 되었다. 선철의 경우는 인도선철의 덤핑이 심하였던 1920년대 후반에 수입의존도가 상승하여 1920년대 말에는 40%에 달하였다. 그러나 1930년대 들어 국내생산이 증가한 결과 1930년대 후반의 수입의존도는 30% 이하로 떨어졌다. <표 4-17>을 보면 철강의 성장률은 15%로 다른 것을 능가하였다.

다음으로 기계공업에서는 일본의 주요 기업이 서구 유력기업과의 기술제휴로 선진기술을 도입한 전기기계의 경우 1920년대 중반부터 생산이 증가하여 1931·32년에는 국내수요를 거의 충족시키게 되었고, 일반 기계의 수입대체도 앞에서 본 것처럼 1930년대에 많이 진척되었다. 일본의 국제적 고립화가 심화됨에 따라서 서구 선진 제국과의 무역이 급격히 감소하고, 전쟁의 확대로 군사적 수요가 급증한 1930년대 후반에는 기계공업의 자립화가 무엇보다 필요하였다. 이 때문에 1930년대 후반에 기계생산이 발전하여 전 공업생산에서 차지하는 비율이 20%를 넘게 되었다. 1910년대 후반부터 1920년대에 걸쳐 성장하기 시작한 항공기산업은 중일전쟁 이후 급속도로 발전하였다. 그리고 근대전에서 항공기의 중요성이 높아짐에 따라 군용기에 대한 수요가 늘어났으나 함선 등과는 달리 항공기는 오로지 민간부문으로부터의 공급에 의존하였기 때문에 민간항공기공업이 성장하게 되었다. 항공기공업에 참여한 기업은 미쓰비시·가와사키·이시카와지마 등 선박 외에 각종 수송기계를 제조하고 있던 기존의 대기업과 나카시마(中島) 비행기로 대표되는 신흥기업이었다. 그러나 최대의 항공기 생산업체는 나카시마 비행기였고 그 다음이 미쓰비시 중공업이었다. 1937~45년간 두 회사가 차지하는 비중은 49%나 되었다. 새로운 산업인 항공기공업에 적극 참여하여 거액의 투자를 한 것도 역시 신흥세력이었다. 끝으로 인조견사공업은 제1차 세계대전 중에 시작되었으나 1920년대 후반부터 1930년대 전반에 걸친 기간에 급속도로 생산이 확대되어, 1936년에 이르러 일본은 세계 최고의 인조견사 생산고를 자랑하게 되었다.

이상에서 살펴본 것처럼 1930년대에 중화학공업화를 중심으로 일본의 산업구조는 변화하였다. 그 변화의 속도는 전쟁의 확대와 함께 가속화되고 15년 전쟁이 새로운 단계에 들어선 1930년대 후반에는 전 공업생산의 과반을 중화학공업이 차지하게 되었다. 그러나 1930년대 후반에 나타난 산업구조의 변화는 여기에 머무르지 않았다. 1920년대를 거치면서 지속적으로 그 비중이 증가하고 있던 제3차산업(운수·통신·공익사업과 상업·서비스업)은 1930년대 특히 그 후반이 되면 비중이 감소하였다. 산업구조의 이 같은 경이적인 변화는 경제적·사회적으로 많은 마찰을 일으켰는데 이러한 변화는 시장경제체제 하에서는 도저히 일어날 수 없는 것이었다. 그것을 가능하게 한 것이 바로 중일전쟁의 발발과 함께 시작된 전시통제경제의 강화였다.

제4절 산업조직의 변화 : 대기업체제의 새로운 전개

중화학공업화의 진전은 앞서 말한 것처럼 산업구조뿐만 아니라 산업조직 등에서도 변화를 가져왔다. 중화학공업의 핵심은 본래 자본사용적이고 거액의 고정자본의 투자를 필요로 하기 때문에 일반적으로는 소규모생산은 성립하기 어려운데, 이 때문에 신규참가는 커다란 제약을 받게 된다. 물론 모든 중화학공업이 대규모생산을 하는 것은 아니다. 조립산업형의 중공업의 경우는 상품생산이 소규모기업에 의해 이루어지는 경우가 적지 않았고, 주문생산에 의한 공작기계에서는 중소기업에 의해 생산이 널리 이루어지고 있다. 그러나 중화학공업의 핵심을 이루는 것은 예외없이 거액의 자본을 가진 대규모 기업이었다. 이 때문에 면방적업·제사업 중심의 섬유공업과는 달리 소수의 과점적 대기업을 중심으로 하는 체제가 성립하였다.

이 시기에 대기업체제로서 우선 언급해야 할 것이 각종 재벌이다. 1920년대의 만성불황 하에서 금융·전력 등을 중심으로 기업의 정리·집중이 상당히 이루어졌는데, 미쓰이·미쓰비시·스미토모·야스다를 비롯한 동족기업도 이 시기에 재벌콘체른으로 정비되어 갔다. 재벌에는 다양한 산업분야에서 사업을 전개하는 종합재벌로서 미쓰이·미쓰비시·스미토모·야스다의 4대재벌, 특정 산업을 중심으로 하는 산업재벌인 시멘트·해운의 아사노, 조선의 가와사키, 구리의 후루카와(古河) 등이 있지만 그 외에 1910년대부터 1920년대에 걸쳐 대두하여 1930년대에 콘체른화한 신흥재벌인 닛산(日産)·닛치쓰(日窒)·모리(森)·닛소(日曹)·리켄(理硏) 등이 있었다.[1]

이러한 재벌 가운데 산업재벌은 중화학공업 내지 광업이 중심이었기 때문에 1930년대 중화학공업화의 흐름과 깊은 관련을 가진 것은 당연하였다. 그럼에도 불구하고 이 산업재벌은 1920년대와 1930년대에 걸쳐 일

---

1) 신흥재벌은 기성 재벌과는 달리 금융·상사 그리고 광업·경공업·중화학공업을 거느리는 종합형 재벌이 아니라 광업·금속공업·알류미늄공업·기계공업·자동차공업·화학공업 등에 기반을 둔 산업형 재벌이었다. 대표적인 신흥재벌로는 닛산·닛치쓰·닛소·모리·리켄 등을 들 수 있다. 닛산은 쿠하라 광업에서 출발하여 지주회사를 통해 니혼 광업·히타치 전력·닛산 자동차·니혼 화학 등을 지배하였다. 닛치쓰는 유안을 중심으로 화약·금속마그네슘 등 군수관련 화학공업을 산하에 가지고 있었으며, 닛소는 소다공업에서 각종 화학공업 및 중화학공업에까지 손을 뻗치고 있었다. 3 콘체른은 규모는 작지만 알류미늄·유안을 중심으로 직계 7사·방계 7사를 지배하고 있었다. 리켄은 중화학공업에 관련된 많은 국내특허를 가지고 그 공업화를 위해 차례로 회사를 설립하였다. 이들 신흥재벌은 1930년대에 콘체른화 되었지만 주식을 공개하고, 주식시장에서 지주를 매각하여 프리미엄 이득을 얻는 방식으로 자금을 조달한 닛산과 1937년 현재 직계 23사·방계 8사의 중화학공업 관련 기업을 가지면서 산하에 과점기업을 갖지 않은 리켄 등 '재벌 콘체른'의 정의에 정확하게 부합되지 않는 것도 포함하고 있다.

본경제에서의 상대적 지위는 하락하였다. 반면에 4대 재벌과 신흥재벌은 모두 그 상대적 지위를 급속히 높여 갔다. 다시 말하면 4대 재벌과 신흥재벌이 중화학공업에 본격적으로 그리고 대규모로 참가하였기 때문에 산업 재벌도 중화학공업화의 대세 속에서 성장하였으나 그 상대적 지위는 하락한 것이다. 그런데 중화학공업에 본격적으로 참가하였다고는 하지만 4대 재벌과 신흥재벌의 경우 중화학공업화에 대한 대응은 매우 달랐다.

4대 재벌의 공통점은 동족으로 이루어진 폐쇄적인 지주회사에 의해 지배되고 있다는 것 외에 은행을 중심으로 하는 구조를 가지고 있었다. 1928년의 4대 은행의 비중은 예금의 40%, 대부의 30%를 차지하고 있었다. 이들 재벌은 풍부한 자금을 배경으로 주식획득과 융자를 통하여 산업에 대한 지배를 확대하여 가면서 산하에 중화학공업을 거느렸다. 그러나 4대재벌은 위험부담이 큰 새로운 산업분야로 참가하는 것에 대해서는 매우 신중한 태도를 견지하였다. 따라서 4대 재벌은 1920년대와 1930년대를 거치면서 새롭게 등장한 중화학공업에 처음에는 그다지 적극적으로 참가하지 않았다. 수입대체적 중화학공업화의 발전과 군수확대에 따라 4대재벌의 중화학공업에 대한 투자는 증가하였다고는 하지만, 재벌산하기업에서 차지하는 중화학공업의 비중은 그다지 높지 않았다. 그러나 1930년대에 들어서자 재벌에 대한 사회적 비판이 높아지고, 또 기업집단으로서 규모를 불려 감에 따라 자금조달능력을 강화하기 위하여 지주회사인 재벌본사를 주식회사로 개조하여 기업을 공개하는 한편, 재벌본사에서 직계회사로 경영권을 이양하거나 전문적 경영자를 등용하였다. 자연히 동족에 의한 폐쇄적 지배가 약화되고, 재벌의 분권화는 이제 거역할 수 없는 대세가 되었다. 이와 같은 기존 재벌의 변화도 1930년대 구조변화의 일익을 담당하였다.

4대 재벌과 달리 중화학공업화에 참가한 것은 닛산·닛치쓰·모리 등을 비롯한 신흥재벌이었다. 이들 신흥재벌은 1930년대 중화학공업화의 움직임 속에서 일본흥업은행 등 국가자본으로부터 금융적 지원을 받고, 또 군수확대의 뒷받침을 받으면서 비약적으로 성장하였다. 그리고 만주사변 후 만주경영에도 적극 참여하였는데 그 가운데서도 최대의 신흥재벌인 닛산은 1937년에 만주국으로 이주하여 반관반민의 만주중공업개발주식회사로 개편되었다. <표 4-18>은 1930~37년간의 4대재벌과 신흥재벌의 중화학공업 관련 기업의 불입자본금의 변화를 보여주고 있는데 중화학공업화에 대한 4대 재벌과 신흥재벌의 대응에 차이가 있었음을 확실하게 알 수 있다.

<표 4-18> 1930~37년 재벌계기업 불입자본금의 변화 (단위 : 백만엔)

	1930년	1937년	연평균증가율
4대 재벌			
중화학공업	446	630	5.3%
전사업	1,722	2,672	6.1
신흥재벌			
중화학공업	120	570	25.0
전사업	126	814	30.5
전주식회사합계	11,854	17,655	5.7

주 : 4대재벌은 미쓰이·미쓰비시·스미토모·야스다의 합계치. 신흥재벌은 상위
     3그룹 닛산·닛치쓰·모리의 합계
자료 : 高橋龜吉·靑山二郞(1938), 『日本財閥論』, pp.196~197

4대 재벌의 불입자본금은 1930년에서 1937년에 걸쳐 연평균 6.1%로 증가하고 전체 주식회사의 연평균 5.7%를 상회하고 있는데, 전체 주식회사 불입자본금에 대한 4대 재벌 불입자본금의 비율은 1930년 14.5%, 1937년 15.1%, 4대 재벌 전체에서 중공업의 비중은 25.9%에서 23.9%로 약간 감소하고 있다. 이에 대해 신흥재벌은 그 불입자본금 총액이 연평균 30.5%라는 높은 비율로 증가하고 전체 주식회사 내에서의 비율도 1.1%에서 4.6%로 상승하였다. 그리고 신흥재벌의 중화학공업 관계 불입자본금은 연평균 증가율이 25.0%로 전 사업 불입자본금의 증가율보다는 낮았으나, 신흥재벌의 전 불입자본금에 대한 중화학공업 부문의 비중은 1937년의 경우 70%에 달하고 있다. 물론 불입자본금이 그대로 투자액 전체를 나타내고 있는 것은 아니다. 불입자본금 이외에 사채·차입금이라는 외부자금과 여러 적립금·전기이월금·당기순이익금으로 이루어진 내부자금에

의해 자금이 조달되었다. 4대 재벌의 경우는 투자총액에 대한 내부자금의 비율이 다른 기업집단보다도 높고 불입자본금의 비율은 상대적으로 낮은 데 비하여 신흥재벌은 완전히 반대 경향을 보이고 있다. 이 점을 염두에 두고 <표 4-18>을 살펴볼 필요가 있는데 불입자본금에서 나타난 4대 재벌과 신흥재벌의 차이는 투자총액에서도 동일한 양상을 나타내고 있다. 신흥재벌이 1930년대 중화학공업화의 중요한 담당자라는 것은 분명하였으나 4대 재벌과 달리 강력한 금융기관과 결합되어 있지 않았으며, 이는 자금조달능력의 한계라는 치명적인 약점으로 작용하여 일부 신흥재벌의 좌절과 파탄의 원인이 되었다.

이렇게 하여 4대 재벌과 신흥재벌을 중심으로 대기업체제=과점체제가 구축되었는데, 이와 함께 1930년대에는 많은 중소기업이 새롭게 등장하였다는 점도 주목된다. 1930년대 제조업의 규모별 구성을 나타낸 <표 4-19>는 이를 보여주고 있다. 1930~40년의 10년간에 공장수는 두 배 이상이 되었으나, 종업원 49인 이하의 소기업은 공장수에서 90% 이상, 종업원수에서 37%, 생산액에서도 25~30%의 비중을 유지하고 중화학공업화의 진전에도 불구하고 소기업의 비중은 전혀 변화하지 않았다. 이에 대해 500인 이상의 대기업은 그 비중이 증가하였으나 50~499인의 중기업의 비중은 상당히 감소하였다. 따라서 이 10년간에 증가한 공장, 즉 신규 참가한 공장의 대부분은 49인 이하의 소기업이 차지하게 된다. <표 4-19>에는 나타나고 있지 않지만 신규참가기업의 40% 정도는 금속·기계·화학 등의 중화학공업과 관련된 것이고, 그 중에서도 특히 기계공업에서 신규참가가 많아 1930년대의 10년간에 공장수는 네 배 가까이 증가하였다. 일반기업·전기기계·수송기계·정밀기계 등으로 이루어진 기계공업은 많은 부품을 조립하여 완성품을 만들어 이것을 공장에서 출하하는 조립형 기업이었으나 부품의 많은 부분을 외부로부터 구입하고 있었고 이를 공급한 것이 주로 중소기업이었다. 1930년대에 급증한 기계공업에서 대기업의 비중이 증가하고 규모가 확대되는 한편 중소기업의 신규참가가 대규모적으로 이루어진 것은 자연스러운 현상이었다.

<표 4-19> 1930년대 제조업의 종사자 규모별구성의 추이 (단위 : %)

	연 도	1930	1935	1940
공장수	5~49인	91.2	91.7	93.2
	50~499	8.1	7.6	6.1
	500인이상	0.7	0.7	0.7
	총수	61,768	84,625	137,143
종업원수	5~49	37.0	37.0	36.5
	50~499	37.4	33.1	27.4
	500인 이상	25.6	29.9	46.1
	총수(천명)	1,875	2,620	4,486
생산액	5~49	30.3	25.7	29.0
	50~499	40.3	34.7	30.0
	500명 이상	29.4	39.6	40.9
	총수(10억엔)	5,937	10,816	27,093

자료 : 각년도의 『工場統計表』

대표적인 비조립형산업 중공업인 철강업의 경우에도 1930년대에 소기업의 비중이 증가하였다. 1920년대의 불황기에 철강업 합리화를 위해 계획된 제철합동이 1934년 1월에 실현되어 관영 야하타 제철소와 미쓰이 계의 가마이시 광산·와니시(輪西) 제철, 미쓰비시 계의 미쓰비시 제철, 시부사와(澁澤) 계의 후지(富士) 제철, 규슈(九州)의 마쓰모토(松本)·야스다 계의 규슈 제철이 합동하여 일본제철 주식회사가 탄생하였다. 그 결과 일본제철은 선철에서 압도적인 지위를 차지하여 1935년에는 국내 선철 생산에서 90% 이상을 점하였으나 당초 목표인 철강의 가격인하에는 성공하지 못하였다. 그러나 1936년경부터 전시수요가 급증함에 따라 선철 증산이 긴급과제로 부각되자 이제까지의 일본제철 중심주의가 수정되어 일본제철 이외의 고로건설도 장려된 결과 일본강관을 필두로 여러 기업이 잇달아 고로제철을 시작하였다. 제강·압연의 경우에도 1930년대에 들어서 신규참가가 계속 이루어졌다.

이러한 움직임을 통해 선철·조강·강재의 비중분포에 변화가 생겼다. 선철에서 일본제철의 비중은 1934년의 96%였던 것이 1942년에는 74%까지 떨어지고 있다. 조강·강재에서도 일본제철과 제철합동에 참가하지 않고 수입선철에 의존하고 있던 대규모 평로그룹(니혼 강관·스미토모

금속·가와사키 중공·고베 제강)의 비중이 떨어지고 대신 신규참가를 포함한 중소그룹의 비중이 증가하였다. 일본제철에서 선철공급을 받아 일본제철과의 사이에 수직적 거래관계에 있던 중견 이하 그룹의 비중이 급증하였다. 철강업에서도 과점체제의 강화와 함께 소규모기업으로의 비중의 분산이 나타나고 있다. 참가의 장벽이 높다고 알려진 중화학공업도 현실적으로는 많은 중소기업이 참가하였고 더구나 이러한 중소기업은 과점적 대기업과의 사이에 수직적 거래관계를 맺고 있었다.

1930년대에 성립한 이러한 일본의 대기업체제의 특징은 우선 과점간 경쟁이 활발하였다는 것, 다음으로 하청제도와 수직적 거래관계를 조직적으로 이용하여 중소기업을 대기업체제=과점체제 속에 편입하였다는 것에서 찾을 수 있다. 이러한 특징을 가진 대기업체제가 더욱 명확한 모습으로 나타나 것은 1930년대였는데, 태평양전쟁기인 1940년대에는 완전히 구조적으로 정착하였다.

제4장 통제경제의 전개

제1절 전면전쟁의 전개

1937년 7월 북경 교외 노구교에서 중·일 양군의 군사적 충돌이 발생하였다. 이를 계기로 만주사변은 중일전쟁으로 발전하여 중국과의 전면전쟁이 시작되었다. 육군은 일본이 주도하는 엔블록 속에 만주 외에 화북도 편입시킨다는 방침에 따라 화북으로 군사적 침략을 재개하여 화북을 남경의 국민당정부로부터 분리시켜 일본에 종속적인 지방정권을 수립하려고 하였다. 일본의 이 같은 침략행위에 대해 중국민족은 외국세력을 중국에서 배척한다는 기치 아래 강력하게 반발하였다. 특히 점차 세력을 확대하고 있던 중국공산당의 항일의지는 단호한 것이었다. 1936년 12월의 서안사변(西安事變)을 계기로 국민당과 공산당의 관계는 새로운 단계에 들어서고 일본에 대한 저항은 더욱 강력해졌다. 이 같은 상황 하에서 1937년 7월에 일어난 중일양군의 무력충돌로 중일관계는 결정적으로 파국상태에 이르게 되었다. 일본군은 이 충돌 이후 중국에 대한 요구를 강화하고, 중국 측은 부대를 증강하여 항전태세를 공고히 하였다. 점차 전면적인 전쟁으로 나아가 9월에는 일본군의 총병력은 20만으로 증강되고 전쟁지역은 양자강까지 미치게 되었다. 1937년 12월에 남경을 점령한 일본군은 1938년에는 양자강 유역의 대부분을 점령하였을 뿐만 아니라 지배영역을 화남의 광동까지 확대하였다. 그러나 전쟁이 일본군의 기대와는 달리 장기화됨에 따라 일본은 헤어날 수 없는 수렁에 빠지게 되었다.

일본이 중국에서 군사적·정치적 지배를 확대하여 가자, 중국 내 서구

제국의 기득권익은 침해를 받기 시작하였다. 19세기에는 중국에서 압도적인 권익을 얻었던 서구제국이 뒤늦게 참가한 일본에 대해서 한정된 것이기는 하지만 권익을 인정하는 정책을 폈으나, 이제는 반대로 막대한 권익을 얻은 일본이 서구 제국에 대하여 그 기득권익을 어느 정도 인정하는 정책을 전개하였다. 그러나 서구 제국의 일본에 대한 강경한 태도가 변화된 것은 아니었다. 1939년 9월에 히틀러의 폴란드 침공이 도화선이 되어 제2차 세계대전이 발발하고 1940년에 일본은 독일과 이탈리아와 함께「일독이(日獨伊)삼국방공협정」을 체결하였다. 영국・미국・프랑스・네덜란드 등의 국가들과의 적대관계가 더욱 심화되어 갔다. 그 중에서도 미국과의 관계는 매우 심각한 상황으로 발전하였다.

일본에 대해 강경한 태도를 계속 고수하였던 미국은 1939년 7월 미일통상항해조약의 파기를 통보하고, 반 년 후인 1940년 1월에 조약은 실효되었다. 1858년에 미일수호통상조약이 체결된 80년 뒤에 다시 미일 간의 통상관계는 그 조약적인 기반을 상실하게 되었다. 이제 일본은 미국으로부터 최혜국대우를 받지 못하게 되고 미국은 언제라도 대일무역제한을 실시할 수 있게 되었다. 미국은 공작기계의 대일본 수출을 금지하였으나 전면적인 무역제한을 단행하지는 않고, 일본이 미국에 크게 의존하고 있는 석유와 설철은 무역제한 대상에서 제외시켜 대일외교교섭에서 비장의 키드로 삼고 있었디. 따리서 일본의 전 무역액에서 차지하는 대미무역의 비율은 높은 수준을 유지하였다. 통관통계를 보면 1940년의 대미거래는 수출의 15.6%, 수입의 35.9%에 이르러 일본경제는 대미무역에 대한 의존도가 여전히 높았다. 이처럼 미일간 무역이 매우 불안정하고 취약한 기반 위에 놓이게 되었다는 사실은 일본경제의 운명을 좌우할 수 있는 중대한 문제로 떠올랐다. 1941년 봄부터 여름에 걸쳐 독일이 유럽전선에서 승리를 거두고 네덜란드・벨기에 및 프랑스의 대부분을 점령하자 일본정부는 남방진출계획을 적극적으로 검토하기 시작하여 프랑스령 인도지나로 조기에 군사적 침략을 할 가능성이 높아졌다. 한편 미국은 그 해 7월에 대일본 설철 및 석유수출의 허가제를 확대하고, 같은 해 말에는 강재수출금지,

다음 해 1월 놋쇠·구리·아연의 수출금지가 이어졌다. 그 결과 1941년 대미무역은 큰 폭으로 감소하고 일본의 경제적 고립은 이제 결정적인 것이 되었다.

석유·석탄·철광석을 비롯한 주요한 자원의 많은 것을 해외에 의존해야 하는 일본에 있어서 이와 같은 경제적 고립은 치명적인 것이었으며, 일본경제의 붕괴는 이제 시간문제였다. 일본이 이 위기로부터 탈출하는 유일한 길은 대외정책을 근본적으로 바꾸는 수밖에 없었다. 그러나 당시 정책결정의 주도권을 장악하고 있던 군부가 선택한 길은 기존정책을 변경하는 대신에, 자원확보를 목표로 아시아지역으로 군사적 침략을 확대하는 것이었다. 1941년 7월 프랑스령 인도지나 남부로 육해군이 침공하였다. 유럽에서 전쟁이 독일에게 유리하게 전개되고 1940년 5월 독일의 네덜란드 침공, 같은 해 6월 독일군의 파리 입성과 비시(Vichy) 정부의 성립을 계기로 일본은 네덜란드령 동인도·프랑스령 인도지나에 대한 요구를 강화하였다. 일본정부는 네덜란드정부에 대하여 네덜란드령 동인도로부터 연간 일정량의 석유·보크사이트·닉켈·망간·고무 등 중요 물자의 대일수출을 결정하려고 하였다. 그러나 네덜란드는 지연전술을 펴는 등 교섭타결을 회피하였으며 최종적으로 1941년 6월 교섭은 결렬되었다. 이와 대조적으로 프랑스령 인도지나에 대해서는 불일(佛日) 간에 교섭이 타결되어 쌀 및 중요물자(고무·아연·텅스텐·망간·주석·크롬광·석탄)의 공급보증, 일본제품 특히 섬유제품의 수입자유화, 일본인에 대한 사업설립권·광산채굴권의 부여 등 많은 특권을 얻었다. 그럼에도 불구하고 일본군이 프랑스령 인도지나에 진주한 것은 다른 동남아시아 여러 지역에 대한 정치적·경제적 지배를 확대하기 위한 거점으로 삼기 위해서였다.

동남아시아는 그 대부분이 서구 제국의 식민지로서 분할되어 있었기 때문에 이 지역에 대한 일본의 무력침공에 대해 서구열강은 중국에 대한 무력침공 이상으로 강력하게 반발하면서 곧바로 대응조치를 취하였다. 영국은 일본·인도네시아 통상조약, 일본·버마 통상조약의 파기를 결정하였다. 네덜란드는 처음에는 대일수출의 허가제를 도입하였지만 1개월 뒤에는 석유·보크사이트의 대일본수출 금지를 단행하였다. 그리고 미국은 일본에 대한 석유의 전면적 수출금지와 일본의 재미자산의 동결을 실시함으로써 미일 간의 긴장·대립은 최고조에 달하였다. 전략물자로서 불가결한 석유에 대한 수입의존율은 90%를 넘고 더구나 최대의 석유공급자는 미국이었기 때문에 미국의 대일석유수출 금지에 대하여 곧바로 어떤 대책을 마련할 필요가 있었다. 고노에 내각의 뒤를 이어 현역 육군군인을 수반으로 한 도조 히데키(東條英機) 내각은 1941년 11월 말을 기한으로 최후의 대미교섭에 임하였지만, 교섭은 난항에 빠져 12월 8일 태평양전쟁이 개전됨으로써 15년 전쟁은 최종단계에 돌입하였다.

제2절 중일전쟁 이후의 경제통제
: 간접통제에서 직접통제로

　중일전쟁은 전쟁규모가 확대되고 장기화되었기 때문에 일본경제의 모든 것을 전쟁에 동원해야 하였다. 또 중일전쟁으로 인해 국제사회에서 일본의 경제적 고립은 더욱 심화되어, 전략적 물자의 공급부족이 점차 구체화되기 시작하였다. 이에 따라 경제의 모든 영역에 대한 직접통제가 불가피하게 되었다.

　경제통제는 1937년에 처음 등장한 것은 아니었다. 이미 1930년대 초부터 경제통제가 간접통제의 모습으로 나타나고 있었다. 1920년대의 만성불황기에는 카르텔이 잇달아 결성되었다. 1920년대가 되면 1900년에 본격적인 조업단축을 실시하였던 방적카르텔 외에 석탄·산동(産銅)·사탕·방적·인조견사·시멘트 등에서도 카르텔이 결성되어 기업간 협조로 조업을 단축하여 생산수량을 조정하면서 시장가격의 안정을 도모하였다. 1928년에 카르텔 수는 26개였으나, 1920년대 말의 경기후퇴로 카르텔 형성이 급진전되어 1929~30년에 19개의 카르텔이 새로이 조직되었다. 그러나 카르텔이 기업에 의한 자치적인 조직에 머무르는 한 반(反)카르텔적 기업행동을 하는 아웃사이더의 존재를 막을 수는 없었다. 이 때문에 효율적인 카르텔의 운영을 위해서는 정부의 개입이 필요하다는 소리가 산업계 일각에서 나왔다.

일찍부터 상공성을 중심으로 산업합리화를 추진한다는 목표 하에 조선공업·중전기공업·철강업에서는 조직화에 의한 생산합리화가 시도되었으나 정부는 이 기회에 공황대책도 되는 중요산업통제법을 구상하여 1931년 4월에 제정하였다. 만주사변이 일어나기 5개월 전의 일이었다. 중요산업통제법은 기업에 의한 자치적 카르텔에 대해 정부가 지원하는 동시에 공익·공정이라는 취지 하에서 카르텔을 정부가 감독하는 것이었다. 중요산업으로서 정부로부터 지정된 업종은 면방적·인조견사·제지·시멘트·철강·석탄 등 22종이었다. 그 가운데 많은 것은 이미 중요산업통제법이 제정되기 이전부터 자치적 조직으로서 카르텔을 형성하고 있었다고는 하지만 이 법률이 카르텔을 촉진한 것은 분명하였다. 1932년 말 현재 카르텔 수는 무려 83개에 달하고 있다. 1934년 5월에는 중요산업에 맥주양조업과 석탄광업·석탄판매업이 추가되어 24부문이 되고, 또 1936년에는 중요산업통제법이 개정되어 대기업까지 통제의 대상이 되었다. 이러한 것들을 통해 대기업이 참가하고 있는 거의 대부분의 산업에서 카르텔이 결성 내지 강화되고, 업계의 자치적 통제를 통하여 정부가 간접적으로 산업을 통제하는 체제가 성립되었다.

정부에 의한 산업통제는 이러한 종류의 간접통제에만 머무르지는 않았다. 1933년의 제철합동법에 따라 일본제철이 탄생한 것도 산업조직화정책의 일환이었다고 볼 수 있다. 그 외에도 1934년의 석유업법을 시작으로 자동차·제철·공작기계·항공기·조선·경금속·중요기계 등의 사업법이 제정되었다. 사업법의 대상이 된 업종의 기업은 조세면제와 보조금·장려금의 교부를 받고, 또 금융상의 특전을 받는 것이 가능하였다. 하지만 반면에 규격 외의 생산·판매·설비 등의 대한 통제에 따라야만 하였다. 이처럼 정부에 의한 산업통제는 1937년 중일전쟁으로 본격적인 전시경제로 이행하기 이전에도 꾸준히 진행되고 있었다.

　중일전쟁의 발발 후 정부는 7월과 9월에 두 차례에 걸쳐 합계 25억 엔에 달하는 임시군사비예산을 편성하였는데 이는 1937년 일반예산 28억 엔에 거의 필적하는 규모였다. <표 4-20>에서 알 수 있는 것처럼 직접군사비가 크게 늘어나 1936년의 세 배가 되고, 정부순지출에서 차지하는 비율도 10%에서 30%로 커졌다. 이에 대응하여국채의 신규발행액도 세 배로 급증하였다. 이처럼 전쟁이 장기화됨에 따라 군사비·국채신규발행액은 급증하여 갔다. 그 결과 예금통화를 합한 통화유통량은 증가하였으며 물가도 상승하였다. 급증한 군사수요를 충족시키기 위하여 군수 관련 산업의 생산을 확대할 필요가 있었고, 그와 함께 군수관련 수입도 증가하였다. 이러한 가운데 국제수지적자는 계속되었기 때문에 1919년 13억 엔을 넘었던 재외정화는 거의 소진되어 1937년에는 겨우 3,000만 엔 정도가 남았을 뿐이다. 이제 일본경제는 인플레이션의 방지·군수 관련 산업의 생산력 증대·국제수지의 균형확보라는 심각한 문제를 해결해야 하였다. 무엇보다 가장 시급한 과제는 군수·기초산업의 생산력을 확충하기 위해 기타 산업의 투자를 제한하는 것과 필요한 물자수입을 확보하기 위해 민

<표 4-20> 군사비·국채신규발행액·통화량·물가의 추이 (백만엔, 괄호안은 지수)

연도	정부지출	직접군사비	국채신규 발행액	통화+예금통화	물가지수
1936	9,943(90)	1,089(33)	719(32)	12,868(86)	95
1937	11,111(100)	3,299(100)	2,259(100)	15,049(100)	100
1938	15,017(125)	5,984(181)	4,548(201)	18,802(125)	111
1939	18,884(170)	6,495(181)	5,563(201)	25,955(172)	136
1940	23,268(209)	7,967(197)	6,983(305)	33,383(277)	174
1941	35,851(323)	12,763(387)	10,638(471)	41,989(279)	195
1942	43,830(394)	19,162(581)	14,973(663)	54,259(361)	237
1943	63,173(569)	31,183(945)	21,734(962)	71,418(475)	275
1944	84,786(763)	76,725(2,326)	30,825(1,365)	119,956(797)	336
1945	99,852(899)	51,199(1,552)	28,173(1,247)	444,970(2,957)	-

자료 : 물가지수는 大川一司·高松信淸·山本有造(1974), 앞의 책, p.233. 정부지출·군사비는 江見康一·鹽野谷祐一(1966), 앞의 책, p.163, 국채신규발행액은 大藏省財政史室(1978),『昭和財政史』제19권 (통계), 통화+예금통화는 江見康一 外(1988),앞의 책, pp.216~217.

간소비와 관련된 수입을 억제하는 것이었다.

이 때문에 임시군사비예산과 함께 전시통제3법으로 불리는 임시자금조정법과 수출입등임시조치법·군수공업동원법 적용법이 제정되었는데, 이를 시발점으로 하여 경제통제는 새로운 단계에 들어서게 되었다. 임시자금조정법은 장기자금의 규제를 통하여 기업의 설립과 설비투자를 관리·규제하려는 것이었고, 이에 따라 섬유공업과 상업 등 군수와 관련이 없는 산업은 장기자금을 조달할 수 없게 되었다. 수출입품등임시조치법은 철저한 관리무역을 지향한 것이었으며 그 목적은 국제수지의 악화로 급격히 저하한 수입력을 최대한 전략산업쪽으로 집중하기 위한 것이었다. 끝으로 군수공업동원법 적용법은 1927년에 제정된 군수공업동원법을 중일전쟁에도 적용한다는 것을 정한 것이다. 군수공업동원법은 1918년에 제정된 법률이었는데, 전쟁시에 공장·광산 등의 설비를 군이 관리·사용·수용할 수 있다고 하였다. 잠자고 있던 이 법률을 활용하여 주요한 공장은 육해군장관의 관할 하에 두게 되었다. 그러나 장기자금의 규제, 관리무역의 실시, 공장 기타 생산시설을 군이 관리하는 것 등 이 모든 것은 목표달성을 위한 수단에 지나지 않았고, 합리적인 달성목표 다시 말해 일본경제에 대한 중·장기적인 대략적 전망이 얻어진 다음에야 비로소 현실적인 의미를 가질 수 있는 것이었다. 전시통제3법이 현실적 의미를 갖게 된 계기는 1937년에 신설된 기획원에 의해 작성된 물자동원계획(물동계획)이었다. 하지만 물동계획의 성공 여부를 결정짓는 수출입 예상은 전쟁의 진행 상황과 일본을 둘러싼 국제정세의 변화에 따라 언제든지 변화될 수 있는 것이었다. 실제로 전쟁의 진행에 따라 물동계획은 끊임없이 개정되어 수입의 하향조정이 반복되었다.

1937년 이전의 경제통제는 간접통제로서 정부가 직접 기업과 산업에 개입하여 통제하는 것이 아니라 기본적으로 시장경제기구의 존재와 기능을 전제로 한 것이었으나, 중일전쟁 후에 등장한 경제통제는 정부에 의한 직접통제고 명령경제적 성격이 강하였다. 1932년에 일본이 세운 만주국에는 석탄·석유·철강·알루미늄·자동차·전신전화 등 전략적인 중요한 산업에 대해서는 1업종 1사로 하고 그 1사가 국가 계획에 따라 생산하는 방식을 채용하였다. 당시는 세계적으로 '자본주의의 일반적 위기'에 대한 논의가 활발히 이루어지면서 시장경제 내지 자본주의경제의 결함이 지적되고 있던 시기였다. 일본에서도 1920년대의 만성적 불황에 뒤이은 쇼와 공황으로 자본주의 경제에 대한 비판이 고조되고 있었다. 이와 같은 시대의 흐름을 배경으로 군부는 정부의 직접적인 경제개입을 추진하려는 일부 관료와 힘을 합쳐 만주국 경영에 계획경제를 도입해 보려고 하였다. 1937년부터 실시된 경제통제는 만주국에서 실험되고 있던 계획경제와 동일한 것은 아니었으나 국가가 설정한 목표내지 방침에 따라 정부가 기업과 산업을 직접 통제한다는 점에서 완전히 같은 것이었다.

1938년에 들어서자 중일전쟁은 장기화 양상이 더욱 뚜렷해졌다. 이에 따라 <표 4-20>에서 보듯이 군사비지출이 증가되고 그에 대응하여 국채 신규발행액·통화유통량이 계속 증가하였다. 또 수출부진으로 일본경제의 수입력이 하락하였다. 이러한 상황에서 경제통제가 강화되는 것은 당연하였다. 1938년에는 '국방목적을 달성하기 위해 국가의 전력이 가장 효과적으로 발휘할 수 있도록 인적 및 물적 자원을 통제 운용하는' 것을 목적으로 한 국가총동원법과 전국 전력회사의 발전·송전설비를 새롭게 설립한 일본발송전 한 회사로 통합한다는 것을 결정한 전력국가관리법이 제정되고, 정부에 의한 직접통제의 범위가 확대되었다. 뒤이어 임금물가 통제령과 일상생활품의 배급통제가 실시되고, 1940년 12월에 정부는 경제 신체제확립요강을 제정하였는데 그 내용은 '기업자유' 원칙의 제한, 기업 재편성의 추진, 산업별 통제조직의 결성, 경제단체에 대한 정부의 지도·감독권의 확립 등이었다.[1] 1941년부터는 이 경제신체제확립요강에 근거

---

1) 경제신체제확립요강의 원안은 기업의 목적을 이윤추구에서 생산증강을 최우선으로 두는 것으로 전환할 것, 소유와 경영을 분리할 것, 기업책임자에 공적인격을 부여할 것 등을 포함하고 있었다. 이는 재계와 중소기업단체 등으로부터 강력한 반발을 고려하여 소유와 경영의 분리, 중소기업의 정리 등의 부분을 삭제 내지 수정하여 발표되었으나, 이 요강에 근거하여 경제통제를 실시할 때에는 원안에 가까운 형태로 제도화가 이루어졌다.

하여 산업통제가 이루어졌다. 이제 일본의 시장경제는 계획경제·명령경제로 바뀌게 되었다.

제3절 산업구조·경제기구의 변화

전쟁의 확대와 장기화로 경제통제는 강화되어 갔으며 이에 따라 산업구조와 경제기구는 변모를 거듭하였다. 산업구조는 1930년대에 중화학공업을 중심으로 하는 공업화 경향이 뚜렷하여 갔으나 이러한 움직임은 1937년의 중일전쟁 이후 가속화되었다. 앞의 <표 4-12>는 순국내생산의 산업별구성의 추이를 보여주고 있는데 1935년부터 1940년에 걸쳐 제조업 비중이 증가하고 상업서비스의 비중이 감소하였음을 알 수 있다. <표 4-21>에 나타나 있는 유업구조의 변화를 보아도 1937년 이래 제2차 산업이 증가하고 제1차·제3차 산업이 감소하였음을 알 수 있다. 그러나 순국내생산의 변화는 그다지 크지 않았다. 산업간 상대생산성의 격차는 확대되고, 제2차 산업 특히 중화학공업을 중심으로 하는 제조업의 상대생산성이 다른 산업에 비해 현저히 상승하였다.

<표 4-21> 유업인구의 산업별구성의 추이 (%)

연도	총수(천명)	제1차산업(농림업)	제2차산업(공업)	제3차산업(상업)
1931	29,552	50.3(48.3)	20.6(16.0)	30.5(12.6)
1932	30,215	49.7(47.8)	19.7(15.3)	30.7(12.8)
1933	30,671	49.0(47.0)	20.0(15.6)	31.0(12.6)
1934	31,084	48.2(46.3)	20.5(16.2)	31.3(12.5)
1935	31,645	47.4(45.5)	20.9(16.7)	31.4(12.3)
1936	32,059	47.2(45.3)	21.6(17.1)	31.3(12.3)
1937	32,156	46.0(44.2)	23.1(18.4)	30.9(12.1)
1938	32,290	45.2(43.5)	24.1(19.2)	30.7(11.9)
1939	32,652	44.4(42.8)	25.1(20.0)	30.5(11.8)
1940	32,956	43.6(41.9)	26.1(21.1)	30.3(11.7)
1941	31,695	44.3(41.5)	29.4(25.5)	26.3(4.9)

자료 : 梅村又次·赤坂敬子 外(1985), 앞의 책, pp.212~213, 261~262.

중화학공업은 거액의 설비투자가 없으면 생산을 급속히 늘릴 수 없는 것이었다. 1930년대 국민총지출 구성비의 변화를 보면 1936년 이후 국민총지출의 구성이 변화하여 1936~1940년의 총국내자본형성은 14% 상승하였고 개인소비지출은 반대로 14% 감소하였다. 이는 개인소비지출의 축소로 거대한 설비투자가 이루어졌다는 것을 말하고 있는 것이다. 시장경제체제 하에서는 이 같은 급격한 변화가 생길 수가 없고 또 생기더라도 당연히 많은 사회적 마찰을 동반하는 것이기 때문에 어떤 강제를 동반한 통제경제에 의해서만 가능한 것이었다.

다음으로 유업인구에서 차지하는 여자비율의 증대라는 취업구조의 변화에도 주목할 필요가 있다. 1930~40년간 남녀유업인구의 변화를 보여주는 <표 4-22>에 의하면 1930년대를 통하여 모든 산업에서 여자취업자가 착실하게 증가하고 있는데 특히 1930년대 후반에 현저하게 증가하였다. 전 유업인구에서 차지하는 여자의 비율도 1930년과 1935년 모두 36%였지만, 1940년에는 3% 상승하여 39%가 되었다. 이 외에도 주목해야 할 몇 가지 점이 있다. 1930년대 전반은 제2차 산업과 제3차 산업에서 남녀취업자가 모두 증가하고 있었는데 1930년대 후반이 되면 그 양상이 변화하였다. 제2차 산업의 취업자가 급증하고 그 중에서도 제조업의 증가가 현저하였고 그 증가의 정도는 남자가 여자를 앞지르고 있다. 반면에 1930년대 전반에도 거의 증가하지 않았던 제1차 산업과 그 대부분을 차지하고 있는 농림업의 남자취업자가 10% 이상 감소하였고 뿐만 아니라 제3차 산업에서도 남자취업자는 감소하였는데 특히 상업에서는 농림업과 마찬가지로 10% 이상 감소하고 있다. 또 이러한 산업에서는 남자취업자는 감소하고 대신 여자취업자가 증가하여 농림업에서는 여자취업자가 남자취업자보다 많게 되었다. 1935~40년 사이에 여자취업자 증가분의 82%는 농림업과 상업이 차지하고 있다. 이러한 사실은 농림업과 상업에서 제조업으로 남자노동력이 이동하고 이를 대체하기 위하여 여자의 취업이 증가하였다는 것을 의미하고 있다. 농림업과 상업은 모두 고용노동자의 비율이 매우 낮은 산업이고 1940년 고용노동자의 비율은 농림업에서는 겨우

3.6%, 상업에도 34.5%에 지나지 않았기 때문에 두 산업에서 급증한 여자 취업자의 대부분은 가족종사자라고 생각된다. 그러나 고용노동자의 비율이 큰 산업분야에도 여자취업자의 수는 증가하였고, 1930년대의 후기에는 여성의 사회적 진출이 크게 늘어났다.

<표 4-22> 남녀별 유업인구의 변화 : 1930~40년 (천명, 괄호안은 %)

		1930년	1935년	1940년	1930~35년 기간변화율	1935~40년 기간변화율
전산업	남녀계	29,620(100)	31,645(100)	32,966(100)	6.8%	4.3%
	남	19,030(64)	20,202(64)	20,243(61)	6.2	0.2
	여	10,589(36)	11,443(36)	12,669(39)	8.1	11.0
제1차산업	남녀계	14,722(100)	14,999(100)	14,401(100)	1.9	-4.0
	남	8,269(56)	8,341(56)	7,109(49)	0.9	-14.8
	여	6,453(44)	6,658(44)	7,293(51)	3.2	9.5
농림업	남녀계	14,131(100)	14,403(100)	13,842(100)	1.9	-3.9
	남	7,735(55)	7,809(54)	6,618(100)	1.0	-15.3
	여	6,396(45)	6,594(46)	7,223(52)	3.1	9.5
제2차산업	남녀계	6,166(100)	6,694(100)	8,604(100)	8.6	28.5
	남	4,610(75)	5,064(76)	6,605(77)	9.9	30.3
	여	1,516(25)	1,627(24)	1,999(23)	7.3	22.9
제조업	남녀계	4,733(100)	5,279(100)	6,873(100)	11.5	30.2
	남	3,275(69)	3,688(70)	4,976(72)	12.6	34.9
	여	1,459(31)	1,591(30)	1,897(28)	9.0	19.2
제3차산업	남녀계	8,745(100)	9,952(100)	9,991(100)	13.8	0.4
	남	6,111(70)	6,793(68)	6,530(65)	11.2	3.9
	여	2,635(30)	3,159(32)	3,461(35)	19.9	9.6
상업	남녀계	3,616(100)	3,904(79)	3,845(100)	8.0	-1.6
	남	2,849(79)	3,094(79)	2,652(69)	8.6	14.3
	여	767(21)	812(21)	1,193(31)	5.9	46.9

자료 : 梅村又次·赤坂敬子 外(1985), 앞의 책, pp.208~215.

산업구조의 이러한 변화와 함께 경제기구 내지 산업조직도 변화하였다. 그 중에서도 제3차 산업 특히 상업·금융의 변화가 두드러졌다. 중일전쟁 발발 이후 물자의 배급과 가격에 대한 통제가 강화되고, 전쟁의 장기화에 따라 생활물자의 공급이 부족하게 되었다. 이는 유통업 특히 소매상업에 많은 영향을 미쳤다. 1930년대에 백화점이 나타나게 되자 대규모

소매업이 성장하게 되고 동시에 산업조합(각종의 구매조합)도 전개되어
감에 따라 구래의 소규모 소매업의 비중은 감소하였다. 산업구조에서 상
업의 상대적 지위의 하락은 막을 수 없었고, 유통기구의 재편성 더 나아
가 기타 산업 특히 제조업을 중심으로 하는 제2차 산업으로의 노동이동이
더욱 촉진되었다.

　상업 이상으로 대규모의 재편성이 이루어진 부문이 은행업이었다.
1930년대 보통은행·저축은행의 변동을 1931~36년과 1937~41년으로
나누어 나타낸 <표 4-23>을 보면, 이 시기에 진행된 은행업의 재편성 양
상을 분명하게 알 수 있다. 이 표에 의하면 1931~36년 사이와 1937~41
년 사이에 은행수가 각각 40% 이상 감소하여 1920년대에 나타난 은행정
리와 집중현상이 1930년대에도 계속되고 있음을 알 수 있다. 하지만 1931
~36년과 1937~41년 사이에는 내용 면에서 약간의 차이가 있다. 앞 시기
에서는 경영파탄을 원인으로 하는 감소수가 합동에 의한 감소수보다 많
았으나, 뒤의 시기에서는 합동에 의한 감소가 많았고 경영파탄에서 비롯
된 것은 전 감소수의 10%에 머물렀다. 금본위제 포기 이후에는 저금리정
책을 실시하였고, 이는 은행경영의 합리화·효율화를 요구하여 경영효율
이 좋지 않은 은행의 파탄·정리를 촉진하였다. 동시에 정부의 은행합동
장려정책에 의해 중소은행은 합동 내지 합병되었다. 중일전쟁기인 1937
~41년에는 금융통제가 상화되어 군수관련산업으로 사금이 집중되고 지
방중소은행의 합동이 반강제적으로 추진되었다. 지방중소은행 측에서도
이 때까지 주요한 대출처였던 섬유·식료품 등의 경공업과 유통업이 급
감하여 자금운용이 곤란해지고, 자금이 국채를 중심으로 하는 저리의 유
가증권투자로 몰리지 않을 수 없어 자금비용의 인하를 위해서도 합동하
여야 하였다. 이 시기 은행업의 재편성은 과거의 모습을 다시 찾을 수 없
을 정도로 매우 철저하게 이루어졌는데 이는 태평양전쟁 개시 이후 다른
산업에서 일어난 산업조직의 재편을 예고하는 것이었다.

　중화학공업화가 급진전된 제조업에서도 당연히 산업조직의 재편성이
진행되었다. 그러나 그것은 1920년대부터 시작된 대기업체제 형성의 연

장선 위에 있었던 것이고, 1937년 이후 경제통제의 강화로 더욱 분명해졌다. 그와 함께 기존 재벌도 그 성격이 근본적으로 변화하였다. 1940년의 미쓰이 재벌의 기구개혁은 이를 상징하는 것이었고, 이후 재벌가족의 경영 제1선으로부터의 후퇴, 재벌조직의 분권화가 이루어졌다. 그러나 기업집단 그 자체는 여전히 일본 대기업체제의 중심으로서의 위치를 굳건히 유지하고 있었다.

<표 4-23> 보통 · 저축은행의 변동

	1931~36년	1937~41년
전기말 은행수	872	498
기말은행수	498	255
신설에 의한 증가	40	24
파탄에 의한 감소	221	26
합동에 의한 감소	193	241
기간감소수	374	243

자료 : 寺西重郎(1982), 앞의 책, p.619.

제4절 전시통제경제와 국민생활

전시경제통제의 진행은 국민의 소비생활에 심대한 영향을 미쳤다. 소비재산업을 희생한 군수산업의 확대는 해가 갈수록 진전되어 생활물자의 공급은 계속 감소하고 있었다. 게다가 국채발행액 외에 일본은행의 시중은행에 대한 대출도 증가하여 앞의 <표 4-20>에서 보는 것처럼 통화량은 1938년부터 1940년에 걸쳐 급격히 팽창하였다. 물가통제에도 불구하고 물가가 상승한 것은 당연한 귀결이었으나 화폐임금의 상승이 소비자물가의 상승을 따라잡지 못하여 실질임금은 1937년부터 1938년 사이에 4.4% 하락하였다. 1939년 이래는 자료가 없기 때문에 실질임금의 동향을 정확하게 알 수는 없지만, 대체적으로 화폐임금의 상승률은 총국민지출 디플레이터의 상승률에 미치지 못하여 양자의 괴리는 매년 확대되어 1939년 이래 실질임금은 계속 저하하였다.

이 같은 상황 하에서는 국민총지출에서 차지하는 개인소비지출의 비율
은 감소하였다. <표 4-9>에서 알 수 있는 것처럼 1931년에 73.3%였으나
1935년에는 69.2%, 1940년에는 55.1%로 감소하였다. 더욱이 1930년대의
1인당 개인소비지출의 추이를 보여주는 <표 4-24>에 의하면 쇼와 공황
의 영향을 받아 1932년에 1인당 개인소비지출은 -3%를 기록하였으나, 그
후는 중일전쟁기까지 1935년을 제외하고는 계속 증가하였다. 1938년 이
후는 상황이 변해 개인소비지출이 감소하였으며, 1940년의 개인소비지출
은 1932년 이래의 고성장으로 크게 증가한 1939년과 같은 수준이었기 때
문에 이 단계에서는 국민의 소비생활이 그렇게 심하게 악화되지는 않았
다.

<표 4-24> 1인당 개인소비지출의 추이 (엔, 1934~36년 평균, 구성비는 %)

연도	실수		구성비				
	총액	동전년비	식료품	의복	주거	교양오락	기타
1931	179.5	0.8	50.2	11.1	14.9	7.3	16.5
1932	173.8	-3.2	50.9	11.1	14.3	7.5	16.2
1933	182.9	5.2	51.0	11.1	13.1	7.4	17.4
1934	192.1	5.0	49.7	12.9	12.2	7.7	17.5
1935	189.2	-5.3	50.3	12.8	11.7	7.8	17.4
1936	191.6	1.3	50.2	13.7	12.0	7.8	16.3
1937	200.1	4.4	48.3	15.9	11.5	8.2	16.1
1938	201.1	0.5	46.5	17.7	11.1	8.2	16.5
1939	191.8	-4.6	51.0	10.7	11.8	8.5	18.0
1940	190.5	-0.7	48.9	11.0	13.1	8.5	18.5

자료 : 篠原三代平(1967), 『長期經濟統計6・個人消費支出』, 제4표.

그런데 개인소비지출의 구성 추이를 보면 1937년까지는 의복비의 비중
이 상승하고 교양・오락비가 계속 상승하였다. 이렇게 보면, 1930년대의
고성장으로 인해 국민생활이 질적으로 변화되었다는 사실을 확인할 수
있다. 이는 각종 학교재학자수의 추이를 보여주는 <표 4 25>와 리디오의
보급률을 나타낸 <표 4-26>으로부터도 충분히 알 수 있다. 1930년대에
들어서도 1920년대에 이어 중등교육・고등교육을 받은 사람의 수가 증가

하였다. 특히 눈에 띄는 것은 고등여학교와 전문학교의 학생수가 증가한 점인데, 여자의 경우는 중등교육, 남자의 경우는 고등상업학교·고등공업학교 등의 전문고등교육이 이 시기 진학률의 상승에 크게 기여하였다. 고등여학교 진학률의 급증은 취업인구에서 차지하는 여자비율의 증대와 함께 여자의 사회적 지위 향상을 의미한다. 그리고 정보와 오락을 일반 사람들에게 제공하는 라디오의 보급률이 급증하였는데, 이것은 신문발행 부수의 증가와 함께 교양오락비의 비중 증대로 상징되는 1920년대 이래의 국민생활의 질적 변화를 보여준다.

<표 4-25> 각종 학교재학자수의 추이 (천명, 괄호안은 지수)

연도	1930	1935	1940
소학교	10,112(100)	11,426(113)	12,335(122)
중학교	346(100)	341(98)	432(125)
고등 여학교	369(100)	412(112)	556(151)
사범학교	44(100)	30(68)	41 (94)
전문학교	90(100)	97(108)	142(157)
고등학교	21(100)	18(87)	20(99)
대학	70(100)	72(103)	82 (118)

자료 : 矢野恒太紀念會(1981), 『數字でみる日本の100年 : 日本國勢圖會·長期統計版』, p.359.

<표 4-26> 라디오 보급률의 추이 (회계연도말 현재)

연도	1930	1935	1940
방송국	12	30	42
수신계약수(천)	779	2,422	5,668
보급률(%)	6.1	17.9	39.2

자료 : 矢野恒太紀念會(1981), 위의 책, p.327.

그러나 1938년을 경계로 개인소비지출구성에 변화가 일어나 의복비의 비중이 최저 수준으로 감소하였다. 그리고 교양·오락비가 여전히 상승 경향을 지속한 것 외에 기타의 비중이 증가한 것이 주목된다. 더욱이 개인소비지출액이 감소하였음에도 불구하고 식료품비의 비율은 오히려 떨어졌다. 이러한 사실은 배급제로 일상생활품의 소비가 제한되고 그 결과 교양·오락비와 기타 소비지출의 비중이 증가한 것을 말하고 있다. 국민의 물적소비생활이 악화되어 가고 있다는 사실은 부정할 수 없게 되었다.

전시통제경제의 진전과 함께 국민생활의 질이 점차 저하하고 있다고 하여도 전시중에 노동력보전을 위해 여러 제도가 만들어진 것도 지적할 필요가 있다. 1911년에 공포된 공장법 등에 의해 공장·광산노동자의 노동조건에 대한 규제가 노동력 보전이라는 국가적 견지에서 1910년대부터 실시되어 왔다. 전쟁이 확대하고 장기화하고 있다는 것, 그리고 육해군 병사의 확보라는 점에서 노동력보전은 중요한 문제로 부각되었다. 공장법 등의 적용 외에 있던 도시상점 종업원을 대상으로 1938년 상점법이 제정되고 영업시간의 제한과 종업원의 휴일제를 실시하였다. 또 1939년에 시행된 「공장취업시간제한령」도 이와 같은 취지를 가지고 있었다.

1938·1939년에 제정된 국민건강보험법·직원건강보험법·선원건강보험법도 마찬가지로 노동력보전을 목적으로 한 입법이었다. 고용노동자를 대상으로 한 건강보험법은 이미 1922년에 제정되었으나 그것은 평상시 종업원 300명 이상의 대사업소에 작용된 것이기 때문에 많은 노동자는 적용 외였다. 전시경제체제에 들어서 적용의 범위를 크게 확대하기 위해 법률을 개정하였다. 그러나 국민의 건강을 유지하고 노동력을 보전하기 위해서는 일반 국민과 직원·선원에까지 건강보험을 확대하는 것이 필요하여 1938·1939년의 입법으로 구체화되었다.

전시경제통제는 물론 임금에도 영향을 미쳤다. 1939년 10월 정부는 국가총동원법에 근거하여 가격등통제령·가임(家賃)지대 통제령과 함께 임금임시조치령과 회사직원급여 임시조치령을 공포하였다. 이것은 임금·급여를 9월 18일 수준에 고정시키고 실태 조사를 거쳐 초봉·승급액 등을 정부가 정하는 것이었다. 인플레이션을 억제하기 위해 물가·임금통제의 일환으로서 등장한 것이었으나 여기서는 연공서열형 임금체계가 채용되었다. 1920년대에 일부의 재벌계 대기업에서 시작된 연공서열형 임금체계는 이 전시임금통제를 통하여 전국적으로 보급되었다.

이상과 같이 노동력 보전을 위한 여러 제도는 제2차 세계대전 후 일본경제로 이어졌지만 1941년 태평양전쟁의 개전으로 이러한 제도가 본래의 기능을 수행하지 못하고 껍데기만 남아 국민생활을 도탄의 지경에 이르게 하였다.

제5장 전시일본경제의 붕괴

제1절 태평양전쟁

1941년 12월에 시작된 태평양전쟁으로 15년 전쟁은 최종 국면을 맞이하게 되었다. 중일전쟁으로 미국·영국·프랑스 등 서구 선진 제국과의 공존관계를 파괴한 일본은 태평양전쟁으로 이들 국가들과 공개적인 적대관계에 들어갔다. 그 결과 구미 제국과의 무역은 완전히 정지되고 일본은 엔블록 경제권 내에만 머물게 되어 최종단계에 들어간 전쟁의 부담을 짊어진 채 일본경제는 전쟁을 수행하여 갔다. 에도 후기와 같이 세계경제로부터 분리되었던 쇄국상태라면 모르지만 일본경제는 세계경제라는 틀 속에서 근대경제 발전·공업화를 실현하였기 때문에 엔블록 내에서의 무역이 가능하다고는 하지만 고립경제를 장기간 유지할 수는 없었다.

태평양전쟁의 시작과 함께 일본군은 석유를 비롯한 전략물자를 확보하기 위해 남방작전을 전개하여 동남아시아 여러 지역을 점령하였다. 그럼으로써 완전히 고립상태에 들어선 일본은 석유·니켈·보크사이트·고무 등을 입수할 수는 있었으나 그 반대급부가 되어야 할 일본으로부터의 수출은 매년 감소하여 무역수지의 적자폭이 급증하였다. 일본은 중국·남방 등의 점령지역에서 필요한 물자를 수입하면서 그 지역의 인민들이 필요로 하는 만큼의 생활물자를 공급할 수 없었다. 일본이 군사력으로 쌓은 엔블록 경제권은 대동아공영권(大東亞共榮圈)이라고 불렸지만 공영이라는 이름에 어울리지 않게 그 지역 인민들에게는 엄청난 희생을 강요하였다.[1)]

중국에 대한 군사적 지배는 북경·천진·상해·남경·광동 등의 주요 도시와 그들 도시 간의 철도를 중심으로 하는 점과 선에 한정되었으나, 그럼에도 불구하고 광대한 지역에 군대를 주둔시켜야 하였기 때문에 항일게릴라활동이 활발하여 <표 4-27>에서 보는 것처럼 전쟁에 동원된 병력은 1938년에 116만 명에서 1941년에는 241만 명으로 증가하였다. 개전 후 점령지역은 프랑스령 인도지나, 필리핀, 싱가포르, 말레이 반도, 타이, 버마, 인도네시아, 뉴기니아, 솔로몬 군도까지 미쳤다. 전쟁이 장기화되고 연합군의 공격이 격화됨에 따라 육해군병사 수는 계속 증가하여, 1945년에는 700만 명을 넘어 태평양전쟁 개전시의 세 배에 달하였다. 전쟁에 동원된 것은 청장년 남자들이고 일본경제를 지탱하는 노동력의 중심을 이루는 사람들이었기 때문에, 이는 기간노동력의 부족을 초래하여 일본경제를 위축시키는 중요한 요인으로 작용하였다.

<표 4-27> 육해군 병력수의 추이 (천명)

연도	실수	지수	연도	실수	지수
1938	1,158	100.0	1942	2,829	244.1
1939	1,620	139.8	1943	3,808	328.6
1940	1,723	148.7	1944	5,365	462.9
1941	2,411	208.0	1945	7,193	616.0

자료 : アメリカ戦略爆撃調査団, 正木千冬譯(1950), 『日本戦争經濟の崩壊』, p.179.

---

1) 일본군의 남방지역 점령과 함께 군정이 실시되었다. 그러나 충분한 경제개발이 이루어지지 않은 채 강제적인 노동력 이동정책, 철도건설에서의 가혹한 노동강요를 비롯하여 점령지역 사람들에게 막대한 희생을 강요하였다. 경제적으로는 군표(군용수표)를 남발하여 물자를 조달함으로써 사실상 아무런 물적 보상 없이 점령지역의 물자를 일방적으로 획득하였다. 이 결과 점령지역에서는 소비재의 부족과 격심한 인플레이션이 일어나 점령지역 사람들의 생활을 크게 괴롭혔다. 군표라는 것은 전쟁지역 또는 점령지에서 사용된 특수 화폐로 현지통화로 표시된 것과 본국통화로 표시된 두 가지가 있었으며 제2차대전기에는 대부분의 교전국이 사용하였다고 한다. 1945년 8월 현재 군표 발행액은 약 220억 엔에 달하는 거액이었으며 사실상의 군표였던 중국연합준비은행권(연은권)과 화남의 중앙준비은행권을 합하면 6,400억 엔이 넘었다.

전황은 1942년 6월의 미드웨이 해전 이후 일본에 불리하게 되었다. 공세 국면에서 수세 국면으로 돌아선 것이다. 특히 해상수송력에 차질을 빚어 1942년을 정점으로 해상수송량이 급격히 감소하였다. <표 4-28>은 태평양전쟁 개전시부터 패전시까지 선박보유량의 추이를 보여주고 있는데, 개전한 해인 1941년을 100으로 한 선박보유량은 1942년까지는 현상을 유지하였으나 1943년이 되면 77, 1944년에는 40으로 급감하고 1945년에는 개전시의 4분의 1 수준으로 떨어졌다. 자연자원의 대부분을 해외에 의존하고 있는 일본경제에서 해상수송력의 저하는 치명적이었고 축소재생산 상태로 들어가지 않을 수 없게 되었다. 그리고 1944년이 되면 일본의 패색이 더욱 짙어져 잠수함과 항공기에 의한 선박의 손해가 급증하고 남방항로가 두절되어 엔블록 경제권은 그 효율성을 거의 상실하였다. 1945년에 들어서는 중국으로의 항행도 점차 불가능해지게 되고, 본토 폭격도 본격화 되어 패전은 목전에 다가오고 있었다.

<표 4-28> 선박보유량의 추이 (천 총톤)

	선박보유량	동지수
개전시(1941.12.8)	6,384.0	100
1942년말	5,942.6	93
1943년말	4,944.0	77
1944말	2,564.0	40
패전시(1945.8.15)	1,526.9	24

출처 : 安藤良雄(1979), 앞의 책, p.139.

1945년 5월에 독일은 연합군에 무조건 항복하였고 일본은 8월의 소련 참전, 히로시마·나가사키에 원폭이 투하된 다음 8월 15일에 포츠담 선언을 수락하였다. 일본의 패전으로 15년 전쟁이 막을 내리고, 동시에 제2차 세계대전도 끝났다.

제2절 경제통제의 새로운 단계

1941년 7월 프랑스령 인도지나 남부로 침략한 일본군에 대한 대항조치로 미국이 대일석유수출금지를 실시한 때부터 경제통제는 새로운 단계에 들어섰다. 그리고 1941년 12월 태평양전쟁이 시작되면서 경제통제는 더욱 강화되었다. 1941년 8월에 공포된 중요산업통제령에 근거하여 1941년 10월에 우선 철강·석탄·광산·시멘트·차량·자동차·정밀기계·전기기계·산업기계·금속공업·무역·조선의 12개 업종에 통제회가 설립되었다. 이들 통제회는 형식적으로는 민간인에 의한 자주적 통제조직이었으나 상공성·군수성에 직속되어 자재와 노동력을 배분받는 강제 카르텔이라는 성격을 가지고 있었기 때문에 개별기업과 경영단체를 통제하는 권한이 주어졌다. 태평양전쟁이 시작된 후인 1942년 4월에는 금융통제단체령이 공포되어 전국금융통제회가 발족함으로써 금융에 대해서도 일본은행을 중심으로 한 직접적인 통제가 실시되었다. 그리고 같은 해 8월에는 면·'스프'·견·인견·양모·마·화학공업·경금속·유지·피혁·고무의 9업종이 제2차 지정되었다. 이렇게 하여 업계마다 결성된 강제 카르텔을 하부기구로 하여 경제를 통제하는 체제가 성립되었다.

일본은 개전 초부터 모든 생산재와 소비재가 절대적으로 부족한 상태에서 국가의 총력을 동원하여 전쟁을 수행해야 하였다. 이에 일본정부는 전쟁과 관련된 철강·석탄·경금속·선박·항공기를 5대 중점산업으로 지정하고, 여기에 자금·자재·노동력을 집중하는 체제를 강제적으로 만들었다. 다른 한편 군수와 직접 관련이 없는 생활물자산업은 최소한의 범위 내로 축소하였다. 이와 같이 산업구조를 급격하게 전환하였기 때문에 1941년의 기업허가령을 거쳐 1942년에는 기업정비령이 공포되었다. 기업허가령은 사업의 개시, 설비의 신설·개량·확장 등을 허가제로 하는 것이었기 때문에 실질적으로는 1937년의 임시자금조정법의 연장선 위에 놓여 있었다. 그러나 기업정비령에서는 정부가 지정하는 사업에 대해서 설비와 사업의 양도·합병 등을 명하거나 혹은 그것을 제한 내지 금지할 권한이 정부에게 주어졌다. 그 결과 이전과 같이 정부의 행정지도에 의하는 것이 아니라, 행정명령의 발동에 의해 소비재산업과 중소상공업의 기업정비가 강행되었다. 예를 들어 기업정비가 가장 심하게 이루어진 상업의 경우를 보면, 1944년 초까지 그 취업자수가 반감되었는데 그들 중 많은 사람이 징용 형태로 군수공장으로 강제 이동되었다.

1943년이 되면 앞서 말한 것처럼 해상수송력이 급감하였기 때문에 엔블록 경제권은 무용지물이 되고 군수생산 그 자체도 축소재생산이 불가피하게 되었다. 이러한 위기 상황을 타개하기 위해서는 제해권·제공권의 회복이 급선무가 되고, 이를 위해 단기간에 항공전력을 어떻게 최대한으로 향상시키는가가 일본 경제의 최대 과제가 되었다. 1943년 11월에 정부는 군수성을 설치하여 군수생산 특히 항공기생산의 확충을 위해 행정운영의 일원화를 도모하였으나, 이와 거의 동시에 민간군수회사의 생산책임체제를 확실하게 하기 위한 목적으로 군수회사법을 제정하였다. 이것은 주주총회의 권한을 대폭 제한하는 동시에 사장을 생산책임자로 하여 그 권한을 확대하는 한편, 군수장관에게 사장의 임면권을 주는 것이었다. 또 군수회사 종사자는 회사에 의해 고용되는 것이 아니라 국가에 의하여 징용되는 것으로 간주되었다. 그 결과 기업경영 내부에 까지 정부에 의한 직접적인 지휘·관리가 미치게 되고 형식적으로는 여전히 민유민영이면서, 사실상은 민유관영이 되었다.

1944년 1월에는 군수회사지정 금융기관제도가 시작되었다. 이 제도는 군수회사법에 근거하여 정부가 지정한 기업에 대해 지정금융기관을 정하고 이 금융기관이 필요자금을 원활히 공급하게 하고 이를 위해 일본 은행·정부가 금융기관을 지원하는 것이었다. 그 결과 미쓰이·미쓰비시·스미토모·야스다라는 4대 재벌계 은행 외에 다이이치와 산와(三和)라는 비재벌계 은행도 여기에 가담하여 일본은행을 정점으로 하는 금융계열이 성립하였다. 대기업체제의 중심적 지위를 차지한 기업집단 특히 4대 재벌은 재벌콘체른에서 금융계열로 점차 모습을 바꾸어 나갔다. 그리고 이 금융계열은 제2차대전 후 경제부흥과정에서 재생된다.

태평양전쟁기에는 대기업체제를 하부에서 지탱하고 있는 하청제도가 완전히 정착하였다. 조립공업인 항공기·자동차·조선·전기기계·일반 기계 등의 중공업이 급속도로 발달하자 하청제도에 대한 의존도가 높아 지게 되었다. 특히 중소기업의 기업정비를 통해 소비재 관련 중소기업이 군수 관련 부품생산으로 강제적으로 전환되고 하청기업으로 대기업의 계열 하에 들어간 다음 대기업이 하청제도를 통하여 중소기업을 편성하는 체제가 완전하게 확립되었다. 그리고 이것도 또 전후의 일본경제에서 중요한 의미를 가지는 하나의 선행조건이 되었다.

제3절 식량관리체제의 성립

식량에 대한 통제가 본격화된 것은 1940년부터였다. 일본의 쌀자급도는 20세기 초에 이미 100%에 미달하였으나 1920년대에는 90% 수준이 되고 1930년대에는 더욱 하락하였다. 그러나 부족분은 대만·조선으로부터의 수입미로 충분히 조달할 수가 있었다. 따라서 1930년대에는 쌀의 수급관계에 별다른 문제가 없었고, 한발 등으로 미의 생산량이 크게 떨어진 1939년이 되어서야 미가통제가 시작된 것이 불과하였다.

그러나 징병과 군수산업으로의 노동이동 등으로 기간노동력이 감소하고, 비료·농기구 기타 생산재의 공급이 저하되어 농업생산력은 하락하기 시작하였다. 정부는 농지조성·토지개량·불요불급작물의 작부제한 내지 금지로 쌀의 증산을 도모하는 한편, 미의 공출과 배급에 대해 강력한 통제를 가할 수밖에 없었다. 1940년에 공포된 임시미곡배급통제규칙과 미관리규칙에 의해 쌀의 공출제도가 실시되는 동시에 공출미의 집하에서 배급까지의 전 유통과정에 대한 일원화가 이루어졌다. 그리고 1941년 4월에는 미곡통장제가 도입되고 8월이 되면 생산자에게는 쌀매입대금 외에 증산장려금을 교부하는 이중가격제를 채용하기로 결정하였다. 그러나 식량의 수급관계는 더욱 어려워져 쌀 이외의 식량에 대해서도 강력한 통제가 필요하게 되었다. 1942년 2월에 식량관리법이 제정되어, 쌀뿐만 아니라 보리·잡곡 외에 감자류·빵류에 이르기까지 공출과 배급에 대한 완전한 국가관리체제가 확립되었다.

공출제도는 생산자·지주가 보유하는 쌀에서 자가용 쌀을 제외한 나머지를 정부가 강제적으로 매입하는 것이다. 미가통제로 정부의 매입가격은 1석당 55엔이었다. 1942년부터 생산자에게는 그것과는 별도로 생산장려금이 교부되어 사실상 지주의 공출가격은 자작농·소작농의 공출가격보다 낮게 되었다. 더욱이 1944년 6월에 결정된 미곡관리요강에 의해 공출할당을 생산자에게 일원화시켜 소작미도 지주 자가용미를 제외하고는 소작인으로부터 정부에 공출되어 소작미에 상당하는 분의 매입대금이 정부로부터 지주에게 지불되었다. 사실상 소작료의 대금납제가 성립한 것이다. 그런데 쌀매입대금이 거치된 데 대해 생산자에게만 교부되는 증산장려금은 매년 증액되어 1945년에는 245엔이 되어 쌀매입가격의 네 배가 넘게 되었다. 그 결과 1945년 현재 쌀 10석을 생산하는 소작농의 경우 소작료율이 50%라고 하여도 소작농의 수입은 자기 몫인 쌀 매도대금과 증산장려금을 합쳐 2,725엔이 되었으나, 지주는 소작미해당분의 매도대금 275엔을 얻는 데 불과하였다. 사실상의 소작료 인하가 극적으로 이루어진 것이다.

이와 같이 소작료의 금납화와 저율화가 제도로써 실현된 것 외에 1939년의 소작료통제법으로 소작료의 인상이 금지되고 농지의 이동도 제한이 가하여졌다. 지주제는 사실상 부정되었다고 보이도 틀림이 없다. 패전 후 얼마 지나지 않아 일본정부가 점령군의 지령에 의존하지 않은 채 독자의 농지개혁안을 준비한 것은 전시통제경제 하의 이러한 흐름의 하나의 귀결이었다.

제4절 축소재생산과 국민생활의 파탄

1941년 이래 전시통제경제는 모든 면에서 국민생활에 영향을 주었는데 그것을 가장 뚜렷하게 보여주는 것이 취업구조의 선명한 변화였다. <표 4-29>는 1940년 10월부터 1945년 5월에 걸친 취업구조의 변화를 나타내고 있는데 이를 보면 취업구조가 변화하였다는 것을 알 수 있다.

<표 4-29> 남녀별 유업인구의 추이 : 1940.10.1~1945.5.1 (천명, 괄호안은 %)

		1940년10월1일	1944년2월22일	1944년11월1일	1945년5월1일
전산업	남여계	32,483(100)	31,695(100)	29,971(100)	27,641(100)
	남	19,730(61)	18,447(58)	15,816(53)	13,878(50)
	여	12,763(39)	13,250(42)	13,906(47)	13,763(50)
농림업	남여계	13,850(100)	13,571(100)	13,555(100)	13,503(100)
	남	6,626(48)	5,787(43)	5,477(40)	5,144(38)
	여	7,224(52)	7,784(57)	8,078(60)	8,359(62)
광업·제조업	남여계	9,985(100)	11,717(100)	9,983(100)	8,482(100)
·운수통신업	남	7,832(78)	9,097(78)	7,021(70)	5,708(67)
	여	2,153(22)	2,620(22)	2,962(30)	2,772(33)
상 업	남여계	4,991(100)	2,510(100)	2,220(100)	1,774(100)
	남	3,095(62)	1,229(49)	948(43)	719(41)
	여	1,896(38)	1,281(51)	1,272(57)	1,055(59)
기 타	남여계	3,657(100)	3,897(100)	3,963(100)	3,883(100)
	남	2,377(65)	2,334(60)	2,370(60)	1,971(51)
	여	1,280(35)	1,563(40)	1,593(40)	1,912(49)

자료 : 梅村又次·赤坂敬子 外(1985), 앞의 책, 제21표.

우선 1930년대를 통해 꾸준히 증가해 온 유업자수는 1940년대에 들어서자 지속적으로 감소하여 1940~44년에 8.5%, 1940~45년에는 14.9%나 감소하였다. 태평양전쟁 당시 일본경제의 어려움이 이 점에서 잘 드러나고 있는데 특히 마지막 1년간에는 총수에서 200만 명, 비율로는 6%가 넘게 격감하였다. 외국무역이 단절된 상태에서 급속도로 축소재생산이 진행되었음을 알 수 있다.

다음으로 1930년대부터 나타난 경향인 여자취업자의 절대적·상대적 증가가 빠르게 진전되었다. 남자유업인구는 1940년부터 44년 사이에 총수에서 400만 명, 비율로 20% 감소하였으나 여자의 경우는 총인원에서도 약간이지만 증가하였기 때문에 전 유업인구에서 차지하는 비율은 일거에 7% 이상 상승하여 47%에 도달하였다. 그리고 1945년에는 전 취업자의 반수를 차지하게 되었다. 여자유업인구를 산업별로 보면 농업부문의 비중이 여전히 높고 더구나 1940년에는 53%였으나 1944년의 58%, 1945년의 60%로 상승하였다. 따라서 이 시기에도 여자유업인구는 가족종사자를 중심으로 늘어나고 있었지만 동시에 고용노동자로서의 취업이 대부분을 차지하는 광업·제조업·운수통신업에서도 여자취업자의 비율이 1940년의 22%에서 1945년에는 33%로 증가한 것에 주목할 필요가 있다. 남자노동력의 극단적인 부족과 정부의 여성노동력 동원정책 때문이라고는 하지만 직업을 가진 여성이 증가하는 것은 되돌릴 수 없는 장기적 경향으로 전후에까지 이어졌다.

유업자수와 여자취업자 비율보다 더 큰 폭으로 변한 것이 노동의 산업간 이동이었다. 1930년대 후반에 농림업과 상업 특히 상업에서 유업자의 감소가 두드러졌지만, 다른 한편 광업·제조업·운수통신업의 유업인구는 증가하였는데, 제조업에서는 소비재부문이 감소하고 군수관련 부문이 증가하였다. 1940년대에 들어서도 이 경향에는 아무런 변화가 없었고 다만 변화의 속도가 1930년대보다 빨랐다. 태평양전쟁시에 이처럼 산업간 노동이동이 격심했던 것은 기업정비와 징용등을 통해 강제적·반강제적으로 많은 사람들이 전업하였기 때문이다. 전통적 기능을 가진 재래산업의 직인이 갑자기 항공기공장에서 선반을 조작한다거나, 포목점 주인이 망치를 들고 공장에서 작업을 한 경우가 적지 않았다. 그리고 1940~44년에 취업자가 14만 명에 가깝게 증가한 석탄업에서는 선생 말기에 조선인들을 강제연행하여 탄갱에서 가혹한 노동을 시켰다. 이와 같이 거주·이전·직업의 자유와는 전혀 상관이 없는 형태로 산업 간에 노동이동이 일어났으며 이 과정을 통해 일어난 취업구조를 그대로 가진 채 전후를 맞이하였다.

태평양전쟁의 시작과 함께 국민의 소비생활은 극도로 억제되었다. 소비재산업을 희생하는 대가로 군수산업이 확충되었기 때문에 국내생산 또는 수입에 의한 생활물자공급은 끝없이 감소하였다. 그 때문에 생활물자를 전표로 배급하는 제도가 실시되었으나 배급량은 해가 갈수록 줄어들어 전쟁 말기에 이르면 배급만으로는 최저한의 생활물자도 얻을 수 없어 사람들은 싫든 좋든 암시장을 이용하지 않을 수 없었다. 암시장가격은 통제가격보다 훨씬 비쌌고 통화로 물자를 구입할 수 없는 상황도 발생하였기 때문에 소비자들은 많은 타격을 받았다. 국민의 소비생활은 질량에 있어 모두 급속히 악화되었다. 패전 직전인 1945년 단계에서는 광공업생산이 1935~37년 수준의 25.8%로 떨어지고, 농업생산도 1935~37년 수준의 77.6%에 머물러 국민의 소비생활은 그 한계에 도달한 최악의 상태였다. 소비생활의 악화와 개인의 자유를 제한한 통제를 강화함으로써 국민생활은 물질적으로나 정신적으로 지속이 불가능한 상태가 되었다. 이러한 상황 하에서 1945년 8월 패전을 맞이하게 되었다.

제6장 1930년대 일본의 식민지경영

제1절 일본제국의 성립과정

중일전쟁이 시작된 1937년의 일본제국은 그 핵심으로서 내지, 즉 일본 본토[혼슈·시고쿠·규슈·홋카이도와 지시마(千島)·오키나와·오가사와라 열도 및 여기에 부속하는 여러 섬]와 그 주변을 에워싸고 있는 외지 즉 식민지인 조선, 대만, 남사할린, 관동주, 남양을 포함하고 있었다. 다만 외지 가운데 조선, 대만, 남사할린은 순수한 속령인 데 대하여, 관동주는 중국으로부터의 조차지이고 남양군도는 국제연맹으로부터 위탁된 위임 통치지역으로서 이들 사이에는 국제법상 약간의 차이가 있었다. 일본제 국은 그 외부에 만주국을 세력 아래 두고 있었고, 그 외에 상해, 천진, 한 구(漢口) 등에 조계 즉 전관거류지를 가지고 있었다(<표 4-30>).

이와 같은 고리형 구조를 가진 일본제국의 판도는 근대 이후의 역사적 산물이었다. 홋카이도, 오키나와, 오가사와라, 지시마의 내지식민지를 별 도로 한다면 일본은 모든 해외식민지를 근대대외전쟁의 전리품으로 획득 하였다. 청일전쟁에서 승리한 다음 1895년 4월의 시모노세키 조약에 근거 하여 일본은 중국으로부터 대만 및 요동반도를 할양받았다. 후자는 삼국 간섭에 의해 1895년 5월 중국에 반환되었지만, 이 사건은 일본이 식민 제국으로 나아가는 첫걸음이 되었다는 의미를 지니고 있었다.

러일전쟁 후의 포츠머스 조약으로 러시아가 중국으로부터 얻은 권익 가운데 관동주(요동반도)의 조차권, 남만주철도 즉 장춘 이남의 철도경영 권 및 철도부속지의 관리권을 인수하였다. 관동주, 만철, 만철부속지는 그

<표 4-30> 일본제국의 판도 (단위 : 천km^2, 천명)

		면적	인구		
		1940년	1920년	1930년	1940년
일본본토		383	55,963	64,450	71,420
식민지	남사할린	36	106	295	415
	대만	36	3,655	4,593	5,872
	조선	220	17,264	21,058	24,326
	남양군도	2	52	70	131
	관동주	3	920	1,328	1,367
	소계	297	21,997	27,344	32,111
일본제국계		680	77,960	91,794	103,531
만주국		1,303	–	–	43,297
총계		1,983	–	–	146,828

주 : 관동주의 1920년, 1930년 인구에는 만철부속지를 포함.
자료 : 1940년 수치는 大藏省管理局, 『日本人の海外活動に關する歷史的調査』,
　　　총론 제2장, 제1표, 제2표. 1920・30년 인구는 『日本帝國統計年鑑』 제45회,
　　　제50회.

이후 일본의 만주경영・대륙진출의 중요거점이 되었다. 또 만철부속지는
만주국 건국 후인 1937년 12월 만주국에 흡수되는 형태로 발전적으로 해
소되었다. 포츠머스 조약은 또 남사할린 즉 북위 50도 이남의 사할린을
일본에 할양하였다. 사할린은 1875년 「사할린・지시마 교환조약」으로 러
시아령이 되었다.

러일전쟁의 결과 조선에 대한 일본의 지배권이 확정되었다. 러일 전시
・전후의 3차에 걸친 한일협약에 의해 조선은 일본의 보호국이 되고,
1910년 8월 한일협동조약에 의해 식민지로 합병되었다.

제1차 세계대전으로 일본은 아시아・태평양에서 독일 권익의 주요 부
분을 계승하는 데 성공하였다. 마샬, 카롤린, 마리아나 등 모두 2,500여 개
섬으로 이루어진 구독일령 남양군도는 1914년 10월 일본군의 무력점령,
1919년 파리 강화회담을 거쳐 1921년 국제연맹으로부터의 위임통치지가
되었다. 마찬가지로 제1차 세계대전의 작전행동으로서 일본군은 청도, 제
남을 포함하는 교주만의 독일조차지를 점령하고 군정을 펼쳤으나, 워싱턴
체제 하에서 1922년 2월 「산동 현안 해결에 관한 조약」에 근거하여 조차

지를 중국에 반환함으로써 동 조차지는 소멸하였다.

1931년 9월에 발발한 만주사변의 결과 1932년 3월에 만주국이 성립하였다. 만주국은 군사상, 조약상, 인사상의 대일종속관계에 근거하여 일본의 보호국 내지 종속국이 되었다. 또 1933년에는 동삼성에 인접한 열하성을 만주국에 편입하였다.

중국 주요 도시에서의 조계 즉 전관거류지의 설정은 청일전쟁 후인 1896년에 중국과 체결한 「일본 전유 거류지 설정 등에 관한 의정서」를 근거로 하고 있다. 동 의정서에 근거하여 전관거류지가 천진·한구·상해에 설치되었다.

이 같은 역사를 가지고 성립한 일본식민지의 법제적·제도적 지위에 대해서 살펴보기로 한다. 우선 내지·외지의 구별은 이것을 법제적으로 보면 다음과 같은 것이다. 내지라는 것은 '국가 전체를 위해 제정된 법규가 원칙으로서 당연히 행해지는 지역'이고, 구체적으로는 일본제국헌법 아래서 '하나의 법역(法域)'을 이루는 데 대하여, 외지라는 것은 "우리 통치권이 배타적으로 행해지는 지역이지만, 그럼에도 불구하고 어느 특종 이유에 의해 국가 전체를 위해 제정된 법규가 원칙으로서 행해지지 않고 그 지역을 위해 제정된 법규가 각각 별도로 하나의 체계를 이루어 행해지는 지방을 가리킨다."

외지의 입법은 내지의 법률 가운데 외지에서 시행할 필요가 있는 것은 칙령을 가지고 정해진다는 것 외에는 일반적으로 '그 지역을 위해 특별히 제정된 법규'가 '명령'으로써 정해진다는 특수성이 있었다. 우선 조선과 대만에 대해서는 각각의 총독이 내는 명령이 여기에 해당한다. 이에 대하여 사할린은 일찍부터 법규 면에서는 일체성이 강하였고 또한 사할린청 장관의 권한도 주로 행정면에 한정되어 있었다.

관동주 및 남양군도에 대해서는 일본이 영토권을 갖지 않았다는 점에서 이상의 세 외지와는 구별되고, 준외지 혹은 영외외지(領外外地)로 불린 경우도 있었다. 법률사항이라고 하여도 이 두 지역에는 오로지 칙령으로써 정해진 것이 되고, 관동주청(關東州廳) 장관 및 남양청장관의 권한도 조선·대만의 두 총독에 비하면 상당히 한정적이었다. 다만 관동주에 대해서는 만주국 건국 후인 1934년 12월에 관동주청의 상부구조로서 관동국이 설치되고, 그 수장인 만주국 주답(駐劄) 특명전권대사 겸 관동군 사령관이 관동주청장관의 지휘·감독을 맡았다.

만주국은 형식상 독립국이지만 조약상, 관습상 기타의 관계에 의해 일본의 명백한 종속국이었다. 그러한 지배-종속 관계를 규정한 것으로서 중요한 것은 (1) 일본국 군대=관동군의 주둔권, (2) '일만정위', '일만비율'에 근거한 일본인 관리의 우월성, (3) 일본인 관리에 대한 관동군사령관의 추천권 등을 기초로 하는 군사적 지배 내지 내면적 지도가 관철되고 있었다.

이제 이와 같은 식민지 각지의 법제상의 내지성 내지 외지성의 정도는 경제기구·경제관계에 어떻게 나타났는가를 통화 및 관세를 가지고 살펴보기로 하자.

남사할린의 내지성은 일본엔을 유일한 법화로 하고 또 무역통계의 집계에서 내지의 일부로 보는 데 잘 나타나 있다. 대만 및 조선은 각각 식민지중앙은행으로서의 대만은행 및 조선은행을 가지고 대만은행권 및 조선은행권을 법화로 하였다. 다만 대만은행권, 조선은행권도 '엔'을 기본단위로 하는 일본은행권과 일 대 일의 고정비율로 자유교환이 보증되었기 때문에 내지와의 통화결합은 강력하였다. 또 두 지역의 내지 및 두 지역 간의 화물수출입에 대해서는 수출입세가 과세되지 않게 되고 대외무역과 구별되어 내국무역권을 형성하였다.

남양위탁 통치지에 대해서는 통화에 관해서는 1925년 남양군도 화폐령에 의해 일본화폐를 법화로 하였다. 또 이출입화물은 과세하지 않는 것을 원칙으로 하였다. 이러한 의미에서 경제제도의 내지성은 강한 것처럼 보이지만, 독자의 경제권을 형성하는 것이 어려운 당지역의 특수 사정도 있었다.

이상에서 말한 관동주의 외지성은 경제관계에서도 뚜렷하게 나타났다. 여기서는 조선은행권이 법화였고 또 거래건치의 기준이 되었지만, 만주 내지 중국본토의 중국계 여러 통화도 병행유통하는 실질상의 복수통화제가 행하여졌다. 또 일본무역통계에서 동 지역은 일관해서 외국으로 취급되었다. 관동주의 경제통계는 화폐의 복수시세와 화물의 통과무역 때문에 귀찮은 문제를 많이 포함하고 있었다.

만주국은 원(元)을 기본단위로 하는 만주국폐 즉 만주중앙은행권이 유통되는 단일한 화폐유통권을 이루고 있다. 국폐는 처음에는 은 기초의 관리통화로서 시작되었지만 1935년의 일만통화링크에 의해 엔원평가(円元平價) 즉 국폐의 대일본엔시세의 등가를 실현하였다. 이것에 의해 소위 일만 엔블록의 결합이 크게 강화되었다. 통화 면에서의 일체화에 비해 관세 면에서의 그것은 약간 늦었다. 만주국 정부재원이라는 배려 때문에 대일관세율을 경감·폐지하는 것이 연기되었기 때문이다.

제2절 식민지 경영의 여러 문제

일본의 식민지 경영이 순조롭게 진행된 것은 아니었다. 특히 1930년대에 들면서부터는 식량, 원료, 투자 그리고 시장 등에서의 문제점들이 본격적으로 노출되기 시작하였다.

우선 식량문제부터 보면, 1900~10년대에 정착한 식민지미의 대일수(이)출은 일본의 공업화에 따라 식량수요가 증가하고 새로 획득한 식민지경제를 개발한다는 두 측면에서 추진되었다. 그러나 초기의 이입 식민지미는 저품질·저가격의 외미 대체품이었고, 양적으로도 소량이고 이입도 불규칙적으로 이루어졌다. 그러나 제1차 세계대전 후 1920년대에는 이 같은 상황이 변화하여 식민지미가 일본 전체의 자급체제 속에 정착하게 되었다. 여기에는 1918년의 쌀소동으로 대표되는 일본 측의 수요증가와 다른 한편으로는 식민지 경영의 성숙기를 맞이하여 본격적으로 식민지경제 정책이 전개되었다는 점이 작용하였다. 일반적으로 1920년대는 식민지에서의 농업개발시대였다고 일컬어지고 있다. 그러나 조선과 대만은 유사점과 동시에 차이점을 가지고 있었고, 한편으로는 만주개발도 그 나름대로의 의미를 가지고 이루어지고 있었다. 또한 간과해서는 안 될 것은 식민지농업의 발전은 언제나 일본농정과 관련이 있었다는 점이다.

1920년대 조선농업정책은 조선산미증식계획을 중심으로 이루어졌다. 1920년 1월의 제42의회에서 승인을 얻은 동 계획은 1920년도부터 1934년도에 걸치는 15년간에 정부보조금・정부알선저리자금을 중심으로 총계약 2억 2,200만 엔의 사업자금을 예상하였다. 이 자금을 사용하여 40만 정보의 토지개량사업을 중심으로 900만 석의 쌀을 증수하여 이것으로 조선내 소비와 대일이출에 절반씩 사용한다는 대규모계획이었다. 그러나 이 계획은 세계대공황 이후의 식민지 산미정책에 대한 본국으로부터 비판이 높아지면서 사실상 중지되었다. 이 때문에 계획치와 실적치를 대비하는 것은 곤란하지만, 1930~34년의 평균을 예로 들어 보면, 증수 달성률이 75%, 대일 이출달성률이 112%였다. 하지만 그 결과 조선내 소비량이 100만 석 정도 감소하였다는 것은 이 계획이 달성한 성과의 일면을 보여준다. 즉, 쌀의 대일이출 증가라는 당초 최대 목적은 달성되었지만, 그것은 소위 기아수출의 확대라는 측면도 가지고 있었다.

만주・관동주의 개발은 1920년대의 조선・대만식민지농업의 진전과 일정한 관련을 가지고 이루어졌다. 우선 식민지농업이 다비집중형으로 전환하면서 금비수요가 늘어났으며 이를 담당한 것이 만주-관동주에서 수출되는 콩깻묵이었다. 그리고 조선미의 대일이출증가와 나란히 조선의 잡곡소비가 늘어나고 이를 뒷받침한 것이 만주로부터 수입되는 조, 고량이었다. 만주농업의 발전은 쌀과 사탕을 주로 하는 제국식량 자급권을 최하부에서 지탱하고 있었다.

1920년대 식민지정부의 주도 하에 이루어진 이 같은 식민지농업의 개발은 제1차 세계대전 직후의 저미가유지・주식량자급이라는 국책에 적합한 것으로 여겨져 추진되었다. 그러나 이러한 본토-식민지의 밀월관계는 1920년대 후반부터의 지속적인 미가하락과 국내농촌의 궁핍화 경향 가운데 일찍이 파탄을 맞이하였다. 1930년대에 들어서 오히려 본격화한 식민지 농업생산력=대일수출압력의 증대는 세계대공황 이후 양자의 이해대립을 더욱 격화시켰다. 1930년대의 농촌진흥운동에서 1940년대에 다시 실시된 증미계획으로 조선농업정책은 제국국책에 더욱 종속되었다.

식민지와 관련된 원료문제는 일본경제의 중화학공업화와 얽혀 있는 문제이기 때문에 식량문제보다는 한 단계 늦게 나타났다.

그 출발점은 제1차 세계대전 중 교전국으로부터 철류의 수입이 단절되는 한편 국내 철강수요가 증가함에 따라 철기근 현상이 나타난 것이었다. 일본정부는 이를 계기로 다급히 철강정책을 세웠고, 그 결과 1930년대에 일본의 철강생산 특히 강재생산이 증가하였다. 강재생산의 국내자급률은 1920년의 36.2%에서 1930년의 90.4%로 비약적으로 상승하여 거의 자급이 가능하였다. 그러나 이 과정에서 발생한 새로운 문제로서 선강불균형의 확대와 제강원료의 대외의존도 상승(구체적으로는 인도선철, 미국설철의 수입증대)이었다. 이러한 가운데 만주를 중심으로 하는 식민지에서의 선철생산이 중요한 과제로 부각되었다.

일본자본에 의한 해외에서의 제철업의 전개는 미쓰비시의 겸이포(兼二浦 : 조선), 만철의 안산(만주), 대창조(大倉組)의 본계호(本溪湖)로 대표된다. 이것들은 모두 전쟁중인 1915~19년에 가동을 시작하였으며 생산된 선철의 절반은 일본으로 이출하였다. 1920년대 후반 이러한 조선, 만주로부터의 선철이입은 인도선 등 선철수입의 50%, 일본본토 총수요의 12%에 달하였다. 그러나 식민지 제철업의 일정한 발전은 일본 전체의 철강업이 가진 문제점을 부각시켰다. 1920년대의 경험으로부터 볼 때 중화학공업화가 진전하고 이에 따라 최종 철강제품을 증산하기 위해서는 원료·중간기지로서의 식민지 역할이 반드시 필요하였고, 더구나 이를 대영미 자립화와 동시에 달성하려면 식민지 개발의 성패가 결정적인 의미를 가지고 있었다.

1930년대에 들어서는 식민지를 둘러싼 원료·자원 문제는 (1) 식민지 특히 조선에서 공업화정책의 전개, (2) 만주국의 성립과 만주개발문제라는 두 가지 문제와 관련하여 고찰할 필요가 있다.

우선 조선의 공업화에 대하여 살펴보면 다음과 같다. 세계대공황 하에서 식민지 농업불황은 조선에서 특히 심각하였다. 1931년 7월에 취임한 조선총독 우가키 가쓰시게(宇垣一成)는 농공병진정책을 주창하면서 농촌진흥운동과 함께 공업화정책을 내세웠다. 후자는 구체적으로는 만주에 인접하여 있는 조선 북부에서의 전원개발과 그에 따르는 송배전망의 정비를 포함하는 전력개발정책을 기축으로 전개되었다. 이는 총독부와 일본자본의 공동으로 순조롭게 진행되어 1930년의 총 발전력 17만kw에서 1935년에는 43만kw로 상승하였다. 이제 '값싼 전력·값싼 지가·저렴한 노동력'을 갖춘 조선이라는 측면 외에 만주시장개방에 대한 기대와 산업규제가 느슨하다는 유리한 조건이 더해져 일본 민간자본의 유치에 효과를 발휘하였다. 공업부문에서는 저렴한 전력을 원료로 하는 전기화학공업, 정련광업과 저임금을 무기로 하는 방직 기타 경공업이 성장하여 소위 조선공업화를 담당하는 부문이 되었다. 이리하여 원료자원 공급지로서의 조선은 대공황 이전부터의 철광, 선철 외에 화학제품 및 광산물의 생산이 이루어지게 되었다. 또 광산물에서는 금수출 재금지 이후의 산금장려정책에 대응하여 산금개발이 다시 각광을 받게 되었다는 점에 주목할 필요가 있다.

1932년 만주국의 성립 이후 새롭게 전개된 만주지배의 전개는 그 때까지의 식민지 지배와는 양상이 전혀 달랐다. 그것은 대만, 조선에서와 같이 영토확장이라는 형태가 아니고 만주국이라는 괴뢰국가의 성립이라는 형태를 가지고 나타났다. 다만 이 제1기 경제건설기의 강령이 된 「만주국경제건설강요」(1933년 3월 만주국정부 결정)가 그 근본방침으로서 '무통제한 자본주의경제의 폐해를 감안하여 여기에 필요한 바의 국가적 통제를 가할' 것을 제시하고 또 관동군은 경제정책의 기조로서 (1) 현지조달주의에 의한 만주국 자체의 자립적 국방국가 건설, (2) '자본가 출입금지'의 구호 하에 경제통제의 전면전개, (3) 그 수단으로서 특수회사·준특수회사 방식의 채용 등을 강조하였다.

그러나 이 같은 방침은 결국 관동군 이데올로기의 하나에 불과하였다는 것이 명백해졌다. 일만블록경제의 형성이라는 국책방침 하에서 일만 양국의 경제과제가 은밀히 결합된 결과 1934년 3월 각의에서 결정된 일만

경제통제 방책요강은 적지적응주의의 이름 하에 일만경제의 합리적 융합을 도모하여 '외국의 공급에 의존하는 자원의 보유에 힘을 다하는 동시에 서로 상대방의 확실하고 양호한 시장이 되도록 노력할' 것을 주창하였다. 이 요강에 나타난 산업부문별 통제방침은 일만경제융합을 의도하는 것이었다.

1930년대에는 자본수출이 오로지 식민지권으로만 이루어져 이 시기는 식민지투자기로 불릴 수도 있다. 식민지(혹은 식민지권)투자를 지역별 증감으로 보면 1920년대가 각 지역 모두 비교적 평균적으로 증가한 데 비해, 1930년대에 들어오면 만주와 조선이 눈에 띄게 증가하고 대만 및 중국본토가 정체적이었다. 지역별 잔고도 거의 비슷한 양상을 보이고 있다(<표 4-31>).

<표 4-31> 일본의 대식민지권 투자의 지역별 구성 (단위 : 백만엔, %)

	1926년	1930년	1936년
조선	1,127(26.7)	1,507(27.9)	2,409(30.0)
대만	519(12.3)	685(12.7)	707(8.8)
만주	1,402(33.3)	1,757(32.6)	2,919(36.4)
중국본부	1,166(27.7)	1,446(26.8)	1,994(24.8)
합계	4,214(100.0)	5,395(100.0)	8,029(100.0)

자료 : 金子文夫(1987), 「資本輸出과植民地」, 大石嘉一郎 編, 『日本帝國主義史 2』, 제1표.

조선의 경우 1932~36년간의 대조선투자액은 유량기준으로 약 7억 7,000만 엔으로 추산되고 있다. 그리고 조선공업부문으로의 일본자본의 진출은 금융공황 전후인 1927년부터 시작되었다고 볼 수 있다(구체적으로 예를 들면 1927년 닛찌쓰의 조선진출). 조선은 1930년대 식민지투자 붐을 선도하고 있었다. 대조선투자를 형태별로 보면 국공채(주로 조선총독부공채)가 20%, 나머지 80%를 사업투자가 차지하고 있다. 후자는 사채(주로 조선식산은행의 식은채), 대부금(조선은행, 식은의 내지차입이 40%, 기타 조선질소 등 일본계열회사의 친회사로부터의 차입), 주식(일본으로부터 '조선에 본점을 가진 회사'로 투자), 사업투자('조선에 지점을 둔 내지회사'의 조선으로 투자)로 구분된다. 또 주요 기관별로 보면 1932~38년간의 유량개념으로 조선총독부가 27%, 특수금융기관(조선, 식은, 동척 등)이 19%, 민간자본이 54%로 개산된다. 이렇게 볼 때 이 시기 대 조선투자의 주축이 된 것은 내지민간자본의 직접사업투자였다고 말할 수 있다.

1930년대 전반기의 대만주, 대조선 식민지투자는 각각 그 지역의 과제에 대응하여 산업기반 정비자금이 되기도 하고, 광공업 건설자금이 되기도 하였다. 또 만주가 만철을 창구로 하는 증권투자를 기축으로 전개된 데 비해 조선에서는 이와는 달리 내지 민간자본의 직접사업투자가 주축이 되었다. 그러나 제국 전체로서의 블록화·중화학공업화라는 일반적 추세 속에서 추진된 대식민지투자에는 일본 나름대로의 기대가 있었다. 그것은 한편으로는 원연료 자원공급기지, 다른 한편으로는 중화학공업제품시장으로서의 본토·식민지 분업관계를 확립하는 것이었다. 이제 식민지권을 중심으로 하는 중화학공업품 수출에 대하여 간단히 살펴보기로 하자.

1930년대 중화학공업제품 수출은 매년 38% 성장하였고 그 총액의 60% 이상을 식민지권이 흡수하고 있다. 식민지권은 세계경제의 블록화에 따르는 시장제약 가운데 장래가 기대되는 새로운 수출 시장이었을 뿐만 아니라 비교열위의 일본중화학공업에게는 중요한 전략적 시장이었다. 그러나 수입하는 식민지 측에서는 중화학자재의 수입증가는 자금조달상의 문제를 야기하였다. 특히 자원수출이 궤도에 오르기 전에 자재 수입이 격증한 만주, 조선에서는 무역적자가 크게 누적되었다. 이들 지역은 수입 엔자금으로 이 불균형을 보전하였는데, 이것이 일본의 식민지투자가 금융상으로 수행한 가장 중요한 역할이었다. 이 시기 일본의 대만주 투자액과 대만주 무역수지액은 깊은 상관관계가 있었다.

이렇게 하여 일본은 식민지투자를 통하여 식민지시장을 확대한다는 메커니즘을 확립하였다. 그러나 엔자금에 의한 확대재생산구조는 그 내부에 심각한 문제점을 가지고 있었다.

제3절 엔블록의 형성과 그 한계

1932년 만주국의 성립으로 일본제국은 일만블록으로 확장되었다. 이로써 일본은 기존의 조선, 대만 외에 만주국이라는 새로운 상품시장, 자원공급지 그리고 자본투자지역을 얻게 되었다. 이는 일본의 팽창주의가 낳은 결과인 동시에 세계경제의 블록화라는 추세에 일본이 대응한 것이다.

이렇게 하여 블록 내에서는 동일통화를 사용하게 되어 상품, 자금 및 노동력의 유통은 더욱 원활해졌다. 일만블록은 통화제도·결제제도에서 엔화가 지배하게 됨으로써 엔블럭으로 편성되었다. 엔블록은 또 일만지 블록 더 나아가 대동아공영권으로 확장되었다.

만주국에서 엔화가 유통된 것은 최종적으로는 1935년 8~12월 사이에 만주국 '원'이 금본위제로 이행하고 일만통화링크가 형성된 이후였다. 한편 같은 해 11월 국민정부에 의해 성공적으로 이루어진 중국폐제개혁은 만주에 이어 화북지방까지도 중국으로부터 분리하려고 한 일본 측의 공작에 뼈아픈 타격을 주었다. 중국폐제개혁은 중국전체로서의 경제적 일체화를 강화하고 화북의 정치적 분리를 무효화시켰기 때문이다.

이처럼 엔은 일본의 경제적 지배의 열쇠이고 상징이었다. 그러나 한편으로 엔블록의 확대는 일본의 재생산구조에 생각지 않은 부담과 장애를 가져왔다. 이제 그 문제를 국세수시의 측면에서 관찰하여 보사.

엔블록의 형성과 확대는 일본의 대외거래를 엔화 결제권과 외화 결제권으로 분리시켰다. 대공황 후의 경기회복에서는 수출이 커다란 역할을 담당하였는데 이것은 대 식민지수출뿐만 아니라 대 제3국권으로의 수출성장에 의해서도 뒷받침된 것이었다. 그러나 문제를 무역수지의 측면에서 보면 대 식민지무역에서는 거액의 수출초과를 기록하고, 대 제3국권에서는 거액의 수입초과로 양극화되었다(<표 4-32>). 이것을 일본제국의 국제수지 상황으로서 본 것이 <표 4-33>이다. 1932년부터 1936년까지의 종합수지는 약간의 적자를 기록하고 있지만 대체적으로 균형상태를 유지하였다. 그러나 그것은 대 제3국무역적자를 대 엔블록 무역흑자로 상쇄하고 있는 것에 불과하였다. 무역외 경상수지는 대 제3국이 흑자(운임 등),

대 엔블록이 적자(전비 등 정부해외지불), 무역외임시수지는 대 제3국이 흑자(외자상환)고 대 엔블록이 적자(대 만주투자)인 것이 기조였다.

<표 4-32> 일본(본토)의 무역수지의 지역별구성 (단위 : 백만엔)

연도	1932	1933	1934	1935	1936
대만	-89.2	-80.8	-102.4	-96.1	-115.1
조선	-23.4	23.9	31.9	72.9	129.9
관동주	18.2	135.1	211.6	209.8	258.7
만주 화북	36.7	19.3	8.4	16.8	-9.5
소계	-57.7	97.5	149.5	203.4	264.0
기타	-51.5	-181.2	-301.6	-164.0	-195.0
합계	-109.2	-83.7	-152.1	39.4	-69.0

자료 : 中村隆英(1989), 『日本經濟史 7 : ‘計劃化’と‘民主化’』, p.271.

<표 4-33> 일본(제국)국제수지의 지역별구성 (단위 : 백만엔)

연도	무역수지		무역외경상수지		무역외임시수지		종합수지	
	엔블록	제3국	엔블록	제3국	엔블록	제3국	엔블록	제3국
1932	0	-67	102		-100		-65	
1933	121	-205	109		-20		5	
1934	199	-345	144		-183		-183	
1935	197	-214	178		-371		-210	
1936	221	-349	23	209	-267	-3	-22	-142
1937	326	-963	-119	99	-547	-19	-340	-883
1938	597	-537	-767	-31	-175	134	-345	-434
1939	1,110	-307	-841	-136	-1,028	-121	-759	-564
1940	1,111	-908	-789		-1,300		-857	-1,030
1941	804	-1,051	-1,342		-1,444		-1,855	-1,179

자료 : 앞의 표와 같음.

대 식민지권으로의 수출초과를 초래한 원인은 생활자료, 건설자료를 중심으로 하는 공업품 수출의 증가였고, 식민지로부터의 자원공급은 시간적으로 약간 뒤늦게 이루어지고 있기 때문에 수지차이는 확대되었다. 이에 대해 대 제3국권으로부터의 수입초과를 초래한 것은 원연료수입이 증가하였기 때문이고 원면수입의 확대와 생사수출의 몰락으로 적자폭이 확대되었다. 1930년대 일본경제의 블록화는 외화의존-외화부족문제를 필연적으로 내포하고 있었다.

만주국의 건설 과정중인 1935년에 이미 구체화되어 나타난 화북분리공작도 결국 자원문제 때문에 등장한 것이었다. 만주의 자원자급도가 기대했던 것만큼 높지 않았기 때문에 중국본토 특히 화북을 포섭하는 일만지블록의 형성으로 나아가게 된 것이다. 그러나 일만지블록의 형성도 <표 4-32>에서 보는 것처럼 외화문제를 해결하지는 못하였고, 중일전쟁의 장기화와 함께 일본경제는 1937년 이래 국제수지위기·외화자금부족 문제가 더욱 심각하게 되었다.

제7장 전후경제개혁

제1절 경제개혁의 이념과 조직

1. 점령혁명의 이념

제1차 세계대전까지의 전후처리는 영토 변경, 배상금 징수를 중심으로 하는 19세기적인 방식이었으나, 일본의 전후처리는 일본의 대개조라는 전혀 새로운 시도였다. 전쟁포기, 전쟁능력 비보유를 선언한 헌법9조에 머물지 않고 광범위하고 깊이 있는 '기본적인 사회개조'가 실행에 옮겨져다는 점에서 새로운 것이었다. 경제과학국(ESS, Economic and Scientific Section)의 노동과장이었던 코헨(T. Cohen)은 개혁이 사회혁명을 목표로 하였다고 증언하였다. 경제 면에서도 극적인 개혁이 이루어졌는데, 내용적으로 ① 전쟁수행에 대한 처벌, ② 기존 제도의 파괴, ③ 미국적 신제도의 도입이라는 세 가지 측면을 갖고 있었다. 우선 중요한 점은 철두철미하게 미국 주도 하에 개혁을 실시한다는 것이었다. 4국에 의해 분할점령을 당한 독일과 달리 일본은 미국에 의한 단독점령이었다. 미국이 의도한 일본개조는 쉽게 이루어졌지만 직접 군정에 의한 개조가 실시된 것은 아니었다.

전함 미주리호에서 항복문서가 조인된 1945년 9월경, 점령군은 직접군정을 실시하여 군표를 사용하고 군사법정이 재판권을 장악한 다음 일본의 정치경제기구를 대개조 하려고 예정하였다. 그러나 직접군정은 일본의 필사적인 노력으로 모면하였으며, 일본의 통치기구를 이용한 간접통치가 채용되었다. 진주군과는 별로도 점령행정을 담당한 것은 최고사령관

(SCAP : the Supreme Commander for the Allied Powers) 직속의 ESS, 민정국(GS : Government section), 민간통신국(CCS : Civil Communications Section)이었고 민간에서 경험이 있었던 예비장교가 많았다. 담당자는 최고 많을 때는 3,500명 정도였고 간접통치 하의 점령개혁은 비용이 적게 드는 것이었다.

비군사화와 민주화가 목적이었던 대규모 개조는 소득분배의 평등화와 경제적 기회의 균등화라는 뉴딜좌파의 이념을 실현하려는 것이었다. 그러나 좀더 정확히 말하면 일본을 미국과 같은 나라로 만들어야 한다는 것이었다. 미국점령정책의 가장 기본이 된 것은 구체적으로 재벌해체, 농지개혁, 노동개혁의 3대 개혁이었는데, GHQ(Genaral Head Quarters for SCAP)는 이를 실시하면서 일본경제를 비정상적인 것으로 보는 실수를 범하였다. 미국은 미국경제를 기준으로 그것과 다른 일본경제의 특징을 봉건적인 것으로 규정해 버리는 안이한 이해에 빠졌는데, 이것은 1930년대 일본자본주의논쟁에서 활약하였던 마르크스주의자들의 생각과 같은 것이었다.

2. 작은 정부

간접통치에 알맞게 행정기구도 개조하였다. 우선 패전조치가 실시되었다. 1945년 8월 26일에는 1942년에 척무성 등을 중심으로 점령지 행정기관으로 설립된 대동아성을 해체하고 10월 1일에는 치안유지법 등 자유를 제한하는 법령을 철폐하였다. 치안경찰조직이었던 내무성경보국, 부현 특고과(特高課)를 폐지하고, 육해군도 해체시켰다. 1947년에는 GHQ가 내무성 그 자체를 없애 버렸다.

동시에 공무원을 천황의 관리에서 국민의 공복으로 바꾼다는 이념이 제시되었다. GHQ는 공무원의 직무를 분석하고 직무·권한·책임을 엄밀하게 규정한 공무원제도를 실시하려고 하였으나 직무에 속인적 요소가 강한 일본의 행정기구에 반드시 적합한 것은 아니었다. 그 후 정부기구의 개혁과 행정정리가 연속으로 추진되었는데, 주목되는 것은 작은 정부가

의식되기 시작한 것이다. 요시다 시게루(吉田茂) 내각 당시 관방장관, 자유당 간사장을 역임한 마스다 가네시치(增田甲子七)는 '행정비를 절약하고 국민을 위해 작은 정부를 만들지 않고서는 조국의 재건은 어렵다'고 입버릇처럼 말하였다고 한다.

안정적인 행정기구의 구축은 뒤에서 말할 덧지 라인의 실시와 동시에 추진되었다. 1949년 국가행정법에 근거한 각 성 설치법에서 총리부, 법무부(법무성), 외무성, 대장성, 통상산업성, 문부성, 후생성, 농림성, 건설성, 운수성, 행정관리청, 지방자치성, 경제안정본부, 우정성, 전기통신성 등이 설치되었다. 1952년에 철도·전매 등이 관영사업화 되고 전기통신성도 전신전화공사로 되었으며, 경제안정본부는 경제심의청을 거쳐 경제기획청으로 재편되는 등 약간 수정되기는 하였지만, 이 행정조직이 기본적으로 2000년까지 계속되었다. 조직을 개편할 때 부국수의 30%가 삭감되고 인원정리의 경우도 현직 20%, 비현직 30%, 공단 기타 20% 등으로 하여, 300만 명에서 260만 명을 감원하였다.

다른 한편 장기적으로 보아도 재군비의 규모가 억제되어 방위 관련 경비가 GDP의 1% 전후에 머물렀는데, 이 행정개혁은 후술할 재정법에 의한 제약과 함께 정부지출의 증가를 제한하였다. 국제적으로 비교해 보더도 일본의 정부지출이 GDP에서 차지하는 비율은 낮았다. 즉 1950~60년대에 유럽 제국이 40%를 넘고 미국이 35% 정도였던 데 비해 일본은 20%를 전후로 한 수준이었다. 전후의 일본에서는 작은 정부가 나타났던 것이다.

3. 포츠담파와 냉전파

일본을 대개조하려고 한 미국정부와 GHQ도 한 목소리를 낸 것은 아니었다. 미국정부 내에서는 일본의 재건에 대해 엄격한 입장을 취한 '강경한 평화'(hard peace) 노선과 일본자본주의의 조기 재건을 주장한 '온건한 평화'(soft peace) 노선이 대립하였다. 주일대사를 거친 지일파 그루(J. C. Grew)[1]가 패전 직후 국무차관직을 그만두자 '온건한 평화' 노선은 후퇴하고 점령 초 워싱턴의 대일본정책은 국무성·해군성 중심의 '강경한 평화' 노선으로 기울어졌다.

또 GHQ 내에서도 두 노선이 대립하였다. 하나는 포츠담 선언 정신에 따라 일본을 민주국가로 철저히 개조해야 한다는 뉴딜파(포츠담파)였는데, 맥아더(D. MacArthur)를 숭배하여 충신으로 불린 GS 국장 휘트니(C. Whitney), 차장 캐디스(C.L. Kades) 대령 등을 중심으로 하였다. 포츠담파는 일본을 미국식으로 철저하게 바꾼다는 생각을 넘어서 자주 자신들의 이상을 일본에서 실현하려고 하였다. 몇 명의 요원이 엄청난 일을 떠맡아, 담당자 개인의 신념이 무시할 수 없는 요소가 되었다. 다른 하나는 소련과의 대립을 중시하여 소폭의 개혁으로 끝내려고 한 현실주의적 집단(냉전파)이었다. 이들은 순수한 직업군인인 참모부의 윌로비(C. A. Willoughby) 소장 등을 중심으로 하였다. '강경한 평화'노선을 펼친 것이 포츠담파였다고 볼 수 있는데 맥아더와 워싱턴 정부의 대립도 있어서 개개의 개혁실시 국면은 복잡하게 전개되었다.

제2절 전쟁수행에 대한 징벌

1. 재계추방

도조 히데키를 비롯한 전쟁범죄인에 대한 처벌은 극동재판 등에서 이루어졌지만 포츠담 선언 제6항은 '무책임한 군국주의' 세력을 영구히 추방할 것을 규정하였다. 1946년 1월에 공직추방령이 나와 전쟁책임의 추궁

---

1) 미국의 직업외교관. 1932년부터 10년 가까이 주일대사로 있으면서 미일 간의 평화유지에 전력을 기울였다. 전후 일본의 안정과 점령정책의 원활한 실시를 위해서는 전황의 역힐이 중요하다고 보고 '무조건 항복론'에 반대하였다. 전쟁을 조기에 종결하기 위해서는 일본에 천황제의 존속을 보장할 필요가 있다고 트루만 미대통령에게 진언하였다. 이 진언은 포츠담 선언에서는 그대로 채택되지 않았으나 그의 주장은 전후에도 천황제가 유지되는 데 결정적인 역할을 하였다. 그의 부인은 일본을 개항시킨 페리 제독의 손녀딸이다.

이 확산되었다. 추방은 그 이전에 사직한 사람들을 합치면 1948년 5월까지 100만 명 이상이었다고 한다. 비나치스화 정책을 모방하였으나 일본의 공직추방은 시민권 박탈, 재산몰수, 중노동 부과라는 점에서 독일과는 달랐다. 그러나 비군사화의 수단에서 '민주주의의 조장에 유해하다고 여겨지는 인물을 모두 공직에서 제거하는 수단'으로 전개됨으로써 GHQ에게는 통치의 실효를 얻을 수 있는 수단이 되었다. 추방대상은 전쟁범죄인, 육해군 직업군인, 초국가주의자·애국주의자, 대정익찬회 등의 지도자, 해외금융·개발기관의 임원, 점령지 행정장관, '기타 군국주의자·초국가주의자'의 7항목에 해당되는 사람들이었지만, 맨 뒤의 제7항은 재량의 여지가 많았기 때문에 추방이라는 위협은 개혁을 수행하는 데 효과적이었다.

재계인의 추방은 처음에는 식민지의 국책회사 임원, 미쓰이 본사 등 재벌 관계자가 대상이었지만 1946년 말부터 1947년 1월에 자본금 1억 엔 이상의 기업, 과도경제력 집중에 해당된다고 여겨지는 기업·운수·통신 등 독점기업에서 상무취체역 이상의 임원과 상임감사역까지 확대되었다. 그리고 1948년 1월에는 재벌동족 지배력 배제법이 제정되었다. 이 두 가지 추방으로 총 수천 명의 자본가, 경영자가 기업에서 추방되었다. 재벌이라는 기업조직을 해체할 때 가족의 책임을 추궁하는 것은 근대사회의 원칙에서 벗어난 조치였고 여기서는 징벌의 측면이 나타나 있다.

독일의 경우, 나치스와의 사상적 관계가 중시되고 크루프(Krupp) 등 군수산업에서 상징적인 인물로 한정하였던 데 대하여 일본의 재계추방은 그 대상이 광범위하였다는 점에서 철저하였다. 그 결과 주요 기업의 최고 경영자는 현장 출신 공장장급이 차지하였다. 내부 승진자인 그들은 주주가 아니었기 때문에 재계추방은 경영자 지배를 일거에 진전시켜 전전형 계급사회를 붕괴시키는 요인이 되었다.

공직추방에 대해 시데하라 기주로(幣原喜重郎)·요시다 시게루 두 내각은 저항하였고, 사회주의·중도정권인 가타야마 데쓰(片山哲)·아시다 히토시(芦田均) 두 내각은 호의적으로 지지하였다. 그러나 GHQ의 지시를 따르지 않은 제1차 요시다 내각의 이시바시 단잔(石橋湛山) 대장상의 추방을 계기로 워싱턴은 GHQ의 통치에 회의를 갖기 시작하였다. 1948년에 들어서 냉전파가 승리하여 공직추방은 사실상 종결되었지만 맥아더는 공직추방을 해제하는 데 대해서는 계속 반대하였다. 재군비와 함께 군 관계자부터 추방해제가 시작되었으나 본격적으로 해제가 이루어진 것은 1951년 4월 맥아더가 최고사령관에서 해임되고 릿지웨이(M. Ridgway)가 후임으로 오면서부터였다. 그러나 재계추방에 관해서 보면 추방해제 후에도 경영자는 추방 전의 직위를 회복하기를 희망하였다.

2. 전시보상중지

1946년 5월 GHQ는 전시보상을 중지하고 개인재산세를 강화할 것을 지령하였다. 전쟁은 보상이 없다는 것을 분명히 인식시키기 위해서였다. ESS국장 매쿼트(F.M.Marquat) 소장은 이시바시 대장상에게 「전시보상 100% 과세안」을 제시하였는데 이시바시는 이것을 매우 좋은 안이라 생각하고 찬성하였다. 그러나 실은 매쿼트의 지시에 앞서 재정학자 오우치 효에(大內兵衛)는 국채, 전시보상 등 일본정부의 채무가 거액이라는 것을 지적하고 '전쟁중에 전쟁의 필요상 행한 약속 등은 사정이 바뀐 현재에는 그대로 시킬 필요가 없다'고 전임 대징싱인 시부자와 게이조(澁澤敬三)에게 호소하면서 전시채무의 파기를 요구한 일이 있었다.

1946년 11월 전시보상특별법, 재산세법이 공포되었다. 전시보상은 공장 소개 등의 경비 보상, 기업정비 보상, 정부발주·보조금의 미불금, 발주해제의 보상부터 시작되고, 지불해야 할 금액은 1,500억 엔이었다. 이 가운데 810억 엔의 지불이 중지되었는데 군수산업기업을 중심으로 발생한 손실은 913억 엔으로 1947년의 GNE 4,740억 엔의 약 20%에 달하는 거액이었다. 이것을 방치하면 일본의 주요 기업은 차례로 도산하여 상상도 할 수 없는 재앙이 일어나 일본경제는 붕괴할지도 모르는 일이었다. 1946년 10월 기업재건정비법, 금융기관재건정비법이 제정되었다. 후자의 규정에 따라 금융기관은 전시중에 발생한 채권의 거의 전부를 포기하였다. 군수회사의 경리계에도 벌금이 부과되었으나 금융기관의 확정된 손실은 1948년 5월의 시점에서 일본흥업은행의 69억 엔을 시작으로 447억 엔이었다. 이 금액은 1947년 말 대출총액의 18%, GNE의 9.4%였다. 금융기관도 도산 위기에 직면하였기 때문에 재건할 필요가 있었다. 재건 2법은 전시보상 중지에 따르는 특별손실과 패전 후에 생긴 특별손실 계산 그리고 장래의 경영기반을 확립하기 위한 정비계획의 실시를 두 축으로 하였다.

금융기관에 대해서는 1946년 8월에 현금, 국채, 자유예금 등을 신계정으로 옮기고 불량자산 중 많은 것을 구계정에 떨구어 신구계정을 분리하였다. 그런 다음 손실처분을 하였기 때문에 신구계정을 합병한 것이 되었다. 손실의 반은 채무제거로 처분되고 이익, 감자에 의한 처분이 이를 보충하였다. 그렇게 하여도 손실을 처분할 수 없는 농림중앙금고 등 금고, 보험회사, 부현농업회에는 정부가 교부공채로 122억 엔을 보상하였다. 요컨대 예금자인 일반 국민도 그만큼 벌금이 부과된 것이다.

산업기업의 경우는 1947년 8월의 시점에서 일본은행이 중간 집계한 것을 보면 특별경리회사 2,410사의 특별손실은 430억 엔이었으나 자산재평가이익 172억 엔으로 보충한 재평가 후의 특별손실은 260억이었다. 이 260억 엔 가운데 123억 엔은 주주가, 134억 엔은 채권자가 부담하고 나머지는 불입징수로 보충하기로 하였다. 주주부담액의 공칭자본금에 대한 비율은 44.4%, 채권자 부담액의 구채권총액에 대한 비율은 21.1%였다. 그러나 기업의 재건정비는 지연되었는데 그것은 기존 제도의 해체조치가 진전되었기 때문이다. 1948년 1월에 정비계획을 제출하라는 요구가 있었는데 12월에 요제출회사는 4,768사에 달하였고, 1949년 9월에는 99%가 넘는 기업이 정비계획을 제출하여 1953년 3월에는 80%가 넘는 기업이 정비계획을 완료하였다. 자본금 1,000만 엔 이상인 554개 회사에 대해 보면, 164사가 해산하고, 존속회사는 390사 가운데 387사가 증자하였고 52사는 제2회사를 설립하였다. 주주였던 국민은 이 조치로도 손해를 입게 되었다. 무엇보다 일부 채무의 잘라내기, 감자 그 후의 증자라는 조치가 취해졌지만 인플레이션의 진행으로 구계정의 불량채권은 실질적으로 대폭 줄어들어 신구계정의 자산가격이 증가하여 재건이 수월해졌다는 면도 컸다.

그러나 다른 한편으로 자산재평가가 늦어졌기 때문에 상각의 한도가 내려가 과소상각, 자산계정의 과소로 인하여 과소자본이 되었다. 또 배당이 증가하여 내부유보가 줄어들어 부채비율이 증가하는 등 기업재무 내용이 악화되면서 도산위험이 높아져 설비투자를 제약하는 요인이 되었다. 주요 기업을 보아도 기업 총가치와 부채의 합계액에 대한 총자산의 비율, 결국 '토빈의 q'는 1950년대 전반에 1 이하로 떨어졌다. 주가총액이 GNP의 70%를 차지하였던 1935년에 비해 1950년에는 5%였다고 하는 사실에도 규정되었지만, 자본의 규모가 줄어들어 기업을 빼앗길 가능성이 증가하였다. 특히 특별손실회사가 큰 위기에 직면하였다.

이 문제에 대해 샤우프(C. S. Shoup)를 단장으로 한 사절단은 자산재평가를 할 것, 그것을 강요할 것, 평가이익에 6% 과세를 할 것을 권고하였다. 권고의 강제규정을 제외하고 1950년에 자산재평가법이 제정되고 50~51년도에 제1, 2차의 자산재평가가 이루어져 수익률 높은 기업은 여기에 적극 응하여 자기자본을 충실히 하였다. 그리고 1954년에는 강제규정을 넣은 법개정이 이루어져 제3차 자산재평가가 이루어졌다. 이렇게 하여 전쟁수행에 협력한 데 대한 벌금을 내고 기업재무가 재건되었다.

제3절 구제도의 해체

1. 재벌해체

1945년 11월에 맥아더에게 내려진 기본지령은 '산업과 금융의 대기업 결합을 해체하라'는 것이었다. 이 기본지령에 나타난 생각은 미국의 이데올로기와 경험에 꼭 들어맞는 것이었다. 대기업을 신랄하게 비판하면서 미국에 없는 경제관계는 경쟁 제한적인 것이라고 판단하였다. 미국은 대기업 중에서 대표적인 것이 다각적(conglomerate) 결합이었던 재벌이고, 재벌은 군부의 대외적 영토확장정책을 지지하였다고 판단하였다. 미국

정부 내에서도 '재벌을 희생시킴으로써 마녀사냥을 일으킬 우려'를 걱정하는 사람이 있었지만 받아들여지지 않았다.

그러나 대기업결합의 해체는 재벌의 범위를 뛰어넘는 조치였다. 재벌이라고 하면 '누가 헤아리더라도 4대 재벌ー미쓰이, 미쓰비시, 스미토모, 야스다ー이었지만 그러나 의견일치는 여기서 머물렀다'. 사실 재벌해체와 관련하여 ESS 국장 크래머(R. C. Kramer) 대령은 4대 재벌과 처음 접촉하면서 자발적인 해체를 요구하였는데 야스다 재벌의 총수 야스다 하지메(安田一)는 야스다 보선사의 해체를 응락하고 스미토모의 총이사 후루타 도시노스케(古田俊之助)도 스미토모 본사의 해체를 결정하였다. 그리고 미쓰이는 본사 조직을 재편하는 것으로 대응하기로 하였으나, 이와자키 야타로는 '미쓰비시는 국가사회에 대해 불신행위를 아직 한 기억이 없고, 군부관료와 결합하여 전쟁을 일으키지도 않았다'고 하면서 거부하였다. GHQ에 의한 4대 재벌의 자발적 해체는 원활하게 진행되지 못하였고, 1945년 10월 지주회사의 해체 명령으로 4대 재벌의 본사는 해체되었다. 그러나 워싱턴으로부터의 훈령은 재벌의 철저한 해체였다. 그리고 1946년 1월 일본에 온 에드워즈(C. D. Edwards) 조사단은 장황하지만 실은 애매한 개념을 사용하여 재벌의 범위를 일거에 확대하여 대기업, 금융기관의 철저한 해체를 권고하였다. GHQ는 에드워즈 조사단의 권고에서 '일본에 이상적인 경제를 창출한다'는 이상주의적 측면을 발견하였다. 여기서의 표적은 대규모 지주회사로 좁혀져, 일본정부에 지주회사 정리위원회(HCLC)2)를 조직하게 하고 이 HCLC로 하여금 소위 재벌해체 작업을 담당하게 하였다. 이 HCLC라는 명칭 자체가 재벌해체위원회와는 다르다는 점에 주목할 필요가 있다.

1946년 8월 HCLC는 우선 미쓰이, 미쓰비시, 스미토모, 야스다 그리고 나카시마 비행기에서 이름을 바꾼 후지 산업을 지주회사로 지정하고 12월에 제2급 재벌과 사업지주회사를 합쳐 40개를 지정하였다. 그리고 1947

---

2) HCLC는 'Holding Company Liquidation Commission'의 약자. Liquidation은 청산이라고 번역해야 하나, 정리로 번역하여 의미를 약화시켰다.

년 9월까지 3차에 걸친 추가지정을 통해 83개 사가 지주회사로 지정되었다. 이 과정에서 미쓰이가 동족회는 미쓰이 가헌을 폐지하고, 동족회를 해체하였다. 오랜 세월 존속하였던 총유제(總有制)가 붕괴된 것이다.

재벌해체라는 것은 실제로 주식보유에 의한 기업지배를 해체하는 것이었다. 재벌, 결국 동족이 있고 주식보유를 통해 대기업을 지배하는 것이 문제라면 리켄(理硏) 공업 등은 대상 외였다. 이화학연구소의 연구성과를 기업화하는 과정에서 형성된 것이고 리켄 콘체른이라고 하여도 동족은 아니었고, 그 보유주식은 겨우 1,160만 엔에 지나지 않았으며 산하기업의 규모도 작았다. 미쓰이 본사의 보유주식 9억 4,487만 엔의 1% 정도니, 지정하지 않아도 이상할 것이 없었다. 그러나 지정을 받은 리켄 공업은 1949년 12월 제2회사 11사를 설립하고 해체하였다.

재벌해체라고 할 수 있는 조치는 GHQ의 요구에 의해 1948년 회사증권보유제한령을 개정하여 HCLC에 미쓰이, 미쓰비시, 스미토모, 야스다, 노무라(野村), 오쿠라(大倉), 아사노 등의 상표·상호 사용을 금지하는 권한이 부여되고, 1950년에는 재벌상호 등의 사용금지를 결정한 정령(政令)이 나왔다. 일본정부의 저항으로 이 금지조치는 실시에 옮겨지지는 않았지만 ESS의 지도도 있어 금융기관재정비법에 기초하여 은행이 재발족하였을 때에는 미쓰비시 은행은 지요다(千代田) 은행으로 이름을 바꾸고, 스미토모 은행은 오사가 은행, 야스다 은행은 후지 은행, 미쓰이 신탁이 도쿄 신탁은행으로 개칭되었다.

2. 지주회사 해체와 증권민주화

HCLC는 지정회사로부터 지주 등을 양도받아 지정회사의 일상적인 활동을 감독하면서 청산작업을 진척시켰다. 지정 83사 가운데 42사가 해산되었다. 제1차 지정된 5개 사 외에 닛산(보유주식 533만 엔), 아사노 본사(7,904만 엔), 오쿠라 광업(9,219만 엔), 노무라 합명(6,145만 엔), 후루카와 광업(6,004만 엔), 시부사와 동족(1574만 엔), 모리(森)의 와카사(若狹) 흥업(2881만 엔) 등이 여기에 해당된다. 42사 가운데 26사는 제2회사를 설립하여 현업부문, 부동산을 계승시켰다. 나머지 42사 가운데 11사는 사업의 일부를 제2회사로 나누어 계승하도록 하였다.

HCLC가 양도받은 주식은 지주회사 83사와 재벌가족분을 합쳐 불입금액으로 72억 5,074만 엔에 달하였다. 그리고 1946년 11월에는 회사증권보유 제한령이 시행되어 615사를 대상으로 15억 4,421억 엔의 주식도 처분되었다. 지주회사의 보유주식처분의 5분의 1이상에 해당되고 주식보유에 의한 기업간 관계를 철저하게 해체한다는 개혁의지가 보였다. 다만 지정기업이 보유한 주식을 양도받은 HCLC는 그것을 매각처분하였으나 처분이 끝날 때까지 HCLC는 재벌본사 대신 안정주주의 역할을 수행한 것도 주목할 필요가 있다.

주식의 처분처에 대해서는 증권민주화라는 견지에서 지정기업의 종업원, 사업소 소재지의 거주자가 우선되고 개인으로의 판매가 중시되었다. 실제의 증권 처분업무는 1947년 6월 GHQ의 직접 관리 하에 설립된 증권거래조정기구(SCLC)가 담당하였다. SCLC의 활동은 1949년 9월에 일단락되었지만, 그 결과 주식의 소유자별 분포는 크게 변하였다. 1945년 말에는 지주회사 등 금융기관 이외의 법인이 주식의 24.7%를 보유하고 있었으나 1949년도에는 크게 줄었다. 다른 한편 개인이 52%에서 68.5%로 증가하고, 증권회사 보유분도 2.8%에서 12.6%로 증가하였다. 증권회사의 보유분에는 개인명의의 주식이 포함되었기 때문에 개인의 비율 상승은 그 이상이었다.

3. 종합상사의 해체와 부활

미쓰이 물산, 미쓰비시 상사는 지주회사의 제3차 지정에 포함되었다. 두 회사 모두 보유주식이 1억 엔을 넘었기 때문에 지주회사로 지정된 것은 당연하였다. 그리고 기업재건정비법에 근거하여 기업분할을 포함한 개조를 자주적으로 계획하고 있었다. 그러나 ESS의 반트러스트 · 카르텔 과장이었던 웰쉬(E. C. Welsh)는 '거대하고 지배적인 기업은 그 자체가 반민주주의적'이라는 신념을 가진 사람이었고, 부임하자마자 1947년 7월에 10사를 분할하여 기업을 재건하려고 계획하고 있던 미쓰이 물산에 대해 미쓰비시 상사와 함께 200사로 나누는 '상사회사의 해산'이라는 명령을 내렸다. 이 조치는 GHQ 내부에서 결정된 것이지만 내부자였던 해들리(E. Hadley)조차 '얼핏 보기에 이 기묘한 행동을 어떻게 해석해야 할지 모르겠다'는 평가를 내리고 있다. 그러나 재벌의 범위를 애매하게 확장하는 데 비판적이었던 해들리는 상사 해체에는 긍정적이었다. GHQ 내부에도 비판은 없었다. 그러나 독점판매계약은 총대리점 계약의 일종이고 어디에나 있는 것이었다. 값싼 위탁수수료야말로 종합상사가 추진한 사업혁신의 요체였다. 종합상사는 일본자본주의가 낳은 걸작이라고 할 수 있는 것이었는데, 그 창조성을 이해하지 못한 군부에 의해 전시기에는 배급업무기관의 역할밖에 못하였고, 전후에는 뉴딜주의자들에 의해 분쇄되었다. 그러나 아이러니컬하게도 이 상사해체는 GHQ의 예상을 벗어나 경제성장에 공헌하게 되었다.

민간무역이 재개되고 무역업무가 확대되면서 일반무역 거래업무에 대한 필요가 증가하였다. 종합상사의 활동을 전제로 한 기업시스템이 널리 채용되었기 때문이다. 이 필요는 한편으로는 예를 들어 오노다(小野田) 시멘트 등이 미쓰이 물산의 재통합을 요구한 것처럼 미쓰이 물산, 미쓰비시 상사의 재결합이라는 움직임을 불러일으켰고, 다른 한편으로는 관서의 섬유상사 등이 사업기회를 잡는 기회를 제공하였다. 1949년 재벌 해체조치로 다이켄(大建) 산업을 해산하고 마루베니(丸紅)가 독립할 때 '수출·수입·국내거래를 거의 3분의 1씩의 비율로 하고 우선 섬유 85%의 취급비율을 50%로 하락시키는 것'을 목표로 내걸었다. 외국과의 거래경험자를 활용하여 거래상품, 지역을 확장하는 내부적 다각화외에 마루베니, 이토추(伊藤忠), 도요 면화 등은 합병으로 취급상품을 늘렸다. 미쓰비시 상사가 1953년에 그리고 미쓰이 물산이 1958년에 재통합하였기 때문에 전전 이상으로 풍부하게, 게다가 경쟁적으로 종합상사기능이 보급되었다. 이것은 특히 중소기업제품의 수출을 촉진하는 데 공헌하였다.

4. 경제력집중배제와 워싱턴의 우려

웰시는 앞서 말한 기업재건조정법, 금융기관재건정비법을 이용하여 대기업의 해체를 더욱 가속화시켰는데 그것이 과도경제력집중배제정책의 실시다.

재건정비 2법은 전시보상 중지를 결정한 전시보상 특별조치법과 동시에 국회에 상정됨으로써 알려지게 되었다는 사실에서 알 수 있는 것처럼 본래는 산업과 금융의 대기업 결합을 해체한다는 생각과는 아무런 관련이 없었다. 그러나 재건정비법의 대상기업 약 5,000사는 일본의 대기업결합이었다. 1947년 5월에 ESS의 반트러스트·카르텔과가 작성하고 매쿼트의 승인을 얻은 기업재건의 기준은 실은 본사기구 폐지, 대기업의 지역분할, 비관련산업의 분리, 수직적 결합의 해체, 수평적 결합 등으로 이루어진 철저한 반독점정책이었다. 경제계는 불안에 휩싸였다. 일본정부는 사업신용을 잃을 것을 두려워하여 이에 저항하였으나 ESS는 명령을 내고 실시를 강요하였기 때문에 10월에 경제력집중배제법안이 국회에 제출되었다.

그러나 미국에서 'GHQ가 비미국적인 경제체제를 일본에 밀어붙이려고 한다'는 비판이 고조되고, 집중배제정책을 그대로 두면 일본경제가 소상인들의 경제가 될 것이라는 우려의 소리가 나왔다. 미국 육군성이 채택의 연기를 요청하고 GHQ는 이를 거부하였으나, '과도'라는 단어를 추가하여 법안을 수정한 다음 1947년 12월에 성립하였다. 325사가 집중배제정책의 대상으로 지정되었다. 그러나 1948년 2~3월에 존스턴(P. Johnston)을 단장으로 하는 조사단 등 미국정부의 요인이 일본에 왔는데, 그들은 집중배제법의 적용이 경영자에게 불안을 주어 부흥을 연기시킨다고 판단하였다. 워싱턴은 온건한 평화노선으로 전환하고 GHQ의 포츠담파를 강력하게 비판하였다. 이를 무시하고 반트러스트·카르텔과는 금융기관도 대상에 포함시킨다는 계획 하에 준비해 갔는데, 1948년 8월 매쿼트 국장이 금융기관을 제외하고 집중배제법의 적용대상을 20사 이내로 하라고 지시하여 ESS의 방향은 급전환되었다. 상황이 돌변하여 5월부터 지정을 해제하는 조치가 시작되었다. 미국정부는 집중배제 심사위원회를 일본에 파견하여 집중배제정책을 재검토하도록 하였다. 이 결과 지정이 해제되지 않은 것은 18사에 머물렀지만, 다른 한편 웰시 등이 의도했던 것 가운데 일부는 기업재건정비계획을 실행하면서 기업분할을 포함하는 조치가 실시됨으로써 실현된 면도 있다.

18사 가운데 생산집중도가 이유없이 높아 동종부문이 분할된 것은 일본제철, 오지 제지, 대일본맥주, 도요 제관, 홋카이도 낙농협회, 데이코쿠 섬유의 6사고, 공장·주식 등을 처분할 필요가 있었던 것은 데이코쿠 석유, 일본통운이었다. 또 관계 회사 지배 등의 조건을 추가하면 집중도가 높은 것으로 판단되어 다른 부문으로 분리하게 된 것이 다이켄 산업이고 공장 등을 처분하도록 한 것이 히타치 제작소, 도쿄 지포전기, 일본화약, 도호(東寶), 쇼치쿠(松竹)였다. 미쓰비시 중공, 쇼와(井華) 광업, 미쓰이 광산, 미쓰비시 광업은 재벌의 중요 기업이라는 이유로 집중배제정책의 대상이 되었다. 그 결과 예를 들어 일본제철은 야하타 제철, 후지 제철, 닛테쓰(日鐵) 기선, 하리마 내화연와(播磨耐火煉瓦) 네 회사로 분할되고, 대일본맥주는 일본맥주, 아사히(朝日) 맥주의 2사로, 다이켄 산업은 오우(吳羽) 방적, 이토추 상사, 마루베니, 아마가사키 제정소(尼崎製釘所)의 4사로 쇼와 광업은 벳시(別子) 광업, 벳시 건설, 벳시 백화점의 3사로 분할되었다. 지주회사의 해제, 기입재건징비, 과도경제력집중배제를 통해 지본금 기준으로 보아 전시기에는 대체적으로 미쓰이, 미쓰비시, 스미토모로 집중된 데 대해, 전후에는 집중이 떨어지고 산업별로 보아 생산집중도많이 떨어져 유력기업 간의 균등분포형 과점구조가 정착하였다.

5. 농지개혁

농지개혁이 시작되기 직전인 1945년 11월과 개혁 직후인 8월을 비교해 보면 <표 4-34>와 같다. 농지개혁에 대해 요시다는 일본정부 내부에서 자주적으로 안출된 것으로서 특기할 만하다고 말하고 있다. 확실히 패전 직후에 농림성 농지국이 정부안을 작성하였다. 그 정부안은 5정보를 넘은 소작지에 대해 지주는 소작인과 교섭하여 매도한다는 내용이었지만 여기에 의회가 강력하게 저항하였다. GHQ는 1945년 12월에 「농지개혁에 대한 각서」를 내어 농지개혁법안이 드디어 의회를 통과하였다. GHQ의 강력한 의지가 없었다면 농지개혁의 내용도 바뀌었을 것이다.

<표 4-34> 농지개혁의 개요

개혁전 농지총면적	A	5,155,697정
개혁전 소작지면적	B	2,368,233정
개혁전 소작지율	B/A	45.9%
매수·소관교환면적	C	1,933,009정
그 중 소작면적	D	1,895,988정
그 중 부재지주		712,352정
재촌지주		875,511정
농지해방율	C/A	37.5%
	D/B	80.1%
개혁후소작지율		9.9%

자료 : 安藤良雄(1979), 앞의 책, p.149.

　GHQ는 지주제를 '수세기에 걸친 봉건적 압제 하에서 일본농민을 노예화해 온 경제적 질곡'으로 자리매김하고 그 타파를 명령하였다. 이 각서가 나온 직후 진보적 신문기자인 게인(M. Gane)은 소작인이 세민(細民)이었다고 하면서도 '암거래가 횡행하는 오늘날 소작인들은 굶주린 근로자들이 가져온 옷과 여러 가지 도구를 쌀과 무우로 교환하여 매우 유복하다'고 그 변화에 대해 언급하였다.

　그런데 GHQ 고문인 농무성의 라데진스키(W. I. Ladejinsky) 등은 개혁이 미온적이라면서 법률 시행의 정지를 명령하였다. 대일이사회 등에서 검토를 거친 영연방대표 볼(B. A. Ball)의 안에 기초하여 제2차 농지개혁안이 입안, 실시되었다. 볼은 자신이 1946년 중반에 대일이사회에 제출한 농지개혁에 관한 10항목의 프로그램은 SCAP에 의해 호의적으로 받아들여지고, 일본의 농지개혁법은 자기 제안의 핵심부분이 거의 세목에 이르기까지 포함되었다고 자평하였다. 자작농창설특별조치법, 개정농지조정법에 근거한 농지개혁은 일본 본토의 재촌지주의 보유 상한 1정보(약

1ha), 홋카이도는 4정보, 부재지주는 제로, 해당되는 모든 소작지를 정부가 매입하여 소작농에게 매도한다는 내용이었다. 더구나 논은 반당 760엔, 밭은 447엔이라는 평균가격을 정하여 지주 3, 자작 2, 소작 5의 비율로 구성된 시정촌 농지위원회가 매각을 관리하고 결정하였다. 결국 소작농은 인플레이션의 앙진과 암거래쌀 매각 등에서 유리한 상황에서 토지를 매수했을 뿐만 아니라 소작농이 우위에 있는 농지위원회의 관리 하에서 유리한 조건으로 자작이 되었다.

제4절 신제도의 도입과 경제체제의 전환

1. 독점금지법의 도입

재벌해체, 대기업규제라는 개혁조치의 효력을 유지시키는 데 있어 중요한 것이 독점금지법이었다. 독점, 대기업 규제책으로서 일본정부는 전전의 중요산업통제법과 비슷한 산업통제법안을 준비하였다. 그 기본 취지는 독점을 인정한 다음 독점조직의 경쟁제한행위가 폐해를 가져오면 그 폐해를 제거한다는 것이었지만 그것을 ESS는 받아들이지 않았다. ESS가 준비한 독점금지법은 카르텔 등의 경쟁제한 행위를 금지하고 엄격하게 단속한다는 점에서는 미국의 반트러스트법과 비슷하지만 주식보유에 의한 산업지배를 철저히 배제하려고 하였다는 점에서는 일본의 독자적인 것이었다. 독점금지법 9조는 지주회사를 금지하고 사업회사 등도 주식보유의 자유를 제한받았다. 다만 이것은 기업 내부에서 새로운 사업을 준비하고 준비가 되면 그것을 자회사로 분리한다는 '분봉(分蜂) 메커니즘'이라 불리는 일본기업의 사업다각화와는 어울리지 않았다. 1949년 개정으로 경쟁제한을 사실상 하지 않는다는 조건으로 사업회사의 주식보유가 인정되고, 금융기관의 주식보유 상한규제는 기발행주식의 5%로 하였다. 금융기관의 지주제한은 점령종료 후인 1953년의 개정으로 10%로 인상되었지만 지주회사가 금지됨으로써 결여되는 안정주주기능은 주식

상호보유로 보완하였다.

2. 노동개혁과 경영권의 탈환

전후 일본의 노동입법은 점령군으로부터 부여받은 기회와 압력에 일본 측이 보여준 대응이라는 특징을 가지고 있었다. 패전후 2~3개월 안에 노동조합운동을 탄압하는 입법이었던 치안유지법, 치안경찰법이 폐지되고 1945년 12월22일에는 노동조합법이 공포되었다. 이로써 노동자의 단결권 단체교섭권, 쟁의권이 법적으로 인정되었다. 노동개혁에 맥아더가 상당한 열의를 보여 매우 빠른 속도로 진행되었다는 점도 있다. 이 작업에는 전전에 정부의 노동조합법안을 비판한 학자와 사회민주주의자, 조합운동가들도 참가하였다. GHQ가 주도하였다는 것을 강조하는 견해도 있지만, 노동법은 실은 일본 측이 주도권을 장악하고 있었다. 다만 단체교섭권을 확실하게 보호받도록 한 것은 ESS 노동과였는데, 이것은 그들에게는 와그너 법이 정한 집단적 노사관계의 이념에 따른 당연한 것이었다.

그러나 노동조합과 경영자의 자주적인 교섭을 존중한 와그너법의 이념과 교섭규칙에 대해 일본 측은 경험이 없었다. 중요한 것은 1946년 9월에 공포된 노동관계조정법이다. 동법은 두 개의 중요한 규정이 있다. 하나는 쟁의조정제도의 규정이고, 둘째는 공익사업의 쟁의행위의 제한, 일부 공무원의 쟁의금지 등을 정한 것이다. 후자의 규정이 있기 때문에 노동조합 등은 강력하게 반발하였다. 그러나 ESS 노동과가 주도권을 잡고, 제정되는 과정에서 분명히 드러난 것처럼 노동법은 노사 간의 자주적인 단체교섭을 촉진한 것이고 발생한 쟁의행위의 해결수순을 규정한 것이었다. '구미적 이념형'의 단체교섭을 제도화한 틀이 만들어졌다. 그리고 중앙, 지방, 선원이라는 세 개의 노동위원회를 설치하여 노동행정의 중요사항에 대한 심의, 노사분쟁조정 등에 사용자와 같은 수의 노동조합대표가 참가하는 길이 열려 1947년에는 노동성이 신설되었다.

3. 불안정한 노사관계

맥아더에 의해 노동운동이 장려되고 노동개혁이 진전된 것과 동시에 노동자의 조직화가 이루어져, 패전 후 겨우 3년 정도밖에 안 된 시기에 그 조직률은 약60%가 되고 쟁의도 격렬해졌다. 특히 산업별 노동조합이 결성되고 장려되었다. 1946년에는 일본공산당의 주도 하에 전국산업별 노동조합회의(산별)가 결성되어 160만의 조합원을 가지게 되었다. 전전 노동운동 지도자를 중심으로 한 일본노동조합 총동맹의 두 배에 달하는 규모였다.

노조는 탄갱과 신문사 등에서 생산관리라는 파업을 일으켜 사철(私鐵)의 노조 등에서는 무임승차 전술을 채용하는 등 창의력이 풍부한 쟁의를 해 나갔다. 점령당국은 이 두 개의 파업에 매우 당혹스러워하였는데, 이는 경험이 부족한 경영자도 마찬가지였다. 1946년 6월 제1차 요시다 내각은 「사회질서유지성명」을 내어 생산관리를 비난하였다. '기업조직을 파괴하고 국민경제를 혼란에 빠트릴 우려가 있다'는 것이었다. 그러나 생산관리는 쟁의중에도 생산활동은 계속한다는 점에서 패전 직후의 부족경제에서는 적합한 것이었다.

생산관리가 경영자에게 준 타격은 미미하여 곧바로 퇴조하고 대신 정치적인 운동이 대두하였다. 그 절정이 1947년의 '2·1 총파업'이었다. 공무원을 중심으로 노동자 400만 명 이상이 임금인상을 요구하고, 요구는 고조되어 요시다 내각의 총사직을 요구하였다. 매쿼트는 맥아더를 대신하여 파업금지를 통고하고 총동맹계는 파업회피를 도모하였다. 그러나 산별은 총파업을 고집하였다. 그리고 파업 전날인 1월 31일에 맥아더는 '현재 어려운 상태의 일본에서는 이와 같은 치명적인 사회적 무기를 사용하는 것은 용납하지 않는다'는 명령을 내려 '2·1 총파업'은 시작도 하기 전에 끝나고 말았다. 광공업 생산지 수는 전전의 30% 수준이고 전년인 1946년의 농업생산도 전전의 80%도 못 되는 상태였고, 더구나 혹한 속에서 총파업을 하면 국민생활은 파탄상태에 빠졌을 것이다.

정치운동을 중시한 산별은 영향력을 급속히 상실하였다. 본래 산별이라고 하여도 지역지부가 반드시 조직되었을 리가 없고 기업마다 지부가 결성되어 기업이 복수의 공장, 사업소를 가진 경우에는 공장마다 분회가 설립된 경우도 있었다. 구산업보국회의 조직은 기업지부로서 기능하고 산별운동의 패배를 거쳐 기업별 조합으로 이행하였다. 나아가 1948년 7월 매쿼트는 아시다 수상에게 서한을 보내 공무원의 쟁의권, 단체교섭권을 인정하지 말라고 요구하였으며 그 보상조치로 고용급여관계는 신설되는 인사원에서 취급하도록 하였다. 공공기업체에 관해서는 공공기업체등노동관계법이 만들어져 국철노동조합 등의 쟁의는 금지되었다.

4. 경영협의회와 경영권

빈발하는 쟁의에 대해 정부, 중앙노동위원회, GHQ 등은 공장위원회 내지 경영협의회에 관심을 기울였다. 노동관계조정법의 제정작업과 동시에 그 지침이 검토되었는데 경영자 측 및 노동자 측의 대표자로 구성된 경영협의회의 설치는 커다란 영향력을 가진 것이었다. 경영자의 경영권을 제약하는 노사협정이 체결되고, 그것을 맡는 조직이 경영협의회였기 때문이다. 하나의 모델이었던 일본전기의 노동협약에서는 노동자의 경영참가에 의한 민주화의 실현이 주창되고 노동자가 참가하는 경영협의회의 설치를 규정하고 채용·고용에 대해서는 사전에 노동조합의 승인을 필요로 하였다. 탄광노동조합에도 채용·해고·승진뿐만 아니라 임금과 노동조건의 변경에 대해서도 노동조합의 승인을 필요로 하였다. 경영협의회에서는 경영참가자가 생산계획, 자금조달, 재무상황 등을 상세하게 설명하고 노사가 협의, 합의한 다음 집행하도록 하였다. 이것은 단체교섭의 역할을 애매하게 만드는 면도 있었다.

따라서 경영자에게는 노동조합에 의한 경영권의 속박에서 벗어나는 것이 매우 중요한 과제였다. 1946년 말 관동, 관서 경영자협회가 설립되고, 1948년에 설립된 일본경영자연맹의 목표는 경영권의 확보였다. 인사권을 장악하고 경영협의회를 순수하게 협의기관으로 변경할 것, 경영협의회에서의 토의사항을 노동관계로 한정할 것, 노동조건의 결정은 노사의 단체교섭에서 별도로 할 것을 주장하였다. 1949년 5월 노조법 개정이 획기가 되었다. 경영 측이 조합임원의 급여는 부담하지 않는다는 것, 노동협약이 기한을 넘은 경우 자동적으로 연장하는 것을 금지하는 것 등이 포함되었다. 경영자는 경영권의 회복을 노려 노동협약을 개정할 것을 요구하여 비타협적으로 나왔기 때문에 무협약 상태로 남은 경우도 잦았다. 이리하여 경영협의회는 단체교섭의 기능을 잃고 생산성 향상 등에 관한 노사협의의 장으로 변화하여 갔다. 그리고 1950년 6월에 한국전쟁이 발발하기 직전, 맥아더는 요시다 수상 앞으로 보낸 서한에서 공산당 중앙위원의 공직추방을 요구하여 공산주의자의 공직추방이 시작되었다. 소위 '레드·퍼지'(red purge)다. GHQ 민정국은 코민포름이 일본공산당의 평화노선을 비판하고 발송전(發送電) 시설의 파괴 등 정치사회질서를 혼란시키는 활동을 지령하였다고 판단하였다. 공산당도 1950년 5월에 50년 테제로 소위 혁명강령을 분명히 하고 인민궐기대회에서 반점령군적 방침을 제시하였다. 히타치 제작소의 대쟁의와 전국금속의 파업이 일어나 6월16일에는 데모와 집회가 전국에서 엄금되었다. 7월말 GHQ는 신문협회에게 공산주의자들의 추방을 권고하고 이 권고는 각 분야로 확산되었다. 1950년 말에는 약 2만 2,000명의 공무원, 노동조합 지도자 등이 해고되었다. 이후 노동조합운동의 주도권은 공산당에서 민주화동맹계로 넘어갔고 1950년 7월 민주화동맹파가 일본노동조합총평의회를 결성하였다.

일본근대경제사 관련 문헌

강동진(1985), 『일본근대사』, 한길사.

김용덕(1989), 『明治維新의 土地稅制改革』, 일조각.

김종현(1991), 『근대일본경제사』, 비봉출판사.

김현숙·오일주 편(1994), 『인물로 보는 일본 2 : 일본경제의 선구자들』, 혜안.

나가하라 게이지/박현채 역(1983), 『일본경제사』, 지식산업사.

아사오 나오히로/이계황·서각수·연민수·임성모 역(2003), 『새로 쓴 일본사』, 창작과비평사

한상일(1988), 『일본의 국가주의』, 까치.

朝倉孝吉(1961), 『明治前期日本金融構造史』, 岩波書店.

朝倉孝吉·西山千明(1975), 『日本經濟の貨幣的分析』, 創文社.

麻島昭一(1987), 『財閥金融構造の比較研究』, 御茶の水書房.

天野郁夫(1992), 『學歷の社會史 - 敎育と日本の近代 -』, 新潮選書.

アメリカ合衆國戰略爆撃調査團(1950), 『日本戰爭經濟の崩壊(正木千冬譯)』, 日本評論社.

安藤良雄(1987), 『太平洋戰爭の經濟史的研究』, 東京大學出版會.

井口和起(1998), 『日露戰爭の時代』, 吉川弘文館.

池田成彬(1949), 『財界回顧』, 世界の日本社.

飯田賢一·大橋周治·黑岩俊郎(1969), 『現代日本産業發達史IV : 鐵鋼』, 現代日本産業發達史研究會.

石井寬治(1972), 『日本蠶絲業史分析』, 東京大學出版會.

石井寬治(1984), 『近代日本とイギリス資本』, 東京大學出版會.

石井寬治(1991), 『日本經濟史(第2版)』, 東京大學出版會.

石井寬治·關口尚志 編(1982), 『世界市場と幕末開港』, 東京大學出版會.

石井孝(1987), 『幕末開港期經濟史研究』, 有隣堂.

石川弘義 外編(1991), 『大衆文化事典』, 弘文堂.

石毛直道(1982),『食事の文明論』, 中公新書.

石崎昭彦(1965),「日本の外資」, 今井則義 外編,『現代日本の獨占資本』,至誠堂.

石橋湛山(1985),『湛山回想』, 岩波文庫.

伊藤繁(1982),「明治大正期の都市農村間人口移動」, 森島賢・秋野正勝 編,『農業開發の理論と實證』, 養賢堂.

伊藤正直(1989),『日本の對外金融と金融政策：1914～1936』, 名古屋大學出版會.

井上洋一郎(1990),『日本近代造船業の展開』, ミネルヴァ書房.

今津健治(1989),『近代日本の技術的條件』, 柳原書店.

伊牟田敏充(1976),『明治期株式會社分析』, 有斐閣.

今井則義 外 編(1965),『現代日本の獨占資本』, 至誠堂.

岩橋勝(1976),「德川時代の貨幣數量」, 梅村又次外 編『數量經濟史論集 1：日本經濟の發展』,日本經濟新聞社.

宇田川勝(1984),『新興財閥』, 日本經濟新聞社.

內田成美(1988),「技術者の增加・分布と日本の工業化」,『經濟研究』, 第39卷 4號.

梅村又次・中村融英 編(1983),『松方財政と殖産興業政策』, 國際聯合大學・東京大學出版會.

梅村又次 外 編(1976),『數量經濟史論集 1：日本經濟の發展』, 日本經濟新聞社.

梅村又次・山本有造編(1989),『日本經濟史3：開港と維新』, 岩波書店.

大石嘉一郎 編(1985),『日本帝國主義史1：第1次大戰期』, 東京大學出版會.

大石嘉一郎 編(1987),『日本帝國主義史2：世界大恐慌期』, 東京大學出版會.

大石嘉一郎 編(1994),『日本帝國主義史3：第2次大戰期』, 東京大學出版會.

大藏省財政史室(1978),『昭和財政史19：統計』, 東洋經濟新報社.

大藏省財政史室 編(1982),『昭和財政史2：獨占禁止』, 東洋經濟新報社.

大藏省財政史室 編(1983).『昭和財政史13：金融(2)』, 東洋經濟新報社.

大藏省百年史編集室(1969),『大藏省百年史』別卷, 大藏省財務會.

大塩武(1989),『日窒コンツェルンの研究』, 日本經濟評論社.

大島淸(1952・55),『日本恐慌史論』(上・下), 東京大學出版會.

岡義武(1972),『近衛文麿』, 岩波新書.

岡光夫・山崎隆三編(1983),『日本經濟史 - 幕藩體制の經濟構造 - 』, ミネルヴァ書房.

岡崎哲二(1993),『日本の工業化と鐵鋼産業 - 經濟發展の比較制度分析』, 東京大學出版會.

尾高煌之助・山本有造 編(1988),『數量經濟史論集4：幕末・明治の日本經濟』,

日本經濟新聞社.

角山榮 編(1988),『日本領事報告の硏究』, 同文館.

楫西光速(1964),『現代日本産業發達史 XI：纖維(上)』, 現代日本産業發達史硏究會.

加藤俊彦(1957),『本邦銀行史論』, 東京大學出版會.

加藤祐三(1985),『黑船前後の世界』, 岩波書店.

金子文夫(1987),「資本輸出と植民地」, 大石嘉一郞 編,『日本帝國主義史2：世界大恐慌期』, 東京大學出版會.

金子文夫(1991),『近代日本における對滿州投資の硏究』, 近藤出版社.

久保文克(1997),『植民地企業經營史論』, 日本經濟評論社.

小島精一(1984),『日本鐵鋼史：大正前半編』, 文生書院.

小島精一(1984),『日本鐵鋼史：大正後半編』, 文生書院.

小島精一(1984・85),『日本鐵鋼史：昭和第一期編』, 文生書院.

小島淸 監修(1972),『日本貿易の構造と發展』, 至誠堂.

後藤新一(1968),『本邦銀行合同史』, 金融財政事情硏究會.

小林英夫(1975),『「大東亞共榮圈」の形成と崩壞』, 御茶の水書房.

小林英夫(1993),『日本軍政下のアジア－「大東亞共榮圈」と軍票』, 岩波書店.

小山弘健(1972),『日本軍事工業の史的分析』, 御茶の水書房.

近代日本硏究會(1987),『年報 近代日本硏究9：戰時經濟』, 山川出版社.

齋藤修(1985),『プロト工業化の時代－西歐と日本の比較』, 日本評論社.

齋藤憲(1987),『新興コンツェルン理硏の硏究』, 時潮社.

三枝博音・飯田賢一編(1957), 『日本近代製鐵技術發達史－八幡製鐵所の確立過程 』, 東洋經濟新報社.

篠原三代平・藤野正三郞 編(1967),『日本の經濟成長』, 日本經濟新聞社.

篠原三代平 編(1991),『日本經濟のダイナミズム』, 東洋經濟新報社.

下谷政弘 編(1990),『戰時經濟と日本企業』, 昭和堂.

下谷政弘・長島修 編著(1992),『戰時日本經濟の硏究』, 晃洋書房.

柴垣和夫(1965),『日本金融資本分析』, 東京大學出版會.

島崎久彌(1989),『円の侵略史』, 日本經濟評論社.

正田健一郞・作道洋太郞 編(1978),『槪說日本經濟史』, 有斐閣.

正田健一郞(1990・1992・1994), 『日本における近代社會の成立』(上・中・下), 三嶺書房.

志村嘉一(1969),『日本資本市場分析』, 東京大學出版會.

新保博(1968),『日本近代信用制度成立史論』, 有斐閣.

新保博(1978),『近世の物價と經濟發展』, 東洋經濟新報社.

新保博・安場保吉 編(1979), 『數量經濟史論集2 : 近代移行期の日本經濟』, 日本經濟新聞社.

新保博・齋藤修 編(1989), 『日本經濟史2 : 近代成長の胎動』, 岩波書店.

新保博(1995), 『近代日本經濟史』, 創文社.

高橋龜吉(1930), 『日本財閥の解剖』, 中央公論社.

高橋龜吉(1933), 『日本統制經濟論』, 改造社.

高橋龜吉(1968), 『日本近代經濟形成史』 1~3卷, 東洋經濟新報社.

高橋龜吉・青山二郎(1938), 『日本財閥論』, 春秋社.

高橋龜吉・森垣淑(1993), 『昭和金融恐慌史』, 講談社學術文庫.

高村直助(1971), 『日本紡績業史序說 (上・下)』, 塙書房.

高村直助(1980), 『日本資本主義史論』, ミネルヴァ書房.

高村直助(1982), 『近代日本綿業と中國』, 東京大學出版會.

高村直助 編(1988), 『日露戰後の日本經濟』, 塙書房.

立脇和夫(1992), 『明治政府と英國東洋銀行』, 中公新書.

田中彰(1977), 『岩倉使節團 - 明治維新のなかの米歐 - 』, 講談社現代新書.

玉城 肇(1976), 『日本財閥史』, 社會思想社.

通商産業省(1961), 『商工政策史』 第9卷, 通商産業研究社.

寺西重郎(1982), 『日本の經濟發展と金融』, 岩波書店.

糖業協會(1962), 『近代日本糖業史』, 上卷, 勁草書房.

東京大學社會科學研究所 編(1978), 『ファシズム期の國家と社會1 : 昭和恐慌』, 東京大學出版會.

東京大學社會科學研究所 編(1978), 『ファシズム期の國家と社會2 : 戰時日本經濟』, 東京大學出版會.

同志社大學人文科學研究所 編, 『財閥の比較史的研究』, ミネルヴァ書房.

中尾訓生(2001), 『日本戰時思想の研究』, 恒生社厚生閣.

長岡新吉(1971), 『明治恐慌史序說』, 東京大學出版會.

長岡新吉・田中修・西川博史(1980), 『近代日本經濟史』, 日本經濟評論社.

長岡新吉 編(1988), 『近代日本の經濟 - 統計と槪說』, ミネルヴァ書房.

長島 修(1986), 『日本戰時鐵鋼統制成立史』, 法律出版社.

長島 修(2000), 『日本戰時企業論序說』, 日本經濟評論社.

西川博史(1987), 『日本帝國主義と綿業』, ミネルヴァ書房.

西成田豊(1988), 『近代日本勞資關係の研究』, 東京大學出版會.

中川清(1985), 『日本の都市下層』, 勁草書房.

中川敬一郎(1981), 『比較經營史序說』, 東京大學出版會.

中村哲(1968), 『明治維新の基礎過程』, 未來社.

中村隆英(1971), 『戰前期日本經濟成長の分析』, 岩波書店.

中村隆英(1974), 『日本の經濟統制 - 戰時戰後の經驗と敎訓 - 』, 日本經濟新聞社.

中村隆英(1979), 『占領期日本の經濟と政治』, 東京大學出版會.

中村隆英(1983), 『戰時日本の華北經濟支配』, 山川出版社.

中村隆英(1985), 『明治大正期の經濟』, 東京大學出版會.

中村隆英・尾高煌之助 編(1989), 『日本經濟史6：二重構造』, 岩波書店.

中村隆英 編(1989), 『日本經濟史7：「計劃化」と「民主化」』, 岩波書店.

中村隆英(1993), 『昭和史Ⅰ：1926~1945』, 東洋經濟新報社.

中村隆英(1993), 『日本經濟：その成長と構造』, 第3版, 東京大學出版會.

中村政則(1979), 『近代日本地主制史硏究』, 東京大學出版會.

西山俊作(1985), 『日本經濟の成長史』, 東洋經濟新報社.

西山俊作・阿部武司 編(1990), 『日本經濟史4：産業化の時代(上)』, 岩波書店.

西山俊作・山本有造 編(1990), 『日本經濟史4：産業化の時代(下)』, 岩波書店.

丹羽邦男(1962), 『明治維新の土地變革』, 御茶の水書房.

橋本壽朗(1984), 『大恐慌期の日本資本主義』, 東京大學出版會.

橋本壽朗・武田晴人 編(1985), 『兩大戰間期日本のカルテル』, 御茶の水書房.

橋本壽朗・武田晴人 編(1992), 『日本經濟の發展と企業集團』, 東京大學出版會.

橋本壽朗・大杉由香(2000), 『近代日本經濟史』, 岩波書店.

橋本壽朗(2000), 『現代日本經濟史』, 岩波書店.

速水融・宮本又郎編(1988) 『日本經濟史1：經濟社會の成立』, 岩波書店.

平本厚(1983), 「日本造船業成立期の世界造船市場」, 『東北大學・研究年報經濟學』, 44卷4号.

浜下武志・川勝平太編(1991), 『アジア交易圏と日本工業化, 1500~1900』, リブロポート.

原朗 編(1986), 『近代日本の經濟と政治』, 山川出版社.

原朗 編(1995), 『日本の戰時經濟』, 東京大學出版會.

ピ-タ-・ドウス/小林英夫 編(1998), 『帝國という幻像：「大東亞共榮圈」の思想と現實』, 靑木書店.

兵頭釗(1971), 『日本における勞資關係の展開』, 東京大學出版會.

平澤照雄(2001), 『大恐慌期日本の經濟統制』, 日本經濟評論社.

藤瀬浩司・吉野昭彦 編, 『國際金本位制と中央銀行政策』, 名古屋大學出版會.

藤田貞一郎(1981), 『近代日本同業組合史序說』, 國際連合大學.

藤田貞一郎・宮本又郎・長谷川彰(1978), 『日本商業史』, 有斐閣.

藤野正三郎(1965), 『日本の景氣循環』, 勁草書房.

藤原彰(1987),『日本軍事史(上)·戰前編』, 日本評論社(嚴秀鉉 譯,『日本軍事史』, 時事日本語社,1994).
古島敏雄(1958),『日本地主制史研究』, 岩波書店.
三島康雄 外(1987),『第二次大戰と三菱財閥』, 日本經濟新聞社.
松浦正孝(1995),『日中戰爭期における經濟と政治』, 東京大學出版會.
三上隆三(1989),『円の社會史』, 中公新書.
南博·社會心理研究所(1987),『大正文化 : 1905~1927』, 新裝版, 勁草書房.
南亮進(1976),『動力革命と技術進步』,東洋經濟新報社.
南亮進(1981),『日本の經濟發展』, 東洋經濟新報社.
南亮進·淸川雪彦編(1987),『日本の工業化と技術發展』, 東洋經濟新報社.
宮本又郎·高嶋雅明(1991),『庶民の步んだ金融史』, 福德銀行.
三和良一(1993),『槪說日本經濟史(近現代)』, 東京大學出版會.
安岡重明 外(1978),『日本の企業家(1) : 明治篇』, 有斐閣.
山口和雄(1956),『明治前期經濟の分析』, 東京大學出版會.
山口和雄(1966),「藩札一覽」 小葉田淳外 編,『讀史要覽』,吉川弘文館.
山口和雄·石井寬治 編(1986),『近代日本の商品流通』, 東京大學出版會.
山崎隆三 編(1985),『現代日本經濟史』, 有斐閣.
山崎隆三 編(1989),『近代日本經濟史の基本問題』, ミネルヴァ書房.
山田朗(1997),『軍備擴張の近代史』, 吉川弘文館.
山本有造(1992),『日本植民地經濟史研究』, 名古屋大學出版會.
山本義彦(1987),「兩大戰間期日本の貿易構造(上)」,『靜岡大 法經研究』, 35卷 3·4号.

Barnhart,M.A(1987), *Japan Prepares for Total War*, Cornell University Press.
Beasley,W.H(1987), *Japanese Imperialism : 1894~1945*, Oxford.
Cohen,J.B(1949, reprinted 2000), *Japan's Economy in War and Reconstruction*, Routledge.
Duus,P, Myers.R.H and Peattie.M.R ed.(1996), *The Japanese Wartime Empire, 1931~1945*, Princeton University Press.
Duus,P ed.(1988), *The Cambridge History of Japan, Vol.6, The Twentieth Century*, Cambridge University Press.
FletcherⅢ,W.H(1989), *The Japanese Business Community and National Trade Policy, 1920~1942*, The University North Carolina Press.
Kindleberger,C.P(1973), *The World in Depression : 1929~1939*(박명섭 옮김, 『대공황의 세계』, 부·키, 1998).

Pauer,E ed.(1999), *Japan's War Economy*, Routledge.

Pempel,T.T(1998), *Regime Shift : Comparative Dynamics of the Japanese Political Economy*, (최은봉 역, 『현대 일본의 체제 이행』, 을유문화사, 2001).

Smith,K(2001), *A Time of Crisis : japan, the great depression and rural revitalization*, Harvard University Asia Center.

Utely,F(1936), *Japan's Feet of Clay*, Routledge.

통계자료

朝日新聞社(1930), 『日本經濟統計總覽』, 朝日新聞社.

安藤良雄(1979), 『近代日本經濟史要覽(第2版)』, 東京大學出版會.

岩波書店編輯部(1991), 『近代日本總合年表(第3版)』, 岩波書店.

梅村又次・山田三郎 外(1966), 『長期經濟統計 9 : 農林業』, 東洋經濟新報社.

梅村又次・高松信淸 外(1983), 『長期經濟統計 13 : 地域經濟統計』, 東洋經濟新報社.

梅村又次・赤坂敬子 外(1985), 『長期經濟統計 2 : 勞動力』, 東洋經濟新報社.

江見康一・塩野谷祐一(1966), 『長期經濟統計 7 : 財政支出』, 東洋經濟新報社.

江見康一・伊東政吉・江口英一, 『長期經濟統計 5 : 貯蓄과通貨』, 東洋經濟新報社.

江見康一(1971), 『長期經濟統計 9 : 農林業』, 東洋經濟新報社.

大川一司・石渡茂 外(1966), 『長期經濟統計 4 : 資本ストック』, 東洋經濟新報社.

大川一司・野田 孜 外(1966), 『長期經濟統計 8 : 物價』, 東洋經濟新報社.

大川一司・高松信淸・山本有造, 『長期經濟統計 1 : 國民所得』, 東洋經濟新報社.

篠原三代平(1967), 『長期經濟統計 6 : 個人消費支出』, 東洋經濟新報社.

篠原三代平(1972), 『長期經濟統計 10 : 鑛工業』, 東洋經濟新報社.

高松信淸(1989), 「戰前勞動の質および敎育程度の推計」, 尾高煌之助 編, 故高松信淸氏著, 『明治以絳經濟統計推計ノート(下)』, 一橋大學經濟硏究所・日本經濟統計情報センタ.

東洋經濟新報社(1927), 『明治大正國勢總覽』, 東洋經濟新報社.

東洋經濟新報社(1991), 『昭和國勢總覽』, 東洋經濟新報社.

中村隆英・溝口敏行(1994), 『第二次大戰下生活資材闇物價集計表 - 中央物價統制協力會議調査・構成 : 閔成一氏作成保存資料』, 一橋大學經濟硏究所・日本經濟統計情報センタ.

藤野正三郎 外(1979),『長期經濟統計 11・纖維工業』, 東洋經濟新報社.

日本統計協會(1988),『日本長期統計總覽5』, 日本統計協會.

日本銀行(1966),『明治以降本邦主要經濟統計』.

松田芳郎 外(1990),『明治期工業統計調査の復元集計Ⅲ‐明治42年「工場通覽」復元集計表‐』, 一橋大學經濟研究所・日本經濟統計情報センタ.

南亮進(1965),『長期經濟統計 12：鐵道と電力』, 東洋經濟新報社.

矢野恒太紀念會(1981), 『數字でみる日本の100年：日本國勢圖會・長期統計版』, 國勢社.

山澤逸平・山本有造(1979),『長期經濟統計 14：貿易と國際收支』, 東洋經濟新報社.

行澤健三・前田昇三(1978),『日本貿易の長期統計』, 同朋舍.

찾아보기

지은이 **서정익**

연세대학교 상경대학 경제학과 졸업(경제학사)
연세대학교 대학원 경제학과 졸업(경제학석사, 경제학박사)
릿쿄(立敎)대학 장려연구원(1989~1990년)
현 호서대학교 경제학전공 교수

논문 「일본자본주의 성립기 연구」(박사학위논문)
「일본전시재정의 연구」
「세계대공황기(1929~1936년) 일본의 무역구조와 무역정책」 등

일본근대경제사

서 정 익 지음

2003년 8월 23일 초판 1쇄 인쇄
2003년 8월 30일 초판 1쇄 발행
펴낸이 · 오일주
펴낸곳 · 도서출판 혜안
등록번호 · 제22-471호
등록일자 · 1993년 7월 30일

⊕ 121-836 서울시 마포구 서교동 326-26번지 102호
전화 · 3141-3711~2 / 팩시밀리 · 3141-3710
E-Mail hyeanpub@hanmail.net

ISBN 89 - 8494 - 193 - X   93910
값 20,000 원